中国社会科学院文库
国际问题研究系列
The Selected Works of CASS
International Studies

中国社会科学院创新工程学术出版资助项目

中国社会科学院文库·国际问题研究系列
The Selected Works of CASS · International Studies

多极化背景下的中俄关系（2012～2015）

THE SINO-RUSSIAN RELATIONS IN THE BACKGROUND OF WORLD MULTIPOLARIZATION

郑羽 / 主编

经济管理出版社
ECONOMY & MANAGEMENT PUBLISHING HOUSE

图书在版编目（CIP）数据

多极化背景下的中俄关系/郑羽主编. —北京：经济管理出版社，2015.11
ISBN 978-7-5096-3971-9

Ⅰ.①多…　Ⅱ.①郑…　Ⅲ.①中俄关系—研究　Ⅳ.①D822.351.2

中国版本图书馆 CIP 数据核字（2015）第 227150 号

组稿编辑：申桂萍
责任编辑：申桂萍
责任印制：黄章平
责任校对：王　淼

出版发行：经济管理出版社
　　　　　（北京市海淀区北蜂窝 8 号中雅大厦 A 座 11 层　100038）
网　　址：www.E-mp.com.cn
电　　话：(010) 51915602
印　　刷：三河市延风印装有限公司
经　　销：新华书店
开　　本：720mm×1000mm/16
印　　张：24.5
字　　数：420 千字
版　　次：2015 年 11 月第 1 版　　2015 年 11 月第 1 次印刷
书　　号：ISBN 978-7-5096-3971-9
定　　价：79.00 元

目 录

导 言

一、本书的意义

本书是 2013 年启动的中国社会科学院创新工程项目的最终成果。本书叙述的时间范围是普京第三任期的上半段（2012~2015），为了研究的完整性，对相关问题的回溯是从 21 世纪初开始的。

本书的基本意图是在国际战略环境和战略形势最新变化的背景下研究日益具有全球影响力的中俄关系的最新发展状况。而对这种新背景最突出、影响最为深刻的因素是全球多极化的加速发展。

背景一： 2012 年普京总统重返克里姆林宫之时，美国不仅在 2011 年完成了从伊拉克的全面撤军，而且 2012 年又制定了在 2014 年底从阿富汗撤出大部分驻军的时间表。也就是说，美国在其原先认为的战略要地中东地区以及反恐战争的前沿基地阿富汗相继制定和实施的全面撤军计划，标志着 2008 年金融危机之后，美国已经无力维护苏联解体后出现的稳定的、典型的单极霸权的统治地位，原有的国际权力结构已经出现了严重的松动，一个松散的、衰退中的单极世界已经出现。美国的实力相对衰落和它的全球收缩战略进一步促进了全球多极化趋势的加速发展，中俄等新兴强国的国际影响力不断增大。在这种背景下，中俄战略协作关系（特别是在"金砖机制"和上海合作组织中的协作）将出现哪些新内容和新特征？

背景二： 2013 年初奥巴马开始连任之时，美国全球战略重心东移的国家战略已经实施了接近一个总统任期。由于中国国家实力和国际影响力的持续稳定增长，这种战略重心东移将是建立在民主党与共和党两党共识基础上的美国的长期国家战略，美国针对最主要的全球竞争者的遏制战略将主要集中在中国。在这种战略背景下，中俄美三角关系会出现哪些新的态势？

背景三： 2008 年以后，全球经济增长乏力，世界主要大国和国家集团都在力图通过新的区域一体化整合，开拓外部市场，增加新的发展动力。美欧一体化机制（跨大西洋贸易与投资伙伴关系计划）与俄罗斯一体化机制（海关联盟—欧亚经济联盟）之间存在着不可避免的竞争关系。中国通过上海合作组织推进在大中亚地区的多边经济合作以及2013年提出的"新丝绸之路经济带"计划，与上述区域一体化机制同样存在着客观上的竞争关系，特别是与俄罗斯领导的欧亚经济联盟存在着地理上的重叠，上述因素对中俄之间的经济合作和双边关系会产生何种影响？

背景四：在多极化加速发展的背景下，现有国际机制和国际秩序的管理无效和欠缺问题日益突出，新兴强国之间在对待现有秩序是挑战、改造、合作还是兼而有之的问题上已经出现差异。中俄之间也是如此，这是中俄之间需要协调与相互理解和沟通的新问题。

二、本书的基本结构和内容

（1）国际战略形势与中俄在全球事务中的合作研究。中俄在全球层面的合作在中俄战略协作中占据十分重要的地位，两国在这一层面的战略协作对国际形势和国际格局的演进具有重大的影响。这方面的研究主要包括：国际安全形势与中俄的政策和立场（国际安全形势的新动向、中俄立场的异同）；中俄在联合国和其他全球性组织中的合作；中俄与国际冲突和危机处理（老问题的新动态、新出现的冲突与危机）；中俄关系中的美国因素（美国对华和对俄政策的新动态、中俄对美政策的协调与差异）等。

（2）中俄在"金砖五国"与上海合作组织中的合作与问题研究。金融危机爆发以来，中俄两国在"金砖四国—金砖五国"机制中的合作有所加强，使其成为中俄影响世界和地区形势的新舞台。对这一机制下中俄合作的研究能够反映目前两国对现存国际规则的立场及其协调程度。上海合作组织是中俄在地区层面进行战略协作的重要成果，中俄在上海合作组织框架内的合作研究主要包括：安全合作、经济合作、在抵制"颜色革命"方面的合作，以及在扩大成员国问题上的磋商与协调。

（3）亚太多边合作组织与对话机制中的中俄关系研究。随着美国"重返亚洲"战略的实施和俄罗斯对亚太政策的强化，研究中俄两国在亚太地区及亚太多边合作组织与对话机制中的关系、寻求两国在这些机制中的协作领域及途径，对于巩固中国在亚太地区的安全和地位非常重要。这方面的研究主要包括中俄两国在亚太经济合作组织（APEC）、伊朗与朝鲜核危机中的磋商。

（4）中俄高层会晤、政府间合作与军事合作研究。中俄高层会晤、政府间合作与军事合作是中俄在双边层面战略协作的重要组成部分。中俄两国元首和总理定期会晤是双方战略协作的最重要机制，两国在这两个机制内的对话与协作对中俄关系具有风向标的意义，本书跟踪分析了中俄在两个机制内对话与协作的新内涵。中俄中央政府间各部门的合作在两国关系"大厦"中发挥着"上层建筑"的作用，本书将对其进行深入、细致的探讨。军事合作是中俄战略协作水平的"试金石"，本书将论述中俄军事互信建设与军方高层互动、武器贸易与技术合作、军事交流与联合演习等。

（5）中俄经贸关系与投资合作研究。经贸合作是中俄在双边层面战略协作的重要方面之一，发挥着双边关系经济基础的作用。这一部分的研究主要包括：中俄两国的对外经济政策（中国对俄罗斯经济政策、俄罗斯对中国经济政策）；中俄贸易关系（中俄贸易关系的变迁、现状及未来发展趋势）；中俄投资关系（中国对俄罗斯投资总体规模、重点领域以及突出特点；俄罗斯对华投资总体规模、重点领域以及突出特点）。

（6）中俄能源合作研究。中俄能源合作研究主要包括：中俄能源合作的历史变迁（中俄能源合作的发展阶段、合作现状、未来发展趋势）；中俄能源合作的三个领域（上游的油气田勘探开发、中游的油气管道建设与运营、下游的油气产品精炼）。本书的这部分特别探讨了西方对俄制裁给俄罗斯能源产业和中俄能源合作造成的影响。

三、本书的创新点

本书力图在以下几个方面注入创新性内容：

（1）新视角：将中俄关系的研究放置于多极化加速发展的国际战略背景中去考察，梳理了新背景下中俄关系新的时代特点，考察了俄美关系重启的结束以及乌克兰危机对中俄美三角关系以及中俄战略协作关系的影响。

（2）新结构：突破了中俄关系以往的研究结构，将以往的研究中涉猎不多的中俄在"金砖五国"机制、上海合作组织、APEC，以及一系列地区热点问题的协调合作作为中俄战略协作关系研究的重要内容。

（3）新内容：本书不仅跟踪研究了中俄关系发展的最新动态，从 2012 年5 月到 2015 年 5 月，也即普京总统重返克里姆林宫后新的六年任期上半段的各领域合作的所有重要领域和重要事件，而且还揭示了各领域双方面临的利益摩擦和需要协调解决、互谅互让、求同存异的问题。

本书各章的作者是：郑羽（中国社会科学院俄罗斯欧亚研究所研究员，导言、第一章、全书的定稿）；顾志红（中国社会科学院俄罗斯欧亚研究所研究员，第二章）；李勇慧（中国社会科学院俄罗斯欧亚研究所研究员，第三章）；韩克敌（中国社会科学院俄罗斯欧亚研究所副研究员，第六章、附录一、附录二）；徐洪峰（中国社会科学院俄罗斯欧亚研究所副研究员，第五章）；郭晓琼（中国社会科学院俄罗斯欧亚研究所副研究员，第四章）。

第一章 全球多极化趋势的加强与中俄关系的国际新环境

21 世纪以来国际战略形势的主要特征之一是全球多极化趋势的加速发展。如果说 1991 年苏联解体标志着一个典型意义上的单极霸权体系的开始,十年后的"9·11"事件则是对这种稳定的典型意义上的单极霸权第一次严重的冲击。国际恐怖主义对于美国国家安全的直接威胁导致了美国全球战略的双重化:既要反恐反扩散,又要遏制有可能挑战美国单极领导地位的某些大国。这种双重化,特别是反恐的长期性和高消耗,再加上美国经历了十余年的经济繁荣后在 2001 年出现了 21 世纪的首次衰退,使美国陷入了"新帝国综合征",导致了国力的严重耗散。2008 年爆发的金融危机暴露了这种耗散的严重性,危机使美国国家实力进一步受挫,国际政治格局出现了某种松散的单极结构,从而使多极化趋势进一步强化。本书所研究的 2012~2015 年间中俄关系的发展,正是在这一背景下发生的。

第一节 "普京八年"期间的国际战略形势与大国关系

普京执政的第一个连任期结束于 2008 年,是全球金融危机爆发的一年,也是国际战略形势和大国关系发生重要转折的一年。在"普京八年"期间,前四年可以认为基于全球反恐形势的紧迫性和严重性,相关大国间结成了反恐伙伴关系;而后四年则以乌克兰和中亚地区出现"颜色革命"为起始,反恐伙伴关系破裂,国际政治的首要内容重新回到大国间的战略竞争。

一、21世纪初到乌克兰"颜色革命"发生前的大国关系

20世纪最后一年动荡不定的国际局势塑造了21世纪初的大国关系态势。由于北约第一轮东扩在1999年3月完成，1998年的金融危机使俄罗斯元气大伤，而美国的GDP在达到9万亿美元后看不出任何衰退迹象，与美国海外利益密切相关的亚太经济也开始稳定和复苏。美国政府改变了20世纪90年代中期做出的对本国实力有限性的评估和对大国合作的需要，开始以单边主义的方式解决全球稳定与核安全问题。

1999年3月，美国国会两院通过了《NMD法案》，放弃"冷战"结束以来作为美俄关系基石的美俄在核裁军领域的合作关系，力图以绝对的技术优势建立单方面核安全，从而将在理论上使俄中两国处于美国的核威慑之下。

1999年3月末到6月初，美国撇开联合国，不顾俄中两国的激烈反对，对南斯拉夫进行长时间的轰炸，完全排斥了俄罗斯对欧洲安全事务的参与权。"科索沃模式"使车臣和中国台湾的分裂主义势力得到了空前的鼓励（同年夏季俄罗斯大城市恐怖爆炸不断，7月8日台湾提出"两国论"），美国还试图将台湾拉入亚太TMD体系，俄中两国的国家利益受到了直接威胁。5月8日发生的中国驻南联盟使馆被炸事件，俄罗斯撤回驻北约代表及俄罗斯总理中断对美国的访问，更加凸显了这时中俄两国与美国的"冷和平"关系。俄罗斯一位学者甚至认为，上述事态使"俄中战略伙伴关系的反美趋向自50年代两国建立军事政治联盟以来从来没有这样明显过"。[①]

同时，中俄之间的战略协作真正达到了战略层面，关注重心由在北约东扩和台湾问题上的交叉支持，进一步扩展到共同坚决反对可能给美国干预车臣问题和台湾问题制造口实的"科索沃模式"，维护全球核战略稳定与维护联合国的权威和作用。为此，中俄两国领导人不仅在2000年7月联合发表了加强战略协作的《北京宣言》，还在1999~2001年的三年内，两国联合有关国家连续三次在联合国大会和国际裁军大会提出反对破坏战略稳定的议案。

在2001年初开始执政的强硬派占据主导地位的布什班底，在竞选期间就

---

① А.Ларин, Американский фактор в российско-китайском стратегическом партнерстве, ПРОБЛЕМЫ ДАЛЬНЕГО ВОСТОКА, No.6, 2000г.

激烈地指责克林顿政府对俄罗斯和中国过于软弱，主张对两国实施"强硬的现实主义"（Tough Realism）政策。这一政策不仅使 2001 年 3 月来访的俄罗斯安全会秘书（相当于美国的总统安全事务助理）谢尔盖·伊万诺夫（曾任俄罗斯国防部长）受到冷遇，而且来访者刚刚离去，政府就以间谍罪名驱逐了 40 余名俄罗斯外交官。

　　然而，在 2001 年 4 月 1 日中美之间出现"撞机事件"之后，布什政府开始认为："中国构成了未来美国国家安全的主要威胁，而俄罗斯可能成为遏制中国的潜在的伙伴。作为战略竞争者的中国正在使亚洲力量的平衡向有利于自己的方向发展，这种努力必须被制止。为了实施这一战略，需要较少地注意俄罗斯的国内问题，而更多地关注美俄两国的安全日程。这一战略与尼克松在 20 世纪 70 年代初关于战略三角的考虑相同，只不过现在俄罗斯和中国调换了位置。"[1]

　　为了实施这一政策思路，美国政府开始拉拢俄罗斯而对中国采取更强硬的政策。布什于 2001 年 6 月与普京在斯洛文尼亚举行了首次会晤，在一个月后又在意大利举行会晤，并且开始对普京本人赞赏有加。[2] 而在 2001 年 4 月 15 日，也即中国政府刚刚释放在"撞机事件"中被扣押的美方军人后，布什就宣称"将采用一切手段确保台湾的防卫"。美国政府还在同年 5 月宣布向中国台湾出售导弹驱逐舰和潜艇等进攻性武器，这些都是前所未有的。

　　"9·11"事件的发生为中俄美三角关系的发展注入了新的因素。事件的直接后果是彻底摧毁了美国单边主义政策的重要基石——美国可以奉行为所欲为的国际政策而不必担心受到惩罚，结束了美国建国以来本土从未受到严重的直接打击的历史。美国的本土安全继续面临着超出第二次世界大战期间日本和德国一旦完成了亚欧战事后可能挥师北美大陆的潜在威胁的最现实的威胁，迫使美国史无前例地将本土安全置于国家安全战略的首位，从而导致了美国全球战略不可避免地出现了双重目标——既要维护单极霸权，又要维护本土安全。"9·11"事件对中俄美三角关系的直接影响是布什政府需要进一步地改善与俄罗斯的关系，并且调整"撞机事件"后对中国采取的高压政

---

① J.M.Goldgeier and M. McFaul, Power and Purpose, U.S. Policy toward Russia after the Cold War, Washington, 2003, p.312.

② "Press Conference by President Bush and Russian President Putin," White House, Office of the Press Secretary（Slovenia）, June 16, 2001.

策。因为在美国试图建立的围堵恐怖主义的国际网络中，中俄两国都有着明显的地缘重要性。

在布什政府上台之初即开始谋求改善俄美关系的普京，迅速抓住了"9·11"事件提供的历史性机遇。除了在事件第二天对布什进行电话慰问外，2001年9月24日，普京本人通过电视讲话发表了五点声明，表示愿意为反恐行动提供空间走廊，不排除同意俄罗斯的中亚盟国向美国提供空军基地。①

出于本国的反恐战略需要，美国对俄罗斯的合作政策也做出了积极反应。美国迅速减弱了对俄罗斯车臣政策的批评，而且连续进行了一系列美俄最高级会晤，其意图是劝说俄罗斯同意修改1972年《反导条约》，在防止核扩散和反恐领域加强与西方世界的合作。2002年5月下旬，两国元首在莫斯科会晤期间签署的多项文件表明，俄美之间确立了反恐伙伴关系，俄罗斯默认了美国在2001年12月13日退出《反导条约》的立场，美国方面则以同意有限地提升俄罗斯在北约的地位，与俄罗斯签署新的《削减战略武器条约》。

同时，美国政府着手改善"撞机事件"后的美中关系。2001年10月，布什出席在中国举行的APEC会议，2001年12月中国加入世界贸易组织（WTO），2002年2月在《上海公报》签署30周年之际布什再次访问中国，多次强调美国政府的"一个中国"的原则没有变化。美国学者对此评论说："在世界贸易中心和五角大楼遭到进攻之后，布什政府开始将全球恐怖主义，而不是中国看作对美国国家安全利益的最主要威胁。首先在阿富汗开始的战争，很快又试图采取行动推翻萨达姆政权，以及其他目的在于根除恐怖主义网络的努力，使布什政府将反对国际恐怖主义和大规模杀伤性武器扩散所形成的危险，以及对中东进行政治重建作为必须全神贯注的战略优先方向。"②

美国政府在"9·11"事件之后对俄中两国采取的怀柔政策，对中国两国战略协作关系产生了较为深刻的影响。

首先，美国政府在2001年12月13日宣布单独退出《反导条约》，实际上使1999年以来中俄之间最重要的战略协作领域——两国在反对美国研制和部署陆基NMD方面的合作失去了现实意义，两国只得被迫退守反对太空武器化

---

① Телеобращение президента России В.Путина, КОММЕРСАНТЫ, 25 сентября 2001г.

② J. D. Pollack, ed., Strategic Surprise? U.S.–China Relations in the Early Twenty-first Century, Newport, 2003, p.3.

的防线；① 其次，美国政府将主要精力用于反恐，减少了对同样具有恐怖性质和形式的车臣分离主义势力的支持，减弱了车臣问题上对俄罗斯的压力，使中俄两国联手反对"科索沃模式"的现实紧迫感也随之消失。还应该指出的是，俄罗斯政府在导弹防御问题上对美国的让步，事前显然没有与中国政府磋商，对两国之间的相互信任产生了消极影响。俄罗斯学者甚至认为，中国政府"怨恨莫斯科没有及时向北京通报对待全国导弹防御系统问题态度的转变"。②

在 2003 年 3 月 20 日美国发动伊拉克战争前后，中俄两国都在根据本国在伊拉克利益的轻重来确定反对这场战争的政策实施力度。例如，尽管中俄两国元首和政府首脑在一系列的会晤中表明了反对伊拉克战争的共同立场，中国政府显然回避了在安理会与俄法德组成反战外交联盟。

因而，可以认为，在"9·11"事件之后，中俄之间的战略协作的重心已经由全球层面向地区（例如中亚和朝鲜半岛）和双边领域转移。

二、"颜色革命"的出现与中俄两国联手抵制美国的欧亚战略

在普京的第二个任期中，俄美反恐伙伴关系由于下列事件而消亡。

（1）双方在独联体地区的争夺空前加剧。2004 年下半年到 2005 年初，俄美之间围绕乌克兰大选展开了持续的外交斗争，而所谓的"橙色革命"刚刚结束，双方在中亚诸国的角逐在 2005 年春季再次开始，直至俄罗斯借助上海合作组织峰会说服乌兹别克斯坦要求美国从中亚撤军，双方在激烈的外交斗争中各有胜负。

（2）双方的反导问题之争再起波澜。2002 年 12 月，小布什总统签署部署反导设施的总统令后，作为美国 NMD 计划的一部分，美国需要在欧洲建立拦截基地和雷达基地以构成对美股东海岸的防御系统，因此与波兰和捷克建立基地的谈判随即开始。2007 年初这一消息被曝光，引起俄罗斯的强烈反应，俄美在反导问题上的矛盾在 2001 年 12 月暂时平息之后又出现了新一轮博弈。

（3）北约东扩之争是俄美矛盾的另一个重要领域。北约在 1997 年和 2002 年曾启动两轮东扩，吸收了原华沙条约成员国和原苏联加盟共和国等 10 个新成员国。美国小布什政府希望在第三轮东扩之时将乌克兰和格鲁吉亚吸收进

---

① 中俄两国总理第七次定期会晤联合宣言，人民日报，2002-8-24。

② В.Михеев，Китайская внешняя политика и актуальные российско-китайские отнощения перед вызовами，ПРОБЛЕМЫ ДАЛЬНЕВО ВОСТОКА，No.6，2003г.

来，为此，美国国会在 2007 年 3 月还专门通过了支持乌格两国加入北约的决议，并为此提供了专项无偿援助。在美国的支持下，两国加入北约的举动更加急切，尽管 2008 年 4 月北约布加勒斯特峰会由于欧洲国家的反对，乌格两国没有被确认为被邀请国，这反而进一步刺激了格鲁吉亚为了达到北约的标准而尽快解决阿布哈兹与南奥塞梯问题，并导致了 2008 年 8 月 8 日的格俄战争。这使得俄美关系更是雪上加霜。

上述三个范畴实质上构成了俄美之间战略博弈的三大战略领域。如果说在北约东扩和美国部署导弹防御系统问题上美国占据主动地位，是俄罗斯难以阻止的博弈领域，那么在独联体地区的竞争则经常互有胜负，例如 2005 年的中亚事态就是如此。

（4）2005 年 7 月初，在哈萨克斯坦首都阿斯塔纳举行的上海合作组织元首会期间，由乌兹别克斯坦和俄罗斯首先提出的美军驻军期限问题得到了中国和其他成员国的响应，并明确写入《元首宣言》，几个月后迫使美国从乌兹别克斯坦撤军。在此之后，普京政府一改 "9·11" 事件后一直奉行的对美妥协和让步的立场，开始在一系列问题领域和地区领域或者与美国采取不合作政策，或者直接进行外交反击。特别是 2007 年 1 月开始的，贯穿了小布什第二任期的最后两年的俄美之间的东欧反导基地之争，2008 年 8 月俄罗斯格鲁吉亚战争，使俄罗斯与美国的关系处于苏联解体后最恶化的状态，俄罗斯第一次在独立后对外采用军事力量来反击他们认为的西方的战略围堵。

显然，在布什政府面对久拖不决的伊拉克、阿富汗、伊朗及朝鲜问题，并为此严重消耗了国力的情况下，2005 年中俄美三国在中亚的博弈使美国不可能再如 20 世纪 90 年代那样，置中俄两国的共同行动于不顾了。布什政府试图对中国采取怀柔政策。2005 年 9 月，美国副国务卿佐利克在演讲中发出调整对华政策的积极信号，表示中美两国之间具有广泛而深远的共同利益，具有广阔的合作领域，美国 "希望同中国共同经营国际秩序、共担风险和责任"。① 布什政府上述的《美国国家安全战略报告》重申了佐利克提出的要中国 "做负责任的利益相关者" 的概念。②

---

① Robert B.Zoellick. "Whither China：From Membership to Responsibility?" Remarks to National Committee on U.S. China Relations on September 21，2005，http：//www.state.gov/s/d/rem/53682.htm.

② The National Security Strategy，March 2006，http：//www.whitehouse.gov/nsc/nss/2006/.

佐利克在阐述美国这一对华政策的根据时说：

"——中国不寻求传播激进的反美意识。

——中国虽未实行民主，但也不认为自己正与全球民主制度进行最后搏斗。

——中国虽然有时推行重商主义，但并不认为自己正与资本主义进行殊死斗争。

——最重要的是，中国不认为自己的前途取决于废除现行国际体系的基本秩序。事实上情况正相反：中国领导人认定，他们的成功依赖于当代世界联网。"①

上述四点经典性的论述阐述了小布什政府在其第二任期的大部分时间里对华政策的理论依据，这与美国需要中国政府在朝核问题"六方会谈"中发挥积极作用，中国经济的高速发展导致美中两国经济依存程度空前深化等因素一样，使得美国政府采取了对华怀柔政策。因而，在 2005 年 8 月双方建立副部长级战略对话机制后，布什政府又在 2006 年 9 月 20 日启动了与中国的副总理级战略经济对话。引人注目的是，在台湾选举临近之时，布什政府开始以前所未有的力度压制台独势力挑战大陆容忍的底线，试图保持与中国关系的总体稳定，在国力无暇他顾时维持台海现状的战略意图显而易见。同时，布什政府还希望通过保持与中国关系的稳定，使之有足够的国力资源来对俄罗斯采取持续的强硬政策和处理棘手的反恐反扩散问题。

2005 年美国在中亚地区严重受挫之后，其在欧亚大陆对俄罗斯地缘政治影响力的遏制是通过两个方向展开的：一是鼓动独联体内部的反俄派，例如乌克兰和格鲁吉亚，加速推进其加入北约的进程；二是加速推进与波兰和捷克进行的部署反导系统的谈判，这一进程在 2007 年 1 月被媒体曝光后，成为与北约下一轮东扩是否进入独联体问题并列的俄美两大战略博弈点。

因连年的能源价格暴涨而获得了大量石油美元的俄罗斯（有专业研究人员统计，在 2000~2007 年的八年中，俄罗斯石油天气的出口收入超过 1 万亿美元），对美国的战略挤压采取高调的反击政策。一方面，俄方开始公开抨击美国的对外政策。俄罗斯总统普京在 2007 年 2 月德国慕尼黑举行的欧洲安全论坛年会上，措辞严厉地抨击了美国布什政府奉行单边主义、滥用武力、在

---

① Robert B.Zoellick. "Whither China：From Membership to Responsibility?" Remarks to National Committee on U.S. China Relations on September 21, 2005, http://www.state.gov/s/d/rem/53682.htm.

东欧部署反导系统以及北约东扩的政策，称该做法已严重威胁到俄罗斯的安全。另一方面采取了一系列外交反击，例如支持伊朗和委内瑞拉的反美立场，在巴勒斯坦问题上与西方唱反调，特别是阻挠美国为首的西方集团解决伊朗问题的努力。例如，2007年9月26日至28日，在联合国大会期间，五个安理会常任理事国和德国外长就对伊朗实施新的制裁问题举行了会议，英国在美国支持下提出的更严厉制裁的决议草案遭到了俄罗斯的坚决反对。2007年10月16日，俄罗斯总统普京访问了伊朗，这是1943年苏联领导人斯大林出席德黑兰会议后俄罗斯最高领导人首次访问伊朗，而且这是在美国政府呼吁国际社会孤立伊朗并策划组织新的制裁的情况下发生的。2008年8月的俄罗斯格鲁吉亚战争是苏联解体之后近20年中俄罗斯首次对外使用武力，反映了其反击美国战略围堵的强硬政策。

同时，更为值得关注的是，继2007年7月宣布暂停执行《欧洲常规武装力量条约》，并扬言有可能退出1987年签署的《苏美中程导弹条约》之后，俄罗斯在俄格战争之后不久的2008年8月末迅速承认了阿布哈兹与南奥塞梯的独立，表明俄罗斯实际上在以挑战欧亚大陆的政治与安全秩序为突破口来挑战现行的国际秩序。其理论依据在2007年3月形成的官方外交文件中得到了阐述。这篇文件提出："单极世界的神话在伊拉克彻底破灭了……国际社会主观上正在对当代世界形成一致的看法，这可以成为正在发展的多极世界格局的理论基础，世界上绝大多数国家已经认同世界格局多极化的现实性。"[1]

在俄格战争爆发前不到一个月由梅德韦杰夫签署的2008年版《俄罗斯联邦对外政策构想》对本国的国际地位同样做出高调的评估：

"俄罗斯对外政策的突出特点是——平衡性和多向性。这个特点取决于俄罗斯处于最大的欧亚强国的地缘位置，其拥有世界超级大国之一的地位，并且拥有联合国安理会常任理事国的地位。在当今的条件下，国家的利益表明，迫切需要积极推进为讨论国际问题的各个方面而制定的实际日程表。

无论是在全球范围内还是在地区水平上，俄罗斯都完全能够意识到自己对保持世界安全所负有的责任，俄罗斯已经准备好同所有的对此感兴趣的其他国家为解决共同问题开展合作。如果伙伴国家不愿意合作，俄罗斯为保证

---

① Обзор внешней политики Российской Федерации，http：//www.mid.ru/brp_4.nsf/sps/3647DA97748A106BC32572AB002AC4DD，27.03.2007г.

自己的国家利益不得不独立采取措施……"①

俄罗斯国家杜马继 2007 年 11 月通过决议暂停执行《欧洲常规武装力量条约》之后，在 2008 年 8 月下旬通过决议承认阿布哈兹和南奥塞梯独立，都是在这个背景下发生的。

第二节　国际金融危机与中俄美三角关系的演变

2008 年 9 月从美国开始并逐步扩展到全球范围的金融危机，不仅对现有的国际经济秩序和治理理念形成了很大的冲击，也深刻影响了国际政治格局和大国关系，特别是对中俄美三角关系产生了深刻影响。

一、金融危机对俄罗斯外交政策形成巨大冲击

2008 年 9 月 15 日雷曼兄弟公司破产导致信贷危机开始演变为全面金融危机初期，俄罗斯的主流派自信地认为，金融危机不会对俄罗斯经济产生深刻影响。然而金融危机的严重影响在 2009 年上半年就迅速显现出来，外国资金外逃使俄罗斯生产投资严重萎缩，摆脱危机的举措使国家财政形势严重恶化，外汇储备大幅减少，据俄罗斯国家统计局自己的数字，2009 年俄罗斯GDP 总值下降了 7.9%，是全球 GDP 总值超过 1 万亿美元的经济体中下降幅度最大的。

在这种背景下，俄罗斯官方迅速改变了对外部世界的态度。梅德韦杰夫在 2009 年 9 月题为《俄罗斯，前进吧！》一文中指出："除了少数例外，我们的民族企业没有创新，不能为人们提供必需的物质产品和技术。他们进行买卖的，不是自己生产的，而是天然原料或者进口商品。俄罗斯生产的产品，目前大部分都属于竞争力非常低的商品。因此，在当前经济危机下，俄罗斯生产的降幅比其他经济体都要大。股市剧烈震荡。所有这些都表明，在过去的时间里，我们该做的还远远没有做完，还远远没有做好。""目前我们国内

---

① Концепция внешней политики Российской Федерации, 12 июл 2008, http://archive.kremlin.ru/text/docs/2008/07/204108.shtml.

的金融和技术还不足以有效地提高人民的生活水平。我们需要引进欧洲、美国和亚洲国家的资金和技术。这些国家反过来也需要俄罗斯。我们非常乐意相互接触并渗透我们的文化和经济。"① 2009 年 11 月，梅德韦杰夫在年度《国情咨文》中进一步阐述："俄对外交往应着眼于实现俄罗斯现代化的目标。俄有意吸引投资和技术，因此对外政策必须非常实用，使外交为国家经济服务。"2010 年 7 月 12 日，俄罗斯总统在本国的外交使节会上谈及为俄罗斯外交工作的三个方向：首先是促进俄罗斯经济现代化和生产，为此应努力与德国、法国和美国等发达国家的科技和工业界搞好关系。总统梅德韦杰夫在外交部的这次俄驻外使节会上还表示，欧盟与美国是俄罗斯的主要伙伴。中国、日本和印度等亚太地区国家被排在"第二梯队"。在此前的俄外交政策优先顺序中，独联体国家排在第一，欧洲国家排在第二，而亚太国家排在第三。《纽约时报》对俄罗斯的这种转变评价说："很少有国家能像俄国那样迅速从傲慢转为谦卑。"

因此，俄罗斯不仅大幅度地调整了危机前的对西方强硬的外交立场，放弃了急于挑战现行国际体制的政策，而其在三角关系的运筹上，则可以认为由原来的要求中国与其联手挑战美国主导的现存国际秩序（如俄罗斯政府特别希望中国政府承认阿布哈兹和南奥塞梯的独立），转向与现行体制共处，在当前全球经济一体化进程中、在向西方学习的过程中完成本国的现代化。

俄罗斯对西方政策的这种调整，实质上放弃了急于挑战现存国际秩序的政策，这使得中俄战略协作有可能在两国理论共识和利益一致性的基础上进行。2009 年以来中俄关系的一个引人注目的亮点是 2009 年 9 月两国元首签署《中国东北与俄罗斯东西伯利亚和远东地区经贸合作纲要》。同时，俄美关系的重启与缓和成了两国的共同需要。

二、金融危机使奥巴马政府的外交困局加重

2008 年的金融危机加剧了美国政府的内政外交困局，而在此之前，美国外交已经困境频仍。

（1）伊拉克战争结束已经多年，美国所期望的民主秩序远没有建立起来，债台高筑不已，士兵死伤不断，反战抗议迭起，欲进不得，欲罢不能，美国

---

① Россия, вперёд! Статья Дмитрия Медведева, 10 сен 2009, www.kremlin.ru/news/5413.

再次陷入战争"越南化"泥潭。美国军力和财力被牵制在伊拉克，使伊朗和朝鲜敢于坚持自己的强硬立场，美国的反核扩散政策遇到了前所未有的挑战。

（2）伊拉克问题的久拖不决，使国际石油价格持续飙升，使美国这个世界上最大的石油进口国和消费国蒙受了沉重负担，与军费增加而不断累积的财政赤字一道，对美国经济形成了双重直接打击。

（3）在伊拉克问题上美国没有得到国际社会的广泛支持，与俄、中、法、德关系受损，北约内部出现成立以来前所未有的政策分歧，与伊斯兰世界的关系严重恶化，以反恐名义进行的重大外交和军事行动的合法性与合理性受到了更多的质疑，其打着反恐旗号对国际政治经济利益格局的整合受到了越来越多的抵制。

（4）与俄罗斯的关系严重恶化，"9·11"事件之后建立起来的美俄反恐伙伴关系已经支离破碎，甚至被认为出现了"新一轮冷战"。俄罗斯的不合作立场，是美国在当前解决伊朗核危机的过程中处于打又打不得、谈又谈不下去的外交困境的重要原因之一。

（5）美国没能在2005年中亚各国的选举年中达到预定的政治目标，政权变更后的吉尔吉斯斯坦反而更加向俄罗斯和上海合作组织靠拢，更为严重的是，美国根据乌兹别克斯坦政府的要求于2005年11月被迫将驻军全部撤出，乌俄随后立即建立了军事同盟关系，美国在中亚的政策严重受挫并难以为继。

（6）美国"后院起火"。在美国的传统势力范围拉丁美洲，委内瑞拉等反美政权相继出现，美国对南美大陆的控制力已严重削弱。

（7）美国的霸权政策使中俄之间的战略协作更加紧密，而两国国力的增长所导致的对美国战略需求的减弱，使美国对两国关系的离间变得更加困难。中俄两国在伊朗和朝鲜问题上的不同立场，使美国不再可能按照自己的意愿将安理会制裁作为惩治伊朝两国的工具，在无法动武的情况下，美国实际上已进退两难。

历史上的第一位美国黑人总统是肩负着变革的使命走上政坛的。美国外交政策面临困境的根本原因是，美国国力无法承受2001年以后美国全球战略的双重使命，既要遏制中俄两大国的发展壮大以至于可以挑战美国的单极霸权地位；又要解决反恐反扩散问题，维护美国的本土安全和美国所主导的现行国际秩序。美国的一个智库在2009年3月写道："我们面临着一系列巨大的挑战，诸如停止核武器和其他大规模杀伤武器的扩散，摧毁恐怖主义网络，重建全球经济，确保美国和其他国家的能源安全。没有几个国家能像俄罗斯那样对我们的成功造成如此之大的影响，它拥有巨大的核武库、横跨欧亚大陆的战略位置、庞大的能源资源以及安理会常任理事国的地位。采取迅速有效的措施来加强俄美关系，对于推进美国的国家利益至关重要。"①

奥巴马政府的对俄政策反映了上述战略考虑。2009 年初以来，美国对俄采取的怀柔和让步政策使俄美关系有了很大的改善。奥巴马政府一改小布什政府的核裁军政策，新的核裁军条约的谈判和签署都进行得比较顺利；2009年 7 月莫斯科峰会期间美俄两国决定成立"美俄双边总统委员会"，下设 16个工作小组；2009 年 9 月，美国宣布放弃布什政府的东欧反导基地计划；引人注目的是在 2009 年底到 2010 年初乌克兰总统大选之际，美国政府采取了完全不同于"玫瑰革命"时期的做法，中立和旁观的立场在于避免在俄认为是其核心利益区内进行新一轮较量，同样的情况还发生于 2010 年 6 月，美国政府拒绝了吉尔吉斯斯坦政府派出维和部队的请求，这对于美俄关系的改善有着实质性意义；2010 年 6 月在华盛顿举行的双边峰会，美国政府高调支持俄罗斯加入 WTO，6 月末和 7 月初低调处理了两国之间的间谍风波。

对华政策方面，奥巴马政府也大吹合作之风。2009 年 7 月"中美战略与经济对话"机制的建立标志着两国关系的新质量，2010 年 5 月的第二轮对话议题广泛，标志着两国相互战略依存和美国对华战略需求的加深。

同时也还应该看到，奥巴马政府并没有做出尼克松政府在 1972 年做出的对华和对苏政策的战略性妥协。在对俄政策方面，奥巴马政府不理睬俄罗斯提出的签署《欧洲安全条约》的战略诉求，2009 年 4 月斯特拉斯堡—凯尔北约峰会继续支持格鲁吉亚和乌克兰加入北约，奥巴马政府继续执行 NMD 计划及其派生物—东欧反导基地计划（2010 年 7 月与波兰签署了关于反导基地的补充协议），而以上三点都属于俄罗斯的核心利益范畴。在对华政策方面，2010 年 1 月美国对台军售问题再次破坏了中美关系，同年 2 月奥巴马会见达赖发生在前者刚刚访华高调渲染美中合作的重要性之后的几个月，特别需要强调的是，如果稍加留意两轮"中美战略与经济对话"的议题和成果，可以看到，国际安全与地区安全不是两轮对话的核心议题，更谈不上达成值得称

① The Right Direction for U.S. Policy toward Russia，A Report from the Commission on U.S. Policy toward Russia，www.pdfgeni.com/book/russia-pdf.html.

道的共识，这说明在传统安全领域两国的战略关系和美国对华需求都没有发生实质性的变化。

2010年下半年，国际社会和东北亚地区的一些重大事态进一步说明了中俄美三大国关系的微妙状态。

首先，2010年11月19日在里斯本举行的北约首脑会议上，各成员国一致同意邀请俄罗斯加入北约的导弹防御系统，此项合作倡议得到了梅德韦杰夫总统的响应，反映了俄美关系的缓和对北约、俄罗斯关系的积极影响，也反映了金融危机状态下各国面临的各种困难与挑战增多，需要在求大同、存小异的情况下共渡难关。尽管如此，俄罗斯对美国奥巴马政府更新了的导弹防御计划仍心存芥蒂，俄罗斯驻北约代表戈罗津在峰会期间在网上发布的一个笑话很形象地说明了这个问题：猎场看守人邀请熊一起来打兔子，熊很纳闷，为什么看守人手中握着猎熊的枪？因此，俄罗斯政府只是同意在防御短程和中程导弹领域与北约合作，意在保持自己的战略导弹的威慑力。

卡内基基金会莫斯科研究中心主任、俄罗斯学者特列宁在分析俄美关系的现状时认为："现在的美国政府实际上停止了北约东扩而且不再对格鲁吉亚提供大规模的军事援助和无限制的政治支持。俄美关系的重启是有成果的。两国在后苏联空间的合作已成为现实，例如在吉尔吉斯斯坦。"（特列宁这里指2010年4月这个国家出现政权更迭和民族骚乱以后，俄美两国在维护稳定方面的合作。——引者注）同时，特列宁认为，俄罗斯与美国及北约之间在安全合作方面仍面临难以解决的问题："莫斯科仍然对美国对俄的长期计划存有担心，例如计划中的导弹防御系统。俄罗斯的邻国对它在所在地区日益增长的作用也很警觉。他们的恐惧在很大程度上是没有根据的，但这是必须面对的现实。我认为，这是妨碍我们新的欧洲安全结构基础的两个核心问题。"[1]总之，即使对当前的俄美关系持有乐观观点的俄罗斯精英，仍然指出了两国之间的不信任。

其次，2010年下半年以来，中美关系中的不和谐因素有所发展。2010年7月下旬，在越南河内举行的东盟地区论坛外长会议期间，美国国务卿希拉里·克林顿根据事先准备好的稿子，大谈南海与美国国家利益的关系，大谈维

---

[1] Interview with Dmitri Trenin, The Valdai Discussion Club, November 23, 2010, www.svop.ru/live/news.

护南海航行自由的重要性和紧迫性，大谈在南海问题上反对"胁迫"，反对使用武力或以武力相威胁等。中国外交部认为，这种貌似公允的讲话实际上是在攻击中国，是在给国际社会造成一种南海局势十分堪忧的迷象。① 12 月 3 日至 10 日，美日两国举行了一系列的大规模军事演习。本次演习中颇为显眼的一项内容就是夺岛作战，日本在美国的配合下"夺回"西南部某小岛。"敌军"在日本某岛屿登陆。紧接着，日本航空自卫队的 F-2 战斗机和海上自卫队的 P-3C 预警机迅速出动；在 F-15 战斗机的护卫下，250 名空降兵搭载 8 架 C-130 运输机从天而降，向占领岛屿的"敌军"发起进攻并夺回该岛。在整个夺岛过程中，美国海军第七舰队积极提供支援。考虑到中日两国围绕日本非法扣留在钓鱼岛附近海域捕鱼的中国渔船引发的领土主权争端，这种演习显而易见是针对中国的。中国外交部发言人指出："在钓鱼岛有关问题上，我们的立场是明确、一贯的。有关双边历史形成下来的同盟不应损害包括中国在内第三方的利益，这是我们一贯非常明确的立场。"尽管中方的表态足够克制，但此种事态必然进一步恶化中美安全关系。

回顾历史，可以认为，在奥巴马开始执政的 2009 年初，似乎出现了 1972 年尼克松政府对华和对苏采取怀柔政策的局面。然而两年来的各种事态表明，执行外交"新政"的奥巴马政府没有对华和对俄做出实质性妥协。其根本原因在于：

其一，美军虽然在阿富汗和伊拉克陷入多年的困境，但在美国大多数盟友的支持下，局面尚能维持，美国制订的 2011 年 7 月开始的从阿富汗逐步撤军的计划结果如何有待观察。更为重要的是，中国和俄罗斯都无意更深地卷入上述两国的事务，更不可能派出武装力量，使得中俄美三国在该领域的合作空间有限，奥巴马政府没有看到在这两个美国最为头疼的国际安全问题上，对中俄以妥协换取能够帮助美国脱身的合作的现实基础。

其二，2009 年 4 月北约峰会表明，2008 年的俄格战争强化了北约欧洲成员国在欧亚大陆安全和北约东扩问题上与美国的一致性。欧盟内部危机的加重也使得其不得不在国际事务中更多地向美国立场靠拢。第二轮朝核危机久拖不决，半岛紧张局势频仍，进一步强化了日本和韩国在国家安全问题上对

---

① 《中方驳斥美国在南海问题上表态　称南海形势稳定》，中国外交部网站，2010-7-25，http：//www.sina.com.cn。

美国的依赖，欧元国际地位的大幅缩水等，都凸显出美国仍是西方世界的当然领袖，单极体制没有出现根本动摇。

其三，中俄两国的国家实力和科技力量仍然远落后于美国，以 2009 年三国 GDP 为例，美国为 14.256 万亿美元，中国为 5 万亿美元左右，俄罗斯只是接近 1.2 万亿美元，两国之和仍不足美国的 50%。两国在创新科技方面的投入相对值和绝对值都大大落后于美国。中国持有的 9000 亿美元的美国国债，是投鼠忌器的 "双刃剑"，不足以成为迫使美国在中国核心利益问题上做出战略性妥协的战略筹码。

其四，1972 年尼克松政府对华对俄政策重大妥协的国内外背景是，国内的反越战运动已经严重威胁到美国的国内稳定和政府合法性，苏联大规模急速的核扩军使美国产生了一种错觉，苏联欲借美国陷入越战泥潭期间，在世界战略要地采取大规模的军事和外交的进攻性行动。因而，美国需要借助中国的力量体面地从越南撤军，共同遏制苏联可能的新一轮战略扩张。在对苏政策方面，通过限制核武器谈判承认苏联的核对等地位，遏制其核扩军趋势；通过赫尔辛基最后总协定的谈判与签署，承认第二次世界大战后有利于苏联的地缘变动，实现了美苏关系的大幅度缓和。就目前形势看，中国和俄罗斯都没有足够的战略筹码迫使奥巴马政府对两国核心利益做出实质性妥协。

总之，也应该承认，奥巴马政府的全球政策较之四面出击的小布什政府作出了较大的战略收缩，从具体领域看，由于奥巴马政府在 2009 年 9 月宣布放弃在东欧的导弹防御计划，北约处于 2008 年新一轮东扩完成后的间歇期，新的俄美核裁军条约在 2010 年上半年的签署等因素，将使俄罗斯与西方的关系出现一个为时三到四年的平缓期，这将是俄罗斯在对外政策领域面临的 "9·11" 事件之后的又一个战略喘息期，使其有可能将更大的精力投入到解决国内经济度过危机和发展问题。

2008 年金融危机以来的经验表明，俄罗斯建立高效的市场经济的路程还很长，而中国在危机中仍然很高的发展速度无论出于哪些因素，都使美国更倾向于将其看作日益临近的本国全球领导地位的挑战者。

第三节　普京归来：俄美关系重启的结束及其影响

2009 年奥巴马上台执政后，美国很快开始执行一项被称为"重启"的对俄罗斯政策，在其后的两三年内，俄美关系在若干领域，甚至在一些具有战略意义的领域确实有了实质性的改善。同时，美国在战略重心东移的背景下新的对华政策也在此后开始实施。然而，普京在 2012 年 5 月重返克里姆林宫后，俄美关系开始逐步恶化，直至 2013 年 11 月末乌克兰危机出现之时，俄美之间在独联体地区的地缘政治和地缘经济竞争战火重燃，到 2015 年上半年本书结稿时这场危机仍然看不出将如何结束。无论危机以何种方式解决，这一事件对俄美关系伤害之深，可以认为，从 2009 年 7 月开始的俄美关系重启已经消亡，并且对当前的中俄美三角关系产生了全局性影响。

一、俄美关系重启的成果

早在 2008 年共和党与民主党两党开始总统竞选活动之时，美国的国际问题智库，如"尼克松中心（Nixon Center）"、"战略与国际问题研究中心（CSIS）"就已经向奥巴马团队提出政策建议，美国应谋求与俄罗斯关系的缓和，为此，美国应该对俄罗斯在原苏联国家（独联体国家）的核心利益表示尊重。实际上是建议美国新政府放弃小布什时期与俄罗斯在独联体地区的地缘战略竞争，以应对经济实力和国际影响力日益扩大的中国。2009 年 3 月，尼克松研究中心将他们的政策建议在一篇研究报告中体现出来："我们面临着一系列巨大的挑战，诸如停止核武器和其他大规模杀伤武器的扩散，摧毁恐怖主义网络，重建全球经济，确保美国和其他国家的能源安全。没有几个国家能像俄罗斯那样对我们的成功造成如此之大的影响，它拥有巨大的核武库、横跨欧亚大陆的战略位置、庞大的能源资源以及安理会常任理事国的地位。采取迅速有效的措施来加强俄美关系，对于推进美国的国家利益至关重要。"①

奥巴马执政集团很快就接受了这一战略性的建议，并在自己的官方文件中有所表现。2009年9月发表的美国官方文件《2009年国家情报战略》对美国面临的现实安全挑战做出了全面的评估。其中，在列举有可能对美国构成安全威胁的国家时谈到了伊朗、朝鲜、中国和俄罗斯，但认为对美国构成全球性挑战的只有中国："中美之间有很多共同利益，但它谋求更多的自然资源的外交和军事现代化，是构成一系列全球性挑战的重要因素。"在谈到俄罗斯时，只是认为两国的分歧会使美国的利益复杂化。② 此外，由美国总统奥巴马在2012年1月3日签署，美国国防部在1月5日发表的最新国防战略报告《保持美国的领导地位：21世纪防务的优先任务》中指出："美国的经济与安全利益无可避免地与从西太平洋和东亚到印度洋与南亚的弧形地带的发展相联系，在这一地区，挑战与机遇混合在一起。因此，在美国军事力量将继续对全球的安全做出贡献的同时，我们必须关注亚太地区力量对比的平衡。""在高性能武器和技术日益向非国家行为体扩散的时候，中国和伊朗将继续寻求非对称手段来对抗我国的投放能力。因此，美国军队必须根据需要确保在反介入和地区拒入的情况下有效行动的能力。"显然，奥巴马政府已经毫不掩饰地将中国作为军事上的现实对手。同时，在论述欧洲大陆的军事安全态势的部分，公开发表的文本中只有一处提及俄罗斯，而且是将其作为合作者："我们与俄罗斯的接触仍然是重要的，我们将继续与其在具有共同利益的领域建立更紧密的关系，并且促使其成为解决众多问题的贡献国。"③

特别值得注意的，上述尼克松研究中心的研究报告提出的具体对俄政策建议几乎成了后来奥巴马政府的对俄行动计划：①使俄罗斯成为处理伊朗问题的伙伴；②在反扩散领域共同工作；③加强在阿富汗的反恐合作，巩固运输通道；④重新审查在波兰和捷克的反导计划；⑤承认乌克兰和格鲁吉亚都没有对加入北约做好准备，与北约盟友的合作选择不是让他们加入北约，而是为保护他们的主权承担责任；⑥就核裁军问题启动系列对话，进一步削减

---

① The Right Direction for U.S. Policy toward Russia, A Report from the Commission on U.S. Policy toward Russia, PDF File, Page i, www.pdfgeni.com/book/russia-pdf.html.

② The National Intelligence Strategy, www.dni.gov/reports/2009_NIS.pdf, August 2009.

③ U.S Department of Defense, Sustaining U.S. Global Leadership: Priorities for 21st Century Defense, http://graphics8.nytimes.com/packages/pdf/us/20120106-PENTAGON.PDF.

战略与战术核武器；⑦迅速结束《杰克逊·瓦尼克修正案》对俄罗斯贸易的限制；⑧致力于让俄罗斯加入 WTO。①

2009 年 1 月，奥巴马总统通过电话和信函等方式传达了恢复美俄关系的意愿，梅德韦杰夫给予了积极的回应。4 月 1 日，在二十国集团伦敦峰会期间，梅德韦杰夫总统与奥巴马总统举行首次会晤，宣称要为两国关系设定新的起点。同年 7 月，奥巴马总统正式访问莫斯科，俄美两国签署《对进一步削减和限制进攻性战略武器问题的共同理解》、《美军过境俄罗斯领土向阿富汗运输武器装备和人员协议》、《核领域合作联合声明》、《反导问题联合声明》等文件；两国元首还决定成立俄美总统发展合作委员会，以促进双方在安全、军控、外交和经贸等领域的合作。

由美国方面首先推动的"重启"很快就取得了一系列实质性成果。双边关系颇有成效的合作体现在以下领域。

1. 进一步核裁军

经过多轮谈判，俄美两国终于在 2010 年 4 月签署《关于进一步削减和限制进攻性战略武器措施的条约》。该条约规定，俄美两国将各自实际部署的战略核弹头限制在 1550 枚以下，将各自的运载工具限制在 800 件以内。②尽管两国仍旧没有就限制导弹防御系统的研发和部署问题达成共识，但是新条约的签署有助于改善俄美关系和发展在防扩散领域的合作。

2. 在反恐、反扩散领域扩大合作

奥巴马执政伊始，就在 2009 年 7 月美俄元首莫斯科会谈期间与俄罗斯签署了《美军过境俄罗斯领土向阿富汗运输武器装备和人员协议》。该协议签署后，根据美国国务院的统计，驻阿北约部队人员补充的 30%、物资供应的 65%、驻阿美军 30% 的燃料，依赖经过俄罗斯领土的北线运输。截至 2010 年 6 月，俄航空公司提供了 12000 次航班，支持阿富汗和伊拉克战争。阿富汗军队、警察使用的 80 架米-17 直升机由俄国公司提供。③俄方还允诺提供更多

---

① The Right Direction for U.S. Policy toward Russia, A Report from the Commission on U.S. Policy toward Russia, PDF File, Page 4, www.pdfgeni.com/book/russia-pdf.html.

② Договор между Российской Федерацией и Соединенными Штатами Америки о мерах по дальнейшему сокращению и ограничению стратегических наступательных вооружений, http://news.kremlin.ru/ref_notes/ 512.

③ U.S.-Russia Relations: "Reset" Fact Sheet, http://www.whitehouse.gov/the-press-office/us-russia-relations-reset-fact-sheet.

的直升机给阿富汗军队和北约使用。截至 2011 年 10 月，通过北线，美国已飞行了 1500 次航班，向阿富汗运送了超过 235000 名军人和工作人员。[①] 2012 年 6 月 25 日，俄罗斯政府颁布命令，将乌拉尔州乌里扬诺夫斯克的一个空军基地作为北约由欧洲向阿富汗运送军事物资的一个火车——空运中转站。

俄美两国在 2010 年 5 月《不扩散核武器条约》审议大会召开之前签署新的核裁军条约，表明两国以实际行动共同强化核不扩散机制。由俄美两国 2006 年提出的《打击核恐怖行动的全球倡议》的参与国达到 75 个，地理范围进一步扩大。2009~2012 年上半年期间，俄罗斯和美国在伊朗核问题与朝鲜半岛核问题上的外交协调大于 2012 年上半年以后。

3. 积极促进经贸关系发展

由于国际金融—经济危机的消极影响等原因，2009 年俄美贸易额大幅度下降，两国积极采取措施扭转这种态势。2010 年 6 月，俄罗斯同意对美国重新开放禽肉市场，决定购买 50 架波音 737 客机（价值 40 亿美元）。11 月，梅德韦杰夫在 2010 年度《国情咨文》中宣称，俄罗斯将与美国等发达国家建立现代化伙伴关系，以发展经贸与科技创新合作。[②] 同时，美国政府对俄美经贸合作的重视程度也表现出前所未有的状况。2011 年 8 月初，奥巴马在华盛顿接见俄罗斯商业银行代表团时强调说：“推进美俄关系的关键在经济领域。‘我认为，梅德韦杰夫总统是对的，如果我们能够像伙伴一样合作，我们就能够扩大贸易’，你们那就可能出现俄罗斯的硅谷，在那里新产业部门和新技术基础上的增加值将会出现。我们特别期待这个领域的合作。”[③] 美国驻俄罗斯大使也强调说：“为了使美国公司平等地与其他竞争者在俄罗斯市场上进行竞争，美国应该将正常贸易关系的待遇给予俄罗斯，并且废除针对俄罗斯的《杰克逊·瓦尼克法案》。美国政府和国会正沿着这个方向努力。”[④] 在美国政府上述政策的推动下，俄罗斯与美国加入 WTO 的谈判在 2009 年后进展得相

---

① Statement of Michael McFaul to the Senate Committee on Foreign Relations, Oct. 12, 2011, http://www.foreignpolicy.com/files/fp_uploaded_documents/111012, 2011-11-20.

② Выступление на совещании с российскими послами и постоянными представителями в международных организациях, 12 июля 2010 года, http://www.kremlin.ru/transcripts/8325. Послание Президента Федеральному Собранию, 30 ноября 2010 года, http://www.kremlin.ru/news/9637.

③ Обама разглядел в отношениях РФ и США "огромный прогресс", http://www.rosbalt.ru/main/2011/08/03/875439.html.

④ Майкл Макфол, Посол США в Российской Федерации, Объем торговли между США и Россией достиг рекордного уровня, http://m-mcfaul.livejournal.com/4202.html.

对顺利，2010 年 10 月俄罗斯完成了与美国的谈判，12 月完成了与欧盟的谈判，2012 年 8 月 22 日正式加入了 WTO。

2011 年 9 月 30 日，俄罗斯石油公司与美国埃克森—美孚石油公司正式签署了战略合作协议。根据协议，埃克森—美孚石油公司将与俄罗斯石油公司在圣彼得堡市组建北极科研中心，共同开发北极能源，美孚公司将投资 22 亿美元开发喀拉海油田，投资 10 亿美元开发黑海油田。作为交换条件，俄石油公司同时取得美孚公司在美国数个项目的资产和油田开发权。2012 年 4 月 18 日，双方再次签署多项具体的石油开采合作协议。在上述的北极及黑海海域试验钻探将于 2015 年开始，预计双方多年后的合作投资额将多达 5000 亿美元。①

4. 中止北约东扩步伐

由于美国政府和美国智库都认为，对美国单极领导地位的挑战明显地不是来自俄罗斯，第一任期的奥巴马政府中止了北约东扩的步伐，并且停止了在独联体地区与俄罗斯的地缘政治竞争。因此，在 2009 年，美国在乌克兰总统选举中基本采取了旁观立场，这与 2004 年完全相反，2010 年两次拒绝国内动乱中的吉尔吉斯斯坦临时政府出兵维护稳定的邀请。此外，在整个中亚地区，美国政策的首要目标已经不再是排挤俄罗斯，而是为推进美国在阿富汗的政策服务。例如，美国负责中亚与南亚事务的助理国务卿布莱克 2012 年初在题为《美国的中亚政策》的讲话中指出：美国在中亚一系列核心利益的首要内容是"鼓励中亚国家为阿富汗的稳定提供帮助"。"美国将继续鼓励中亚国家支持阿富汗的经济与政治发展。一个和平、稳定、繁荣和民主的中亚国家的未来是直接与阿富汗的和平、稳定、繁荣和民主的前景联系在一起的。"②

2008 年 4 月 2 日至 4 日的北约布加勒斯特峰会是美国力图将北约扩大到独联体国家的首次尝试，但美国支持的乌克兰和格鲁吉亚却因北约老欧洲成员国的反对和申请国的先天不足无功而返。2010 年初开始执政的乌克兰亚努科维奇政府制定了非集团化的外交政策，格鲁吉亚无法在短时间内解决国家统一问题，因而不符合北约接收新成员国的标准。2009 年开始执政的奥巴马政府在新的对俄政策的基础上，暂时中止了北约东扩的步伐。

---

① 张晓东等：《俄美最大油企联手海上采油》，环球时报，2012-4-20。

② U.S. Policy in Central Asia, Robert O. Blake, Jr.Assistant Secretary, Bureau of South and Central Asian Affairs, Forum of the Central Asia-Caucasus Institute. SAIS. Washington DC, January 25, 2012, www.state.gov/p/sca/rls/rmks/2012/182643.htm, 2014-6-10.

综上所述，可以认为，在奥巴马执政的第一任期，俄美关系在众多领域确实有了实质性的改善。这与美国运筹中俄美三角关系新的战略考虑有关，也与俄罗斯这一时期的最高领导人是梅德韦杰夫有关。

二、普京重新执政后俄美矛盾频仍使重启日渐乏力

整个西方国家的政治界，特别是美国的政治界对于 2008 年和 2012 年普京与梅德韦杰夫的"王车换位"及其操纵者充满了反感。他们认为普京为首的执政集团实质上在玩弄民主，这在美国政界和舆论界对普京重返克里姆林宫之前的国家杜马选举的评论中就清楚地反映出来。因此可以说，普京执政伊始，俄美关系就有了一个糟糕的开端，并且很快开始了一轮恶性循环。

2011 年 12 月 5 日，新一届俄罗斯国家杜马选举结果揭晓，以普京为本党总统候选人的俄罗斯统一党获得选举胜利。6 日，正在德国访问的美国国务卿希拉里对媒体发表谈话称："俄罗斯杜马选举既不自由，也不公正，俄罗斯选民有权利要求对操纵和欺诈进行全面调查。"希拉里根据监督俄选举的欧安组织观察员的看法，认为选举存在大量舞弊现象。美国的这些言论更多的是针对即将在几个月以后举行的总统选举。12 月 6 日，美国国务院发言人马克·托纳在新闻发布会上声称："我们应拿出 900 万美元，确保俄罗斯即将举行的总统大选公正透明。"托纳还承认美国为俄罗斯的非政府组织城市（Golos）协会提供财政支持，还将为大选提供更多资金。美国媒体也推波助澜，对普京进行恶毒的攻击，例如，美国《时代》周刊在一篇题为《占领克里姆林宫》的文章中说：普京越来越像"上了年纪的独裁者"，支持他在明年竞选总统的统一俄罗斯党则是"骗子和窃贼党"。[①] 上述言论不仅遭到了俄罗斯政界和舆论界的反击，而且在普京重返克里姆林宫伊始就已经严重削弱了俄美关系本已脆弱的基础，严重"毒化"了双方的关系气氛。2013 年初，反映普京政府外交政策和理念的新版《俄罗斯联邦外交政策构想》有针对性批判美国的上述举措："试图向他国推行自己的价值观只会强化国际事务中的排他性、偏执性和冲突性，最终导致国际关系的混乱和不可控制。上述国际关系的重新意识形态化的趋势对加强全球稳定的前景产生了负面影响。"[②] 显而易

① 谭武君等：《希拉里宣称俄"选举不公"，俄强硬回击西方指责》，《环球时报》，2011-12-7。

② Концепция внешней политики Российской Федерации, Утверждена Президентом Российской Федерации В.В.Путиным 12 февраля 2013 г, http://www.mid.ru/bdomp/ns-osndoc.nsf.

见，美俄之间的矛盾并不是政策差异问题，而是根植于基本理念上的对立。

由于 2011 年底国家杜马选举之后和 2012 年 3 月总统大选期间曾发生多次反政府和反普京游行，普京政府认为这是对俄罗斯进行"颜色革命"图谋的表现，开始加强对街头抗议活动的控制，许多反对派领导人先后遭到逮捕，或正接受调查。美国政府和议员多次对此表示关注，并呼吁俄方尊重人权，但却遭到俄罗斯政界精英齐声驳斥并谴责其煽动革命。最终，莫斯科方面全面取缔了非商业组织美国国际开发署（USAID）在俄罗斯的活动。2012 年 12 月，由《马格尼茨基法案》引发的俄美之间的法律战加剧了两国关系的恶化程度。

谢尔盖·马格尼茨基是俄罗斯赫密塔吉基金管理公司的一名律师，曾经揭露了一起涉案金额达 2.3 亿美元的官僚诈骗案。2008 年，他因受到逃税指控而被俄警方逮捕，羁押期间因心脏病发作于 2009 年 11 月在莫斯科"水兵寂静"看守所去世。美国政府和议会认为这是俄罗斯政府部门对反腐败人士的蓄意谋杀。美国国务院 2011 年 7 月对数十名涉及马格尼茨基案的俄罗斯官员实行签证制裁。2012 年 12 月 6 日，美国参议院表决通过了《马格尼茨基法案》，该法案特别规定，不得向与 2009 年律师马格尼茨基之死有关的 60 名俄罗斯人发放美国入境签证，并冻结他们在美国的财产。12 月 19 日，俄罗斯国家杜马以 399 票对 17 票通过了《季马·雅科夫列夫法案》，禁止美国夫妇领养俄罗斯儿童，同时宣布废除 2012 年 7 月俄罗斯政府批准的美俄儿童领养协议。俄罗斯国家杜马此举立即被美国舆论广泛解读为对美国总统奥巴马 12 月 14 日签署《马格尼茨基法案》的报复。而美国方面的反击措施是第二届奥巴马政府执政伊始就在 2013 年 1 月底召回其驻俄美国公民社会发展联合工作组代表，并指出这是对俄罗斯政府近来包括制造马格尼茨基案件等非法镇压反对派行动的抗议。2009 年，根据时任俄罗斯总统德米特里·梅德韦杰夫和美国总统巴拉克·奥巴马的决议，两国成立了双边总统委员会，相继组建了 16 个不同的工作组协调俄美各领域合作，发展公民社会工作组即为其中之一。

上述俄美之间的法律战余波未平，2013 年 6 月至 8 月的斯诺登案使俄美之间的矛盾再次升级。2013 年 6 月初，前中情局（CIA）外包业务雇员爱德华·斯诺登将两份绝密资料交给英国《卫报》和美国《华盛顿邮报》，揭露美国政府在过去 6 年间，要求美国国家安全局和联邦调查局通过进入微软、谷歌、苹果、雅虎等九大网络巨头的服务器，监控美国公民的电子邮件、聊天记录、视频及照片等秘密资料。随后，斯诺登受到美国政府的全球通缉。斯诺登在全球近 20 个国家和地区寻求避难未得到回应的情况下，2013 年 6 月 23 日上午离开香港，乘坐俄航 SU213 航班飞往莫斯科。8 月 1 日，斯诺登已经获得允许其离开莫斯科机场等待转机区域的文件，获俄罗斯一年临时难民身份。8 月 6 日，奥巴马总统以俄罗斯给予美国"棱镜"监控项目揭秘人斯诺登临时避难许可引起美俄关系紧张为由，宣布取消原定在"二十国集团"(G20) 召开前夕于 9 月 3 日至 4 日与俄罗斯总统普京举行首脑会晤。几天后在白宫举行的新闻发布会上，奥巴马说，俄罗斯的决定表明美国在美俄关系上仍面临潜在挑战，美国政府将"重新评估俄罗斯的走向、美国的核心利益以及校准美俄关系"。[1] 也就是说，奥巴马政府要重新考虑 2009 年以后开始的以"重启"为标志的对俄罗斯政策了。

与此同时，作为两国合作关系的重要基础的经贸及能源领域的合作状况也不乐观。

双方贸易额在金融危机的第二个年头大幅下挫，2011 年有较大幅度回升后，2012 年和 2013 年的贸易额出现了持续下降，分别为 398 亿美元和 381 亿美元（见表 1-1）。俄罗斯与美国的能源合作关系也由于美国国内迅速发展的价格低廉的页岩油气的生产而明显的前景不妙。从表 1-2 可以看出，俄美石油贸易 2010 年以后增长放缓，2012 年开始下降，2013 年再度下降，与危机前的 2008 年数量大体持平。

表 1-1 美俄实物贸易数据 （2001~2013)

单位：10 亿美元

年份	2001	2002	2003	2004	2005	2006	2007	2008	2009	2010	2011	2012	2013
出口	2.7	2.4	2.4	3.0	3.9	4.7	7.4	9.3	5.4	6.0	8.3	10.6	11.1
进口	6.3	6.8	8.6	12.6	15.3	19.8	19.3	26.8	18.2	25.7	34.6	29.2	27.0
平衡	-3.5	-4.4	-6.2	-8.9	-11.3	-15.1	-11.9	-17.4	-12.8	-19.7	-26.3	-18.6	-15.9

资料来源：根据美国国家统计局相关年份数据整理，http://www.census.gov/foreign-trade/balance/c4621.html。

---

[1] President Obama Took Questions from Reporters at the White House on Aug. 9, 2013, http://www.washingtonpost.com/politics/transcript-president-obamas-august-9-2013.

表1-2　美国从俄罗斯进口原油和汽油产品数量

单位：千桶/日

年代/年份	0	1	2	3	4	5	6	7	8	9
1970's				26	20	14	11	12	8	1
1980's	1	5	1	1	13	8	18	11	29	48
1990's	45	29	18	55	30	25	25	13	24	89
2000's	72	90	210	254	298	410	369	414	465	563
2010至年今	612	624	477	459						

资料来源：http：//www.eia.gov/dnav/pet/hist/LeafHandler。

上述俄美之间在若干具体问题上引发的外交战和两国经贸领域双边合作的萎缩，已经表明俄美关系的重启日渐乏力，而且由于基本理念对立和双方间深刻的不信任，脆弱的俄美关系孕育着新的危机。

三、乌克兰危机：美俄关系重启的结束

2008年4月北约布加勒斯特峰会是美国主导的一体化计划对俄罗斯的独联体地区一体化方案的最直接挑战，因为北约东扩的矛头首次直接指向乌克兰和格鲁吉亚等独联体国家。在此之后，由于2009年开始的俄美关系重启，美国暂时终止了北约东扩的步伐，而此时出现的欧盟"东方伙伴关系"计划，成了对俄罗斯在独联体地区经济一体化计划最大的外部挑战。美国正是在此轮乌克兰危机中利用俄罗斯与欧盟的矛盾，实现了阻止俄罗斯欧亚经济联盟进一步扩大的战略意图。

2009年5月开始实施的欧盟"东方伙伴关系"计划由于2010年联盟财政危机的全面爆发而在推出的最初两年内进展缓慢。该计划由波兰和瑞典两国在2008年5月欧盟峰会上提出并于2009年5月7日布拉格峰会正式批准启动，旨在发展欧盟与六个原苏联国家（格鲁吉亚、阿塞拜疆、乌克兰、摩尔多瓦、白俄罗斯以及亚美尼亚）一体化，内容主要包括欧盟与这些国家建立自由贸易区、加强能源和安全方面合作、简化其公民进入欧盟的签证手续以及取消人员跨境流动限制等。[1]

俄罗斯舆论界和官方一开始就对欧盟这一计划充满了警觉。俄《生意人报》当日发表文章称，欧盟正在组建一个从属于自己的小独联体。俄外长拉

---

[1] Eastern Partnership，http：//en.wikipedia.org/wiki/Eastern_Partnership，2009-5-7，2014-5-25.

夫罗夫日前也对"东方伙伴关系"提出质疑，认为欧盟是在迫使上述国家做出政治选择，即"要么与我们为友，要么与我们为敌。"在俄罗斯看来，这是北约东扩暂停之后瓦解俄罗斯领导的独联体地区一体化的重要手段。因此，普京在重返克里姆林宫之前拟定并提出了自己的新的较以往规模更大、成员国彼此间合作更加紧密的一体化计划。这就是 2011 年 10 月 3 日普京在《消息报》发表的题为《新欧亚一体化计划——今天孕育未来》的文章中提出的欧亚联盟的设想。这既是普京宣布参选总统后首次公开宣布其外交政策主张，更是俄罗斯应对欧盟"东方伙伴关系"计划的重大步骤。这个规划宏伟的一体化计划以现有的俄罗斯、白俄罗斯和哈萨克斯坦三国的关税同盟为起点。普京指定的路线图是："关税同盟和统一经济空间是未来欧亚经济联盟的基础，下一步更高的一体化目标——通向欧亚联盟。"①

有着 60 万平方公里的土地、4800 万人的欧洲第二大国家乌克兰自然成为欧盟和俄罗斯各自的一体化计划的最重要争夺目标。进入 2013 年以后，根据欧盟与俄罗斯各自的时间表，双方对乌克兰的争夺更加激烈。

（1）欧盟方面：2008 年欧盟与乌克兰正式启动了加入欧盟联系国进程谈判，随即也开始了建立双边自由贸易区谈判。2011 年 12 月谈判结束，2012年 5 月草签协议。2013 年 5 月 15 日，欧洲委员会最终通过协议草案，决定在 2013 年 11 月 28 日至 29 日维尔纽斯东方伙伴关系峰会上，乌克兰与欧盟正式签署联系国协定。

（2）俄罗斯方面：2011 年 11 月成立欧亚经济委员会，它作为 2012 年 1月 1 日正式成立的统一经济空间的领导机构，2013 年 12 月欧亚经济委员会元首会议决定在 2014 年 5 月 1 日前完成有关欧亚经济联盟的各项法律文件（包括联盟条约）的准备工作，2015 年 1 月正式建立欧亚经济联盟。

为此，普京在 2013 年与亚努科维奇会晤了 6 次，其中 5 次是在危机前。俄罗斯方面许诺将向乌克兰提供 150 亿美元的贷款和数十亿美元的武器订货，此外还会降低天然气价格。而还没有完全走出债务危机的欧盟不仅对乌克兰提出的援助计划反应冷淡，而且向乌克兰提出的 21 项前提条件中包括亚努科维奇无法接受的释放前总理、反对派领袖季莫申科。

---

① Владимир Путин: Новый интеграционный проект для Евразии – будущее, которое рождается сегодня, Известия, 3 октября 2011, 2014-3-24.

应该指出的是，乌克兰在 2013 年 11 月 21 日宣布暂时中止与欧盟签署联系国协议的决定之后，乌克兰国内并没有马上出现大规模的反对派抗议活动。这使得参加月底举行的欧盟与"东方伙伴关系"6 国峰会的亚努科维奇从容地顶住了欧盟领导人的最后劝说，提出成立乌克兰、欧盟和俄罗斯三方委员会的建议。同时，11 月 29 日，法国总统奥朗德在会晤亚努科维奇时，接受了后者对其发出的访问乌克兰的邀请，并对乌克兰做出暂缓签署联系国协定的决定表示理解和尊重。奥朗德表示："对于乌克兰政府来说，确实应当仔细斟酌和掂量，要全面考虑乌克兰的经济状况。"欧洲议会议长舒尔茨在峰会后也表示："能理解亚努科维奇没有签署联系国协定的原因。乌克兰确实有不能马上解决的金融、能源问题以及需要排除的压力。"他呼吁欧盟"不要对乌克兰关闭欧洲的大门"。①

相反，美国政府和国会却对此反应异常激烈。11 月 21 日当天，美国副总统拜登就公开对乌克兰政府的决定表示遗憾。12 月 1 日，美国大使皮雅特与乌克兰内务部长扎哈尔琴科和外长科扎尔举行了会晤，对乌政府使用暴力表示担忧。美国总统新闻秘书杰伊·卡尼 12 月 3 日在声明中支持抗议活动，谴责乌当局的镇压行动。副总统拜登 9 日警告乌克兰总统不要使用暴力。12 月 11 日，美国国防部长哈格尔与乌克兰国防部长帕维尔·列别捷夫通电话，提醒乌克兰不要以任何形式的武力手段对待和平公民。12 月 15 日，美国参议员麦凯恩和墨菲参加在基辅独立广场的反对派集会并发表演讲。麦凯恩对 1.8 万名集会者说："我们来到这里，为了表达对你们这一和平进程的支持！"美国负责欧洲事务的助理国务卿纽兰 2014 年 2 月 4 日在打给美国驻乌克兰大使皮亚特的电话中还指责欧盟斡旋行动"迟缓"，爆出了"去他妈的欧盟"的粗口，② 表明了美国煽动和利用此次危机达到更大政治目的的急切心理。12 月 10 日，美国助理国务卿纽兰飞抵基辅并会见乌克兰反对派领导人。她亲自造访基辅独立广场为亲西方的示威者加油。纽兰还公开表示，美国支持乌克兰人民的欧洲一体化选择。应该说，美国如此短时间内出动各部门官员和政界人士深入干预一国的内部危机事件前所未有。

① 朱冬传：《乌克兰在入盟路上急刹车 成俄欧政治游戏主动方》，《法制日报》，2013-12-3。
② Top U.S. Diplomat for Europe: Fuck the EU, http://language.chinadaily.com.cn/article-189472-1.html.

更能反映美国在乌克兰危机中的政策的事件是 2014 年 2 月 22 日乌克兰议会突然通过决议，宣布解除民选总统亚努科维奇的职务。而在前一天，亚努科维奇、乌反对派、欧盟及俄罗斯特使刚刚就解决危机达成了共识，同意提前举行总统选举并恢复扩大议会权力的 2004 年宪法。尽管目前还没有更多的内部情况披露出来，但根据上述美国政府在危机中的种种行动，可以认为，没有参加四方磋商的美国方面并不满意这种妥协方案，一夜之后鼓动反对派推翻了亚努科维奇政府，使危机形势再度恶化，并且一发不可收拾。俄罗斯方面认为是美国策划的反俄"颜色革命"。普京在 3 月 18 日的演讲中说："俄罗斯真心希望与西方对话，希望相互关系是平等的、开放且诚实的，但没有看到西方为此所做的任何努力。相反！我们一次又一次地被欺骗。别人在背后替我们做决定，留给我们的都是既成事实。"[1] 被激怒的普京将夺取克里米亚地区作为反击措施，危机再次升级，也使这次危机背后的俄美较量的实质彻底浮出水面，其后美国联合西方国家对俄罗斯发起了多轮制裁。

美国缘何重新开始了本来已经在"重启"框架内停止的在独联体地区与俄罗斯展开的大规模地缘政治和地缘经济竞争？仅是由于对斯诺登案的外交报复还是借危机惩治在国际事务中一贯与美国唱反调的俄罗斯？

斯诺登案虽然使美国陷入尴尬，但仍然不足以使美国在战略东移日益感到力不从心的情况下与俄罗斯展开一场大规模的地缘政治较量。斯诺登案发生后，美国虽然宣布取消了"奥普会晤"，但奥巴马仍将按原计划参加 2013 年 9 月初在俄罗斯圣彼得堡举行的二十国集团峰会。而且，已中断 6 年的两国国防部长和外交部长"2+2"会谈，也按原定计划于 2013 年 8 月 9 日在华盛顿举行。同时，美国政府表示，美俄两国"有着广泛的共同利益"，不希望斯诺登事件"殃及美俄整体关系"。而在处理国际热点问题和反恐反扩散方面两国还存在着诸多共同利益。

导致美国重新返回对俄罗斯战略遏制轨道的根本因素是俄罗斯的建立欧亚联盟计划。英国《金融时报》网站 2011 年 12 月 6 日的一篇报道曾引起了广泛的关注：《希拉里发誓阻挠形成新苏联》。正在爱尔兰访问的美国国务卿希拉里 12 月 6 日在都柏林召开的新闻发布会上警告说，美国正试图阻止俄罗斯借

---

① Обращение Президента Российской Федерации, 18 марта 2014 года, 15：50 Москва, Кремль, http://www.kremlin.ru/transcripts/20603.

助经济一体化的方案重建新版苏联。她说："有关举措旨在让该地区重新苏维埃化。""它将被称作关税同盟，它将被称作欧亚联盟。""但让我们不要搞错了。我们清楚他们的目标，也正努力找出延缓或阻碍其实现的有效方法。"她的语调表明，美国正重新考虑 2009 年宣布的"重启"与俄罗斯关系的决定。[①] 值得注意的是，希拉里发表上述言论是在普京相关文章发表两个月之后。美国方面显然是仔细研究俄罗斯的计划之后做出上述评论的。普京在阐述建立欧亚联盟的最终目标时说，它将是"一个强大的超国家联盟模式，能够成为当今世界的一极，并成为连接欧洲和蓬勃发展的亚太地区的纽带"。[②] 这种表述足以使一贯认为俄罗斯具有扩张主义外交传统的美国政界足够的警觉，尤其是它是由普京这个反西方的政治强人提出的。因而，当俄罗斯按照自己的路线图逐步推进海关联盟—统一经济空间—欧亚经济联盟—欧亚联盟之时，利用乌克兰危机，对俄罗斯的计划进行釜底抽薪，实质上是美俄两国国家战略的迎头相撞，其冲突烈度之大，影响之深远，足以导致奥巴马执政年代美俄关系"重启"的终结。

四、重启结束的原因与影响

（1）在战略东移的背景下美国将中国作为其全球领导地位的最大挑战者，这成为美国制定"重启"的对俄政策的重要动因，但与此同时，奥巴马当局对与美国有着种种矛盾的普京政权仍然充满着反感和戒心。从遏制潜在的战略竞争者，维护美国单级领导地位的角度讲，阻止俄罗斯组建包括乌克兰的欧亚联盟，以阻止他们认为的苏联复活的可能性，是美国全球战略的利益所要求的，因此美国不惜冒美俄关系重新恶化的风险。

（2）从上述角度讲，美国重返遏制俄罗斯之路，不是一时的战略冲动。但不可否认的是，美国在处理乌克兰危机的过程中，也存在着严重的战略误判：美国方面以为俄罗斯会无奈地接受 2 月 22 日剥夺亚努科维奇总统职务的结果，就像无奈地接受 2005 年 1 月在西方支持的乌克兰第二轮总统选举中尤先科代替了在第一轮获胜的亚努科维奇的结果一样。美国试图以此既彻底消

---

① Clinton Vows to Thwart New Soviet Union, By Charles Clover in Moscow, www.ft.com/cms/s/.../a5b15b14-3fcf-11e2-9f71-00144feabdc0.html.

② Владимир Путин: Новый интеграционный проект для Евразии – будущее, которое рождается сегодня, Известия, 3 октября 2011.

除乌克兰短期内加入欧亚联盟的可能性，又可以尽快结束危机，专注于战略重心东移。俄罗斯出人意料地夺取克里米亚并支持乌克兰东南部俄罗斯族的分离行动为乌克兰临时政府制造麻烦，造成了该地区局势的长期动荡，美国无法迅速脱身，实际上陷入了东西两面出击的战略尴尬境地。

（3）2014 年 5 月 25 日乌克兰大选的如期顺利举行并不意味着此次乌克兰危机会很快结束。在西方制裁俄罗斯的同时，乌克兰也面临着俄罗斯的能源与贸易制裁。乌克兰危机最可能的解决方式是签署类似 1955 年美苏英法签署的确定其中立国地位的《奥地利条约》，由作为签约方的美国、俄罗斯和欧盟共同承担责任来保证乌克兰的主权和领土完整。乌克兰方面为避免成为东西方军事安全领域争夺的牺牲品，会接受中立化方案，但不会接受俄罗斯提出的国家体制邦联化方案，因为这将为国家进一步分裂埋下伏笔。俄罗斯无法长期承受西方的经济制裁（在 2014 年第一季度西方制裁还没有正式启动的情况下，俄罗斯方面估计外逃资金已经高达 600 亿到 700 亿美元，超过了2013 年的总量，而欧盟方面的估计则高达 2000 亿到 2200 亿美元），也会做出妥协，以乌东南部加大的地方自治权来保证俄罗斯在这些亲俄地区对外经济联系中的地位。俄罗斯在能源领域以及通过股份制在乌克兰金融和实体经济中的控制力，也会保证后危机时期俄罗斯在乌克兰的影响。此轮危机使美国为首的西方国家充分认识到了乌克兰问题对俄罗斯的高度敏感性，乌克兰加入北约很明显地将使美俄之间处于持续的、高强度的军事对峙状态，将极大地拖累美国的全球行动能力，因此也会接受乌克兰中立化方案，特别是美国方面已经达到了在危机中的基本目的，即彻底消除了乌克兰加入欧亚联盟的可能性。2008 年 4 月，布加勒斯特北约峰会期间德法等国对接纳乌克兰和格鲁吉亚加入北约的态度表明欧盟比美国更愿意接受乌克兰的中立化。

（4）2014 年 3 月 4 日，美国防部发表的《四年防务评估报告》强调了"美国家利益与亚太地区的和平与安全紧密相连。国防部将继续贯彻总统向亚太这一关键地区实施再平衡的总目标"。[①] 美国不会改变将主要国家实力应对中国在亚太地区影响力不断增长这一战略选择。美国政府认为俄罗斯是一个

---

① Quadrennial Defense Review Report, March 4, 2014, http://www.defense.gov/home/features/2014/0314_sdr/qdr.aspx, 2014-5-30.

衰落中的地区大国，俄罗斯领导的没有包容乌克兰的超国家联盟难以根本改变东欧地区原有的政治和安全格局。

（5）2014 年上半年美国开始加大在东欧地区的军事投入以及在 2015 年实施欧洲反导计划第二阶段部署的前景，使得美俄关系即使在乌克兰危机之后也难以有值得称道的回暖。随着美国和北约从阿富汗逐步撤出绝大部分武装力量，美国对俄罗斯的反恐合作需求也会减弱，在不断逐步加强对俄制裁的情况下，本来就增长乏力的俄美经贸关系将处于低迷状态，俄美总体关系将出现保持对话但少有合作的冷和平状态。由于亚太地区始终是美国全球战略的重心，美国希望尽快结束乌克兰危机，因此在制裁的同时也会随时准备与俄罗斯进行相互妥协的对话与谈判，但俄美关系难以重启。俄罗斯为摆脱外交和经济困境对俄中各领域合作的战略需求明显加强，而中国在美国战略重心东移的持续压力下也会积极迎合俄罗斯的合作需求，中俄美三角关系中中俄相互倚重将促使两国在一系列问题上求同存异，扩大合作范围与强化合作力度。

第四节　俄美乌克兰之争与中俄美三角关系新态势

在乌克兰危机爆发后不久，美国联合其欧洲盟友从 2014 年 3 月开始逐步扩大了对俄罗斯的经济制裁，制裁暴露了俄罗斯经济的弱点，加剧了其在与外部世界的投资合作与贸易往来方面对中国的依赖。此外，危机的爆发导致本来就缺乏动力的美俄关系重启戛然而止，而且两国关系还表现出比 2009 年以来美中的战略博弈更多的对抗性，反映了俄美矛盾的深刻性及其特点。俄美之间在经济、外交和军事领域激烈和全面的对峙，延缓或者说推迟了战略重心东移后美国针对中国的全面战略博弈。

一、持续扩大的经济制裁促使俄罗斯加速推进与中国的合作

2014 年 3 月下旬以来，乌克兰危机中西方与俄罗斯之间出现了多轮经济制裁和反制裁，制裁的累加效应已使俄罗斯经济面临极大的困难。制裁实施

半年后，卢布对美元币值已经由制裁前的 30∶1 左右下降到 40∶1 左右，12月中旬进一步贬值到 55∶1 左右。导致近几年来最严重的 8% 的通货膨胀，而俄罗斯政府的计划控制范围是不超过 5%；制裁的直接和心理影响使资本外流空前加剧，2014 年全年至少在 1000 亿美元以上；制裁使俄罗斯股市大跌，国内融资能力大挫，海外融资则受到更加严厉的限制，上述两个因素使生产性投资严重匮乏，经济增长陷入停滞。

更加糟糕的是，作为俄罗斯国家财政收入的半数以上来源的石油产品出口面临着价格大幅下跌。2014 年 6 月，油价还基本在 100 美元/桶以上徘徊，而到 10 月中下旬已跌至 80 美元左右，11~12 月在 70 美元左右徘徊。面临西方制裁，俄罗斯一直不敢动用，甚至没有扬言动用欧盟最忌讳的以能源为手段的反制裁，就是因为为卢布救市和促进关键部门的生产，俄罗斯政府已经动用了大量外汇储备，甚至养老基金，如果再自我限制油气出口，无疑是自毁长城。100 美元的油价被认为是俄罗斯财政盈亏的平衡线，油价下跌至少会使 2014 年和 2015 年两年财政支出捉襟见肘，而且还面临着债务违约的风险。已经有消息说，俄罗斯财政部拟定中的 2015~2017 年的预算草案，计划将基础设施投资同比减少 73%，医疗投入减少 23%。

特别应该强调的是，不应过于夸大西方制裁的作用和油价下跌的人为因素。坦率地说，俄罗斯经济发展的内生动力不足和国际能源价格周期性低谷的出现是俄罗斯陷入经济困境的根本原因，远胜于西方制裁和压低油价的人为因素的影响。众所周知，俄罗斯在西方制裁之前的 2013 年已经出现了经济增长率的逐季度衰减，2012 年第一季度为 4.8%，而 2013 年第一季度为 1.6%，然后逐步下降到第四季度的 1.3%，全年增长率只有 1.38%。也就是说，没有制裁，俄罗斯经济发展的前景也不容乐观。可以认为，俄罗斯经济走低甚至出现衰退，主要原因在于内部，在于 2003 年以来出现和逐步加强的政府垄断、新寡头垄断和关系经济，这三者共同制约了市场竞争机制对民间投资、技术进步、经济结构的优化的推进作用。政府对油气资源部门的垄断加剧了"资源诅咒"病，使政府对优化经济结构的投入"雷声大雨点小"；新寡头垄断遏制了新的民间企业的产生和由此出现的技术进步；而索契奥运会场馆建设暴露出的关系经济不仅表现出了高消耗和低效率，也摧毁了市场公平，更会使民间资本裹足不前。以上作为主要因素，与能源生产的"虹吸效应"一起使俄罗斯经济难以摆脱对能源的依赖，其他领域投资不足，技术进步缓慢，加工工业的产品在独联体国家以外没有竞争力。上述因素是俄罗斯经济发展陷入停滞甚至衰退的内在原因，也是对西方制裁承受能力和反击能力都脆弱的根本原因。严酷的现实是，俄罗斯经济的发展模式和前景失去了对乌克兰的感召力是此次乌克兰危机最重要的两个外部因素之一。

同时，还应该看到，此一轮油价下跌，更大程度上是非人为因素造成的。2014年，新兴市场经济国家普遍增长率放缓，欧盟增长乏力，美国快速增长的页岩油气生产等因素集中释放，使2008年以前最高达到每桶147美元所刺激出的巨大油气产能出现严重过剩。从这个意义上说，欧美即便很快解除了制裁，处在下行周期的能源价格也不会大幅上扬，俄罗斯经济与财政状况会有所缓解，但难以在短期内有实质性好转。

目前，俄罗斯国内的政治力量对比和社会内部根深蒂固的反美情结，会保证普京政府保持政局的基本稳定，人民会和政府一道渡过难关。但此次经济发展陷入困境的教训也许比2008年金融危机爆发时更为深刻，这会促使俄罗斯执政集团和附属的智力精英更深入和全面地设计和推进本国的经济改革。

为了摆脱危机，俄罗斯只能继续使用本国的"拳头产品"——能源出口来摆脱危机，而中国成为俄罗斯最适合的合作对象国。中国具备俄罗斯需要的所有要素：没有参加西方国家的联合经济制裁；有巨大的能源需求和巨大的购买力；地理上相连便于解决运输问题。因此，双方在天然气贸易领域一扫以往谈判僵持不下的局面，在2014年5月迅速签署了天然气供货合同，决定从2014年底开始修建两国东线天然气管道，2018年起供货30年。同年11月，双方又签署了建设西线向中国供应天然气的框架协议。

二、美国在战略重心东移背景下重新与俄罗斯交恶的深层次原因

从形式上看，奥巴马政府在乌克兰危机中的政策似乎存在着两点矛盾：其一是在实施战略重心东移、亚太再平衡的战略时已感力不从心：10年内缩减一万亿美元军事开支的立法规定与美国政府认为中国军力迅速增长的评估难以平衡，在亚太地区与中国进行的经济领域博弈在扩大投资与扩展贸易方面也受到国内经济低迷的困扰。在这种背景下，在欧洲东部与俄罗斯进行的大规模地缘政治较量，冲击了战略重心东移，严重耗散了国力。其二是金融危机之后，美国政府对俄罗斯的国家实力和国际作用的评估大为降低。例如，2009年7月副总统拜登访问了乌克兰，24日在接受采访时称，俄罗斯的人口

在缩减，经济在衰退，银行和金融体系也可能无法撑过未来 15 年。在乌克兰危机发生后，奥巴马在 2014 年 3 月 25 日在核安全峰会上谈到，俄罗斯只是一个虚弱的地区大国。既然如此，俄罗斯已经没有实力挑战美国的领导地位和美国主导的全球秩序，美国为何以阻止乌克兰加入欧亚经济联盟为契机，重新对俄开始一轮大规模的地缘政治围堵？

实际上，美国在乌克兰危机中放弃对俄"重启"的政策，重返遏制，绝不是简单的机会主义，而是基于对俄罗斯的外交文化与国际定位的基本认识。正是在这些涉及民族性或国家性的深层次因素上，美国对俄和对华政策表现出了很大差异。

（1）美国政府认为俄罗斯作为沙皇俄国与苏联的继承国，具有扩张主义和支配主义的国家传统，而中国不具有这些传统。在 2009 年美国开始实行"重启"美俄关系之前，美国一直在阻止俄罗斯以沙俄或苏联的方式控制独联体国家。而在 2011 年 10 月普京提出建立欧亚联盟的路线图之后，美国政府认为这是恢复苏联的计划而表示要坚决抵制，这正是美国在危机中推波助澜、力图推翻亲俄政权，根除乌克兰加入欧亚联盟可能性的深层次原因。而美国在这个问题上对苏联和中国立场的差异，2005 年 9 月 21 日美国副国务卿佐利克的表述很具有代表性："在长达 50 年的时间里，我们的政策是隔绝苏联，其内部矛盾导致了内耗。近 30 年来，我们的政策是促使中华人民共和国走出来。"即使在美国开始实行战略东移的时候，美国政府并不认为中国方面的挑战是来自扩张和企图支配邻国。例如，2009 年 8 月发表的美国官方文件《2009 年国家情报战略》在列举中国损害美国利益的表现时指出："中美之间有很多共同利益，但它谋求更多的自然资源的外交和军事现代化，是构成一系列全球性挑战的重要因素。"因而，美俄之间的外交对抗的尖锐程度总是高于美中之间，而且更多的带有遏制因素。

（2）美国政府认为俄罗斯一直具有挑战和取代现存国际制度的政策，而中国不具有这种意图，而且，中国自认为更多的情况下是现存国际制度的受益者。近年来，虽然俄美关系因美国奉行"重启"政策而出现较大波动，但无论是 2007 年 3 月的《俄罗斯联邦对外政策概要》，还是 2008 年版和普京重新执政后的 2013 年版的《俄罗斯联邦对外政策构想》始终具有挑战和改造现存国际制度的意愿，这使得美国在战略重心向亚太地区东移的情况下对俄罗斯的动向仍然充满了警惕。相反，佐利克在 2005 年所阐述的观点在今天仍能代表美国决策者对中国在这个问题上的看法："最重要的是，中国不认为自己的前途取决于废除现行国际体系的基本秩序。事实上情况正相反，中国领导人认定，他们的成功依赖与世界联网。"美国学者斯坦伯格与奥汉隆在2014年5月出版的《21世纪的美中关系》一书中指出，即便是现在，美国战略分析界对中国是否要颠覆现存制度存在巨大争议。因而，美国历届领导人都试图而且认为有可能将中国纳入现存的国际体系。这决定了即使在战略重心东移的时代，美国对华政策除了遏制的因素外仍然有合作的意愿。而小布什时期的国务卿赖斯则认为，克林顿时期美国对俄罗斯的援助和融合都是徒劳的。

此外，第三点原因是，美国政府对俄罗斯和中国经济发展现状、前景和潜力的估价差异很大，对美俄经贸合作与美中经贸合作对美国的意义的估价差异也很大，而且美俄贸易额在2012年为390亿美元左右，2013年为380亿美元；而中美贸易额同年数据是5362亿美元和5210亿美元。因此，特别是在美俄能源合作日渐萎缩的情况下，美国并不顾忌对俄经济制裁对美国自身的伤害，而对中国则完全是另外一种情况。因此，美国对华政策的制定和操作都要比美国对俄政策的制定和实施更加复杂。

三、俄罗斯因素推迟了美中全面战略博弈

21世纪国际政治与安全形势的变动，主要是围绕两条主线进行的，其一是美国主导的反恐反扩散行动，其二是世界主要大国所进行的地缘政治与地缘经济竞争。而金融危机爆发后美国主要是在第一条主线上实施全球性的战略收缩（例如在伊拉克与阿富汗的撤军、搁置朝核问题等），全球战略形势的变化更多的是由第二条主线所主导。而构成这条主线核心内容的中美俄三角关系的变动，日益明显地表明，俄罗斯因素推迟了美中全面战略博弈时代的开始。

"9·11"事件的爆发使美国面临的国际政治与安全挑战不再单纯地来自崛起中的大国。然而，反恐反扩散占据美国全球战略首要位置的时间相当短暂：2001年与2003年阿富汗与伊拉克战争的迅速取胜以及当时相对平稳的两国局势，使小布什政府认为可以腾出手来，布局以"拓展民主"为形式的地缘政治安排，实际上导致重新将国家对外战略的首要矛头对准有可能挑战美国单极领导地位的崛起中大国。

2004 年，美俄两国围绕乌克兰大选所进行的地缘政治博弈在 2005 年 1 月以美国的胜利而结束，但俄罗斯在当年策动乌兹别克斯坦迫使美国撤出在当地的空军基地，使美国在中亚地区经历了苏联解体后第一次重大的外交挫折。针对当年 7 月初上海合作组织元首会议联合声明所表现出的中俄联合倾向，美国政府在 9 月提出了美中之间是"利益相关者"的概念。与此同时，2005年夏季中俄军演中俄罗斯再次明显地表现出联华制美态势，此后的几年中，俄美关系因伊朗问题、美国在东欧的反导基地计划问题持续恶化。出于在对俄采取强硬政策时稳住美中关系的需要，小布什政府对台湾独立势力采取了明显的压制态度。

金融危机爆发后中国经济的强势表现，其在全球特别是亚太各国迅速增长的贸易与投资，快速进行的军事技术更新，使美国认为自己在全球范围内的经济和金融地位都受到了来自中国的挑战，而且这种挑战的逐步增强会威胁到美国的全球领导地位。美国全球战略重心向亚太地区的转移同时也产生了失去了传统重心地位的欧洲再平衡问题，因此美国对俄罗斯的重启政策随之出现。

2013 年 11 月乌克兰危机爆发前重启政策实行的四年里，美国逐步推进了向新确立的战略重心地带的力量转移。其理论阐述（希拉里·克林顿《美国的太平洋世纪》）、战略制定（美国国防部 《持续保持美国的全球领导地位：21世纪防务的优先任务》、Sustaining US Global Leadership：Priorities for 21st Century Defense）、军事力量向亚太地区的转移和重新部署、该地区联盟体系的重新塑造、重新夺得贸易与投资优势的 TPP 机制的谈判等，都是与中国在各领域全面博弈的前期准备。

乌克兰危机客观上推迟了美中全面战略博弈的开始。普京亲手拟定的建立"一个强大的超国家联盟模式，能够成为当今世界的一极"欧亚联盟计划，与美国在战略重心东移后保持欧洲现有安全与经济结构的构想发生了根本性矛盾，是这场危机深刻的外部原因。然而，由于危机难以在短期内结束，造成了该地区局势的长期动荡，美国无法迅速脱身。同时，美国对华政策在此背景下不可能不考虑避免中俄两国过于走近的问题，从而在外交资源的实用和政策制定上都受到乌克兰危机的牵制。

总之，俄美矛盾的再度激化终止了双方关系的重启，同时在客观上冲击了美国的战略重心东移，延缓了美中全面战略博弈的开始。如果说中美关系是相互依存不断加深的竞争关系，那么中美全面战略博弈开始的时间越晚，越有助于两国避免对抗性博弈和走向以合作为主的博弈。

第五节　世界多极化趋势的加强与中俄关系的新特质

本书使用"多极化趋势加强"一词，意味着笔者仍然不认为当今世界已经是多极世界。尽管国际上曾经有一种观点认为，俄罗斯与西方国家在乌克兰问题上的对峙意味着多极世界的存在。俄罗斯遭遇西方世界的经济制裁后的衰退表现，表明它还不具备作为世界一极的国家综合实力，它在乌克兰问题上与西方国家形成的某种僵持，实际上是由其核大国地位和地缘军事上的某种优势造成的，俄罗斯为这种僵持付出的国际孤立和国内经济大幅衰退的代价，也反映了其难以作为稳定一极的现实。然而，无论如何多极化加强的趋势确实造成了国际安全与国际经济的新态势，对中俄美三角关系和中俄关系都产生了前所未有的影响。多极化问题涉猎范围广泛，影响错综复杂，是各国学术界讨论了很久而且将继续讨论的问题，本书只是讨论影响到中俄关系发展的若干问题范畴。

一、世界多极化是一个迂回发展的进程

世界多极化趋势一直与两极格局的形成和发展相伴随。例如，1972~1975年间，苏美核裁军谈判取得进展以及东西方两大集团进行双边关系的谈判，并达成了《赫尔辛基最后总协定》，可谓真正开始了成熟稳定的两极格局时期，但在此之前，新当选的美国总统理查德·尼克松在1969年发表的关岛讲话则认为当时的世界存在着五大力量中心——美国、苏联、欧洲、中国和日本。

从逻辑上说，两极格局解体为多极化的发展创造了前所未有的历史机遇。然而，苏联解体以来，也即20世纪90年代的国际政治现实表明，两极格局解体后出现的国际格局是典型的单极世界，这个严格意义上的单极格局至少存在了15年以上，也就是说，2008年全球性金融危机之后，才出现了松动迹

象。美国一家独大的、典型的单极世界时期具有以下几个特征：其一，单极世界的领导国家的经济实力（无论是以简单的 GDP 总额来计算，还是从产业科技的角度而言），都远远超过当时世界任何一个其他全球范围内的强国；其二，单极世界的领导国家所具有的政治和经济制度以及它所信奉的意识形态体系，在国际社会前所未有的被广泛认同，被认为是众多国家发愤图强的过程中应该或必须学习和效仿的，例如所谓的"华盛顿共识"；其三，单极世界的领导国家在实现自己的国际治理方案时没有受到任何有实力的阻碍，基本上完全实现了其制定和领导的全球性的军事与安全安排，例如美国领导的北约东扩计划、关于波黑国家结构和领土的安排、对塞尔维亚发动的科索沃战争等。

1991~2008 年国际社会的历史表明，在典型的单极世界时期，世界的多极化趋势受到了明显的抑制，这一方面是由于两极世界时期的某些国家或国家集团崩溃性衰退的进程仍在继续；另一方面是由于新兴的强国和强国集团的发展还处于起步阶段，但多极化的进程并没有终止。

二、当代单极世界时期相对短暂

与以往历史上存在过的类似的单极世界时期相比，当代单极世界时期相对短暂得多。例如，历史学家们认为，历史上长期单独占有世界领导地位的有"16 世纪的葡萄牙、17 世纪的荷兰、18 世纪和 19 世纪的英国"。[1] 原因在于，当代单极世界真正覆盖全球，统治和管理成本高昂，即使是实力超强的国家也难以承受。很显然，在苏联解体后的世界，美国不仅要处理全球频频出现的地区动乱、民族和边界纷争等区域性问题，例如，1992~1994 年的卢旺达内战、1992~1995 年的波黑战争、1999 年 3 月美国发动的科索沃战争，而且还要处理更为广泛和更为棘手的一系列功能性问题。例如，2015 年 2 月发表的最新版《美国国家安全战略报告》将目前美国维护国际安全的责任定位五大任务：①应对俄罗斯对乌克兰的侵略；②削弱和击败伊拉克境内的"伊斯兰国"；③抑制埃博拉病毒的传播；④控制核材料的扩散；⑤减少全球碳排放。[2] 很显然，单极世界的领导国家在维护单极统治时期的世界秩序时不仅面

---

① 王之明：《推荐序之二：最后的大国》。保罗·肯尼迪：《大国的兴衰》，北京：北京国际文化出版公司，2006 年版，第 14 页。

② 2015 National Security Strategy—The White House, www.whitehouse.gov/sites/default/files/docs/2015_national_security_strategy.pdf.

临着一系列传统安全和非传统安全问题，而且还需要用应对传统安全的方法（例如战争的方法）应对非传统安全问题，例如，美国在 2001 年和 2003 年分别发动了反击恐怖主义的阿富汗战争和号称是解决伊拉克大规模杀伤性武器的战争，这两场战争造成了国力巨大的消耗，比较典型地反映了单极世界的领导国家维护单极统治的巨大代价。这也是 2008 年国际金融危机的内在原因之一。因为美国的财政危机和债务危机限制了美国政府阻止次贷危机转化为金融危机的能力。

三、"金砖国家"集团特别是中国的崛起与多极化

多极化问题是近年来西方学术界讨论异常热烈的问题，而这些讨论经常谈及"金砖国家"集团和中国在此进程中的作用。例如，有一种观点认为："二战"结束后初期实际上形成了多极世界体系，只是两大集团出现和"冷战"的开始，世界才进入了两极时代，"然而，新的强国即所谓的'金砖国家'集团——巴西、南非、俄罗斯、印度和中国最近的崛起将很快产生重回多极时代的结果"。[①] 另有学者写道："很多人相信，随着欧元区和美国经济的停滞，'金砖国家'正在获得更多的财富、专业技术、消费能力和政治影响力并且以有利于自己的方式重新安排世界制度。在美国滞留不去的经济危机也被看作美国霸权终结的开始和新强国出现的信号。"[②]

关于"金砖国家"特别是中国在多极化中的突出作用的观点，特别明显地集中在经济领域。其一，关于中国即将成为世界第一大经济体的估计，彰显了中国国际形象和影响力的空前提高。国际货币基金组织（IMF）基于购买力平价的方法认为中国最早可以在 2016 年做到这一点，而世界银行则认为这种情况将发生在 2020 年前或 2030 年前。[③] 这种巨大的生产能力还伴随着巨

① Andrea Edoardo Varisco. Towards a Multi-Polar International System：Which Prospects for Global Peace? Jun. 3, 2013, www.e-ir.info/2013/06/03/towards-a-multi-polar-international-system-which-prospe.

② Dorothy-Grace Guerrero, The Rise of China and BRICs：A Multipolar World in the Making? http：//focusweb.org/content/rise-china-and-brics-multipolar-world-making.

③ Brett Arends, "IMF bombshell：Age of America Nears End, Commentary：China's Economy Will Surpass the US in 2016", Marketwatch, The Wall Street Journal, November 20, 2012, http：//www.marketwatch.com/story/imf-bombshell-age-of-america-about-to-end-2011-04-25?

Andrew Shirley（ed）, The Wealth Report 2012：A Global Perspective on Prime Property and Wealth, Knight Frank Research, 2012, http：//www.thewealthreport.net/.

BBC News Business, "China to Overtake US and Dominate Business by 2030", March 24, 2011, http：//www.bbc.co.uk/news/business-12848449. Cited from Dorothy-Grace Guerrero.

大的进出口总额，对国际贸易格局与业态产生了巨大的影响。2013 年，中国的进出口实物贸易总量 4.1 万亿美元，首次超过美国（当年为 3.9 万亿美元），总贸易额只是由于服务贸易额比美国少许多才屈居第二。其二，经常被提及的中国经济影响力的第二个方面是其规模庞大的高达 3.2 万亿美元的外汇储备，以及由此产生的巨大的海外投资能力和借贷能力。其三，中国国内市场吸引海外直接投资的数量从 2012 年起已经基本与美国持平，达到年 1000 亿美元左右。①

2014 年，中国的经济总量与其他"金砖国家"经济总量相加已占到全球经济的 21%，在 2005~2014 年的十年间对全球经济增长的贡献超过 50%。但从全球多极化的角度看，经济领域的巨大影响力并不直接等于多极化的推动力量。这很大程度上取决于"金砖成员国"对现有国际政治、经济与安全制度的立场。

如果考察中国关于"金砖国家"机制与现存国际秩序的观点，可以看到，中国实际上在故意淡化该机制与现存国际制度的矛盾，中国的官方文件中存在着关于建立更加公正的全球金融和经济秩序的表述，但提法相当温和，而且在 2012 年 11 月中共十八大以后，中国政府对外宣传和更多的是提出建立"人类命运共同体"②的概念，外交政策操作很多情况下也是围绕这一目标展开的③。

俄罗斯方面在"金砖国家"合作机制上寄托了更多推进多极化和建立国际新秩序的政策意图。2013 年 2 月，俄罗斯总统普京签署的《俄联邦加入金砖组织构想》，④阐述了"金砖机制"对俄罗斯的重要意义，俄罗斯认为"金砖机制"未来将成为新的全球治理体系、全球关系新模式中的关键元素。俄罗斯的战略分析界也更愿意提出"金砖国家"经济合作作为世界多极化的基

---

① Dorothy-Grace Guerrero, The Rise of China and BRICs: A Multipolar World in the Making? http: //focusweb.org/content/rise-china-and-brics-multipolar-world-making.

② 参见《中共十八大报告》国际部分。

③ 例如，中国国家主席习近平 2013 年 10 月 3 日在印尼国会发表题为《携手建设中国—东盟命运共同体》的演讲。

④ Концепция участия Российской Федерации в объединении БРИКС, http: //xn--d1abbgf6aiiy.xn--p1ai/media/events/files/41d452a8a232b2f6f8a5.pdf.

础的主张。①

　　而在一些战略分析家看来，印度、南非和巴西则与中国和俄罗斯的立场有很大的区别。例如，近年来美国智库战略与国际问题研究中心（CSIS）的分析家们认为，"该集团中的三个民主国家，从政治制度和价值观的角度说，与西方国家的一致性比与中国和俄罗斯的一致性更多"。②"印度总理莫迪在自己的声明中将对'金砖机制'的需要归结为本国主要经济部门的弱点，需要人民对人民的交流和担心发达国家的货币政策影响印度的市场。"③ 在他们看来，南非对改变现存的西方体制更没有兴趣。"祖马总统领导的南非没有对通过'二十国集团'和任何其他全球论坛重塑全球规则表现出多少真正的兴趣。在大多数情况下，'金砖国家'的成员国身份很少被看作推进其全球视野的工具，而更多地被当作推进南非本国商业和经济利益的工具。"④ 而对巴西来说，"在大多数情况下，巴西参加'金砖机制'反映了其日益增长的面向全球经济来实现本国发展目标的趋势。'金砖国家'的机制满足了巴西在创新和研究领域建立更确定的伙伴关系的需要，提供了在现存制度下低风险但有潜力的高回报率的选择。"⑤ 然而，不容否认的是，尽管"金砖五国"对现存国际体系的政策确实存在着很大差异，但不断推进的"金砖国家"合作，由于其巨大的人口总量和经济总量，特别是不断地建立起实体性的合作机构，例如 2014 年建立的"金砖国家"银行，在客观上对现有的国际贸易体制，对现有的国际金融体制都构成了较大的冲击。因此，上文中提到的美国智库的战略分析报告也不得不承认，"2014 年夏季'金砖国家'在巴西召开的峰会，显示出了前所未见的成员国之间的目标在于未来建立联盟协作，这一前景有可能使其影响扩展为超越对现存制度的补充。"⑥

四、美国如何应对多极化的进展

　　如果说 2008 年金融危机的发生可以作为典型的、稳固的单极世界结束的

---

　　① "'金砖国家'经济合作作为世界多极化的基础"国际科学务实会议在俄罗斯战略研究所隆重举行，《人民日报》，2015-4-2。

　　② 2015 GLOBAL FORECAST, Crisis and Opportunity, Editors, Craig Cohen | Josiane Gabel, CSIS, 2014 PDF File, p.88.

　　③ Ibid., p.89.

　　④⑤⑥ Ibid., p.90.

标志，随之而来的是松散的单极世界结构下多极化趋势的加速发展，那么，此后的美国政府在维护更长久的领导地位的问题上，首先是如何应对这种多极化趋势的发展。分析 2009 年 1 月奥巴马执政以来美国全球战略的内容及其展开，可以梳理出如下若干政策轨迹：

（1）放弃以往同时遏制中俄两个大国的政策，将围堵目标集中在对美国单极领导地位挑战最大的国家。2009 年 7 月开始的美俄关系"重启"，实质是美国在金融危机之后实力大为下降的情况下，为了应对中国的崛起而不得不暂时放弃对俄罗斯的一贯遏制政策。因此，美国首先发起的缓和美俄关系的这一战略举措，并不是口惠而实不至的表面文章。除了双方在核裁军领域的实际进展外，两国先后成立了 16 个小组委员会推进各领域的合作。2008 年 4 月，北约布加勒斯特峰会以后，北约实质上停止了最令俄罗斯人感到恼火和紧张的东扩步伐，而且也暂时停止了在独联体地区瓦解俄罗斯势力范围的举措，例如，美国对 2010 年乌克兰大选采取观望政策，2010 年春季两次拒绝吉尔吉斯斯坦临时政府派驻维和部队的邀请。因而，可以看到，美俄关系在其竞争的三大战略领域内——核力量的削减与平衡、北约东扩以及在独联体地区的影响力角逐，都出现了实质性的缓和。特别需要指出的是，尽管普京重新执政后"重启"已经名存实亡，而且乌克兰危机的爆发使俄美矛盾再度尖锐化。但是，深入研究美国对乌克兰危机的政策，可以得出结论，美国对处理危机的投入较少，并没有直接介入危机的解决，更没有准备与俄罗斯进行军事上的全面较量，美国战略重心东移的国家大战略没有变化。

（2）经济实力对比的变化是目前多极化趋势加速的基本特征，为了阻止新兴经济强国实力的进一步发展，美国有针对性的应对手段是阻止其他有可能挑战美国领导地位的国家和集团发展与巩固它们领导的地区经济一体化机制。例如，美国亚太再平衡战略的核心内容之一是推行自己的"跨太平洋伙伴关系"（TPP）计划，以应对中国的建立亚太自由贸易区（Free Trade Area of the Asia-Pacific）的长期政策和"海上丝绸之路"（The Maritime Silk Route）计划。在 2015 年的《国情咨文》中，奥巴马再次强调，应该由美国而不是中国制定亚太地区的贸易规则。[①] 在欧洲，美国拟计划实施"跨大西洋贸易与投

---

① Remarks by the President in State of the Union Address, January 20, 2015, www.whitehouse.gov/the-press-office/2015/01/20/remarks-president-state-union-add.

资伙伴关系"(TTIP)计划来巩固自己在欧洲大陆的经济影响力，与欧盟共同抵制非西方的一体化机制，包括俄罗斯主导的由海关联盟向欧亚经济联盟发展的一体化计划。

（3）巩固或扩大美国领导或监护的双边或多边军事安排，在军事安全领域遏制有可能挑战美国领导地位的新兴强国。美国除了加强与原有盟友的双边联盟关系，例如美日、美韩、美国与菲律宾联盟的关系外，西方分析家还指出："美国还着手建立了美国监督的应对中国的多边的安全安排，例如，日本—韩国—菲律宾形成的三角、东盟与北约的关系、越南与菲律宾结成的联合轴心。"①

（4）巧实力外交哲学下的"幕后领导"（Lead From Behind）战略。奥巴马政府总结了小布什政府滥用武力导致国力快速消耗的经验教训，为了重振美国国家实力，从而使美国的全球领导地位得以延续，一方面开始实施大规模的战略收缩，例如2011年完成了从伊拉克的全面撤军，2014年底从阿富汗撤出了大部分驻军，只保留了1.5万人的机动部队；另一方面，奥巴马政府在巧实力的原则下实施了"幕后领导"战略，即放弃了小布什时期的独自行动或者主导行动的政策，转而采取"劝说他的享有共同利益的伙伴来干苦差事"。例如，"在2011年对利比亚的战争中，由法国和英国"操刀"，美国被描述为在幕后领导。《纽约时报》的一篇社论将其定义为'美国在敲边鼓的同时给盟友适度的军事援助'。四年后，这一概念被应用于全世界"②。而在2013年11月爆发，以后越演越烈的乌克兰危机中，美国政府代表没有参与两次明斯克停火协议的谈判，而是通过欧盟来贯彻自己在危机中的政策。

五、多极化加速发展背景下中俄关系的新特质

多极化加速发展背景下的中俄关系，与2008年金融危机爆发前相比具有了一系列新的特质。

（1）中俄经济合作的战略意义明显加大。第一，由于多极化加速的过程首先发生在经济领域，新兴强国对单极世界秩序与制度客观上的挑战也首先

---

① Andrew Korybko（USA）. America's Guide to Dismantling the Multipolar World，http: //orientalreview.org/2014/12/23/americas-guide-to-dismantling-the-multipolar-world.

② Lead from Behind：How Unipolarity is Adapting to Multipolarity，www.sott.net/article/292051 -Lead-From-Behind-strategy-How-the-US-is-adapting-to- (c) Flickr/ Prince of the Blue Moon.

发生在经济领域。中俄两国都是有可能成为未来多极世界一极的大国,通过经济合作,国力进一步增强,成为推动多极化进一步发展的基本力量。第二,中俄经济合作的发展是"金砖国家"合作的凝聚力和推动力量。"金砖国家"实力的发展,进一步增大"二十国集团"在全球事务中的作用,在客观上腐蚀了西方七国集团对国际经济体系的领导权。第三,中俄经济合作的发展是上海合作组织框架下多边合作的基础与重要的动力之一。而这种多边合作的发展,使中俄两国在包括阿富汗在内的大中亚地区以及南亚次大陆地区的国际影响进一步扩大。第四,中俄合作将为俄罗斯提供推动欧亚经济联盟发展的动力,从而将对独联体地区的政治与安全形势产生影响。第五,中俄经济合作是推动"丝绸之路经济带"计划与欧亚经济联盟对接的最重要动力和基本保障。这对于整个欧亚大陆相连处的安全与经济形势,对于北美、西欧与上述两个一体化区域间的多领域关系,将具有持久性和全局性的战略影响。

　　(2)单极霸权领导者为维护传统霸权而与新兴强国围绕区域一体化问题的竞争加剧,导致美国对中国和俄罗斯在该领域的遏制有所强化,使中俄之间的相互战略依存加大。2009年底以来,美国针对中国的战略重心东移的主要内容之一是争夺在亚太地区区域一体化的领导权。针对中国的一系列促进亚太地区经济一体化方案,例如中日韩方案、中日韩与东盟的"10+3"方案、APEC框架下的一体化方案,美国努力推进跨太平洋伙伴关系计划;而在欧洲大陆,2013年11月出现的乌克兰危机实质是美国领导的跨大西洋贸易与投资伙伴关系与俄罗斯领导的欧亚经济联盟的计划之间的较量。这使得中俄两国面临着实力仍然大幅超过自己的美国的直接遏制政策,不得不加强彼此间的协作,甚至不得不让渡或抑制自己的利益,来谋求双方合作的扩大。例如,2014年3月美国开始对俄经济制裁后,俄罗斯放弃了以前长期坚持的谈判政策,在同年5月与中国签署了天然气合作项目合同。同时,俄罗斯还解禁了对中国的陆海空先进武器的出口。同样,在美国与欧盟对俄经济制裁持续并在外交上孤立俄罗斯的2015年5月,中国最高领导人不仅赴莫斯科出席"二战"胜利70周年庆典活动,而且还前所未有地派出本国的军队方阵参加红场举行的阅兵式。5月10日,中俄两国又在连接处于危机中的黑海海域的地中海地区举行大规模的联合海军演习。显然,这些举措使中国面临着与西方国家关系受损的风险。

（3）在多极化加速发展的背景下，多种区域一体化机制加速发展，导致中俄各自领导的区域一体化机制在地理上的重叠现象加剧、利益交叉和碰撞现象增多成为新常态。2008年全球金融危机爆发后，众多国家出现了国内市场需求不足或投资短缺，希望通过区域合作寻找复苏和增长动力。中国通过上海合作组织框架与中亚国家的关系发展迅速，经济贸易合作不断扩大，在客观上削弱了俄罗斯领导的海关联盟在中亚地区的影响，同时俄罗斯一直不支持在上海合作组织成员国之间的多边经济合作计划。不仅如此，2013年9月由中国国家主席习近平在访问中亚期间提出的"丝绸之路经济带"计划，覆盖范围从中国东部起、北到蒙古和俄罗斯、南到东南亚国家、向西延伸横跨中亚和独联体各成员国直到欧洲，在地理上与俄罗斯领导的欧亚经济联盟完全重叠，对俄罗斯在其传统贸易伙伴国蒙古和哈萨克斯坦等中亚国家的市场地位必然形成很大冲击。

（4）中俄两国在是否挑战单极霸权或者着手改造现存国际秩序方面存在的政策差异日渐明显，需要求同存异，加强相互理解与协调。世界日益走向多极化是中俄两国关于当代世界权力和力量对比现状的理论共识，两国还曾在1997年以此为主题发表了联合宣言。然而，在中国政府阐述本国外交政策的最权威文献、历次中国共产党党代会的报告中，这一概念经常被一带而过，很少被使用，更多的是强调与国际社会的合作。不仅如此，在中国外交政策的实践中，更多的不是否定性地提出改造现存秩序，而是建设性地提出建立新型大国关系，中国自认为更多的情况下是现存国际制度的受益者。与此不同的是，俄罗斯一直具有挑战和改造现存国际制度的主张和政策，近年来，虽然俄美关系因美国奉行"重启"政策而出现较大波动，但无论是2007年3月的《俄罗斯联邦对外政策概要》，还是2008年版和普京重新执政后的2013年版的《俄罗斯联邦对外政策构想》始终具有挑战和改造现存国际制度的意愿，例如，在普京重新执政后批准的2013年版《俄罗斯联邦对外改革构想》中提出："俄罗斯认为确保世界发展的、稳定的可操控性具有重要意义，为此需要世界主要国家的集体领导。"[1] 这显然是对美国国际地位和能力的直接否定。俄罗斯主张改造和重建世界秩序的一贯政策，不仅使得美国在战略重心

---

① Концепция внешней политики Российской Федерации Утверждена Президентом Российской Федерации В.В.Путиным 12 февраля 2013 г, http://www.mid.ru/bdomp/ns-osndoc.nsf.

向亚太地区东移的情况下对俄罗斯的动向仍然充满了警惕，而且正如乌克兰危机期间所表现出的，美国在将中国作为首要战略竞争者的时候，美俄外交对抗仍有可能比美中之间更尖锐。中国提出的建立新型大国关系的主张与政策，使俄罗斯方面对中美关系的发展前景不无担忧。俄罗斯战略分析界使用的"3K"① 概念就概括了对中国外交的疑虑：中国是什么样的国际角色？如何行事？与谁合作？

　　因此，多极化加速发展的国际背景，不仅为中俄关系的进一步发展提供了新机遇，而且也提出了新的挑战。与 20 世纪不同的是，中俄关系在目前真正构成了当代世界战略形势与战略环境的重要组成部分。

---

① 俄文原文是 KTO，KAK，C KEM。

第二章 "金砖国家"机制与上海合作组织框架下的中俄合作

在全球多极化趋势日益明显的背景下,"金砖国家"机制与上海合作组织(以下简称"上合组织")对中俄两国加强在国际事务中的作用日趋重要。在全球层面上,这两个合作机制组织可作为推动国际秩序向多元化发展的重要元素。近几年来,"金砖国家"的经济成就令世界瞩目。"金砖①国家"依靠其资源、人口、市场三大优势保持着良好的经济发展态势,成为推动世界经济发展的重要力量。

上合组织对中亚地区的和平与安全做出了重要的贡献,成为地区安全的"稳定器"。上合组织因有中国和俄罗斯两大独立经济体的参与增加了其在国际事务中的分量。"金砖国家"机制元首峰会和上合组织元首峰会的议题越来越多地涉及世界金融和经济中的重大问题,在确定国际政治发展方向中的作用日益明显,已成为应对国际金融危机、带动世界经济增长、完善全球经济治理、促进国际关系民主化的重要力量,推动国际社会向多极结构发展的重要因素。对于中国和俄罗斯两国来说,"金砖国家"机制和上合组织已成为体现两国全面战略协作伙伴关系的重要平台。

---

① 2001 年高盛公司经济学家吉姆·奥尼尔在发表的年度报告《建设更好的全球经济:金砖四国》中提出"金砖国家"(BRIC)的概念,指经济力量急剧上升的发展中国家,也有媒体将五国称为"R5"国集团,即由 5 国货币名称的首个字母组成:雷亚尔(Real)、卢布(Ruble)、卢比(Rupee)、人民币(Renmenbi)和兰特(Rand)。

第一节 "金砖国家"机制的起源与 2012 年前的运行状况

自 2009 年"金砖国家"机制举行首次国家元首峰会以来,"金砖机制"不断发展和完善。至 2013 年已经顺利举行了 5 次国家元首峰会,成员国也因南非的加入,从原来的中国、俄罗斯、印度、巴西 4 国扩大到 5 国。"金砖国家"机制随着其成员国在全球和地区事务中日益提高的地位,越来越受到国际社会的关注。

一、"金砖国家"机制形成的国际背景

2008 年爆发的世界金融和经济危机推动国际政治和国际经济格局发生深刻的变化。美国构建单极世界的理想受到现实的冲击,发达国家拿不出摆脱经济危机的方案,许多重大的国际问题仅靠八国集团根本无法解决,需要与新兴发展中国家进行对话。磋商平台扩大到了包括金砖五国在内的二十国集团。二十国集团的出现表明当代世界进入了一个新的发展时期,"其本质为形成多中心的国际体系"。① 在国际政治和经济体系都在发生结构性变化的过渡时期,"金砖国家"在世界经济中的分量增加,尤其是中国正在成为拉动世界经济发展的动力。随着"金砖国家"经济实力的加强,希望更多地参与国际政治和国际经济的治理,在国际事务中得到更多的话语权。

当前,西方国家没有能力靠自己的力量解决上述问题,因此出现了"责任分担"的理论,从而出现八国集团转变为二十国集团。

在全球多极化背景下,大多数发展中国家将过去的分歧搁置一边,利用新机会,致力于经济发展,"南—南"合作的趋势加强。"金砖机制"成员国都是地区性大国,它们要求加强联合国和国际法的作用,支持建设多极世界,集体共同解决全球性问题。五大快速发展中的国家中国、俄罗斯、印度、巴

---

① 俄罗斯官方文件:Концепция внешней политики Российской Федерации Утверждена Президентом Российской Федерации В.В.Путиным 12 февраля 2013 г.http://www.mid.ru.

西、南非组成的"金砖机制"在国际舞台上形成新的地缘政治构成，在客观上降低了欧洲—大西洋联盟对国际事务的影响力。2008年世界金融危机之后，在国际货币基金组织增资应对欧债危机的讨论不见进展的情况下，"金砖国家"试图建立自己的银行，扩大在国际社会中的影响力。长期以来，"金砖国家"对国际货币基金组织提供援助时的附加条件，逼迫受援国实施严苛的经济改革的做法极为不满。2013年"金砖国家"南非德班峰会上，成员国经过反复协调和酝酿，"金砖国家"就成立"金砖国家"开发银行、外汇储备库、工商理事会、智库理事会等事项达成一致，有利于提升"金砖国家"在拉动世界经济增长、完善全球经济治理、促进世界多极化和国际关系民主化方面的作用与影响。

二、"金砖国家"机制的特性与功能

"金砖国家机制"是没有西方发达国家参加的新兴发展中国家的合作集团，呈现出独一无二的特性。首先，"金砖机制"不像欧盟或东盟那样按照地理范围建立，"金砖五国"位于五大洲，其中中国和印度属于亚洲，俄罗斯是欧洲国家，但有大面积领土位于亚洲地区，巴西是拉美国家，南非是非洲国家。其次，"金砖五国"政治体制不同。中国坚持共产党领导，在社会主义思想和实践遇到世界性危机的情况下，提出"科学发展观"，选择中国特色的社会主义发展前景。俄罗斯实行主权民主的政治制度；印度在政治上实行西方式的民主制度，但社会生活中又推行严格的种姓制度；巴西在政治和经济生活中，实行西方民主制度。每一个"金砖国家"都坚持本国的发展道路，在国际事务中希望占据更加重要的地位，在解决国际政治问题时拥有更多的发言权，参与制定新的国际秩序。再次，"金砖五国"间存在着实力差距。"金砖国家"中有3个国家拥有核武器。中国和俄罗斯是联合国安理会常任理事国，印度和巴西也在寻求加入联合国安理会常任理事国。南非只有5000万人口，经济规模只有中国的1/20。中国拥有13亿人口，是世界第二大经济体以及第一大制造国，其经济规模超过其他"金砖国家"之和。最后，"金砖集团"中的每个成员国都代表着当代世界中的强大文明力量——美洲文明、斯拉夫—东正教文明、印度文明、中华文明。如果"金砖国家"间合作顺利，这将无疑为实现"文明联合"，避免"文明冲突"做出历史性的贡献。

"金砖五国"在世界政治和国际关系中占据着特殊的地位，加入了二十国集团或被邀请参加八国集团峰会。"金砖机制"是国家间合作的一种形式,但不是国家联盟,也不是一体化或国际组织。该机制内没有如其他国际组织一样设立正式成员、宪章、接受新成员国的程序。虽然"金砖机制"国家定期发表政治宣言,但在实际问题上,每个国家都特立独行。五国经济仅仅在某些情况和领域可认为具有互补性。国际政治家和媒体认为,"金砖国家"的发展前景是多极世界越来越现实的代表,但在参与国官方(除俄罗斯以外)并不打算公开反对单极制。从 2012 年下半年开始,认为"金砖机制"没落和看好"金砖机制"的两种意见同时存在。

虽然"金砖国家"在国际体系转型中拥有重要的经济和地缘政治影响力,但仍然无法改变现行的国际政治体系。"金砖国家"不可能形成反对传统世界经济和政治中心的力量。与西方国家,首先是与美国的关系是每一个"金砖国家"对外政策中的优先方向。在维护现行的经济增长模式作为解决世界经济和金融危机的主要方式和保证世界秩序不变这两个核心的战略方向方面,"金砖国家"与西方国家可以达成共识。"金砖机制"代表向多极化发展进程中的关键结构,将在预防国际秩序转变中的过渡性风险方面发挥积极的作用。

综上所述,"金砖五国"分属不同的地区,其地缘政治地位和经济状况不同,执政形式和外交目标各异,甚至存在历史积怨(中国与印度),各国的利益并不完全吻合,如五国一致希望改革国际金融机构,但各不相同的利益导致无法形成统一的立场。在 2013 年德班峰会上仍然未能就开发银行的资金和总部所在地问题达成共识。但是,"金砖国家"间的共同利益远大于分歧。"金砖国家"间差异大,但在客观上表现出合作的潜力。"金砖国家"在国际安全、全球治理经济进程、解决全球生态和气候问题上的立场一致。建立良好的外部条件解决本国的社会经济发展问题、协调新兴国家在重大国际问题上的立场、争取更多的话语权和规则制定权是"金砖国家"的共同需求。"金砖机制"的总体功能在于加强新兴经济体在世界经济中的新角色。

无论从地缘政治的角度,还是从世界上经济发展的角度,"金砖机制"的建立是近十年来最有意义的国际事件。"金砖国家"一致反对国际事务中运用武力相威胁和霸权,这些原则明确写进了《中国三亚宣言》(2011 年)。协商和不结盟是"金砖机制"的主要特点,在金融和经济问题上合作是"金砖机制"的核心内容。2013 年的世界经济形势表明,"金砖机制"的经济力量将在国际经济中发挥越来越重要的作用。

三、"金砖国家"机制的发展

2006 年 9 月 20 日，在第 61 届纽约联合国大会期间，根据俄罗斯总统普京的建议，以金砖机制形式召开第一次部长级会晤。俄罗斯、巴西、中国的外交部长和印度国防部长首次接触，表示对发展四方多层次合作感兴趣。在 2007 年 9 月 24 日召开的联合国大会期间，"金砖国家"外长举行第二次会晤，就"金砖国家"合作形式及在贸易、经济、世界金融体系方面的合作达成协议，通过建立副外长级磋商机制的决议。"金砖国家"第一次部长级磋商于 2008 年 3 月 10 日至 11 日在里约热内卢举行。2008 年 5 月 16 日，"金砖国家"外交部长在叶卡捷琳堡举行正式会晤，通过联合公报，各方对世界发展中的现实问题立场一致。

2008 年 7 月 9 日，在日本北海道举行的"八国集团"峰会期间，根据俄罗斯的建议，中国国家主席胡锦涛、俄罗斯总统梅德韦杰夫、巴西总统卢拉、印度总理辛格举行首次元首级会晤，表达加强国际金融经济关系方面的合作意愿。2008 年 9 月 25 日，在联合国纽约大会期间，"金砖四国"外长再次会晤，讨论了全球金融危机和在联合国框架内的合作问题。2008 年 11 月 7 日，根据巴西的建议，"金砖四国"举行第一次财长会议，并发展联合公报，表达了四国对世界经济和全球金融现实问题的共同看法。2009 年 3 月 13 日，在"二十国集团"金融会议开幕前，"金砖四国"举行第二次财长及央行行长参加的会晤，协调立场。2009 年 5 月 28 日至 30 日，根据俄罗斯安全委员会的建议，"金砖国家"高级代表就安全问题进行磋商。上述一系列会晤为举行第一次"金砖国家"元首峰会奠定了基础。2009 年 5 月 16 日，"金砖国家"第一次元首峰会在俄罗斯叶卡捷琳堡正式举行。在会后发表的联合声明中，确定了金砖机制活动的目标是发展积极务实、开放和透明的对话与合作。第二次会议于 2010 年在巴西利亚举行，核心目标是在"二十国集团"中统一立场，讨论替代美元的替代货币。从 2010 年开始，"金砖国家"元首每年会晤一次。2011 年，"金砖国家"元首峰会在中国三亚举行，在此次峰会期间，南非正式加入金砖机制，成员国由原来的"金砖四国"变为"金砖五国"，开始制定统一的政治路线。2012 年 3 月 28 日，印度新德里举行"金砖五国"第四次峰会，会上提出成立"金砖国家"发展银行，减少对国际货币基金组织和世界银行的依赖的议题。2013 年 3 月在南非德班举行第五次"金砖国家"

元首峰会。经过数年的发展,"金砖机制"形成了一年一次的国家元首峰会和政府首脑会议、每年两次的外长和财长会晤、安全方面的高级代表会晤、国际货币基金组织框架内的"金砖国家"代表会晤制,"金砖机制"内建立了卫生部长、农业部长、议会议长、科技部长会晤和包括农业、银行、反垄断、司法、商会、安全等部门的对话机制。2014年7月在巴西举行的峰会上的最大成果是决定成立金砖开发银行,并建立"金砖国家"应急储备安排。银行和应急储备金将主要支持"金砖国家"以及其他发展中国家基础设施建设和可持续发展。

"金砖机制"的主旨是,建立更加公正的全球金融和经济秩序,加强发展中国家和新兴市场在国际经济和金融体系中的作用,要求改革现行的金融体系。同时,"金砖国家"在维护联合国的核心地位、国际法原则的权威性、不使用武力解决国际争端等重大国际问题上的立场一致。"金砖国家"在上述问题上的合作体现了新兴国家在全球国际政治和经济秩序中的合作形式。由于"金砖国家"的经济发展落后于发达国家,但希望在全球多极化条件下,创造出属于自己的国际政治和经济空间,同时"金砖五国"无意与发达国家进行对抗。"金砖国家"希望依靠自己的资源、潜力、市场和机会,将来自西方国家的意识形态和经济压力降至最小。"金砖国家"间拥有良好的双边关系,各国间建立起了战略伙伴关系,这是"金砖机制"深化合作的重要基础。

在经济方面,"金砖国家"有不同的有时甚至是相互冲突的利益。在讨论关于发展、一体化和工业化的伙伴关系议题时,习近平指出,"金砖国家"要朝着一体化大市场、多层次大流通、陆海空大联通、文化大交流的目标迈进。要加强宏观经济政策协调,并以"金砖国家"协调带动发展中国家合作,共同推动世界经济复苏和增长。要围绕创新增长主题,共同探索形成新的经济竞争优势。要加强基础设施建设合作,实现互联互通。要妥善处理合作与竞争的关系,谋求互利共赢。"金砖国家"合作继续走下去,有利于世界经济更加平衡、国际关系更加民主、全球经济治理更加完善。成员国领导人决定,建立"金砖国家"开发银行并筹备建立"金砖国家"外汇储备库。会晤结束后,五国领导人出席了《"金砖国家"多边可持续发展合作和联合融资协议》、《"金砖国家"非洲多边基础设施联合融资协议》以及《关于成立"金砖国家"工商理事会的宣言》等合作文件签字仪式。

当前,"金砖国家"合作机制的作用还不能过高估计,尤其目前还缺乏机制化的正式规范,各国对"金砖机制"的作用立场不同。中国认为,"金砖机制"是合作创造更加合理的世界经济秩序的平台，印度认为金砖机制是交流应对全球和地区挑战观点的平台，主张以经济自由化为原则建设金砖机制。对于南非来说，首先是合作解决贫困、稳定发展、改革国际机构。对于俄罗斯来说，"金砖国家"间的优先合作方向是经贸合作。巴西更关注人口、社会分化和社会的公平问题。在国际市场上，"金砖国家"有时候也是彼此的竞争对手。"金砖国家"间的异质性和潜在的战略竞争关系也不可能通过若干次峰会得到解决。当前，金砖机制面临的主要任务是，五国共同努力向具有更加广泛的协调机制转型，寻求更大的合作点。

2014年，"金砖国家"在这方面获得了实质性的成果。在2014年7月15日召开的元首峰会上，"金砖国家"宣布创建"金砖国家"开发银行，总部设在中国上海，同时在南非成立区域金融中心。"金砖国家"开发银行首任理事长来自俄罗斯，首任董事长来自巴西，首任行长来自印度。该行初始授权资本将为1000亿美元，先行注入资本将为500亿美元，由5个创始成员国均摊。同一天，"金砖国家"代表还签署了《关于建立"金砖国家"应急储备安排的条约》。五国同意建立"金砖国家"应急储备安排，初始承诺互换规模为1000亿美元。各国最大互换金额为：中国410亿美元，巴西、印度和俄罗斯各180亿美元，南非50亿美元。应急储备安排主要帮助各国应对短期流动性压力，将补充和强化由国际货币基金组织、区域金融安排、中央银行间双边货币互换协议及各国自有的国际储备构成的全球金融安全网，确保美元波动时的经济安全。

第二节　普京重新执政后中俄在"金砖国家"机制内的合作

2013年2月，普京总统签署的新版《俄罗斯对外政策构想》强调，俄罗斯认为"国际进程的实质与多极国际体系相关，上个世纪的双边同盟和国家'轴心'早已过时，现在需要的是世界主要国家的集体领导，这种集体领导首先是指没有宪章和常设机构的非正式组织的活动，如二十国集团、'金砖国家'机制、八国集团等"。① 中俄两国在推动世界向多极化方向发展这一点上立场相同,"金砖国家"合作机制是推动单极世界向多极化转变的重要因素,这是中俄两国在金砖机制内合作的重要基础。

金砖机制自 2006 年创建以来,反映出建立多极化国际关系体系和经济相互依赖性加强的客观趋势,已成为影响世界政治和经济生活的重要因素。金砖机制在国际舞台上的影响力主要来源于成员国不断增长的经济实力和在保证全人类社会发展中的重要作用。中俄两国是联合国常任理事国,是一系列重要的国际组织,如二十国集团、八国集团、亚太经济合作组织及地区组织独联体、集体安全条约组织、欧亚经济共同体、上海合作组织的重要成员国。中俄两国在国际政治中扮演的角色提升了金砖机制在国际舞台上的政治影响力,也与中俄两国在金砖机制中的协作关系密不可分。2012 年 5 月以来,中国与俄罗斯在该机制内的合作顺利,主要表现在以下几个方面。

一、国际政治领域的合作

中俄两国与其他"金砖国家"在一系列重大的国际和地区热点问题上立场相近,一致"支持联合国在应对全球性挑战和威胁方面发挥领导作用,呼吁根据《联合国宪章》及公认的国际法则,通过政治、外交和对话手段解决有关国际和地区热点问题。"② 中俄两国主张,在尊重叙利亚独立、主权、领土完整的基础上,实现叙利亚人民主导的政治过渡,对安南调停叙利亚危机的工作表示支持,呼吁在叙利亚推动包容性政治进程和广泛国内对话,谴责持续暴力冲突造成违反人权和国际人道主义法的行为持续增加,反对西方大国和地区其他国家在该国采取任何使冲突进一步军事化的行为;欢迎巴勒斯坦成为联合国观察员国,主张以 1967 年边界为基础,划定国际公认边界,建立以东耶路撒冷为首都,与以色列和平共处、经济上可自立的巴勒斯坦国;认为谈判是解决伊朗核问题的唯一途径,承认伊朗有根据国际义务和《不扩散核武器条约》有关条款通过政治、外交手段和对话解决问题,包括国际原子能机构和伊朗之间的对话;在阿富汗问题上,中俄两国表示愿意在 2015 年至 2024 年转型期内与阿富汗保持接触,为实现阿富汗稳定开展有效的地区和国

① Концепция внешней политики Российской Федерации (12 февраля 2013 г.), URL: http://www.garant.ru/products/ipo/prime/doc/70218094/#review.

② 倪涛:《关于"金砖国家"领导人第五次会晤成果评价》,《人民日报》第 2 版,2013 年 3 月 29 日.

际合作。① 中俄两国在金砖机制内就世界经济、气候变化、"货币篮子"等与发展相关的问题协调立场，在国际安全领域，中俄两国在金砖机制内的优先合作方向：第一，就全球稳定、国际和地区安全、核不扩散、解决地区冲突和维护地区稳定提出联合建议。第二，联合行动加强联合国在反对国际恐怖主义、执行联合国全球反恐战略、实施公认的反恐公约、严格遵守联合国安理会有关声明中的核心协调作用。第三，协调反对非法毒品交易的立场，在联合国和区域组织框架内采取共同的措施旨在加强反毒品的效果。第四，协作保证国际信息安全，在反对网络恐怖主义和网络犯罪方面开展合作。第五，在反对海盗方面加强合作。第六，改革国际货币金融体系将是"金砖国家"长期合作的主要优先方向。

为了实现上述目标，中俄两国加强了在二十国集团内的合作。世界金融经济危机爆发以后，为共同克服世界经济危机，原来的八国集团变为二十国集团。"金砖国家"也是二十国集团的成员国，如果"金砖国家"事先进行沟通和协调，那么就有机会作为一个整体来影响二十国集团会议的日程安排，为新兴国家争取到更多的利益诉求。因此，"金砖国家"需加强在二十国集团中的合作，共同加强二十国集团在应对世界金融经济危机中的作用，成为改革世界金融经济体制的工具。

中国积极支持俄罗斯"作为 2013 年二十国集团主席国提出的核心目标，特别是为促进全球强劲、可持续、包容和平衡增长、增加就业而增加投资融资、确保公共债务可持续性的努力，也将继续突出二十国集团发展议程，将其作为全球经济稳定、长期可持续增长和增加就业的关键要素"。② 2013 年"金砖峰会"在南非德班举行标志着美欧在非洲"一统天下"时代的结束，"金砖国家"将参与到非洲事务中去。同时，中俄两国的合作势必提升"金砖国家"在联合国、国际货币基金组织、世界银行、二十国集团等国际组织中的影响力。

二、国际经济和金融领域内的合作

"金砖国家"首先要改变过时的世界金融经济结构；"金砖国家"奉行国际法原则和准则；不使用武力政策破坏独立国家的主权。"金砖国家"都有实

现经济和社会生活现代化的需求。对于俄罗斯来说，在金砖机制中的合作是长期对外政策中的关键方向，将逐渐赋予这种合作以更广泛的世界经济和政治方面的多边战略伙伴关系的性质。因此，俄罗斯支持金砖机制作为超越"东—西方"或"南—北方"障碍的全球关系新模式。[①]2013年3月26日，在南非召开的题为"金砖与非洲：一体化和工业化的伙伴关系"、"金砖国家"元首德班峰会上，在中国和俄罗斯的推动下，"金砖国家"在务实合作方面取得新进展，决定设立"金砖国家"开发银行、外汇储备库（额度为1000亿美元的应急基金）、以提升"金砖国家"本币在相互结算中的地位，促进改革以美元为基础的世界金融体系。同时还宣布成立"金砖国家"工商理事会和智库理事会。但由于各方分歧，德班峰会上未能就建立"金砖国家"开发银行签署协议。在德班峰会上，俄罗斯总统普京表示，"金砖国家"实业界共同努力，可为全球稳定、安全和繁荣创造条件。普京总统提出的关于构建"金砖国家"国际战略和长期经济合作的建议得到中国的肯定。

中俄两国呼吁改革国际金融机构，以使其更具代表性并反映"金砖国家"和其他发展中国家在世界经济中日益增长的权重，要求落实国际货币基金组织2010年治理和份额改革方案，要求在2014年1月前完成下一轮份额总检查并就新的份额公式达成协议。国际货币基金组织改革应增强包括撒哈拉以南非洲在内的最贫困成员的发言权和代表性。中俄两国欢迎就特别提款权在现有国际货币体系中作用进行讨论，包括关于特别提款权"一揽子货币"组成问题。2013年6月14日，普京总统在接受俄新社采访时表示，国际货币基金组织亟须重大变革，以国际货币基金组织框架内业已存在的宝贵合作经验为基础，对其进行进一步完善，让其适应经济现实，首要的是重新分配组织内部的份额及表决权，提升发展中国家的地位，如"金砖国家"的地位。[②]"金砖五国"在二十国集团中积极合作推动建立更加民主的全球经济和金融管理体系。在中俄两国的通力努力下，提高了新兴经济体在世界银行中的权重，新兴经济体和发展中国家在世界银行中所占份额从43.97%提高到47.19%（从3%提高到5%），在国际货币基金组织中所占份额从39.5%提高到42.29%。

---

① Сергей Лавров, БРИКС- глобальный форум нового поколения, http://www.mid.ru/bdomp/brics. nsf/WEBforumBric/F8C251DB09032059442579C000531B68.

② Интервью информационному агентству "РИА Новости", 14 июня 2013 года, http://kremlin.ru/ transcripts/18338.

中俄巴印 4 国进入国际货币基金组织中十大股东的行列。① 2013 年 9 月 5 日，在"G20"峰会召开前，普京与"金砖国家"代表团团长会晤时称，"在落实建立1000 亿美元（约合人民币 6120.1 亿元）外汇储备库的工作已经进入尾声。俄罗斯在这方面也将做出自己的贡献。"他还表示，"金砖国家"取得的重要成绩是组建起始资金 500 亿美元（约合人民币 3060 亿元）的开发银行。② 这是"金砖国家"为改革国际金融体系采取的重大决策。

2012 年 9 月，"金砖国家"首次贸易救济国际研讨会在北京召开，这为中俄两国在"金砖国家"框架内交流国家贸易救济立法和实践，加强政府间、产业间和企业间的沟通与合作，共同提升运用国际经贸规则能力搭建了平台。目前，中俄也在推动拓展与欧亚经济共同体和海合会等组织建立贸易救济合作机制，共同加强交流与合作。此外，每年俄方均派出人员参加中方举办的"金砖国家"贸易、投资等领域的培训班，保持了活跃交流的势头。"金砖国家"贸易救济领域的交流与合作由此得到加强。

2013 年，有关金砖机制长期发展战略问题受到了中国和俄罗斯的关注。谋略对国际金融货币体系的改革产生更大的影响。随着合作的深化，政治内容有所增加，中俄两国奉行建立多极世界和多种文明共存的国际体系，并顾及国际社会所有成员的利益。中俄两国认为，"金砖国家"的重要任务是发展战略伙伴关系，形成相互互补的优势和合作潜力；目标是将金砖机制从非正式对话论坛和有限问题的协调工具转变为就世界政治和经济中的关键问题进行战略和现实合作的全面机制，就战略稳定、国际和地区安全、核不扩散、解决地区冲突、维护地区稳定协调立场和进行对话。在建立国际货币金融体系方面，最现实的任务是建立更具代表性的、稳定的和可预测性的国际储备货币体系，以及促进现阶段国际货币基金组织的改革。中俄两国在金砖机制内的合作与对话不仅表明两国在形成市场经济和发展中国家拥有共同的利益，而且在建设和谐世界、和平和共同繁荣方面也有共同的利益，这必将有利于中俄双边经贸关系更加深入地发展。

---

① БРИКС – новый фактор глобальной экономики и политики, http://www.mid.ru/brics.nsf/0/68660EECB2508E27C3257856003DF115.

② Вступительное слово на встрече лидеров БРИКС, 5 сентября 2013 года, http://kremlin.ru/transcripts/19161.

三、加强中俄两国全面战略伙伴关系的平台

经济现代化和结构性改革是俄罗斯社会经济发展面临的首要任务,而中俄两国在金砖机制内的合作特点是多层次和多向性的,但金砖机制首先是经济合作,是成员国解决本国与国际体系相关问题的合作平台。在地缘政治层面,"金砖国家"是欧洲—大西洋组织的另一种选择,实行与欧美国家不同的原则。如果在2008年世界经济和金融危机之前,国际社会普遍认为中俄两国无法与美国和西方社会竞争,那么现在这种情况发生了变化。2009年世界银行承认由于"金砖国家"的出现,形成多极化的国际货币体系。[①] 在这一进程中,中俄两国的合作起到了关键作用。

在世界经济中,中国经济总量居世界第二位,巴西居第七位,印度居第九位,俄罗斯居第十一位。2012年春季,在墨西哥举行的二十国集团峰会期间,"金砖国家"财长达成协议,同意成立多边银行,支持"金砖国家"经济发展。"金砖国家"不只希望摆脱美元体系,还要保护本国的利益。首先,"金砖国家"间进行本币结算,避免使用美元支付。这不仅削弱了美元世界储备货币的地位,而且加强了金砖机制国家间的信任。其次,建立金砖国家银行可改变许多地区的金融政治现状,金砖银行不会像欧洲建设和发展银行和世界银行那样对贷款提出政治先决条件。

中国和俄罗斯对现行的国际治理体系不满意,中俄两国在全球治理问题上需要合作,这是中俄两国维系良好双边关系的基础。美国无意加强多边机制,欧盟改革全球治理体系的经济和外交能力有限,许多发展中国家不相信多边关系原则,认为这是西方国家为自己的利益设计的规则。因此要建立多边机构,保证国家间的互利合作,中俄两国必须在这方面进行合作。中俄在许多全球治理问题上观点相近:中俄均认为西方世界建立全球治理构想是为自己的利益设计的;中俄两国对西方国家的干涉主义政策持否定态度;中俄两国关于全球治理必需的多边关系形式的思想相近;中俄两国奉行不得干涉主权国家内政的原则。中俄两国的分歧主要集中在全球治理中的经济和军事

① Dailami M., Masson P. The New Multi-polar International Monetary System. Policy Research Working Paper 5147. The World Bank Development Project Group. December 2009. http://www-wds.worldbank.org/external/default/WDSContentServer/IW3P/IB/2009/12/03/000158349_20091203160509/Rendered/PDF/WPS5147.pdf.

方面，中国认为经济在全球治理中的意义更大，俄罗斯认为裁军和国际安全中的其他因素更为重要。

当前，中俄两国双边关系是稳定的，俄罗斯承认中国是新兴的世界大国，需要与中国接近。但是，西方国家仍然是俄罗斯对外政策关注的中心，西方国家是俄罗斯实现经济现代化的技术来源。在新的国际秩序框架内，中国比俄罗斯的分量更重。虽然世界向多极化发展趋势明显，但是多极体系的性质仍然不明确。多极体系是建立在强大的多边机构的基础上，还是建立在力量对比的基础上仍然具有极大的不确定性。中俄两国在许多重大的国际问题上立场一致，与欧美国家对立。中俄两国对解决伊朗和朝核问题具有重要的影响力。中俄两国一致认为，由于欧美国家在国际金融机构和世界贸易组织及联合国中享有统治地位，所以现行的国际治理体系被欧美国家用于实现自身利益的工具。

当然，在全球治理问题上，中俄两国的立场并不完全一致。中国支持保证市场开放的贸易准则，以保证本国产品在国际市场上的优势，维护新兴经济大国的地位。随着中国经济实力的加强，中国对全球治理的影响力越来越大。但中国一向致力于国内经济发展，在国际事务中求平衡。中国认为本国是发展中国家，但中国的经济利益已经扩大到全球范围，中国不可避免地要通过国际机构来维护这些利益。中国要求改革国际政治和经济体系，中国要在现有的国际体系框架内保证中国的利益。中国积极参与二十国集团、世贸组织、联合国的活动。中国主张改革国际金融体系，使之能够代表发展中国家的利益，认为全球治理不应建立在"华盛顿共识"的基础之上。中国从本国利益出发，积极参与国际经济合作，不太注重国际安全方面的全球治理，不愿意因裁军和安全方面的某些规则束缚手脚。中国慎重对待在军事和安全问题上的国际协议。但是，中国积极参加联合国的维和行动，积极参加国际经济机构的活动，中国是世界贸易组织成员国，向诸如世界银行、国际货币基金组织、金融稳定委员会等一系列国际金融经济组织派驻代表。中国是新兴经济发展大国和世界性的出口商，中国的经济利益拥有全球性，国际准则将有助于维护中国的利益。

与中国不同，俄罗斯的出口商品主要是石油和天然气，在这方面不存在明确的国际贸易规则。俄罗斯希望凭借核武器和军事力量等方面的实力，通过国际安全机构和安全制度维护其世界大国的地位。因此，俄罗斯强调国际军事安全方面的国际治理。俄罗斯更加积极参与制定安全领域中的国际规则，对全球治理中的经济层面需要借助中国的力量，这与俄罗斯在核武器方面的强势地位和经济实力相对薄弱有关。俄罗斯在经济方面不如中国积极参与全球治理也是因为俄罗斯在全球范围内的经济利益不多。与此形成对照的是，俄罗斯在国际安全领域治理方面表现出极大的兴趣。俄罗斯作为最强大的核国家之一，在这方面能够发挥主要作用。

中俄两国之间虽然存在着上述差异，但并不影响中俄两国在金砖机制内的合作。俄罗斯希望金砖机制从对话和协调立场的机制转变为对世界政治经济重要问题进行战略和日常协作的全方位机制。中国深刻理解金砖机制对建立国际关系新的多极体系的重要意义，认识到"金砖国家"机制的发展有利于提高中国的国际地位。这为中俄两国在金砖机制中的合作奠定了基础。中俄在金砖机制中的合作是该机制发展的重要动力之一。随着金砖机制影响国际事务的能力增加，国际政治和国际经济发展方向的多极化，中俄在"金砖国家"机制中的合作势必成为中俄全面战略协作伙伴关系中的重要组成部分。

第三节 "金砖国家"机制内中俄合作的发展与问题

中国和俄罗斯是促进金砖机制发展的重要国家，两国的合作对金砖机制的发展前景起着至关重要的作用。同时，金砖机制为中俄两国的全面战略协作伙伴关系增加了新的内容。中俄两国都视金砖机制为本国对外政策的重点方向。2013年俄罗斯出台了"金砖国家"构想。俄罗斯与"金砖国家"在国际事务、国际贸易、资本交换、人文领域增强协作，可以在最大程度上为俄罗斯经济增长创造条件，改善投资环境，提高人民生活质量，造福于人民。俄罗斯认为金砖机制已形成某种全球性的国际组织，俄主张进行金融经济方面的合作。[①] 中国外交一向重视与发展中国家的合作，尤其是新兴经济体之间

---

① Материалы российско-китайской конференции "Потенциал взаимодействия России и Китая в БРИКС и многосторонних структурах в Азиатско-Тихоокеанском регионе". Фонд "Русский мир", Москва. 1-2 декабря 2011г.

的合作。金砖机制为中国深化与新兴国家间的经济和政治合作建立了良好的平台，为中国与新兴国家开展多边和双边合作创造了机会。

一、金砖机制对俄罗斯的意义

2008 至 2009 年爆发的世界金融经济危机未能刺激俄罗斯经济进行结构性改革，经济发展依然严重依赖能源和资源出口。在俄罗斯与欧盟能源摩擦不断的情况下，俄罗斯与"金砖国家"的合作显得尤为重要。俄罗斯利用金砖机制积极寻求解决本国经济、金融、贸易问题，同时利用新兴国家的力量加强本国在八国集团和二十国集团框架内的分量。俄罗斯作为金砖机制的倡导国、第一次元首峰会的主席国，十分重视金砖机制在国际事务中的作用。2013 年 2 月俄罗斯总统普京批准的新版《俄罗斯对外政策构想》中确定，发展金砖机制作为俄罗斯对外政策的优先方向，同时普京总统签署《俄联邦加入金砖组织构想》①，阐述了金砖机制对俄罗斯的重要意义，确定了俄罗斯金砖机制内的战略任务。俄罗斯认为，金砖机制未来将成为新的全球治理体系、全球关系新模式中的关键元素。俄罗斯通过该机制试图达到：第一，促进国际货币基金组织更加公正、稳定和有效。第二，保证在尊重别国主权、领土完整、不干涉别国内政基础上保证和平与安全。第三，加强对外政策的多边性质。第四，与该机制伙伴国发展特殊的双边关系。第五，扩大本国的语言、文化和信息存在。

金砖机制对俄罗斯的意义主要体现在以下几个方面：

（1）"金砖国家"是形成多极世界的关键因素之一，反映了世界向建立多中心国际关系体系和国家间经济相互依赖性加强的客观发展趋势。金砖机制在国际舞台上的主要影响力是成员国上升的经济实力，他们活动的意义是成为全球经济发展的主要动力。该机制的成员国是主要国际组织和机构（联合国、二十国集团、八国集团、不结盟运动、七十七国集团、地区组织独联体、集体安全条约组织、欧亚经济共同体、关税联盟、上海合作组织、亚太经济合作组织、南美洲国家联盟、南美洲共同市场、拉丁美洲和加勒比国家共同体、非洲联盟、非洲南部发展共同体、南亚国家地区发展联盟）中有威望的

---

① Концепция участия Российской Федерации в объединении БРИКС, http: //xn--d1abbgf6aiiy.xn--p1ai/media/events/files/41d452a8a232b2f6f8a5.pdf.

成员国,从而加强了金砖机制的政治影响力。"金砖五国"重申维护国际法基本原则,加强联合国的中心地位,反对武力压制和侵犯其他国家主权的政策。"金砖国家"在解决包括叙利亚危机、伊朗局势和中东问题在内的国际热点问题的立场相近的。"金砖国家"为不断促进全球发展做出的贡献是五国机制在世界舞台上威信和影响力的体现。

(2)在俄罗斯看来,如果说二十国集团中仍然存在着西方核心的话,金砖机制首先可作为其第二个核心。巴西、印度、中国和南非在近 20 年间都在引领着世界经济的增长。2012 年,"金砖国家"的国内生产总值平均增长为4%,而"七国集团"的国内生产总值增长约为 0.7%。[①]"金砖国家"致力于建立更加平衡和公平的国际经济关系体系。这些拥有新兴市场的国家致力于保障全球经济长期、稳定的增长,不断改革金融经济结构,提高其效率。

(3)金砖机制是促进俄罗斯经济走向世界的重要促进因素。俄罗斯非常重视发展与"金砖国家"贸易和投资合作,启动了有俄罗斯实业界参与的多边合作计划。在 2013 年德班会晤前,俄罗斯举行了有 900 多名实业界代表参加的"金砖国家"企业论坛。

基于上述意义,俄罗斯对与"金砖国家"在《联合国宪章》,公认的国际法原则及公开、务实、协商、不结盟、不针对第三方原则基础上建立合作关系持积极态度。俄罗斯认为有以下长期因素促进"金砖国家"的发展前景。第一,"金砖国家"共同追求改革过时的、不考虑发展中国家增长的经济分量的国际金融经济结构。第二,成员国支持公认的国际法原则,对他国不使用武力和破坏其他国家主权。第三,成员国在与经济现代化和社会生活相关的问题和挑战问题上的观点一致。第四,成员国经济许多领域相互补充。

俄罗斯支持深化金砖机制内的合作,未来成为新的全球治理体系,首先是金融经济领域中的关键因素。因此,俄罗斯支持金砖机制作为全球关系的新模式,超越旧的东—西国家或南—北国家的划线。为此,俄罗斯制定以下战略目标:第一,改期国际货币金融体系,促进国际金融经济体系更加公正、稳定和有效,改善俄罗斯发展经济和金融体系的外部条件。第二,为在尊重其他国家主权和领土完整,不干涉其内政的基础上加强和平与安全扩大"金砖国家"间的合作。第三,利用金砖机制加强俄罗斯对外政策中的多方位性

---

① Интервью В.В.Путина ИТАР–ТАСС 22 марта 2013 года. http://www.itar-tass.com/c1/683423.html.

质，加强俄罗斯国际地位的稳固性。第四，与金砖机制成员国发展特殊的双边关系，挖掘"金砖国家"在各个领域中合作的互补优势。

（4）在国际政治合作方面。全面发展在联合国的合作，维护和加强联合国安理会作为维护国际和平和安全主要职责的机构作用，防止利用联合国，首先是安理会实行武力解决冲突局势的单边行动。加强在联合国的合作，俄罗斯支持改革安理会。"金砖国家"支持巴勒斯坦建国、和平解决叙利亚冲突、伊朗拥有和平利用核能的权力等。"金砖国家"通过行动计划，除了金融经济领域外，还将在卫生、能源、教育、体育、旅游、反恐、反毒品、信息安全、科技、反腐败等方面进行合作。金砖机制正在逐渐向国际组织方向发展。

（5）在国际安全方面的合作。协调在维护战略稳定、国际和地区安全、核不扩散、解决地区冲突和维护地区稳定方面的立场。制定统一或相近的反恐政策，在反毒品方面协调立场，共同反对国际恐怖主义、毒品贸易和海盗、洗钱和非法移民。

（6）在货币金融方面的合作。金砖机制的基本任务是改革国际货币和金融体系，这是俄罗斯与"金砖国家"长期合作的主要优先方向，其中最重要的是建立新的储备货币和提高本币在"金砖国家"相互结算中的作用，2013年德班峰会通过建立"金砖国家"发展银行的决议。"金砖国家"在2013年9月在圣彼得堡召开非常峰会，讨论成立发展银行的具体原则、条件和标准。俄罗斯将利用金砖机制实现以下目标：促进世界经济稳定和平衡增长；完成国际货币基金组织现阶段改造；改革国际货币和金融体系，建立具有代表性、稳定和可预测的国际储备货币体系；加强"金砖国家"在二十国集团中的作用；增强"金砖国家"货币在相互结算中的作用，发展金融市场的合作，加强"金砖国家"金融稳定。除此之外，俄罗斯还将加强与"金砖国家"工业、能源、农业等经济领域中的合作。

俄罗斯对金砖机制的战略方针除了推行国际政治和国际经济向多极化方向发展以外，更重要的是作为改革世界金融经济体系，包括削弱美元的垄断地位，发展与"金砖国家"战略伙伴关系的重要平台。普京曾明确指出，"'金砖国家'对国际经济和政治的影响将有相当的分量"。[①] 俄罗斯对金砖机制的战略目标是，逐渐将该机制转型为就国际政治和经济方面的战略与现实问

---

① Путин.В.В, Росся и меняющийся мир, Московские новости, 27 февраля 2012 г.

题进行合作的完整组织。为实现上述目标,俄罗斯当前的具体规划为:首先建立常设金砖秘书处;开设发展银行(资本为 500 亿美元),总部设在莫斯科;开设"金砖国家"使用本币国际结算银行;建立专项反危机基金,总额为 2400 亿美元;接受伊斯兰国家如印度尼西亚和土耳其加入金砖机制。

但是,应特别指出的是,一般认为金砖成员国在国力上可以互补,中国的强项是经济,巴西的强项是资源和生态,印度的强项是人力和科学,南非是进入非洲的大门,俄罗斯的强项是政治和军事实力。而实际上,中国和印度都与世界主要大国建立起良好的关系,他们不需要借用俄罗斯的军事和政治资源。如果金砖机制在金融和经济方面具有某种意义,那么在军事政治方面没有任何基础变为现实的国家联盟,俄罗斯可能发挥特殊作用的根据也就不具备。

二、金砖机制对中国的意义

中国重视加强和推动与"金砖国家"的务实合作,重视金砖机制在当代国际政治和经济生活中的作用,认为与"金砖国家"的合作视为中国外交政策的优先方向之一。在 2013 年 3 月 27 日"金砖国家"领导人第五次会晤中,中国国家主席习近平发表了题为《携手合作 共同发展》[①]的主旨讲话,阐述了中国对金砖机制的基本政策,指出了"金砖国家"对中国外交的重要意义,可归结为以下几点。

(1)对于中国来说,金砖机制是实现中国外交理念的重要平台。中国外交一贯坚持求和平、谋发展、促合作、图共赢的原则,维护国际公平正义与世界和平稳定,坚持和平发展、合作共赢,坚持平等民主、兼容并蓄,维护全球和平与安全,以自身稳定和发展维护世界和平,也要推动国际社会以平等求安全、以发展促安全、以合作谋安全,要和平不要战争,要合作不要对抗,在追求本国利益时兼顾别国合理关切。

(2)金砖机制是中国推动建设全球发展伙伴关系,改革国际货币金融体系,促进贸易和投资自由化、便利化,共同参与国际发展议程制定,促进全球发展更加平衡要完善全球经济治理,增加"金砖国家"代表性和发言权,

---

① 中国国家主席习近平主旨讲话:《携手合作 共同发展》,《人民日报》第 2 版,北京:人民日报出版社,2013-3-28。

塑造有利于自身经济发展的全球经济治理体系的推手。不管全球治理体系如何变革，中国都要积极参与，发挥建设性作用，推动国际秩序朝着更加公正合理的方向发展，为世界和平稳定提供制度保障。中国通过伙伴关系把金砖各国紧密联系起来，努力推进"金砖国家"间经贸、金融、基础设施建设、人员往来等领域的合作，朝着建设一体化大市场、多层次大流通、陆海空大联通、文化大交流的目标前进。中国强调"金砖国家"加强宏观经济政策协调，并以"金砖国家"协调带动发展中国家合作，共同推动世界经济复苏和增长，围绕创新增长主题，共同探索形成新的经济竞争优势。要加强基础设施建设合作，实现互联互通。要妥善处理合作和竞争的关系，谋求互利共赢。

（3）金砖峰会成为中国外交的新平台。中国通过与"金砖国家"深化互利合作、谋求互利共赢，加强在联合国、二十国集团、国际经济金融机构等框架内协调和配合，维护共同利益。中国与"金砖国家"达成共识，不管国际格局如何变化，中国始终主张尊重各国自主选择社会制度和发展道路的权利，尊重文明多样性，做到国家不分大小、强弱、贫富都是国际社会的平等成员，本国的事情由本国人民做主，国际上的事情由各国商量着办。"金砖国家"在2012年发表的《德里宣言》中强调，"金砖国家""反对以发展绿色经济为由采取任何形式的贸易和投资壁垒"。这是"金砖国家"对欧盟征收"碳排放交易费"的集体反击，中国是欧盟该举措的坚决反对国。

（4）中国坚持务实合作是"金砖国家"合作的重要支撑，致力于将各国的政治共识转化为具体行动，积极推进"金砖国家"开发银行、外汇储备库等项目，加快各领域务实合作。在2013年3月27日举行的德班峰会上，"金砖五国"签署了发起应急基金的协议，为创建1000亿美元应急基金迈出了第一步。中国拟出资410亿美元，巴西、俄罗斯和印度各出资180亿美元，南非出资50亿美元。该基金主要用于紧急情况，作为国际货币基金组织的替代选择。各国可能需要一年左右时间通过相关立法，2014年"金砖五国"巴西峰会期间，有望达成最终协议。"金砖国家"第五次元首峰会上，五国签署了《"金砖国家"多边可持续发展合作和联合融资协议》、《"金砖国家"非洲多边基础设施联合融资协议》以及《关于成立"金砖国家"工商理事会的宣言》等合作文件并发表《德班宣言》及行动计划，正式宣布成立"金砖国家"工商理事会。"金砖国家"工商理事会将在加强"金砖国家"之间经贸合作方面扮演重要角色，理事会将推动"金砖国家"工商界在经济、贸易、商业、投资方面的联系。要深化务实合作，当务之急是落实已确定的合作项目。

（5）"金砖国家"间的金融经济合作有利于中国实现人民币国际化的战略目标。2009 年以来，中国一直在逐步实施人民币国际化的战略计划，战略重点是增强人民币在中国跨境贸易结算中的作用。2011 年，用人民币结算的贸易占中国国际贸易的近 10%，而 2009 年这一比例还几乎为零。2012 年，中国决定向"金砖国家"提供人民币贷款，以扩大人民币在全球贸易结算中的使用范围。用人民币贷款或交易将进一步提高中国的国际地位和影响力。

据中国海关统计，2011 年中国与"金砖国家"的贸易额达到 2827 亿美元，其中与巴西 842 亿美元，与俄罗斯 792 亿美元，与印度 739 亿美元，与南非 454 亿美元。同年，中国外贸总额增长 22.5%，而中巴贸易增长了 34.5%、中俄增长 42.7%、中南增长 76.7%。2012 年，新德里峰会签署《"金砖国家"银行合作机制多边本币授信总协议》和《多边信用保证保兑服务协议》，有助于推动相互间贸易的发展。"金砖国家"在国际金融机构乃至全球经济管理中谋求与自身经济实力相称的代表权的合理诉求。2012 年，中国国务院发展研究中心和世界银行联合编著的《2030 年的中国：建设现代、和谐、有创造力的高收入社会》中提出，人民币将在 2025 年以后方能国际化，而在 2035 年它应当占到全球外汇储备 12%的份额。中国人民银行行长在 2013 年 3 月 26 日"金砖国家"财长和央行行长会议上强调指出，"金砖国家"共同建立应急储备安排，是对现有全球金融安全网的有益补充，有利于促进金砖各国和全球的金融稳定。如果"金砖银行"成立，将为新兴经济体搭建新的融资平台，动摇欧美国家在国际金融领域一家独大的局面，有可能对美元波动、大宗商品定价产生影响，促进新兴经济体金融市场的健康发展。

中国奉行全方位开放合作的外交，愿意在相互尊重、平等互利的基础上，发展与世界所有国家的关系。"金砖国家"、上海合作组织和"二十国集团"，都是中国参与创立的重要国际机制，均是中国主要借重的国际多边平台，对拓展和塑造中国与世界的关系颇具特殊意义。中国积极支持金砖机制内的合作，尤其是经济方面的合作，高度评价峰会结果。随着中国经济的日益壮大，中国政府更加重视金砖机制的作用，视金砖机制为国际事务中进行多边外交的新平台。中国领导人充分利用"金砖国家"元首峰会的契机，加强与一同出席峰会的新兴国家领导人的交流互动，向国际社会发出"金砖国家"团结、合作、共赢的积极信息。

三、金砖机制对中俄关系的促进作用

金砖机制已经成为代表五大洲和南北半球新兴市场和发展中国家共同利益。由于"金砖国家"的努力，逐渐推动世界银行和国际货币基金组织的改革进程，提高新兴国家的权重。中国和俄罗斯在这方面有共同的利益，如同中国驻俄罗斯大使李辉出席俄罗斯科学院国际政治与经济研究所主办的有关金砖机制的研讨会上所说"中国和俄罗斯是推动金砖机制发展的主要倡导国家，中俄两国在金砖机制内的合作丰富了两国战略伙伴关系和合作的内容"。[①]中国认为，金砖机制不是大国结盟集团，更不是政治联盟，而是新型的全球经济合作和重要的多元化实践。金砖机制能够促进发达国家和发展中国家在协调、合作、互利、共赢，不针对第三国及和平的基础上进行接触和交流。俄罗斯认同中国的观点，强调金砖机制从国际关系的角度是多政治中心模式，从文明的角度是多样文明模式。

中国和俄罗斯通过金砖峰会解决两国间的经贸、政治、安全等问题，可增强中俄互信，促进两国更多的交流，有利于政治合作。在全球化时代，多边外交越来越活跃，中俄两国促进双边关系的手段从运用双边外交扩大到利用多边合作展开互动。在金砖机制内，中俄都与其他三国保持着良好的关系。2013年，德班会晤的主题为"金砖国家"与非洲大陆：发展、融合与工业化的伙伴关系。与会领导人主要讨论两项议题，一是促进包容性增长和全球治理，二是发展、一体化和工业化的伙伴关系。这是"金砖国家"峰会首次在非洲大陆举行，与中俄两国发展与非洲国家关系的对外政策相吻合。中俄两国同时注意到非洲富庶的资源、潜在的贸易市场和巨大的经济机遇。

中俄两国合作在"金砖国家"框架下呈现不断加强的趋势。比如在反对贸易保护主义、消除各种贸易投资壁垒、提高贸易投资便利化水平、支持开展贸易投资促进活动、推动中小企业合作上，中俄一直坚持主动协调立场、相互支持。历次"金砖国家"经贸部长会议、元首峰会召开前，中俄双方可以做到相互沟通情况，主动协调立场，共同推动各方关注的议题取得进展。金砖机制的活动主要集中在金融和经济方面，首先改革现行的金融经济秩序，

① Людмила Окунева, БРИКС: проблемы и перспективы, Институт международныхисследований МГИМО（У）МИД России, март 2012.

在这方面中俄有共同的战略性利益,希望加强中俄两国在国际经济体系中的地位,因此中俄两国支持对现行的国际金融经济体系进行深入的改造。中俄两国同意加强经贸合作是作为推动"金砖国家"合作的重点。为此,中俄双方制定"金砖国家"经贸和投资合作计划、丰富保护知识产权等内容。中方多次派人员出席俄方举办的"金砖国家"经贸、中小企业、创新等问题研讨会。同时,俄方对中方提出的建立"金砖国家"电子商务平台也予以高度关注和积极支持。

2014 年 7 月 15 日,"金砖国家"领导人第六次会晤在巴西福塔莱萨举行,中国国家主席习近平在题为《新起点 新愿景 新动力》的主旨讲话中强调,发展"金砖国家"更紧密更全面更牢固的伙伴关系,指出与"金砖国家"的合作为中国外交优先领域,坚持同"金砖国家"做好朋友、好兄弟、好伙伴。习近平指出,"金砖国家"既要做世界经济稳定之"锚",也要做国际和平之"盾"。普京表示,"金砖国家"要深化务实合作,提高贸易投资水平,加强在重大国际和地区问题上的沟通协调,共同应对恐怖主义、网络安全等全球性挑战。

第四节 上海合作组织的建立及其最初的十年

上海合作组织(以下简称上合组织)于 2001 年 6 月 15 日在中国上海宣布正式成立,成员国为中国、俄罗斯、哈萨克斯坦、乌兹别克斯坦、吉尔吉斯斯坦、塔吉克斯坦。[①] 上合组织的早期雏形可追溯到 1996 年为解决中国与俄罗斯、哈萨克斯坦、乌兹别克斯坦、吉尔吉斯斯坦、塔吉克斯坦边界问题而建立的"上海五国"机制。如果将 1996~2000 年作为上合组织的初创阶段,那么在上合组织建立的最初十年里,又可划分为建立阶段(2001~2004 年)和扩大合作范围阶段(2005~2011 年)两个阶段的发展历程。

---

① 上合组织除了五个正式成员国以外,还接纳蒙古、印度、巴基斯坦、阿富汗、伊朗为观察员国,土耳其、白俄罗斯、斯里兰卡为对话伙伴国。——作者注。

一、上海合作组织的战略构想

"9·11"事件以后，阿富汗战争使中亚地区的安全形势更加复杂，恐怖主义和伊斯兰极端势力的威胁更加现实，地区安全多边合作的重要性更加突出，上合组织为处理更大范围的跨国问题的作用日益重要。虽然上合组织对组织未来的发展战略没有明确的表述，但总结最初十年的实践活动，仍然能够较清晰地勾勒出上合组织的战略发展方向。

1. 上海合作组织战略构想的核心元素是打击"三股势力"的反恐合作，建立安全伙伴关系战略

上合组织是在安全方面的地区合作的重要机构。上合组织从解决边界问题，加强中苏边界安全的"上海五国"多边机制发展而来。2000 年 7 月，"上海五国"杜尚别峰会标志着该机制向具有更广泛内容的地区多边合作机制转变，其优先方向是应对地区地缘政治局势变化引起的非传统安全威胁。2001 年 6 月 15 日通过的《上海合作组织成立宣言》强调，上合组织成员国"在保证地区安全方面进行合作，加强在地区和国际事务中的磋商与协调，在重大国际问题和地区问题上相互支持和密切合作"，[①] 建立起安全伙伴关系。2001 年 6 月 15 日，上合组织在上海签署《打击恐怖主义、分裂主义和极端主义上海公约》（以下简称"三股势力"），该文件构成了上合组织打击"三股势力"战略构想的基础。2002 年 6 月通过的《上海合作组织宪章》，再次重申了上合组织维护地区安全的组织职能。2004 年，北京秘书处和塔什干地区反恐机构正式开始工作。在外长理事会框架内建立了成员国就现实的国际问题进行多边磋商的机制。在 2005 年 7 月上合组织阿斯塔纳元首峰会上，上合组织组织成员国签署《上海合作组织成员国合作打击恐怖主义、分裂主义和极端主义合作构想》，2008 年通过《上海合作组织成员国组织和举行联合反恐演习的程序协定》。2009 年上合组织成员国根据地区安全形势的变化，通过《上海合作组织反恐怖主义公约》，从法律上界定了"恐怖主义"的外延和内涵以及成员国司法部门的权限。上述文件一方面为上合组织的反恐行动奠定了法律基础，另一方面使上合组织成员国之间的反恐合作更具有实际操作性。

---

① 上海合作组织成立宣言（2001 年 6 月 15 日），http://news.xinhuanet.com/ziliao/2002-06/04/content_423358.htm。

上合组织地区反恐机构是体现安全伙伴关系的主要职能部门。该部门的主要任务是：第一，提出上合组织成员国在反对"三股势力"方面进行合作的建议。第二，促进成员国进行反对"三股势力"的斗争。第三，收集和分析上合组织空间内的安全信息，建立信息库。第四，协助准备和进行司令部演习和战术演习。第五，准备和进行其他反对"三股势力"的斗争。第六，与其他从事反对"三股势力"的国际组织建立和保持工作接触。在该机构的协调下，上合组织成员国在信息安全和反对恐怖性犯罪威胁方面进行了大量的实际合作，尤其是"和平使命"系列军演加强了上合组织成员国的反恐协同能力。

《上海合作组织成员国长期睦邻友好合作条约》从法律上进一步明确了成员国之间友好合作与安全伙伴关系的国家间关系的性质。2011 年 6 月 15 日，上合组织元首阿斯塔纳峰会通过《上海合作组织十周年阿斯塔纳宣言》[①]，明确提出了"不以损害他国安全为代价维护自身安全"和"安全空间不可分割"的安全观，为上合组织打击"三股势力"的反恐合作，建立安全伙伴关系战略奠定了理论基础。

在上合组织成立的最初 10 年里，安全、与三股"恶势力"做斗争、地区反恐成为上合组织的首要任务。但是，当成员国面临现实的安全威胁时，上合组织却无法发挥保证安全的作用。如 2010 年 6 月吉尔吉斯斯坦奥什发生种族冲突时，奥通巴耶娃直接向俄罗斯寻求帮助，并没有寻求上合组织的帮助。又如在 2009 年乌鲁木齐发生暴力事件后，中国同样反对境外干涉本国事务，也没有提及上合组织的作用。当成员国的安全问题上升到地缘政治的层面，上合组织甚至无法做到口头支持，如 2008 年俄格战争之后，俄罗斯希望上合组织能够表示支持自己的行动，但上合组织一直没有承认阿布哈兹和南奥塞梯独立。在吉尔吉斯斯坦发生两次动乱时，上合组织都无所作为。这表明上合组织在保证成员国安全方面的作用极为有限。

2. 反毒品战略

贫穷落后的阿富汗是世界上最大的毒品生产和出口基地，严重威胁到与其毗邻的上合组织成员国的安全，毒品交易在上合成员国呈增长态势。上合

---

① 《上海合作组织十周年阿斯塔纳宣言》，李进峰、吴宏伟主编：《上海合作组织发展报告》，社会科学文献出版社，2012 年 7 月第一版，第 314 页。

组织十分重视在反毒品方面的多边合作。为打击来自阿富汗的毒品贸易，2005 年上合组织与阿富汗建立联络小组，共同应对日益猖獗的跨国毒品犯罪活动。2006 年 4 月 21 日，上合组织通过与国际贩毒斗争的计划。2009 年 5 月 19 日，上合成员国禁毒部门领导人在莫斯科召开会议并通过三项决议：建立上合组织成员国禁毒部门高官会议机制，在上合成员国禁毒部门领导人会议框架内成立法律、缉毒执法、易制毒化学品管制、减少毒品需求 4 个专家工作组，建立临时专家工作组负责制定 2009~2014 年上合组织成员国禁毒战略草案。2009 年 11 月 24 日至 26 日，上合组织成员国禁毒部门高官会议在上海举行，深入讨论在禁毒方面的合作问题。在 2011 年上合组织阿斯塔纳元首峰会上，通过上合组织《2011~2016 年上海合作组织成员国禁毒战略》和行动纲领，从法律层面加强成员国之间的禁毒合作，共同打击毒品活动。中国与俄罗斯和哈萨克斯坦建立起密切的反毒品合作关系，联合行动破获 400 多起毒品犯罪。上合组织与联合国、独联体、集安组织、欧亚经济共同体、经合组织、联合国毒品与犯罪治理、国际毒品控制委员会等国际机构展开积极的合作。2012 年 6 月 6 日，普京总统在上合组织元首峰会上强调，"上合组织的主要目标应仍然是保证成员国公民安全劳动的条件。已通过的反对'三股势力'的合作纲领具有重要意义。令人担忧的是，恐怖主义与毒品生产直接联系在一起。因此，一方面要积极落实上合组织的反毒品战略，另一方面要加速建立协调机制——上合组织应对威胁与挑战中心"。

3. 多边经济合作战略

在上合组织框架下开展多边经济合作一直被认为是推动上合组织发展的重要支撑。2003 年 9 月 23 日，上合组织北京第二次总理会议通过《上合组织成员国多边经贸合作纲要》。2004 年，上合组织政府首脑理事会确认了实现该纲领的措施计划，包括 127 个项目的具体措施计划、合作方向，规定了实施上述计划的机制。2005 年，上合组织成员国在莫斯科就起草发展水力、公路、光纤通信、科技和农业计划的建议达成协议。2006 年，在杜尚别启动交通项目，提出起草上合能源俱乐部职能原则的任务，进一步发展教育和文化、卫生、旅游、青年交流关系。2007 年 11 月 2 日在塔什干，俄罗斯建议通过多边经济合作现代化的措施，在基础设施建设、能源、交通、高科技方面加强合作，并将这些项目纳入实业家理事会和银行联合会管理。2010 年 10 月 22 日，在莫斯科进行的第 9 次上合组织对外经济与对外贸易部长会议上讨论了克服经济危机和积极推动多边经济合作,保证上合成员国经济发展,但未能达成协议。[①] 令人遗憾的是,这些计划在上合组织成立的最初十年里并没有落到实处,其主要原因在于上合组织成员国之间存在的矛盾和中俄之间在发展上合组织多边经济合作方面存在分歧。

俄罗斯与中亚国家开展多边经贸活动或经济一体化主要依托独联体、欧亚经济共同体、关税联盟—统一经济空间—欧亚联盟来实现,俄罗斯对于上合组织多边经济合作表现出了一定的惰性,主要精力放在推动实现关税联盟或欧亚经济共同体内的多边经济计划。与俄罗斯相比,中国更重视发展上合组织内的经济合作。中国与中亚国家的经济合作集中在金融、能源、交通、基础设施建设、农业等方面。中国建议通过加快自由贸易区建设达到多边经济合作,希望上合组织增加经济合作的比重,提出实现"共同经济发展"的理念。[②] 1994 年,李鹏访问乌兹别克斯坦时,确定了中国的中亚政策,即为"共同繁荣"而进行"互利合作"。"共同发展"的思想成为中国中亚政策的长期原则,但上合成员国并没有准备在这一思想指导下进行多边经济合作计划。2008 年 5 月在北京举行的第三次上合组织论坛上,中国商务部须同凯在题为《实现和深化上合框架下的地区经济合作》的发言中强调,没有经济合作的组织势必垮台。中国愿意推动上合组织内的全面互利合作,而不单单是双边合作。他表示,中国愿意为建立上合组织发展基金出资,并保证表决时的平等原则,中国的出发点是必须保证实现上合组织发展的长期目标。

上合组织前秘书长 Б. 努尔加利耶夫在解释该问题时认为:"作为多功能的组织不应从事具体的基础项目建设,如电网、隧道、道路。上合组织的任务在于为有效的经济合作建立法律框架,而且这种合作要有六国的共同参与。我们认为在双边或三边的基础上运作项目,才有可能在较低的阶段吸引其他国家参与。"[③] 如果按照努尔加利耶夫的观点,先要为"有效的经济合作"建立"法律框架",考虑到上合成员国法律的多样性,实现多边经济合作将是极为漫长的过程。

[①] Совместная инициатива по активизации многостороннего экономического сотрудничества по преодолению последствий мирового финансово -экономического кризиса. http: //infoshos.ru/ru/? id = 78110.

[②] "共同经济发展"的概念是中国外长钱其琛 1990 年在马尼拉与菲律宾就共同利用南海有争议领土问题时提出来的。——作者注。

[③] Ю.А.Никитина, ОДКБ и ШОС: модели регионализма в сфере безопасности. М., 2009. С. 113.

可以认为，在上合组织发展的最初十年里，多边经济合作是最具争议的议题。一方面，上合组织成员国一致认为有必要就共同努力反贫困、提高人民的生活水平、加速发展进行多边经济合作；另一方面，上合组织成员国的市场经济过渡期还没有结束，各国国内的经济法律还不完善，俄罗斯致力于发展欧亚联盟计划，在一定程度上对冲了上合组织成员国进行多边经济合作的积极性。同时，也由于上合组织内大型多边经济项目因国家间的矛盾落实不利，降低了成员国对上合组织内多边经济合作的兴趣。

二、上海合作组织的特质

上合组织作为政府间区域国际组织，不同于非政府组织，也有别于传统意义上的政府间国际组织，更不是政治和经济联盟或军事联盟组织。传统意义上的政府间国际组织的建立源于两个主要原因：首先是强国有一种特殊的责任来进行合作和维持和平；其次是由于世界各国间的相互依存度提高，需要专门的机构来处理具体的经济和社会问题，各国需要进行实用主义的有限合作。关于政府间国际组织的运作与发展，在国际政治界有功能主义和新功能主义两大流派。功能主义认为，通往全球合作的道路是"自下而上"演进的，其开端是在非政治性的、具体的问题上进行有限的合作（如为解决全球通邮问题成立了万国邮政联盟）。功能主义进而主张，通过具体的往往是非政治性领域的合作，各国和各国人民学会彼此信任，从而为更高层次和全面合作铺平道路。新功能主义主张"自上到下"解决国际问题，并对通过非政治合作可以自发地达到全面的政治合作，以及减少国际冲突的理念表示怀疑。新功能主义主张向地区政府间组织提供足够的独立性和资源，使之在处理政治问题的同时，能够着眼于更大的合作。

显然，上合组织的建立在很大程度上源于各国间的平等相处，以及在地区事务上合作共事的需求，成员国希望通过利用上合组织达到力所不及的目标。虽然上合组织是由解决划界问题演变而来的，但上合组织的出现带有浓厚的全球多极化的时代气息。对于上合组织的发展，有以下三个具体原因：第一，国家间关系相互依存的加深，尤其是为了处理保证地区安全相互依存的现象。第二，中亚地区跨国问题的增加，如反恐和跨国犯罪问题。这些问题影响到中亚各国，解决这些问题的办法超出了一国的能力，需要依靠集体的力量协作解决。第三，中亚国家希望通过联合行动加强本国的力量。中亚国家独立不久，与中俄两国相比，军事和经济力量处于弱势地位，担心本国的安全在所难免。中亚国家的脆弱性促使它们成立上合组织，通过上合组织保证本国的主权安全，实现本国的利益诉求。

基于上述几个原因，上合组织成员国本着互信、互利、平等、协商、尊重多样文明、谋求共同发展的"上海精神"，加强成员国间的相互信任和睦邻关系；促进在政治、经贸、科技和文化领域、教育、能源、交通、旅游、保护环境方面的有效合作；共同保证和维护地区和平、安全、稳定；推动建立民主、公正、合理的新国际政治和经济秩序。上合组织坚持不变的不结盟、不对抗、不针对第三方的组织原则深入人心，成为上合组织首要的组织特点。

其次，成员国没有就共同的标准和价值观达成协议，展现了上合组织的包容性，体现了中国文化的精神。上合组织的一大特点是成员国在不同的文化传统和价值观的基础上成立。上合组织不仅要加强邻国间的相互信任，而且坚持"上海精神"，确立一套新的发展原则和价值观理念。中亚国家担心西式民主化会促进极端主义的伊斯兰情绪，导致社会动荡，对通过"颜色革命"建立民主制的美国政策持反对态度，需要借助上合组织的力量保持政权稳定。中国与俄罗斯和中亚国家认为现行制度是维护中亚地区的稳定因素。

再次，非西方地区主义的特点。上合组织的发展原则与西方国家国际组织的发展原则不同，不追求建立超国家机构，尊重中亚国家最大限度维护主权的需求。上合组织表现出新的国家间关系，大国和小国间的平等、尊重文化多样性，尊重各国的宗教、文化和国家体制，追求共同繁荣的"上海精神"。

最后，上合组织的特殊性在于，它不是一个中国需要敲门申请加入的西方组织，而是由中国参与缔造的、政府间的区域国际组织，不必遵循西方国家确定的准则，它在国际关系中代表了一种非西方化的新的国家间关系理念。中国和俄罗斯利用上合组织这个平台协通过外交政策途径，协调两国在中亚的关系，是建立新的世界大国关系的实践。

在乌克兰危机导致世界挑战增多的国际环境下，上合组织对于地区稳定、促进共同发展的作用会更加凸显。国际政治理论认为，地区政府间组织一般发挥四种作用，分别是：互动场所、合作的开创者和中心、独立的国际行为体以及超国家组织。从这四方面来观察上合组织，显然上合组织最重要的作用是提供了成员国追求其国家利益的互动场所。成员国利用上合组织来获取国家利益，有时会展开激烈的争执，如关于上合组织内的经济一体化、扩员等问题的分歧都与组织目标相矛盾，其消极作用是使上合组织变为一个外交争论的场所，无法促进成员国之间的合作。但同时，这种互动的过程会培养出成员国合作与妥协的习惯，促进争端的非暴力解决。

就目前上合组织的发展阶段，尚不足以成为合作的开创者和中心、独立的国际行为体以及超国家组织的条件。上合组织还未形成用来帮助管理某个国际问题领域中国家和其他国际行为体的行动的机制。上合组织如果要成为独立的国际行为体，首先要培养出强有力的、独立于本国政府的行政工作人员，这些工作人员认同本组织并为提升组织的威望工作。但上合组织秘书处的工作人员首先是为本国政府服务，而不是为上合组织服务。地区政府间组织还可以充当超国家组织的角色，在这方面上合组织没有追求。从上述分析可以认为，上合组织成员国间的合作主要基于传统的实用主义的合作，远没有成为新型地区国家政府间组织的条件。

上述上合组织的特性保证了中亚小国与中俄大国友好相处，保证上合组织成员国在政治安全方面的顺利合作，避免中俄两国在处理与中亚国家关系时产生不必要的冲突。但同时，这些特性阻碍了上合组织内的多边经济合作。

三、上合组织的两大国际意义

上合组织内的合作涉及安全、经济、国际事务、人文领域。上合组织的国际分量因中国的强大而加重。2011 年 11 月 17 日，普京总统在圣彼得堡上合组织国家总理会议上指出："毫不过分地说，上海合作组织是当代国际关系和当代国际大厦中不可或缺的一部分和具有相当影响力的元素。"[①] 上合组织的重要作用主要表现在以下两方面：

1. 地区安全稳定作用

尽管集体安全条约组织和关税联盟—统一经济空间—欧亚联盟对维护中亚地区和稳定和俄罗斯的战略利益发挥着重要的作用，但由于阿富汗长年战争，巴基斯坦局势动荡不安，中亚地区的安全机制或安全结构还未形成，所以上合组织维护地区稳定的重要作用仍然不可替代。

---

① По итогам заседания Совета глав правительств государств – членов ШОС Председатель Правительства Российской Федерации В.В. Путин и Генеральный секретарь ШОС М.С. Иманалиев выступили перед представителями СМИ. http: //premier.gov.ru/events/pressconferences/16988/ 6 Стратегия России в Центральной Азии и Шанхайская организация сотрудничества.

上海合作组织是在"冷战"结束以后,恐怖主义、分离主义和极端势力危险增加的国际背景下成立的国际组织。为抑制中亚地区的负面因素,可靠保证本国和地区安全,中亚国家转向多边合作机制。在上合成立后的时间里,这一目标基本达到。上合组织制止了数百起恐怖活动,制止了分离活动和极端势力。①上合组织所在地区经历了数次危机事件如 2005 年乌兹别克斯坦的"安集事件",2009 年世界金融危机的影响,2010 年吉尔吉斯斯坦动乱,在这些事件中,上合组织发挥了稳定的作用。在中亚周边国家陷入动乱之时,阿富汗战争并因此引起的恐怖和毒品威胁、伊核紧张局势、中东北非动乱,但中亚地区基本保持了稳定,这与上合组织发挥维护地区稳定的作用密不可分。为提高上合组织成员国之间的配合协调能力,上合组织举行经常性的"和平使命"反恐演习。

2012 年,美国总统奥巴马宣布从阿富汗撤军以后,上合组织的地区安全保证作用受到国际社会的普遍关注。在保证地区安全方面,上合组织面临的主要问题是,缺少对上合组织地缘空间内突发事件做出快速、明确反应的机制,缺少相应的协调成员国立场的有效机制。所以上合组织基本没有对 2009 年中国新疆乌鲁木齐骚乱和 2010 年吉尔吉斯斯坦种族冲突采取集体行动。上合组织现行的《上海合作组织与非传统安全威胁进行斗争合作纲要》还不足以保证成员国采取一致的行动或做出积极的反应。2010 年 12 月,联合国通过《联合国与上海合作组织合作》的第 65 号决议,其中称上合组织为研究地区所有层面安全问题最重要的地区组织。

"9·11"事件和美国入侵阿富汗,中亚受到了美国和西方的关注,美国在中亚建立了军事基地,引起了中俄两国的不安。2005 年 7 月,在阿斯塔纳元首峰会上,中俄两国强烈批评美国的单边行动,要求美国制定出从中亚撤出军事基地的日程表。②上合组织峰会发表宣言,提出美国驻上合组织成员国军事基地的时间问题。该宣言是上合成员国共同反对某国的尝试。俄罗斯向美国表示了中亚对俄罗斯的意义和力量,中国为逼走美国势力迈出了第一步,乌兹别克斯坦指责美国插手"安集事件"。吉尔吉斯斯坦借机提高美国马纳斯

① К.М. Барский, Шанхайская организация сотрудничества: новое слово в мировой политике, "Международная жизнь". № 8. Август 2011г.

②《上海合作组织成员国元首宣言》(2005 年 7 月 5 日),http://www.china.com.cn/zhuanti2005/txt/2006-06/13/content_6240432.htm。

基地的要价。美国于 2005 年底离开乌兹别克斯坦的哈纳巴德军事基地，2005年上合组织拒绝接纳美国为观察员国。

因此，俄罗斯在一定程度上只愿意把上合组织作为宣誓本国在中亚地缘政治影响的工具，而不愿意运用武力维护地区局势稳定。最典型的例子是，2010 年 4 月吉尔吉斯斯坦发生非正常形式政权更迭。同年 6 月，吉尔吉斯斯坦南部奥什州和贾拉拉巴德州爆发了民族冲突。但是，俄罗斯拒绝了吉尔吉斯斯坦临时政府希望俄罗斯派出维和部队平息动乱的请求。

2. 向国际社会展现成员国国际理念的窗口

上合组织促进中亚国家使用和平手段解决国家间冲突。在这方面，中俄两国的立场一致，达到了高水平的战略伙伴关系。中俄两国都认为单极世界是对本国利益和安全有威胁，推动国际秩序向多极方向发展。两国在加强地区机制、削弱美国建立的秩序方面有共同的利益。

当前世界快速变化，全球化伴随着各国相互依赖程度加强，地区一体化进程活跃，各国利益相互交织，非国家主体国际交往增加。当代国际关系正在发生全面转变，基本方向是建立多极体制。但同时许多问题也成为全球性的问题，需要各国通力合作解决，如气候变暖、环境问题等。上合组织成员国在对外政策方面进行磋商，协调在人权、裁军等领域中的政策和立场，在国际舞台用一个声音说话，促进国际关系的民主化进程；在"安集事件"、中东北非事件上有共同的声音；在国际事务中，中亚国家不希望外界干涉本国的政权更迭。

上合组织的建立证明，在现代条件下正是在地区层面形成了多极全球治理的元素。在当今全球化进程中，客观要求降低军事力量在国际政治中的作用，更多地强调国际合作。在这方面，上合组织具有示范意义。

自上合组织成立以来，中俄两国都将上合组织视为本国加强与中亚国家合作和在地区层面实现战略伙伴关系的主要平台。中俄两国拥有一系列政治目标、利益、安全和经济理由支持上合组织发展壮大。对于中国来说，上合组织是中国从国际舞台的边缘走向中心，积累国际组织管理经验、与中亚国家进行双边或多边合作的重要平台。对于俄罗斯来说，上合组织是对集体安全条约组织和欧亚联盟的补充，通过这三个地区组织特别是通过与中国在上合组织中的合作保证俄罗斯与中亚国家的传统关系持续发展，保证俄罗斯在中亚的利益不受美国和欧盟力量的挤压。在维护中亚地区的和平与稳定方面，中国和俄罗斯有共同的利益。中俄两国在上合组织中的合作,对繁荣中亚地区经济发展和地区稳定发挥关键作用。中国和俄罗斯在制定上合组织的议程和发展中发挥着重要的作用,上合组织的发展前景在很大程度上取决于中俄两国的合作程度。2013 年 3 月 22 日习近平主席首访俄罗斯,中俄两国战略协作伙伴关系深入发展,中俄国家关系的良好状态为上合组织发展前景奠定了基础。

第五节　普京重新执政后中俄在上合组织中的合作

中俄在中亚地区的竞争因素客观存在,但中俄两国对中亚地区和平发展对于自身的重要意义的认识相同。2013 年 9 月 13 日,普京在上合组织国家元首峰会上明确指出,"上合组织取得了重大的成就:作为有威望的国际组织成为世界和区域政策中有分量的因素"。[1] 在一定意义上,上合组织可称为中俄建立新型国家关系的产物,是中俄战略协作伙伴关系的具体体现。俄罗斯要维护在中亚地区的影响力,在中亚奉行务实政策,其目标是:减少来自南部的威胁;积极进行经济合作主要是能源合作;通过关税联盟和统一经济空间积极推进一体化;利用劳动移民和俄语加强俄罗斯对中亚地区的传统影响力。中国一向奉行"亲仁善邻"的政策,致力于与周边邻国建立友好关系,为国内经济发展营造良好的周边环境。中国通过经济援助和发展与中亚国家的经贸关系,增加中亚国家对中国的信任,为营造共同繁荣、共同发展的和谐地区努力。从上述角度看,中俄两国在维护地区政治稳定;保持现在政权稳定;加快地区各国的经济发展方面具有共同利益。但必须强调的一点是,在市场经济的条件下,任何经济活动都具有竞争性。因此,中俄两国的企业和公司在中亚地区进行经济活动不可避免地带有竞争性质。

在某些条件下,中俄两国的经济竞争性有可能会给中俄两国的政治关系带来负面影响。正是借助于上合组织,中俄两国有机会就各自的中亚政策进

---

① Выступление на заседании Совета глав государств – членов Шанхайской организации сотрудн-ичества, 13 сентября 2013 года, http://kremlin.ru/transcripts/19214.

行沟通，增加互信，减少两国在中亚地区的利益碰撞。中国与俄罗斯在上合组织内保持着相当的政策协调，但中俄两国的文化传统不同，在国际事务中的利益诉求存在差异，势必影响到中俄两国对上合组织的态度。俄罗斯借助本国的军事势力，依托集体安全条约组织，在军事方面的作用强于中国。中国利用本国快速发展的经济动力，带动中亚国家的经济发展，经济影响不断扩大。在上合组织内，中俄两国的合作主要表现在以下几个方面。

一、共同制定上合组织发展战略

2012 年 6 月 7 日，上合组织北京峰会上提出了《上海合作组织中期发展战略规划》（以下简称《战略规划》）①。在此次会议上，胡锦涛主席对上合组织未来的发展提出四点建议：建成和谐家园、地区安全稳定的有力保障、地区经济发展的推动力量、成为国际交往和扩大国际影响力的有效平台。在下一个十年里，上合组织将从保证地区安全与稳定的地区安全性组织向安全、政治、经济、人文多功能地区组织转变，从磋商机制逐渐向能够解决更广泛的地区和国际问题的更高层次的地区组织发展。

根据《战略规划》，上合组织继续秉承既定的原则和宗旨，其优先任务仍然是保障地区安全稳定，联合打击恐怖主义、分裂主义和极端主义的力度，大力打击非法贩运武器、弹药和爆炸物，以及跨国有组织犯罪、非法移民和贩卖人口。在政治上，上合组织成员国将就共同关心的国际和地区政治迫切问题协调立场。在涉及成员国主权、安全、发展等核心利益问题上相互予以坚定支持，并通过相互磋商解决出现的问题，共同努力创建民主公正合理的国际政治经济秩序。在经济合作方面，进一步加强合作，落实《上海合作组织成员国多边贸易合作纲要》，在互利对等基础上签订并落实《上海合作组织成员国政府间国际道路运输便利化协定》，根据《上海合作组织成员国政府间农业合作协定》积极开展合作。在人文合作方面，主要加强落实《上合组织成员国政府间文化合作协定》和《上合组织成员国政府间卫生合作协定》。上合组织开办了上合组织网络大学，联合了成员国 70 所主要大学的力量。2013年，上合组织成员国签署了《上合框架内的科学技术合作协议》。在国际事务

---

① Основные направления стратегии развития Шанхайской организации сотрудничества на среднесрочную перспективу（Пекин，7 июня 2012 г.），http://www.russia.org.cn/rus/2887/31295578.html.

中，加强安全和互信方面开展协作，积极参与建设新的地区安全与合作格局，并与其他国际组织开展积极的合作。

上述《战略规划》还不能算是真正意义上的发展战略。从这个角度看，上合组织的发展远景仍然无法确定。上合组织的全面发展战略取决于俄罗斯的东方政策。对于中国来说，主要取决于在与美国的竞争中，如何构建与东部和南部邻国的关系，这将决定上合组织对于中国的重要程度。对于中亚国家来说，阿富汗局势的发展与美国和北约撤军后的局势难以预料，这将影响到他们对上合组织活动的期待。在上述情况存在变数的条件下，确定上合组织的长期发展战略存在一定的难度。

在 2014 年 9 月 11 日至 12 日举行的上合组织元首峰会上，俄罗斯提出《2012~2016 年进一步发展上合框架内活动计划》。在 2015 年俄罗斯担任上合组织主席国期间，俄方还将计划主持起草《2025 年上合组织发展战略》，该战略将考虑与欧亚经济联盟建立联系，并在欧盟发展银行的基础上建立上合组织发展银行机构。

二、深化安全与反恐合作

上合组织最明确的组织目标是要共同应对外部威胁，保证地区安全与稳定。"9·11"之后，世界恐怖主义成为全人类的主要敌人，中亚地区成为反恐行动的前沿地区，处于一系列未解决的经济、社会、生态、局部冲突、恐怖主义和极端伊斯兰主义的压力之下，地区安全形势不容乐观。在维护中亚地区安全与反恐方面，中俄两国在上合组织内进行了广泛的合作。中俄以上合组织为平台进行经常性的多边军事演习和反恐演习，共同与毒品进行斗争。

由于中亚、巴基斯坦和阿富汗是俄罗斯南部的邻居，与中国西部接壤，中俄两国的地区利益密切相关，两国共同关心极端势力威胁和中亚局势不稳定。中俄两国在保证中亚地区安全方面的利益相近。俄罗斯担心极端伊斯兰主义渗透到高加索地区，激活当地的恐怖组织，影响到俄罗斯南部地区的稳定。中国中亚政策的基本点是维护本国的利益，利用上合组织参与解决综合性的安全问题，发展与中亚国家的关系，保证中国西部大开发战略的顺利实施，而中俄合作则是中国中亚政策中的主要内容。中国努力避免在中亚地区与俄罗斯的利益碰撞，尊重俄罗斯在中亚地区的政治和军事作用。

中俄两国在维护中亚地区安全与反恐方面的立场一致，但由于中俄两国对上合组织的态度不同，在一定程度上影响到两国的地区安全合作的力度。中国对在上合组织框架下发展与俄罗斯的安全合作持积极的态度，尤其在美国加强在中亚存在的背景下，中国为避免与美国发生正面冲突，更需要依靠上合组织参与解决综合性的安全问题，深入发展与俄罗斯及中亚国家的安全伙伴关系。但在地区安全合作方面，俄罗斯更愿意发展集体安全条约组织框架内的多边军事安全合作。对于俄罗斯来说，上合组织的作用仅限于发挥与中国进行一定的安全磋商机构的作用。

俄罗斯与中亚国家的安全合作主要建立在集体安全条约组织框架内，上合组织在更大程度上是俄罗斯寻求与中国进行安全合作的平台。由于中国是上合组织发展进程中的主要引擎，因此俄罗斯在发展与中亚国家的合作时，需考虑中国因素。俄罗斯维护中亚安全的方式之一是以租借方式保持苏联遗留在中亚的军事设施。2012年，俄罗斯曾与塔吉克斯坦因201基地租金问题闹得不愉快。201基地属大型的综合性军事设施，对于稳定地区形势具有重要意义。现行的租用条约于2004年签署，有效期为10年。2011年9月时任总统梅德韦杰夫访问塔吉克斯坦时，与塔吉克斯坦就达成基地使用至2042年协定。2012年塔吉克斯坦要求俄罗斯每年为201基地提供的租金不少于2.5亿美元，并向俄罗斯提出20多项基地租借条件，如基地租用期限、无偿获得基地的军事技术装备等。与此同时，吉尔吉斯斯坦也要求从2014年开始提高俄罗斯驻吉尔吉斯斯坦基地（位于卡拉科尔水下武器实验基地、设在卡拉—巴尔塔的军事通信中心、马伊卢乌—苏乌的无线震动实验室）的租金。目前，俄罗斯每年为上述三个基地支付约450万美元，付费形式是俄罗斯大学帮助吉尔吉斯斯坦培训军人。2012年9月20日和10月5日普京总统先后访问比什凯克和杜尚别，与吉尔吉斯斯坦和塔吉克斯坦就延长俄罗斯军事基地的租借年限达成协议，承诺加强与吉尔吉斯斯坦在能源领域中的合作，放松了对两国公民到俄罗斯打工的注册手续，按优惠价向两国提供俄罗斯汽油。

2012年，上合组织通过2013~2015年反恐斗争纲领。2012年6月，上合组织通过建设地区长期和平和共同繁荣的宣言。上合组织的反恐活动取得了成果，防止了数百起恐怖活动，消灭了数十名恐怖组织头目。上合组织成立以来进行了一系列的反恐军演，如2012年在乌兹别克斯坦和塔吉克斯坦境内进行名为"2012东方反恐查一下"和"2012和平使命"联合军演。2012年，俄罗斯提出在上合反恐机构的基础上成立应对挑战和安全威胁中心的建议，在 2013 年的峰会上普京再次提出该建议，认为这是加强联合反恐、贩毒、跨境犯罪的有效机制。2014 年，上合组织继续加强上合组织区域反恐机制，实施反毒品战略，定期进行反恐演习。2014 年 8 月 24 日至 29 日在中国进行了上合组织"和平使命—2014"军演。

三、解决成员国矛盾和推动多边经济合作

上合组织成立 12 年以来，在中亚国家的政治生活中占据了牢固的地位，但关于该组织是政治俱乐部还是未来的一体化组织的讨论至今没有平息，加上上合组织内存在的各种矛盾导致上合组织的运转复杂化，进而中俄两国在上合框架内的多边经济合作项目到目前为止仍然是空白点。虽然中俄两国共同认为，多边经济合作是成员国社会经济发展和保证地区稳定的重要因素，但是上合组织未能实现大型多边合作经济项目。为推动这方面的合作，2012 年 6 月 6 日召开的上合组织成员国元首峰会以上合组织框架下的经济合作为主题，讨论启动能源、交通和高科技方面的联合计划。但是，上合组织提出的许多大型计划都遇到了障碍，无法落实。产生上述问题的原因是上合组织存在两个层面上的体制内矛盾。

上合组织第一个层面上的体制内矛盾是中俄竞争。中俄之间的竞争关系主要体现在中亚地区。俄罗斯加入上合组织的目的之一是要防止中国进入中亚的行动失控。中国加入上合组织可以使自己更加合情合理地进入中亚地区，因此俄罗斯一直在上合组织内扮演消极角色，俄罗斯将上合组织的计划局限于纸面上。俄罗斯试图通过扩员或强化其在国际舞台上的活动将上合组织推向全球层面，俄罗斯的这一图谋遇到了中国的阻力。中国认为上合组织是具体的机制，不希望上合组织成为俄罗斯与西方国家对抗的工具。在任何情况下，中俄在中亚的竞争都是上合体制性问题中最基础的问题，只有中俄两国在这一问题上达成谅解，才能随之而解决上合组织中的其他矛盾。

上合组织第二个层面上的体制内矛盾是中亚成员国之间的矛盾。必须指出，所谓的"上合精神"在中亚成员国之间并不起作用，乌兹别克斯坦和吉尔吉斯斯坦处于经常性的冲突状态，时常因为飞地、侨民、水、能源问题发生冲突，但又没有解决这些问题的意愿。乌兹别克斯坦与塔吉克斯坦的关系也谈不上信任与和谐，历史的恩怨和现实的矛盾交织在一起，相互指责在两国关系中司空见惯。乌兹别克斯坦与哈萨克斯坦之间保持着政治竞争。

中亚国家还没有利用上合机制与中国讨论界河问题，但中亚水资源问题已经成为影响地区稳定的重要问题之一。中亚水问题主要指水资源的分配不均和水利用效率低，而不是因为中亚地区缺水导致的中亚国家间的矛盾。中亚国家间的主要矛盾集中在如何利用咸海源头的阿姆河和锡尔河，同时咸海面临着保护和恢复生态的问题，上述问题涉及所有中亚国家——塔吉克斯坦、吉尔吉斯斯坦、乌兹别克斯坦、哈萨克斯坦和土库曼斯坦。他们都是上述两条跨境河的消费国，其中吉尔吉斯斯坦、塔吉克斯坦和乌兹别克斯坦起着关键性的作用。阿姆河和锡尔河起源于高山冰川，因此主要的水库的水电站位于吉尔吉斯斯坦和塔吉克斯坦境内。作为上游国家，吉塔两国可以调解下游中亚国家的水流。现有的水库和运河系统建于苏联时期，冬季吉塔两国储水，夏季注入通向乌兹别克斯坦、土库曼斯坦和哈萨克斯坦的运河。因此，吉塔两国在冬季不可能利用水资源发电，作为交换，下游国家向吉塔两国提供电力。目前，这种运营模式继续有效。但是，能源价格上涨使上游国家不想花钱购买能源，想发展水力发电。电力对吉塔两国非常重要，这两个国家的居民冬季取暖主要依靠电力。吉塔两国发展水力发电的计划引起了下游国家对来水减少的担忧。乌兹别克斯坦担心缺水，修建了约 50 个水库，以应对水危机。

现在，建在锡尔河源头纳伦河的卡姆巴拉金水电站设计总装机容量为1900 兆瓦，预计年发电量 51 亿度，计划于 2021 年建成。建成后，该水电站不仅将成为吉尔吉斯斯坦国内最大的水电站，而且其发电量可满足吉全国逾1/3 的用电需求，将为吉尔吉斯斯坦成为电力出口大国奠定坚实的基础。塔吉克斯坦的罗贡水电站建在瓦赫什河上游，装机总容量为 360 万千瓦，年发电量 131 亿千瓦时，超过目前中亚最大的努列克水电站，居世界第 29 位，建成后将向中亚联合电网送电。这两个建设项目因乌兹别克斯坦的强烈反对引起国际社会的广泛关注，未来中亚地区水矛盾还将更加尖锐，如果不能解决因水资源引起的上合成员国之间的矛盾，也很难实现上合组织框架内的多边经济合作。

四、在阿富汗问题上的合作

2012 年，美国和北约部队宣布 2014 年从阿富汗撤军。对于美国和北约的这一行动，中国和俄罗斯高度关注。2012 年 3 月和 12 月先后在北京和莫斯科就美国从阿富汗撤军后的地区安全形势进行两次成员国副外长级会晤,一致认为上合组织是围绕阿富汗开展地区合作最合适的平台。当前,阿富汗问题早已超出了地区范围,成为国际社会广泛关注的对象。阿富汗问题一直受到上合组织的关注,在保证阿富汗稳定方面,上合组织努力发挥积极的作用。早在2004年6月,上合组织塔什干峰会决定,成立上合组织—阿富汗联络小组,就阿富汗问题直接与阿富汗政府对话。2012年6月,上合组织北京峰会期间,阿富汗成为上合组织正式观察员国。中国国家主席胡锦涛和阿富汗总统卡尔扎伊在上合组织峰会期间单独会晤,两国元首发表了《中阿关于建立战略合作伙伴关系的联合宣言》。胡锦涛主席就发展中阿关系提出五点建议。一是深化政治互信,两国领导人保持经常会晤和接触,就重大问题加强战略沟通。二是推进经贸合作,本着互利互惠、共同发展的原则,加强经贸、承包工程、资源能源开发、农业、基础设施建设等领域务实合作。三是扩大人文交流,加强教育、文化、新闻等领域交流合作,中方愿继续为阿富汗培训各领域专业人才。四是加强安全合作,共同打击"三股势力"和贩毒等跨国犯罪。五是拓展多边协调合作,中方愿同阿方加强在上海合作组织及南盟等框架内的协调和合作,并将继续积极参与涉阿国际和地区合作。中方将一如既往支持并积极参与阿富汗和平重建、加强各方面能力建设,愿同国际社会一道,继续为促进阿富汗及本地区和平、稳定、发展做出努力。

俄罗斯同样重视阿富汗问题。2009年3月27日,俄罗斯在莫斯科召开首次阿富汗问题高级别国际会议,联合国秘书长潘基文、美国负责南亚和中亚事务的助理国务卿帮办帕特里克·穆恩出席会议。大会发表了《上海合作组织成员国和阿富汗关于打击恐怖主义、毒品走私和有组织犯罪的声明》《上海合作组织成员国和阿富汗关于打击恐怖主义、毒品走私和有组织犯罪行动计划》。俄罗斯在会上宣布,协助北约在阿富汗的反恐行动,同意北约经俄罗斯境内向驻阿富汗部队运输非军事物资。中国代表宋涛代表中国政府表示加大对阿富汗的援助力度,承诺向阿富汗提供的7500万元优惠贷款转为无偿援助。从2010年1月14日开始,上合组织就阿富汗问题进行经常性的外长级磋商。2012年6月14日,俄罗斯拉夫罗夫外长访问喀布尔,表示阿富汗在上合组织中的新地位"在反恐和反毒品方面进行更加密切的合作具有更加有意义的作用"。① 俄罗斯一方面担心阿富汗极端伊斯兰主义、恐怖主义、毒品向本国境内和中亚地区蔓延，另一方面也担心美国利用撤军机会，扩大在中亚地区的军事和经济存在。2012 年 9 月 20 日，普京总统先后访问吉尔吉斯斯坦和塔吉克斯坦，加强与吉塔两国的军事和经济合作。访问期间，俄罗斯与吉尔吉斯斯坦签署《关于俄罗斯驻吉尔吉斯斯坦境内联合军事基地地位和条件的协议》和《关于俄吉两国在军事领域合作的协定》，根据这两项文件，2017 年以前吉尔吉斯斯坦境内将建联合军事基地，由俄罗斯的四个军事设施组成，包括卡拉科尔的水下武器试验基地、卡拉—巴尔特的军事通信中心、马伊累—苏乌无线宇宙通信实验室及集安组织坎特基地组成的联合军事基地，驻扎期限为 15 年，到期后可自动延长 5 年。同时，俄罗斯与塔吉克斯坦也签署了同样的协议，俄罗斯驻塔吉克斯坦的 201 军事基地期限延长 49 年。和塔吉克斯坦为运用非军事手段维护俄利益开先河，俄罗斯将与吉塔加强在能源领域的合作，吉塔将获得俄罗斯的优惠汽油，俄方还承诺简化这两个国家的劳工前往俄罗斯的手续。

虽然俄罗斯在影响阿富汗的政治发展进程、提供援助、促进阿富汗经济发展方面的作用不及中国、印度、伊朗、巴基斯坦及中亚国家。但是，俄罗斯在三个关键问题上发挥着关键性的作用。首先，在反毒品方面。未来阿富汗最大的危险性在于变为世界毒品生产中心，毒品贸易向周边邻国地区扩散，对中国新疆地区和俄罗斯构成严重的威胁，也成为国际和地区安全的重大威胁。近年来，俄罗斯已从阿富汗毒品过境输送国变为最大的阿富汗生产海洛因的主要消费市场。根据联合国的资料，阿富汗每年产海洛因 389~480 吨，每年经北方线路输送的阿富汗产海洛因约有 90 吨。2009~2010 年进入中亚的毒品中有 20% 来自阿富汗，其中 3/4 进入俄罗斯，少部分进入欧洲。② 据联合国的资料，俄罗斯有 170 万人吸毒，占总人口的 1.6%，这一数字以每年 8 万

---

① Заявление для СМИ Министра иностранных дел России С.В.Лаврова по итогам встречи с Президентом Исламской Республики Афганистан Х.Карзаем и Кабульской региональной конференции, Кабул, 14 июня 2012 года, http：//www.afghanistan.mid.ru/speeches_28.html.

② Opiate Flows Through Northern Afghanistan and Central Asia: A Threat Assessment//UNODC., http：//www.unodc.org/documents/data-and-analysis/Studies/Afghanistan_northern_route_2012_web.pdf .

人的速度增长，因过量吸毒每年导致 3 万人死亡。[①]俄罗斯成为阿富汗毒品产业的主要受害国，阻断从阿富汗北部输送毒品进入俄罗斯的通道是俄罗斯阿富汗政策中最重要的内容，与保证国家安全息息相关，成为俄罗斯面临的三大（恐怖主义、毒品、非法移民）安全挑战之一。其次，俄罗斯是美国和盟军从阿富汗撤出的主要物资和人员输送伙伴国。最后，俄罗斯是中亚地区有影响力的国家之一，与许多阿富汗邻国保持着紧密的伙伴关系。俄罗斯与中亚国家有长达 7000 公里的边界线，有 12 个联邦主体与中亚接壤。俄罗斯的食品、机器和交通工具、纺织产品出口到中亚市场。俄罗斯国内的外来劳工主要来自中亚国家。中亚也是欧盟经俄罗斯获得能源的目的地。

显然，要应对美国和北约部队从阿富汗撤出后产生的一系列综合性风险，仅靠俄罗斯和集体安全条约组织的力量显然不够，在这方面，俄罗斯需要与中国合作在上合框架内加强安全领域，首先是对抗国际恐怖主义、极端势力、贩毒、跨国犯罪、非法移民方面的合作，尤其是防止来自阿富汗的上述威胁向中亚地区外溢。在这方面，俄罗斯需要与中国的合作，尤其是在塔吉克斯坦和乌兹别克斯坦国力脆弱的情况下，俄罗斯更加需要借助中国和上合组织的力量，保证地区稳定。但是，上合组织参与解决阿富汗问题的能力十分有限。首先，上合组织没有投资阿富汗基础设施建设和社会发展的计划。在上合组织内部缺少统一的投资机制的情况下，对阿富汗的投资无从谈起。因此只有上合组织建立统一的金融机构才能够讨论上合组织对阿富汗的投资。其次，关于促进阿富汗的反毒品斗争问题。上合组织不可能针对阿富汗国内的毒品问题采取措施，上合组织在这方面的能力有限。第一个原因是要沿阿富汗边界地区建立毒品安全带，必须有伊朗和巴基斯坦的参与，但这两个国家都不是上合组织正式成员国，谈不上与这两个国家的广泛合作。第二个原因是成员国对毒品威胁的评价不一致，对于俄罗斯、塔吉克斯坦、哈萨克斯坦来说，阿富汗毒品威胁是个现实问题，但对于其他国家来说有比毒品更重要的问题，比如对于中国来说，阿富汗的毒品并不是严重的威胁。最后，在上合组织主持下推动阿富汗国内讨论这一问题基本不现实，上合组织认为塔里

---

① Выступление директора ФСКН России на парламентских слушаниях на тему О причинах и последствиях афганского наркотрафика для Российской Федерации, законодательных и иных мерах по защите общества от аркоагрессии // Портал Нет наркотикам . 19.02.2010. URL: http: //www.narkotiki.ru/oinfo_6656.html.

班是伊斯兰极端势力的组织，双方没有建立对话机制。在实践中，上合组织
成员国与阿富汗主要以双边合作为主。

第六节　中俄继续推进上合组织的
发展及面临的问题

中俄在中亚有共同的利益，不同的目标。俄罗斯作为资源大国，追求在
中亚提高政治和军事影响力，控制主要的能源运输通道。中国从中亚主要进
口能源和矿产，与俄罗斯的商业利益不发生冲突。中国会避免与俄罗斯竞争，
但中俄在中亚的目标不同。

一、中俄两国在中亚的利益与目标

1. 中国在中亚的利益与目标

2012 年以来，中国明显加强了在中亚的地位，对于中国来说，上合组织
是一项一体化计划。中国在中亚的利益与目标实质是为实现中国的现代化建
立"和平周边"的外部条件，与中国周边国家建立稳定的、友好互利的国家关
系，这不仅是中国对外政策的基石，也是解读中国在中亚的利益与目标的关
键。中亚与中国西部地区接壤，无论从国家利益的角度，还是从与邻国在政治
和经济方面保持平等和平的氛围的角度看，中亚地区对于中国来说都是具有重
要意义的关键地区。从这一角度观察，中国在中亚的利益立足于三个基本点。

（1）中亚地区的地缘政治变化，既是中国的机遇，也是中国的风险。中
亚的地缘政治因苏联解体发生了巨大的变化。2009 年 3 月在莫斯科举行的题
为《新国际环境中的俄罗斯与中国》科学大会上，中国上海合作组织国家研究中
心副主席、中国前驻俄罗斯大使李凤林表示，苏联解体以后，中亚"不再是
苏联的一部分，成为世界的一部分"。① 这是中国推行中亚战略的前提条件。
苏联解体，一方面，为中国扩大在中亚的存在创造了新的机会；另一方面，

---

① Семинар "Россия и Китай в новой международной среде"（ШОС），2009.09.10. http://www.
rodon.org/polit-091009104944.

中亚的社会政治和经济发展进程中出现的问题会对中国新疆地区的安全产生负面影响。当中亚国家提出加强与中国在预防安全方面的潜在威胁和挑战时，中国做出了积极的响应。中亚国家为维护自身的主权和独立，需要与中国的合作。中国利用上合组织积极发展与中亚国家开展政治、经济、人文交流，保证中国西部地区的安全与稳定。

1994 年 4 月，时任总理李鹏在访问乌兹别克斯坦时确定了中国中亚政策的四点基本原则：第一，坚持友好睦邻，和平共处。第二，开展互利合作，促进共同繁荣。第三，尊重各国人民的选择，不干涉他国内政。第四，尊重独立主权，促进地区稳定。[①] 这四条原则进一步阐明了中国中亚利益的本质，同时奠定了中国中亚政策的基础。对于中国来说，上合组织的成立使中国获得了影响中亚局势稳定发展的平台，降低了与有组织犯罪、宗教极端主义、民族分裂主义、非法移民、走私武器有关的风险程度。2014 年 8 月 28 日，习近平主席在会见上合组织成员国总参谋长时，强调了中国高度重视上合组织在地区安全和发展中的积极作用，并表示愿与上合组织成员国密切战略沟通，合力打击"三股势力"，携手应对地区新威胁新挑战。

（2）中国积极与中亚国家开展能源合作，推动实现本国能源来源多样化，同时打破了俄罗斯对中亚能源的垄断，建立了战略石油管线（哈萨克斯坦）和天然气管线（土库曼斯坦）。[②] 2013 年 7 月 3 日，中国援建吉尔吉斯斯坦南方电网改造项目竣工。该项目为吉尔吉斯斯坦重大国家发展工程，由中国特变电工股份有限公司执行，总金额为 2.08 亿美元，由中方提供优惠买方信贷。项目包括建设达特卡 500 千伏变电站、配套输变电线路、扩建 220 千伏变电站等。项目建成后将使吉尔吉斯斯坦实现电力供应完全自给，有力地促进吉经济社会发展，在吉社会产生积极反响。与此同时，吉尔吉斯斯坦总理同意开始与中国特变电工股份有限公司就比什凯克热电站（吉尔吉斯斯坦北部最大的电力公司）现代化改造工程展开谈判。中方将使用中国进出口银行的优惠贷款实施项目（4 亿至 5 亿美元，贷款期限 20 年，年利率 2%）。该公司正

---

① Сыроежкин К.Л. Проблемы современного Китая и безопасность в Центральной Азии. Алматы, 2006. С. 201, 100.

② С. Лузянин. Китай в Центральной Азии: "взаимный выигрыш" или экспансия? – "Голос России", 25 марта 2013, http://rus.ruvr.ru/2013_03_25/Kitaj -v -Centralnoj -Azii -Vzaimnij -viigrish -ili -jekspansija/.

对吉另一热电站进行改造，项目总金额 6 亿美元，同样使用中国进出口银行的贷款。中国还在积极推动中—吉—乌铁路建设项目，但项目目前在吉争议较大。与此同时，中方避免参与水电站建设等可能引发冲突的项目。

2013 年 7 月 4 日，哈萨克斯坦总统纳扎尔巴耶夫签署《关于批准对 2007 年 8 月 18 日签署的〈哈萨克斯坦共和国政府与中华人民共和国政府建设和运营哈中天然气管道的合作协议〉进行修改和补充的议定书》的法案。该文件签署于 2011 年 7 月 27 日，主要目的是对协议进行修改和补充，在天然气管道第一段 A、B 线运营基础上由中方全额出资修建 C 线，以提高天然气管道第一段的输送能力。根据议定书的规定，C 线将连接土库曼斯坦和乌兹别克斯坦的天然气管线，并可向哈萨克斯坦南部地区供气。为保障管道可靠、安全运转，中哈双方将建立双边或多边管道紧急情况行动协调机制。若发生特殊情况或不可预见情况（自然灾害、军事行动或事故等），导致哈萨克斯坦南部各州天然气供应不足，哈方有权紧急调用通过 C 线过境运输的天然气；若 C 线天然气不足，则可紧急调用 A、B 线天然气。

（3）中亚对于中国的另一意义是推动中国的西部大开发。中国向中亚投资促进稳定，从而保证新疆地区的稳定，同时积极扩大新疆、内蒙古与邻国哈萨克斯坦、吉尔吉斯斯坦和塔吉克斯坦间的经济贸易关系。2013 年 9 月习近平主席访问乌兹别克斯坦，中国与乌兹别克斯坦的关系从最初的经济合作扩大到安全政策方面的合作。中国从中亚国家主要进口能源，中国向中亚国家提供资金援助。在中国的帮助下，中亚修建了天然气管线及运输网。中国在中亚国家的影响力大幅提高，普遍认为中国在中亚的影响力将超过俄罗斯和美国。中国加强与中亚国家的主要目标是保证新疆的安全和经济发展，新疆与哈萨克斯坦、吉尔吉斯斯坦和塔吉克斯坦交界，边界线长 2800 公里。

（4）中亚是中国资源的来源之一，未来成为中国至欧洲过境走廊的一部分，对中国具有战略意义。中国的"新丝绸之路"计划实际上是连接上海与欧洲各大首都的计划，现在上合成员国正在就签署《为国际公路运输创造良好条件的协议》进行磋商，一旦落实，将形成覆盖中亚地区的交通网。

综上所述，中国的中亚战略有两个关键点——保证能源来源和地区安全。为实现第一个任务，中国投入了大量资金，建设天然气和石油管线。为实现第二个目标，中国通过促进发展中亚地区的经济，如中国投资建设基础设施，如建设中国—吉尔吉斯斯坦—乌兹别克斯坦铁路线，实现地区安全稳定的目标。

与俄罗斯一样,中亚对于中国来说也是国家安全的战略后方,尤其是美国的战略重心向亚太地区转移,中美之间的竞争因素明显增加的条件下。中国面临资源短缺和销售市场问题,中亚国家有丰富的资源,也是中国商品的市场。中亚国家已成为中国陆路过境运输地区。中国与中亚国家在经济和贸易领域的利益相吻合。中国试图推动边境地区自贸区的建设,实际上是某种形式的一体化。近20年来,中国与中亚国家贸易额大幅度增加,奠定了中国与中亚国家关系的物质基础。

中国的政治经济体制,即"有中国特色的社会主义"是中国与中亚国家关系中的特殊内容。第一,中国不选择欧美政治体制也可以推动经济快速发展,这对中亚国家具有吸引力。第二,宏观决策权掌握在国家手里,政治改革落后于经济改革,采取慎重的态度,保证社会稳定发展。第三,中国奉行和平共处的对外政策,不干涉别国内政,尊重他国人民选择社会制度和发展方式的权力,奉行睦邻友好关系原则。这是中国对中亚国家伙伴关系战略的核心内容。中国的这一政策受到了中亚执政集团的欢迎。中国一直向中亚国家伸出援手。

上合组织成员国在应对跨国挑战和风险(国际恐怖主义、有组织犯罪、贩毒)和保证地区稳定方面有共同的需求,尤其是来自阿富汗的危险增加。对于上合组织来说,令阿富汗头痛的问题是:第一,2012年阿富汗成为上合组织观察员国之后,上合组织的发展就无法绕开阿富汗问题。现在摆在上合面前的问题是,上合组织是否充当解决阿富汗2014年后续问题的角色,是否愿意将阿富汗问题从全球层面降至地区层面。中国也担心阿富汗动荡局势影响到中亚地区的稳定与安全。第二,中国对上合主要成员国扩大的立场反映了中国对上合创始国间力量变化的担心。第三,在上合组织的经济合作方面有许多不明确,上合成员国除中国以外都是独联体成员国,俄哈白间成立了关税联盟,2015年将成立欧亚经济联盟。2012年9月召开的符拉迪沃斯托克亚太经合组织峰会,确定了建立太平洋自由贸易区,将进口关税降至5%的方针。这一方针与上合组织在2020年分阶段建立自贸区的计划如何兼容,上合组织需要具体详细的计划方案,而不只是声明。上合组织内的多边经济计划落空,同时影响到双边计划的执行。中亚国家与中国的关系不只满足于建立平等关系,还希望不断提升与中国的关系水平。在维护中亚地区的稳定与安全方面，中俄两国利益一致，在这方面中俄两国在上合组织内进行富有成效的合作。在经济方面，中俄之间的竞争性大于合作。在"软实力"方面，两国进行和平竞赛。

2. 俄罗斯在中亚的利益与目标

2013年3月公布的新版《俄罗斯对外政策构想》中提出，"俄罗斯与每一个独联体国家在平等、互利、尊重和考虑相互利益的基础上建立友好关系，积极推动独联体空间的一体化进程，与每一个愿意加入一体化进程的国家发展战略伙伴关系和盟友关系"。① 中亚国家独立20多年来，依然与俄罗斯保持着高度的相互依赖性。首先，双方有7000多公里长的边界线。中亚地区与俄罗斯的12个联邦主体毗邻，其中萨马尔斯克、伏尔加格勒、车里雅宾斯克、奥姆斯克都是工业发达的地区。沿俄罗斯与中亚地区边界集中了一些重要的工业城市乌拉尔、西伯利亚等，都是连接俄罗斯中央部分与西伯利亚和远东地区的重要战略枢纽。中亚是俄罗斯的重要市场，俄罗斯生产的食品、机器、交通工具和纺织产品出口中亚地区。中亚国家是俄罗斯劳动力的主要来源地。中亚的能源经俄罗斯输送到欧洲市场。俄罗斯依靠加强能源和国际领域的一体化加强在中亚地区的地位。

俄罗斯的中亚利益首先是由保证安全的任务决定的。俄罗斯通过集体安全组织和上合组织加强这方面的合作，同时还通过双边关系加强与中亚国家的安全合作。因世界经济危机和美国阿富汗战略的改变，中亚地区的风险系数增加。俄罗斯一方面在政治层面上确认上合组织是有具大国际影响力的组织，另一方面在实际操作层面，更倚重通过集体安全条约组织和关税联盟—统一经济空间—欧亚联盟实施地区安全和经济合作。虽然上合组织的首要任务是保证中亚地区的安全与和平，但上合组织并不是军事组织，上合组织本身主要是成员国双边和多边建议的平台，不具有实现地区组织职能尤其在安全方面必需的机制。因此，俄罗斯与中亚国家在现实安全方面的多功能合作仍然集中在集体安全条约组织内。

但必须看到，俄罗斯在中亚的安全利益与经济利益密切交织在一起。俄罗斯的主要经济利益有以下几方面：第一，资源类，如石油、天然气和铀。

---

① Концепция внешней политики Российской Федерации (12 февраля 2013 г.), URL: http: //www. garant.ru/products/ipo/prime/doc/70218094/#review.

第二,人力资源,吸引中亚劳动力移民到俄罗斯,在中亚建立向俄罗斯出口的劳动密集型产业,如吉尔吉斯斯坦拥有纺织产业,产品主要出口俄罗斯。第三,中亚内需市场,俄罗斯向中亚出口产品,设厂、建银行。第四,维护原有的合作关系,建立新联系。第五,发挥俄罗斯的过境优势,俄罗斯不希望出现绕过俄罗斯的能源管线。为实现上述任务,俄罗斯建立了一系列经济机制,如关税联盟、欧亚经济共同体、欧亚经济共同体反危机基金、独联体自由贸易区协议,2015年还要建立欧亚联盟。

在普京的欧亚战略中,中亚地区可谓重中之重。2013年3月发表的新版《俄罗斯对外政策构想》中再次重申了中亚地区在俄罗斯对外政策中占有的优先关键地位。在2009年3月20日至22日在莫斯科举行的题为《新国际环境下的俄罗斯与中国》讨论会上,中国驻莫斯科前大使李凤林认为,"俄罗斯在上合组织的利益和期待与中国不同,俄罗斯在某种意义上仍然把中亚地区看作自己的特殊利益区,主要注意力集中在俄罗斯占主导地位的集体安全条约组织和欧亚经济共同体,上合组织对于俄罗斯来说仅是维护在中亚地区影响力和保持与中国关系的补充渠道"。按照李凤林的话,"俄罗斯对上合框架下的多边经济合作和经济一体化没有大兴趣。另外,俄罗斯为维护自己在中亚的特殊地位,对中国在中亚的经济,尤其是能源领域的存在持谨慎的态度"。[1]

帮助中亚国家发展是俄罗斯实现中亚利益的重要渠道。俄罗斯援助中亚政策的目标和任务及获得结果是:第一,加强国家安全,降低因美军2014年从阿富汗撤军引起的动荡风险。第二,促进加快经济空间内的一体化进程,降低俄罗斯国内与移民和毒品交易有关的社会风险。第三,为俄罗斯商业机构的活动建立良好的条件。第四,促进并维护俄罗斯地区政治和经济影响力。从2002年至2011年俄罗斯官方向塔吉克斯坦提供"输血式"援助1354.3万美元,占塔吉克斯坦获得这类援助总额的0.8%,而中国为52.9%、日本为11.8%、美国为10.4%、土耳其为0.8%。还有其他大规模的援助项目,如2012年4月通过的国家间目标计划《欧亚经济共同体成员国恢复受铀开采影响土地》,为期6年,预算为11.56亿卢布,其中俄罗斯出75%、哈萨克斯坦出15%、吉尔吉斯斯坦和塔吉克斯坦分别出5%。从2013年开始落实三个环

① Семинар 《Россия и Китай в новой международной среде》(ШОС), 2009.10.09., http: //www.rodon. org/polit–091009104944.

保计划，其中两个在吉尔吉斯斯坦（Мин-Куш，хвостохранилище Туюк-Су и Каджи-Сай），一个在塔吉克斯坦（Табошар）。俄罗斯将从财力、人力、技术上帮助中亚国家预防生态灾难。

虽然中俄两国的友好关系有利于中国扩大在中亚的存在，但中俄在中亚地区的经济合作并不是一帆风顺的，对地区一体化存在分歧。中国试图利用上海合作组织作为推动中亚一体化计划的平台，开展地区经济合作，或是推动中亚国家与中国建立自由贸易区。中方的这一设想遇到阻力，中国提出的"2020年上海合作组织一体化"前景也不容乐观。俄罗斯主要通过关税联盟积极推进欧亚一体化，计划在2015年建立欧亚经济联盟，将中亚地区变为能源来源、商品销售市场和运输走廊。未来，欧亚经济联盟与上海合作组织如何相处，有待中俄两国进一步的磋商。

二、中俄两国对上合组织发展的设想

在中亚地区，2012~2018年俄罗斯有三个相互关联的任务：通过欧亚联盟维护和促进俄罗斯在中亚国家中的影响；与印度在经济和安全方面积极合作；减少因美国和北约从阿富汗撤军带来的不稳定后果。维护中亚国家的政治和社会经济稳定，避免这些国家成为地缘政治竞争的对象是俄罗斯中亚政策的优先任务。俄罗斯在中亚的核心任务是减少从阿富汗进入俄罗斯的毒品。

在2013年9月13日召开的上合组织成员国元首峰会上，普京总统发表讲话，强调"极其有必要认真分析继续加强上合组织的途径，授权起草2025年上合组织发展战略极为重要"。① 普京在讲话中表达了俄罗斯对上合组织未来发展的一些设想：第一，上合组织在恢复阿富汗稳定日程中占有特殊地位，应密切关注阿富汗局势发展，欢迎阿富汗政府为推动民族和解做出的努力。第二，俄罗斯支持上合框架内的经济合作，支持发展贸易、技术交流、投资、发展农业合作计划和环保项目。第三，上合组织商务理事会推动上合组织中的国家扩大公司和企业间的直接接触。第四，俄方认为上合组织中银行间的活动是多边合作的榜样，为基础建设项目的合作、实施节能技术、扩大本币结算发挥了积极的作用。第五，上合组织应首先关注建立统一交通网的建设，俄方着手

---

① Выступление на заседании Совета глав государств – членов Шанхайской организации сотрудничества, 13 сентября 2013 года, http://kremlin.ru/transcripts/19214.

进行跨西伯利亚大铁路干线的现代化工作，这将有利于上合组织的发展。

能源是上合组织成员国间进行经济合作的主要项目，也是最具发展前景的多边合作领域。上合组织成员国的石油拥有约占世界储量的 1/4，天然气约为世界探明储量的 1/3，铀占世界探明储量的 50%。上合组织成员国中有能源出口国和进口国，奠定了上合组织框架下多边能源合作的基础，上合组织空间内的能源市场是最为活跃的发展中市场。以上各项条件为中俄在上合组织内的能源合作打下了基础。2009 年 2 月 17 日，中俄达成大规模的能源合作项目，中国国家发展银行将向俄罗斯提供总值为 250 亿美元的贷款。2011 年 1 月 1 日，中俄开始能源合作的新时期，俄罗斯通向中国东北的石油管线正式开通。2014 年 6 月 21 日，中国与俄罗斯在上海签署建设两国东线天然气管线合作项目备忘录和购销合同。根据合同，俄方向中方供气时间为 30 年，每年为 380 亿立方米，总额为 4000 亿美元。同时，中国与哈萨克斯坦之间的阿塔苏至阿拉山口的管线促进了上合地区的"能源一体化"。俄罗斯天然气工业公司与上合组织成员国能源公司建立了长期伙伴关系，进行着数十个大型能源合作项目，并建立了专门工作小组，与上合实业家委员会进行合作和协调。俄罗斯在天然气领域的外交立场极其强硬，垄断土库曼斯坦的天然气出口和经中亚的天然气输送，甚至乌克兰或格鲁吉亚购买土库曼斯坦、乌兹别克斯坦或哈萨克斯坦的天然气必须经俄罗斯输送。

为形成上合组织空间内统一的能源市场，2006 年 12 月普京总统提出在上合组织框架内成立能源俱乐部的建议。根据俄罗斯的设想，能源俱乐部包括上合组织成员国和观察员国、成员国能源企业、媒体和研究机构的代表组成的半官方的多边协调能源机制，就能源政策和战略、发展能源领域的合作进行磋商。俄罗斯的计划特别强调，像土库曼斯坦和伊朗这样的天然气生产大国也可以加入能源俱乐部。在上合组织内形成能源生产国和能源消费国两个集团：消费集团（中国、吉尔吉斯斯坦、塔吉克斯坦、印度、巴基斯坦、蒙古），生产集团（俄罗斯、哈萨克斯坦、乌兹别克斯坦、伊朗）。俄罗斯希望能源俱乐部能够有效地解决中亚地区的一些双边能源争端，并在欧亚空间形成能源网，扩大到上合组织以外的国家，如阿塞拜疆和土库曼斯坦。2007 年，俄罗斯能源部向成员国提交了《上合能源俱乐部条款草案》；2011 年进入讨论阶段；2012 年在成立能源俱乐部问题上有所进展。根据达成的备忘录草案，将由国家机构、企业和学术团体、能源消费国和过境输送国的代表自由召集和讨论能源发展与保证能源安全问题。上合组织观察员国阿富汗、印度、伊朗、蒙古、巴基斯坦及伙伴对话国白俄罗斯和斯里兰卡也准备加入能源俱乐部。在 2013 年 9 月 13 日举行的上合组织国家元首峰会上，普京再次强调为建立上合组织能源俱乐部进行务实工作的必要性，认为这有利于促进上合组织成员国、观察员国和对话伙伴国之间的能源合作计划。习近平访问俄罗斯以后，中俄两国在中亚的能源合作有了新的进展，在 2013 年上合组织比什凯克峰会上确定上合框架内的能源合作，开始就建立上合组织能源俱乐部进行工作，但 2014 年 9 月 11 日至 12 日在塔吉克斯坦首都杜尚别举行的成员国元首理事会上并没有涉及成立能源俱乐部的问题。

2012 年上合组织北京峰会通过上合组织发展战略，中国认为经济是上合组织发展的支撑点。中国认为，近期应发展成员国间的基础设施，创立发展银行。鼓励简化贸易和投资程序。中方将提供 100 亿美元的优惠贷款发展共同计划。之前，中国已经投入 100 多亿美元用于成员国的企业发展。俄罗斯主张推动上合组织内的大型合作项目。未来 5 至 7 年内上合组织发展战略的基本方向由中国外交部起草。中国试图建立上合组织联盟。中国提出创建上合组织发展银行，俄罗斯建议建立专用账户。2012 年 12 月 5 日，上合组织成员国比什凯克政府首脑会议，就建立上合组织发展基金和上合发展银行达成一致。中国计划投资 80 亿美元建立上合发展银行，以支持发展多边经贸合作，包括发展能源及建设基础项目。但中国是否能在未来的发展银行中发挥关键作用还无法确定，如果印度成为上合组织正式成员国，将会与俄罗斯联手制约中国的权重。

2014 年 12 月 15 日，上海合作组织总理会晤在哈萨克斯坦首都阿斯塔纳举行，会议的主题是发展经济。俄罗斯的乌克兰政策引起西方国家对俄罗斯的经济制裁、国际油价下跌、卢布贬值等因素促使上合组织成员国更加注重经济问题，如食品、生态、能源、水安全等问题。同时，由于俄罗斯经济陷入危机之中，中国在上合组织中的地位进一步加强，有利于中国实现本国的经济项目，如中国准备出资 5000 万美元发展农业技术和培训干部。但首先是实现中国提出的"丝绸之路经济带"计划和成立上海合作组织发展银行。

关于"丝绸之路经济带"计划将使上合组织地区变为欧亚地区交通运输走廊，有利于中亚国家经济发展。中国准备将一些生产企业，如玻璃、水泥、农产品加工等数十个企业转移到哈萨克斯坦，受到哈方的欢迎。

在建立上合组织发展银行问题上，中俄两国有不同的考虑。中方坚持主要使用人民币，俄罗斯主张在欧亚发展银行的基础上创建上合组织发展银行。

中国积极推动上合组织创建上合组织发展基金和上合组织发展银行。由于俄罗斯在欧亚联盟和金砖机制内已经建立了类似的机构，受经济实力的约束，俄方对中国的建议持保留态度。

三、上合组织吸收新成员国问题

在 2010 年 6 月 11 日至 12 日上合组织成员国元首塔什干峰会上，通过《上海合作组织接收新成员条例》和《上海合作组织程序规则》两项重要文件。这两项文件的通过表明，上合组织接纳新成员将有法可依。长期以来，俄罗斯积极支持上合组织接纳新成员，尤其是印度加入上合组织。2010 年 12 月 21 日，时任总统梅德韦杰夫在总结与印度总理辛格会谈结果时表示，俄罗斯欢迎并支持印度加入上合组织，并承诺加快印度进入上合组织的速度。印度是俄罗斯在南亚地区的战略伙伴国，俄印两国于 2009 年 12 月印度总理辛格访问俄罗斯时签署深化两国战略伙伴关系宣言，俄罗斯将支持印度加入上合组织作为两国战略伙伴关系的具体体现。[①] 俄罗斯学者认为，印度是世界上为数不多的俄罗斯工业产品市场，印度加入上合组织将进一步促进中亚地区经济多元化，平衡中国的影响。[②]

显然，俄罗斯和中国在接纳新成员的问题上需要协调立场。中国与印度之间存在领土争端，在领土争端问题未得到妥善解决的情况下，吸收印度成为上合组织正式成员国，时机是否成熟，也是一个需要思考的问题。另外，巴基斯坦也申请成为上合组织正式成员国。印度和巴基斯坦之间存在着 60 多年的"冷战"，印巴间的"热战"在克什米尔北部经常出现。如果上合组织也接纳巴基斯坦为正式成员国，不仅使印度难堪，而且使上合组织内的矛盾更加错综复杂。届时上合组织可能会面临无法正常运转的困境。2011 年 5

---

① Совместная декларация между Российской Федерацией и Республикой Индия об углублении стратегического партнерства с целью противодействия глобальным вызовам 7 декабря 2009 года. http：//www.rusembassy.in/index.php? option=com_content&view=article&id=1761：7–2009–&catid=6：2010–01–21–11–02–17&directory=1&lang=ru Сборник статей 39.

② А.В. Лукин, Стратегия России в Центральной Азии и Шанхайская организация сотрудничества, Стратегия России в Центральной Азии и Шанхайская организация сотрудничества, Центр исследований Восточной Азии и ШОС, Москва МГИМО – Университет, 2012.

月 12 日，时任总统梅德韦杰夫在与阿里扎尔达里会晤时表示，支持巴基斯坦在全体成员国一致同意的条件下成为上合组织正式成员国。在伊朗成为上合组织正式成员国问题上，俄罗斯持反对立场。俄方认为只有在联合国取消对伊朗的制裁决议以后，上合组织才有可能讨论伊朗成为上合组织正式成员国的问题。

中国对上合组织扩员，尤其是同时接纳印度和巴基斯坦为正式成员国持极为慎重的态度。《上海合作组织接收新成员条例》中规定，申请国应是中亚地区国家，与所有成员国建立了外交关系，具有观察员地位或对话伙伴国地位，与成员国保持着积极的经贸关系，不受联合国安理会的制裁。另外，申请国不应与成员国处于武装冲突状态。除了上述规章制度以外，以下事关上合组织发展前景的几个重要问题需要原有成员国协调认识与立场。

第一，在上合组织扩员问题上，首先要明确上合组织的地理范围。六个创始国所处的地理位置划定了上合组织的地缘空间，也是上合组织成员国协商一致的纲领计划实施的地域。任何上合组织核心国的增加都会导致出现新的空间结构变化，改变上合组织成立之初的地理界定，从而改变上合组织的性质，增加现行机制的负担，直接导致上合组织的根本转型。因此，上合组织扩员首先须确定是否已经有能力成为跨地区的国家组织。

第二，上合组织成员国需要明确，是否接受美国提出的大中亚构想。如果将印度纳入上合组织就意味着向大中亚计划迈出了第一步，也可以认为，印度加入上合组织从客观上迎合了美国利用印度制约中国的战略。

第三，虽然巴基斯坦与中国拥有极好的国家关系，但巴基斯坦内政复杂，恐怖势力活跃，这种复杂的社会政治形势将严重妨碍在上合组织内实行自由贸易区的计划。如果再考虑到印度与巴基斯坦、巴基斯坦与伊斯兰国之间的矛盾，上合组织的安全保证成本是难以估计的。实际上，印度和巴基斯坦都是南亚地区合作组织成员国，上合组织可与南亚地区合作组织建立合作关系，完全没有必要将另一组织的成员国纳入上合组织。接纳印度和巴基斯坦成为上合组织正式成员国并不符合中国推动上合组织发展的战略目标。

第四，如果印巴两国成为正式成员国，上合组织将面临一系列复杂的技术问题，首先要确定英语为第三种正式使用语言，扩大秘书处，将增加上合组织的经济负担。

第五，上合组织在没有超国家机构的情况下，实行协商一致的原则，在很大程度上通过协调成员国在上合组织内的利益，维护成员国利益均衡的原则保持组织正常运转。所有成员国都可以得到一定的好处，在一些复杂问题上达到妥协。这种组织形式导致运转效率不高，如果不解决这一问题，那么成员国越多，组织运转越乏力。实际上，提高上合组织的国际影响力不在于吸收各种各样的国家加入，更不在于组织规模的大小，最为重要的是上合组织是否能够发挥有效的作用。

第六，俄罗斯有望在上合组织框架内实现 15 年前提出的建立中俄印三国合作形式的战略构想，尤其在 2014 年俄罗斯与欧美国家因乌克兰危机关系全面紧张的背景下，建立中俄印三国更加密切的战略合作关系在某种程度上束缚了中国的外交活动，不利于中国的强国战略。

经过多年的磋商与协调，上合组织六个创始国在吸收新成员国的问题上终于达成一致。2014 年 9 月 11 日至 12 日在塔吉克斯坦首都杜尚别举行的成员国元首理事会批准了《给予上海合作组织成员国地位程序》和《关于申请国加入上海合作组织义务的备忘录范本》修订案，为扩员和完善上合组织活动规程提供了法律依据，也可以认为正式启动了扩员程序。2015 年 7 月在俄罗斯乌法举行的元首峰会上，印度和巴基斯坦被接纳为新成员国的问题将被进一步讨论。

总之，上合组织扩员必须再三考量上合组织内的承载能力和外部形势，上合组织扩大将会产生新的合作形式，使原有的已明确的地区组织结构更加复杂。因此，上合组织扩大的前提条件，应首先规定上合组织运转所能承受的组织扩大范围，同时不会造成急剧地改变该组织的性质。

在上合组织的未来发展中，面临着诸多挑战，但最大的挑战一方面来自于中、美、俄，尤其是中俄两国在中亚地区的合作力度，另一方面也来自于中亚国家越来越强烈的独立国家的理念。对中亚国家来说，平衡中美俄在该地区的势力符合它们的最大利益，因此上合组织对它们来说便具有了这样一种利用价值。上合组织是中俄两国共同经营的组织，因此中俄在上合组织内的共同利益是推动上合组织发展的动力。同时，中俄之间的分歧也可以成为上合组织内部分歧的焦点，如果俄罗斯在这方面缺乏动力，上合组织这种条约与实际行动脱节的问题就有可能会成为上合组织发展的巨大障碍。近些年来，中国的国际地位加强，在中亚地区的影响力提高，但中国的实力能否转化为解决问题的能力，仍然是中国外交政策面临的重大挑战。中俄两国都很清楚，上合组织的发展动力不是中俄利益的冲撞，而是中俄在一些事关世界和中亚地区发展前景的重大问题上的共同观点和立场。从一定意义上说，上合组织是中俄全面战略伙伴关系的产物和实践，中俄在国际舞台上的特殊战略伙伴关系越来越成为中俄在上合组织中进行合作的新因素。但必须强调，中俄关系的发展未必能够带动上合组织发展，因为上合组织的发展还取决于其他因素。

第三章　中俄在亚太安全和经济领域的合作

中俄两国同为亚太地区的大国，拥有丰富的自然资源和强大的军事实力，加强两国在亚太地区的经济和安全合作对于地区和世界和平、稳定和发展具有重大的全球性战略意义。中俄两国互为邻国，中俄关系是中国周边最重要的双边关系。21 世纪以来随着中俄战略协作伙伴关系的不断深化与发展，为了维护两国在亚太地区的地缘政治和地缘经济利益，中俄在亚太经合组织的经济合作，在朝鲜核问题、伊朗核问题上的协调与合作已成为中俄战略协作伙伴关系的重要内容，这体现了高水平的中俄战略协作伙伴关系。但同时，中俄在亚太地区的经济和安全领域的合作也面临挑战。

第一节　中俄在朝鲜核问题上的合作

围绕朝鲜核开发计划，美国和朝鲜在 1993 年和 2002 年先后两次爆发核危机。从 2009 年到 2013 年，朝鲜又进行了三次核试验，声称是拥核国，并将"拥核"写入宪法。金正恩上台后朝鲜半岛核问题进入新的阶段。在核问题上的表态非常强势，朝鲜坚持拥有核自保战略，在核问题上采取一系列新举措，强化核遏制力。中俄是朝鲜最大的邻国，在朝核问题上是利益相关国，在解决该问题上具有共同的合作基础。中俄对待朝核问题有共识，立场基本一致，在联合国、六方会谈和双边关系层面密切协作，积极协调各方立场，在朝鲜核问题协商解决中发挥着举足轻重的作用。两国在朝鲜核问题上的合作是中俄战略协作伙伴关系的重要内容之一，也体现了中俄战略协作伙伴关系的高水平。中朝俄三角关系的互动、朝韩美三国关系的演变以及朝鲜拥核的复杂原因是解决朝鲜核问题所面临的挑战。

一、21世纪以来朝鲜核问题概况

从20世纪50年代开始，朝鲜在苏联援助下开始从事核开发活动，并建立起较为完善的核工业体系。从2009年到2013年，朝鲜已进行三次核试验，声称是拥核国，并将"拥核"写入宪法，朝鲜半岛核问题进入新的阶段。

（一）第一次朝鲜核危机

朝鲜1974年加入国际原子能机构（IAEA），1977年与IAEA签署单项保障监督协议，1985年加入《不扩散核武器条约》（NPT），1992年与IAEA签署全面保障监督协议，同意与IAEA合作并接受其监督和核查。美国等西方国家一直怀疑朝鲜从事核活动用于军事目的，要求IAEA进行严格检查。截至1993年初，IAEA先后对朝鲜核设施进行了6次不定期核查。在1993年2月25日的核查中，IAEA通过采样分析称朝鲜关于钚存量及其来源的申报与实际情况不符，怀疑朝鲜未如实申报所有核材料。同月，IAEA理事会通过决议，要求对朝鲜两处可疑设施进行特别核查。朝鲜以有关设施为与核无关的军事设施为由，拒绝接受"特别核查"，并指责这是对朝鲜主权的公然侵犯。

美国随即对朝鲜加大施压力度，称如朝鲜不接受核查，将不排除对朝鲜实施"外科手术式"打击。美国内部甚至制定了具体作战计划。朝鲜针锋相对，坚决拒绝核查。1993年3月初，美韩举行"协作精神"联合军演，朝鲜领导人金正日随后发布命令，谴责美韩举行协作精神军事演习，宣布全国进入准战时状态。3月12日，朝鲜宣布退出NPT，声明将于3个月后自动生效。朝鲜上述举动引起了国际社会的强烈反响，IAEA于4月1日通过决议，决定将朝鲜核问题提交联合国安理会。第一次朝鲜核危机爆发。

（二）第二次朝鲜核危机

2001年1月，小布什入住白宫，对朝鲜采取强硬政策，公开称朝鲜为邪恶轴心，宣称不排除对朝鲜实施先发制人打击，朝美关系明显趋冷。2002年7月，美方称得到准确情报，朝鲜正在秘密进行高浓缩铀核武器研发。为向朝鲜表明美方立场，美国助理国务卿凯利于10月3日至5日以总统特使身份访问朝鲜。据美方介绍，凯利先后与朝鲜副外相金桂冠、第一副外相姜锡柱举行了会谈。金桂冠明确否认朝鲜仍在研发核武器。姜锡柱则情绪激动，指责布什政府将朝鲜列入邪恶轴心并公开宣称将对朝鲜进行先发制人的打击，违反了《核框架协议》。他指出，既然美国决定以核武器攻击朝鲜，朝鲜当然要拥有同样手段。姜锡柱明确表明朝鲜正在研发高浓缩铀核武器。朝鲜要与美国谈判，必须占据有利条件。朝鲜已经准备好生产更先进的核武器。10月16日，美国白宫和国务院发言人分别发表谈话，表示朝鲜承认正在秘密开发核武器，这严重违反《核框架协议》。美国寻求和平解决这一问题，要求朝鲜履行NPT规定的义务，以可核查的方式放弃其核计划。10月25日，朝鲜外务省发言人发表谈话称，朝鲜已向美方表示，朝鲜不仅拥有核武器，还可拥有更厉害的武器，以应对美国核扼杀威胁。朝鲜向美方提议通过签署朝美互不侵犯条约解决朝鲜核问题。11月14日，在美国推动下，KEDO理事会决定从12月起停止向朝鲜提供重油。朝鲜外务省发言人随即发表谈话，指责美国此举导致《核框架协议》完全破裂。11月29日，IAEA理事会通过朝鲜核问题决议，要求朝鲜全面履行保障协议，迅速、可核查地放弃一切核武器计划。

12月2日，朝鲜外相白南舜致函IAEA总干事，表示IAEA决议有失公正，朝鲜拒绝接受。12月12日，朝鲜外务省发言人发表讲话，称所谓"朝鲜承认核开发计划"系美国特使访朝鲜后的主观臆断。由于美国停止向朝鲜提供重油，致使朝鲜电力短缺，朝鲜将不得不重启核设施。[1] 从12月21日起，朝鲜先后拆除宁边核设施封条、关闭监视器、驱逐IAEA核查人员。2003年1月10日，朝鲜宣布退出NPT。第二次朝鲜核危机爆发。

（三）第三次核危机

2009年4月，联合国安理会对朝鲜发射通信卫星问题进行谴责，朝鲜方表示强烈不满。[2] 5月25日，朝鲜再次进行核试验，并取得成功，东北亚地区局势骤然紧张，引发第三次核危机。6月12日，联合国安理会一致通过"第1874号决议"，对朝鲜核试验表示"最严厉的谴责"，并要求其不再进行核试验或使用弹道导弹技术进行任何发射。7月27日，欧盟决定依照联合国安理会有关决议，对朝鲜实施新的制裁措施。2010年1月11日，朝鲜外务省发表声明表示，愿意在六方会谈框架内与《朝鲜停战协定》当事国举行会谈，讨论签订和平协定问题。与此同时，美国政府拒绝朝鲜这一提议，称朝鲜必须先

---

① Overview，http://www.nti.org/country-profiles/north-korea/.

② Сергей Шарко，Геостратегические интересы Южной кореи и будущее Корейского полуострова，Международная жизнь，2014-6.

履行弃核承诺，重启六方会谈。为此，双方僵持不下。2011 年 3 月 15 日，朝鲜外务省发言人在平壤表示，朝鲜将无条件参加朝鲜核问题六方会谈，且不反对在六方会谈中讨论铀浓缩问题。之后，朝鲜与俄罗斯、美国分别展开对话，但未取得实质性突破。2012 年 2 月 23 日至 24 日，朝鲜与美国在北京举行会谈，这是双方第三次高级别的会谈。此次会谈取得了一定的成果，朝鲜同意在双方会谈期间，暂停其与核有关的活动，并同意国际原子能机构对其进行核查。与此同时，美方也允诺向朝鲜提供食品，并将逐步改善两国关系。但是此后，朝鲜又做出举动，发射了"光明星 3 号"卫星。此举令国际社会反应强烈，朝鲜随后也为此付出了代价，遭受国际社会的诸多制裁。

2013 年 2 月 12 日，朝鲜在未照会他国的情况下，又在其北部地下核试验场进行了第三次核试验，并取得了成功。国际社会对此表示了强烈谴责并随之进行了相关制裁。[①] 此后，朝鲜再次宣布退出《朝鲜停战协定》。3 月 7 日，联合国安理会一致通过"第 2094 号决议"，要求朝鲜不再进行核试验，放弃核武器计划，并重返《不扩散核武器条约》。同时，承诺采取和平、外交和政治方式解决当前局势，重申支持并呼吁重启六方会谈。

二、中俄在朝鲜核问题上的合作

中俄是朝鲜最大的邻国，在朝鲜核问题上是利益相关国。维护国家的安全利益是中俄两国在东北亚地区最大的利益诉求，也是共同的利益。中俄两国在朝鲜核问题上一直寻求更大的话语权并积极参与地区安全事务，也是朝鲜核问题要想得到解决不可或缺的国家。两国在朝鲜核问题上的合作是中俄战略协作伙伴关系重要内容之一，也体现了中俄战略协作伙伴关系的高水平。

（一）中俄在朝鲜核问题上合作的基础

东北亚地区是"冷战"体制结束后唯一还笼罩在"冷战"阴云下的地区。这里集中了世界上几个重要的军事大国和核大国，中国、俄罗斯、美国和潜在的核国家和地区——韩国、日本、中国台湾地区，以及无法估计能力的核国家朝鲜。再加上美日韩军事同盟在该地区联系越来越紧密，导致军备竞赛不断升级。尤其朝鲜的核问题像东北亚地区的"火药桶"，一直影响着东北亚地区的安全与稳定。与半岛两国的平衡发展与合作一直是中俄两国对朝鲜半

---

① 《朝鲜核问题》，http://news.xinhuanet.com/ziliao/2003-01/08/content_683434.htm。

岛的战略重点，旨在通过经济合作提升中俄与朝韩两国的政治互信以及在朝鲜核问题中的影响力。

1. 维护国家安全利益是中俄在朝鲜核问题上的共同利益

对于中国来说，确保朝鲜半岛核不扩散以及维护朝鲜半岛的稳定安全是中国在朝鲜半岛的安全利益。朝鲜核问题将会对中国的安全和发展带来最直接的负面影响。朝鲜核危机将引发难民潮、破坏中国东北的生态环境等问题。

俄罗斯在朝鲜半岛地区的利益主要表现在以下几个方面：一是阻止朝鲜发展核武器，实现朝鲜半岛无核化，是俄罗斯在朝鲜半岛首要的利益追求。俄罗斯始终认为，如果朝鲜拥有核武器，日本和韩国必然以"朝鲜核威胁论"为借口谋求发展自己的核武器，东北亚地区很有可能出现各国竞相发展核武装的局面。[1] 俄罗斯不希望朝鲜拥有核武器，除了担心自己被核武国家包围之外，更担心朝鲜会同一些国家和组织在核武领域合作，给俄罗斯带来威胁。[2] 二是维护朝鲜半岛的稳定，关乎俄远东西伯利亚的安全和发展，朝鲜核危机直接影响远东地区的环境安全，引发"难民潮"等问题，都将威胁俄在东北亚的安全和经济利益。

2. 维护在朝鲜半岛共同的地缘战略利益

麦德金曾经说过，控制欧亚大陆中心和其边缘，就是控制了世界。朝鲜半岛位于欧亚大陆边缘，它在"冷战"年代处在相对的战略平衡中，朝鲜与中苏结为盟友。"冷战"后朝鲜半岛的地缘政治结构发生巨大变化。由于俄罗斯的国力和亲西方的政策，朝鲜半岛的地缘政治地位在俄罗斯外交中地位下降。普京第一次执政后，国力逐渐恢复，俄罗斯奉行全方位外交政策，普京力主恢复与亚太国家的传统关系，以平衡美国从俄罗斯西部对俄的战略挤压。朝鲜半岛在俄罗斯的向东政策中地缘战略地位提升，成为维护远东安全、显示俄罗斯在亚太存在的重要因素。俄罗斯对解决朝鲜核危机的六方会谈表示出很大的兴趣，积极参与协调。2010 年后美国战略东移，奉行亚太再平衡战略，再加上朝鲜的几次核试验，使俄罗斯更加重视在朝鲜半岛的战略利益及其在朝鲜半岛的影响力。与俄罗斯相比，中国一直高度重视朝鲜半岛的战略

---

① Георгий Толорая, Северокорейский фактор и укрепление позиций России в Азии, Международная жизнь, 2014（3）.

② Prospects for DPRK-Relationsin 2015, http://www.kinu.or.kr/eng/pub/pub_05_01.jsp? bid=EIN-GINSIGN.

价值，积极推动朝鲜核问题的解决。中国是六方会谈的主要协调人，在六方会谈中有不可替代的作用。在普京执政期间，中俄两国对于朝鲜半岛的战略地位拥有了共识。

3. 维护中俄在朝鲜半岛的经济利益

中俄在朝鲜半岛拥有重要的经济利益，发展与朝韩的经济关系，也有助于实现半岛和平与稳定的战略目标。中俄两国分别与朝鲜和韩国的经济合作成为加强中俄与半岛两国政治互信，以及对朝鲜核问题施加影响力的一条最有效的途径。同时，朝韩作为两个军事对抗的国家，能够通过与中俄的经济合作推动半岛两国的经济融合。

"冷战"时期，作为朝鲜的盟国中国和苏联与韩国少有交往。"冷战"结束苏联解体后，中俄两国与韩国开展经济合作。1992 年中韩建交，开始积极发展与韩国的关系，双方经贸合作取得了巨大的成就。2011 年，中韩贸易总额达 2139.2 亿美元，同比增长 13.5%，占韩国全年贸易总额的 19.77%，中国成为韩国第一大贸易伙伴国出口对象国及进口来源国。2012 年 5 月，中韩自贸区谈判正式启动，2014 年 11 月中韩宣布关于自贸区的谈判已经完成。这是东北亚地区第一个国家间自贸区协定，对于东北亚地区经济一体化具有重大意义。2014 年 1 月到 11 月，中韩累计外贸总额为 2135.98 亿美元，同比增长 2.27%。

中朝经贸额从 20 世纪 90 年代开始一直走高，2009 年，中朝贸易额达到 26.81 亿美元，占朝鲜全年进出口总额的 48.86%。2012 年中朝贸易额为 59 亿美元。2013 年，中朝贸易额刷新历史纪录为 65 亿美元。2014 年，中朝贸易总额为 63.89 亿美元，相比前年减少 2.6%。

由于俄罗斯独立之初奉行亲西方的外交政策，俄朝贸易从 1992 年到 2009 年下降速度很快，从最初的 3 亿多美元下降到 2009 年的 940 万美元。普京第三次复任后，乌克兰危机的爆发使俄罗斯受到西方的战略挤压，俄罗斯强化与朝鲜的关系。2014 年 3 月，俄朝签署了包括能源合作在内的贸易协定，计划到 2020 年双边贸易额突破 10 亿美元，这成为两国近年来最大的贸易举动。[1] 5 月普京又签署了批准取消朝鲜对苏联 100 亿美元债务的法律，并希望未来

---

[1] Г.Толорая， А.Торкунов， Северокорейский фактор и укрепление позиций России в Азии, Международная жизнь, 2014, №3, P. 70~85.

能与朝鲜在能源、卫生、教育等领域加强合作，从而将两国合作关系又推进了一大步。俄朝还于 2014 年启动总投资约 250 亿美元的朝鲜铁路现代化改造项目，[①] 俄罗斯的煤炭也在 12 月首次通过朝鲜的罗津港进入韩国。[②]

俄罗斯与韩国的经济合作从 1992 年开始，经贸关系顺利发展，2000 年两国贸易额为 27 亿美元，2013 年已经达到 252 亿美元。2013 年，韩国已是俄罗斯在亚太地区的第三大经贸合作伙伴。俄罗斯向韩国出口的产品以能源和原材料为主，韩国向俄罗斯的出口主要是机器和设备。

俄罗斯推动与朝韩两国的经济关系包含推进半岛铁路、天然气管道联通的经济合作战略意图，其中能源合作将加强东北亚地区的稳定和发展。从俄罗斯修建油气管道经朝鲜通往韩国的东西伯利亚—太平洋、萨哈林-2 的项目，可以让韩国企业受到数百万美元的设备订单。俄罗斯还要在铁路联通方面与朝韩两国合作，使跨西伯利亚大铁路与朝鲜半岛的铁路系统对接。2014年，韩国总统朴槿惠提出欧亚倡议，与普京在半岛的经济战略意图有许多契合点，也与俄罗斯的欧亚联盟、中国的"一带一路"建设有许多对接点。通过油气管道联通、铁路联通等项目的实施，对于半岛地区的稳定、朝鲜与韩国的关系，以及解决朝鲜核问题都具有积极的作用。中俄不仅增强了在半岛的影响力，而且还能够夯实在半岛事务合作方面的基础。

（二）中俄在朝鲜核问题上的立场与合作

中国与朝鲜的盟友关系，及对朝鲜的巨大影响力，使得美国和国际社会比较看重中国在解决该问题中的地位和作用。在朝鲜核危机问题上的合作对中俄来说，朝鲜不仅是维护地区影响力的重要国家，也是抗衡美国的一颗重要棋子。

朝鲜核问题爆发后，中国从维护国家利益和地区稳定以及国际核不扩散体系的角度出发，通过不同场合和形式多次重申并确立了解决朝鲜核问题的基本原则立场：支持朝鲜半岛无核化，致力于维护半岛的和平与稳定，主张通过外交方式协商解决危机。中国在朝鲜核问题上的原则立场不仅关系到中

---

① 2011 年，当时的朝鲜最高领导人金正日访问俄远东地区并与时任俄总统德米特里·梅德韦杰夫会谈，同意推动建设连接跨西伯利亚大铁路的跨朝鲜半岛铁路。只是，后因朝鲜半岛局势紧张，项目未能取得重大进展。

② Россия помирит две Кореи с помощью железной дороги, http://www.rg.ru/2014/08/04/korei-site-anons.html.

国当前的国家利益，也将影响到中国未来所处的国际环境，所以中国在朝鲜核问题上选择了积极介入。

在第一轮朝鲜核危机期间，俄罗斯正陷入国内严重的政治经济危机，基于本国对西方"一边倒"的政策，俄朝关系在 20 世纪 90 年代上半期处于冷淡状态，俄基本上被排除在危机解决进程之外。从第二轮危机起，普京政府积极参加了历次六方会谈，力图对危机的解决施加更大的影响。近年来随着国内实力的恢复和对亚太外交的重视，俄罗斯逐渐恢复了在朝鲜半岛问题上的传统影响力和发言权，虽然俄罗斯是后来跻身多国会谈，但是与其他几方相比，俄手中对朝鲜有牌可打，这就是俄罗斯对朝鲜的传统影响力。俄罗斯在朝鲜核问题上的地位和作用是不容忽视的。俄罗斯在朝鲜核问题上的基本立场和主张是：坚持朝鲜半岛无核化地位，遵守核不扩散条约，无条件地保证这一地区的和平、安全与稳定。通过政治途径解决危机。中俄在朝鲜核问题上的合作主要通过联合国、六方会谈以及双边对朝鲜半岛的共识三个层面展开，进而推动朝鲜核问题以外交途径解决而非武力。

1. 中俄两国在联合国的合作

朝鲜第一次核试验后，2006 年 10 月 9 日中国外交部发表声明，对朝鲜悍然实施核试表示坚决反对，要求朝鲜方信守无核化承诺，停止一切可能导致局势进一步恶化的行动，重新回到六方会谈的轨道上来。同时呼吁有关各方冷静应对，坚持通过协商和对话和平解决问题。俄罗斯总统普京表示，俄坚决谴责朝鲜，此举严重破坏了国际社会防止大规模杀伤性武器扩散的努力，希望朝鲜重新回到谈判轨道上来。

2006 年 10 月 14 日，联合国安理会一致通过关于朝鲜核试验问题的"第 1718 号决议"，对朝鲜核试验表示谴责，要求朝鲜立即放弃核武器及核计划，无条件重返六方会谈，并决定在大规模杀伤性武器、导弹、特定常规武器等方面对朝鲜实施制裁，呼吁所有与会员国依据国内法和国际法，在必要时对进出朝鲜的货物进行检查等。决议同时呼吁有关各方保持克制，继续通过政治和外交方式努力寻求解决问题，争取尽早恢复六方会谈。决议还明确规定将视朝鲜遵守决议情况调整、暂停或取消对朝鲜制裁措施。该决议通过后，朝鲜外务省发言人 10 月 17 日发表声明，表示坚决谴责并完全拒绝该决议。朝鲜同时表示，其通过对话和谈判实现半岛无核化的目标没有改变。

2009 年 5 月，朝鲜第二次核试验后，中国外交部发表声明，表明中国坚决反对朝鲜再次核试验的坚定立场，要求朝鲜方信守无核化承诺，停止可能导致局势进一步恶化的相关行动，重新回到六方会谈的轨道上来。同时呼吁各方冷静应对，坚持通过协商和对话和平解决问题。俄总统新闻秘书表示，朝鲜核试验违反安理会决议，使东北亚紧张局势升级，威胁地区安全与稳定。6 月 12 日，联合国安理会一致通过"第 1874 号决议"。决议严厉谴责朝鲜再次核试验，要求朝鲜不再进行任何核试验和使用弹道导弹技术进行发射，以全面、可核查、不可逆的方式放弃所有核武器和现有核计划，决定在武器禁运、货物检查、金融和增列受制裁个人、实体及禁运物项四个方面加大对朝鲜制裁。之后，朝鲜外务省随即发表声明，谴责核抵制决议，宣称朝鲜绝不可能弃核，将把新提取的钚全部武器化，启动铀浓缩项目，以武力应对封锁。朝鲜虽表态消极，但未进一步采取实质性对抗行动。①

2013 年 2 月 12 日，朝鲜第三次核试爆发后，中国外交部发表声明，表明坚决反对朝鲜第三次核试的坚定立场，强烈敦促朝鲜方信守无核化承诺，不再采取可能恶化局势的行动。同时呼吁各方冷静应对，坚持通过对话协商，在六方会谈框架下解决半岛无核化问题。俄外交部发表声明称，朝鲜再次无视国际法准则和安理会决议进行新的核试验，不符合国际准则，应受到国际社会谴责和相应反应。联合国秘书长潘基文的发言人称，朝鲜核试行为严重违反安理会决议，是破坏稳定的挑衅行为。2 月 12 日，安理会举行紧急会议审议朝鲜核试问题。安理会大多数成员均谴责朝鲜无视国际社会普遍反对进行核试，威胁国际及地区和平安全，支持安理会尽快采取行动，做出有力反应。3 月 7 日，安理会一致通过"第 2094 号决议"。决议最严厉谴责朝鲜第三次核试，要求朝鲜不再使用弹道导弹技术进行进一步发射，不再进行核试验或进一步挑衅，以完全、可核查和不可逆的方式放弃所有核武器和现有核计划并立即停止所有相关活动，决定全面强化对朝鲜制裁。

在安理会通过"第 2094 号决议"前，朝鲜外务省发言人 3 月 7 日针对美韩联合军演和安理会即将出台的新决议发表声明，指责美在安理会主导通过反朝鲜制裁决议将迫使朝鲜提前采取比业已宣布的更加强烈的第二、第三次

---

① Prospects for DPRK-Russia Relationsin 2015, http://www.kinu.or.kr/eng/pub/pub_05_01.jsp? bid=EIN-GINSIGN.

对应措施，威胁行使先发制人核打击权利。① 3 月 8 日，朝鲜祖国和平统一委员会发表声明，指责安理会炮制反朝鲜制裁决议的蛮横行径，宣布全面废弃关于北南互不侵犯的一切协议，全面废弃关于朝鲜半岛无核化的共同宣言，关闭朝韩板门店联络渠道。② 3 月 9 日，朝鲜外务省发言人再次发表声明，谴责安理会通过 2094 号决议，表示世界将清楚地看到朝鲜的有核国家地位和卫星发射国家地位实现永久化。

2. 中俄在六方会谈中的合作

六方会谈是指由朝鲜、韩国、中国、美国、俄罗斯和日本六国共同参与的旨在解决朝鲜核问题的一系列谈判。会谈是 2003 年 8 月 2 日经过中国积极的外交斡旋，促成解决朝鲜核危机的谈判，开启六方会谈，并以此为对话机制讨论朝鲜核问题，并确立了通过谈判和平解决朝鲜核危机的原则。到 2007 年 9 月 30 日为止，共举行过六轮会谈。六方会谈可分为两个阶段：第一个阶段从 2003 年到 2005 年 7 月，尚未取得实质性的进展；第二阶段从 2005 年 9 月到 2007 年，取得了实质性的进展。比较六方会谈的最初阶段，俄罗斯在第二阶段发挥了较为现实和重要的作用。主要原因：一是朝鲜核问题中的主要矛盾是朝美关系，问题解决的程度几乎取决于这两个国家的立场；二是布什政府在解决伊拉克问题上陷入困境的同时，伊朗核危机问题上也陷入僵局，希望其他大国和国际社会更多地参与朝鲜核危机的解决，同时美国的立场也有所松动。从 2005 年开始六方加快了会谈的步伐，俄罗斯的作用逐渐显露。俄罗斯提出与朝鲜在能源等方面合作，并将朝鲜债务问题同朝鲜核计划联系在一起，争取使新一轮六方会谈取得具体成果。归纳起来，俄罗斯在六方会谈的立场是：希望有关各方本着相互妥协和让步的精神，共同促成六方会谈取得进展；认为目前没有必要对朝鲜进行惩罚，强调应用和平的、政治的、非武力的方式解决朝鲜核问题；肯定六方会谈对解决朝鲜核问题具有重要意义，并表示愿意为会谈取得进展做出自己的贡献。

2009 年朝鲜宣布退出六方会谈之后，六方会谈至今一直没有复会，被普遍认为已经名存实亡。在重启六方会谈的过程中，美国一直希望中国推动朝

---

① Second Korean War is Unavoidable: DPRK FM Spokesman, http://www.kcna.co.jp/index-e.htm.

② National Peace Committee of Korea's Memorandum Discloses U.S. History of Nuclear Threats to DPRK, http://www.kcna.co.jp/index-e.htm.

鲜重返六方会谈。俄罗斯也利用自身对朝鲜的影响力，积极从中斡旋。其间，2012 年 9 月在中国大连举办了东北亚合作对话，六国代表坐在一起，这是自2009 年六方会谈停止后的再次开始。2013 年 5 月 25 日，朝鲜特使崔龙海在与习近平总书记会谈时表示朝鲜方愿意进行六方会谈。2013 年 11 月 27 日，六方会谈美方团长、美国朝鲜政策特别代表格林·戴维斯寻访朝鲜周边国家时表示，如果朝鲜不改变态度，六方会谈恐难得到重启。2014 年 11 月，朝鲜特使崔龙海访问俄罗斯，向俄外长表示愿意无条件恢复朝鲜半岛核问题六方会谈。俄罗斯表示积极支持朝鲜这一立场。2014 年 12 月 4 日，中国政府朝鲜半岛事务特别代表武大伟应约与日本外务省亚大局局长、六方会谈团长伊原纯一在京举行会谈，就推进半岛无核化进程和重启六方会谈等问题交换了意见。

3. 中俄于双边场合在朝核问题上的合作

中俄在朝鲜核问题上的合作是两国战略协作的重要内容。中俄为缓解朝鲜半岛紧张局势做出的努力，也体现了两国战略协作加强的趋势。中俄与朝鲜的关系自从"冷战"结束后都经历了调整。尤其自 2010 年以来，随着朝鲜半岛一连串事件的发生，以及美国战略重心的转移，中俄朝三国都感到外部压力增大，中俄与朝鲜关系不断加强。金正恩上台后，中朝关系逐渐冷淡，而俄朝关系逐渐加强。尽管中朝、俄朝关系曲折发展，但是，中俄对朝核问题的看法是较为一致的，立场是一贯的。

综合十几年来关于中俄关系的公报和声明，中俄在朝鲜核问题上的主张有以下几点：①中俄都主张朝鲜半岛实现无核化；②同时保障朝鲜的国家安全，反对武力威胁和全面制裁的做法；③主张通过六方会谈来解决朝鲜核问题；④同时鼓励美朝相互妥协；⑤呼呼有关方降低该地区军事活动强度；⑥共同建立东北亚新的安全机制。以下仅举几例。

（1）2003 年 5 月 27 日，胡锦涛主席访俄期间发表的《中俄联合声明》指出，双方主张保障朝鲜半岛无核化地位，遵守不扩散大规模杀伤性武器制度，同时保障朝鲜民主主义人民共和国的安全，并为其社会经济发展创造条件。同时，联合声明指出，武力施压和使用武力对于俄罗斯和中国都是不能接受的，强调保证朝鲜安全和为其社会经济发展创造条件的必要性。①

---

① 《中华人民共和国与俄罗斯联邦联合声明》，http://www.fmprc.gov.cn/mfa_chn/ziliao_611306/1179_611310/t24245.shtml。

（2）2011 年 6 月 16 日，中国国家主席胡锦涛和俄罗斯总统梅德韦杰夫在莫斯科签署《中华人民共和国和俄罗斯联邦关于当前国际形势和重大国际问题的联合声明》。声明指出，双方一致认为，朝鲜半岛核问题只能在六方会谈框架内通过政治外交方式解决，重申愿相互并同六方会谈其他各方继续密切协作，在恪守 2005 年 9 月 19 日中朝俄韩美日联合声明的基础上尽快重启六方会谈进程。双方坚信，降低该地区的军事活动强度将有利于创造恢复谈判的条件。双方还表示，将继续致力于建立东北亚和平与安全多边保障机制。①

（3）普京于 2012 年 6 月 5 日访问中国，其间发表了《中华人民共和国和俄罗斯联邦关于进一步深化平等信任的中俄全面战略协作伙伴关系的联合声明》，双方重申，维护朝鲜半岛和平稳定，实现半岛无核化，符合有关各方共同愿望，实现这一目标对维护亚太地区的和平、稳定与安全至关重要。双方坚决反对任何有损于朝鲜半岛和平稳定和不利于实现半岛无核化的行为，希望有关各国保持克制，避免半岛局势进一步复杂化。双方认为，对话协商是解决朝鲜半岛问题的唯一有效途径。中俄呼吁有关各国早日重启六方会谈，以和平方式均衡解决有关各方关切，实现本地区长治久安。②

（4）2014 年 5 月 20 日，普京访华并参加亚信峰会期间发表了《中俄关于全面战略协作伙伴关系新阶段的联合声明》，双方重申，维护朝鲜半岛和平稳定，实现半岛无核化，通过对话协商解决有关问题符合有关各方共同利益，对维护东北亚及亚太地区的和平、稳定与安全至关重要。中俄认为，六方会谈是解决朝鲜核问题唯一现实有效途径，希望有关各方相向而行，多做有利于地区和平稳定的事，为推动重启六方会谈，实现半岛地区的长治久安而共同努力。朝鲜半岛核问题悬而未决，地区政治军事局势持续紧张，双方对此表示担忧，强调各方应采取切实措施，缓解紧张局势。双方一致认为，该地区问题不应以武力方式解决，所有存在的问题应通过谈判解决。双方达成共识，将开展密切协调与协作，致力于在东北亚地区建立有效的和平与安全机制。③

（5）2015 年 5 月 8 日，中国国家主席习近平出席俄罗斯卫国战争胜利 70

①《中国和俄罗斯关于当前国际形势和重大国际问题的联合声明》，http://www.fmprc.gov.cn/mfa_chn/ziliao_611306/1179_611310/t831556.shtml。

②《中华人民共和国和俄罗斯联邦关于进一步深化平等信任的中俄全面战略协作伙伴关系的联合声明》，http://www.fmprc.gov.cn/mfa_chn/ziliao_611306/1179_611310/t938682.shtml。

③《中俄关于全面战略协作伙伴关系新阶段的联合声明》，http://www.fmprc.gov.cn/mfa_chn/ziliao_611306/1179_611310/t1157763.shtml。

周年庆典并访俄，其间发表了《中华人民共和国和俄罗斯联邦关于深化全面战略协作伙伴关系、倡导合作共赢的联合声明》，双方重申，维护朝鲜半岛和平稳定，实现半岛无核化，通过对话协商解决有关问题符合共同利益，对本地区的和平、稳定与繁荣具有重要意义。双方认为，六方会谈是解决朝鲜核问题有效方式，希望有关各方相向而行，为重启六方会谈积累条件。

三、中俄在朝鲜核问题上面临的挑战

中俄两国在朝鲜核问题上面临的任务很艰巨。朝鲜近几年的发展已经向世界表明其恃武恃核、拥核保安全的战略意图，朝鲜核问题已经进入关键时期。中俄在朝核问题上的合作将对朝核问题的解决具有举足轻重的作用。然而，中俄在朝核问题上的合作能否发挥应有的作用还将取决于以下几个因素：

（1）中朝俄三角关系互动。中俄在朝核问题上能够保持密切的战略互动和协作，这不仅是对中俄战略协作伙伴关系的考验，也是推动朝核问题解决的重要因素。中朝关系发展一直磕磕绊绊。作为朝核问题的主角朝鲜与中国虽然是盟友关系，但是，朝鲜以为朝鲜半岛是中国东部安全的底线，常常利用美国因素来牵制和要挟中国。金正恩上台后疏远与中国关系的同时，又在强化与俄罗斯的关系。中朝关系疏远的主要原因：一是朝鲜进行核试验给中国带来直接的安全威胁，中国坚决反对。朝鲜是中国的近邻，朝鲜进行核试验，不仅导致东北亚地区乃至整个亚洲地区的紧张局势进一步加剧，而且更主要的是有可能会给中国带来直接的威胁。朝鲜第三次核试验的地点距离中国的边境不足 100 公里，如果发生核泄漏，将会给中国的东北地区造成严重的生态灾难。朝鲜不负责任的行为，将让中国承担更多不必要的代价。朝鲜在中朝边境附近进行核试验，实际上是把中国作为绑架的对象，让中国承担不应有的麻烦。第三次核试验在中国境内已经产生了轻微的地震波，已经影响到中国居民的生活安全。① 即使出于地缘政治的考虑，中国政府也应该公开反对朝鲜进行核试验。第三次核试后国际社会对朝鲜进行了严厉的制裁。中俄都强烈谴责朝鲜的冒险做法，对朝鲜采取了制裁。中国在朝鲜核试验问题上旗帜鲜明。从已经发布的三次外交声明可以看出，坚持朝鲜半岛的无核化，

---

① 专家称朝鲜在中朝边境核试是绑架中国有利美国，http://mil.huanqiu.com/observation/2013-02/3640663.html。

通过谈判解决朝鲜半岛存在的问题，始终是中国的外交主张。二是 2013 年 12 月 8 日，朝鲜劳动党中央政治局召开扩大会议，以张成泽反党反革命、搞宗派主义的罪名，解除其一切职务并开除出党，张成泽被枪决。① 张成泽是亲华的元老，主张朝鲜按照中国的经济发展道路进行改革，他被枪决后中朝关系降到了冰点，2014 年一年内中朝无任何高官互访。②

　　乌克兰危机后俄美关系破裂，俄罗斯在国际上被孤立，与同样受到孤立的朝鲜加强了联系，相互借重。俄朝关系得到快速发展，俄罗斯欲在朝核问题上发挥更大的影响力。首先，双方高层交往频繁。2014 年 2 月，朝鲜最高人民会议常任委员会委员长金永南不顾西方对俄罗斯冬奥会的抵制，出席俄罗斯索契冬奥会开幕式。此后，俄罗斯远东发展部部长加卢什卡、负责远东开发事务的副总理特鲁特涅夫等官员先后访问朝鲜，并向朝鲜提供粮食、医药品等多种援助。10 月以后，朝鲜外相李洙墉、朝鲜人民武力部部长玄永哲以及朝鲜劳动党中央政治局常委、中央书记崔龙海 3 名高官接连访俄。作为金正恩的特使，朝鲜劳动党中央政治局常委、中央书记崔龙海 11 月的访俄之行更被视为是为金正恩访俄"打前站"。俄朝双方重申愿进一步扩大和发展两国互惠合作，崔龙海向俄外长表示愿意无条件恢复朝鲜半岛核问题六方会谈。③ 2015 年 1 月，俄罗斯正式邀请金正恩参加 2015 年 5 月举行的俄罗斯卫国战争胜利 70 周年庆典活动并访问俄罗斯。2015 年 5 月 6 日，金正恩本人放弃亲赴俄罗斯出席纪念俄罗斯卫国战争胜利 70 周年庆典活动，但这并未能影响俄朝关系。其次，扩大经济合作。前文有述，这里不再赘述。由于朝鲜在军事、能源等合作领域有求于俄罗斯，俄罗斯对朝鲜的影响力还会上升。金正恩对俄的战略需求一方面是回应西方的打压，另一方面也是做给中国看，试图引起中俄双方的竞争，朝鲜可在其中左右逢源。然而，中俄关系不会因此受到影响，而朝鲜却充满未知数。④

----

①《朝鲜劳动党会议宣布解除张成泽一切职务　金正恩出席》，http://gb.cri.cn/42071/2013/12/09/782s4350140.htm。

② К. Асмолов, Китай и Северная Корея: проблемы и переспективы взаимоотношений, Проблемы Дальнего Востока, 2014.

③ Выступление и ответы на вопросы СМИ Министра иностранных дел России С.В.Лаврова на пресс-конференции по итогам переговоров со спецпредставителем руководителя КНДР Цой Рён Хэ, http://www.mid.ru/brp_4.nsf/newsline/19A0DD08BE0EC2EBC3257D96005856DD.

④ 俄罗斯在现今情况下也不愿背负沉重的合作包袱。金正恩最后决定不出访俄罗斯据说也是因为未能从俄得到其想要的合作。

当前，在西方打压俄罗斯的背景下，俄罗斯主动向中国靠近，中俄迎来战略协作伙伴关系最好的时期。由于中俄在朝鲜核问题上的战略利益是一致的，进而形成中俄间就国际问题双边充分协调与合作的关系。尽管中朝关系目前处于冷淡调整期，但朝鲜经济的贫弱，需要中国的援助，而且中国一直是朝鲜最主要的经济援助国，因此，中国对朝鲜的影响力也尚在。两国应该抓住这个政治良机，采取务实态度，协力合作图谋在朝鲜核问题上有所作为，推动有关方面尽快重启六方会谈，以避免美国以朝鲜核危机为借口加大在东北亚扩充军备，对中俄形成军事上的围堵。这将有利于东北亚的安全、稳定和经济发展，也有助于破解以美国为主导的地区安全格局，从而构筑新的东北亚政治安全格局。同时，在当前俄朝关系比中朝关系热络的背景下，也要防止因朝鲜的摇摆态度造成对中俄关系的可能的破坏。

（2）朝韩美三角关系。朝鲜核问题中的关键要素是美国。朝鲜要求美国给予其安全保障成为其是否发展核武器的关键。而美国表示不会单方面对朝鲜的安全做出承诺，而且认为在朝鲜是否真正弃核问题上无从知晓真伪。同时，美国对于朝鲜的反复无常态度很强硬。这又使得朝鲜坚定了进一步发展核武的信念，因为朝鲜认为只有核武才是他们能够自保的最佳武器。金正恩在外交上虽然仍是寻求同美国改善关系，2012 年 2 月 29 日，双方签订了协议，冻结核计划以换取大规模的人道主义援助。[①] 但是 4 月，朝鲜再次进行了核试验，紧接着 2012 年 12 月、2013 年 2 月，朝鲜在不到一年的时间里进行了三次核试验，朝鲜半岛局势因此急剧紧张。

在朝鲜核试验的背景下，朝鲜半岛局势紧张，剑拔弩张，朝韩关系处于对峙状态。韩国总统朴槿惠对朝鲜的政策是向中间摆动，居于金大中、卢武铉两任总统的阳光政策、和平繁荣政策与李明博总统的对朝鲜强硬政策之间。朴槿惠一直呼吁朝韩两国增进信任，加强对话。她主张恢复离散亲属的相会，南北双方加强接触，创立联合企业。按照朴槿惠的部署，首尔成立朝鲜统一特别委员，致力于南北朝鲜的统一。韩国政府通过了朴槿惠的第二计划，即"从小到大的统一"，旨在从加强信任开始，建立南北经济共同体等。这个政策有弹性，有利于南北关系的改善。然而，2010~2013 年由于半岛局势异常

---

①Breaking the Stalemate in U.S.-ROK Nuclear Cooperation Negotiations，http：//www.cfr.org/south-korea/breaking-stalemate-us-rok-nuclear-cooperation-negotiations/p33439.

紧张，朝鲜宣布不执行朝韩间已经签署的几个协议（1991 年的停火、互不侵犯、合作和交流协议，2000 年和 2007 年的关于两个峰会的宣言）。就目前的情况而言，根本没有可能重返执行这些协议的可能，这其中包括赋予朝鲜半岛无核地位的协议。朝韩关系最重要的是找到能够进行富有成效的对话的途径，半岛紧张的局势严重阻碍了有关各国政治解决朝鲜核问题的努力。陷入僵局的六方会谈消极地影响朝韩关系，并且导致半岛局势紧张的常态化，增加了南北对抗的风险。

为了让朝鲜在核问题上让步，韩美紧密协作，加大对朝鲜的打压，但是这往往适得其反，促使朝鲜大力发展核武器。而且，韩国和美国的历次军演都使朝鲜神经紧张，朝鲜频频发射导弹成为针锋相对的手段，这导致半岛的紧张局势不断升级。因此，朝韩首先应该建立信任关系，缓和关系；韩美减少军演，让朝鲜的导弹试射缺少借口，这将会逐渐平息半岛的紧张局势，才有可能坐下来谈判。

（3）朝鲜拥核原因是复杂、多重的，不仅仅是简单的朝美关系。① 如果是这样，解决朝鲜核问题将是一个漫长复杂的过程。这将导致半岛局势长期紧张，引发东北亚各国军备竞赛，中俄等周边国家环境安全遭到威胁。推动美韩日部署反导系统，从而打破东北亚的战略平衡。同时，朝鲜核问题的消极影响有可能迅速扩散，引发新一轮核扩散潮流，东北亚和中东地区首当其冲，中国的国家安全将面临严峻挑战。

综上所述，中俄在协调解决朝鲜核问题上任重道远，作为六方会谈的主要推动者，中国还要改变以往解决朝核的思路，积极主动推动进程向前。一是尽快完成中朝关系从特殊国家向正常国家关系的转变。② 二是中俄将朝鲜核问题看作加深战略协作伙伴关系的一项重要内容，应该积极尝试举行各种有利于控制和解决朝鲜核问题的对话，尤其要推动六方会谈尽快重启。双方要积极沟通，加强协调，把握好朝鲜半岛和平稳定与半岛无核化之间的关系。

---

① 张琏瑰：《朝鲜核问题现状与美国责任》，《东北亚学刊》，2012 年第 2 期。
② 张沱生：《朝鲜核问题与中国的政策》，《国际安全研究》，2013 年第 5 期。

第二节　中俄在伊朗核问题上的合作

2015 年 4 月，伊核问题六方会谈通过近三年紧锣密鼓的美伊双边和六方多边谈判达成框架性协议，为最终达成正式协议迈出决定性的一步。伊朗核问题延宕十几年，是伊朗围绕核不扩散机制争取权利和违背义务的二重性而引发的矛盾冲突。同时围绕伊朗冲突也充满了大国间的角逐，其实质是伊拉克战争后美国和伊朗之间展开新一轮较量；透过伊核问题也看到俄罗斯与美国关系的演变。通过伊朗核危机的解决进程也可以观察到中国和俄罗斯对中东政策的调整轨迹，中东问题也离不开中俄的参与和调解。

一、伊朗核问题的起源与俄罗斯的介入

（一）伊朗核问题的产生

伊朗发展核能的计划由来已久。伊朗核开发始于 1957 年。当时，伊朗巴列维王朝是美国以及西方在海湾地区的战略支柱，也是其遏制苏联南下的重要战略屏障，因此伊朗核计划得到了西方国家的支持。1979 年，由于伊朗发生"伊斯兰革命"以及随后爆发两伊战争，核计划陷入停顿。1988 年两伊战争结束后，尤其是 90 年代中期以后，恢复和发展核能源成为伊朗政府的一项重要议题，加大了核开发的力度。1990 年 3 月，伊朗与苏联签署合作议定书，重建布什尔核反应堆以及新建另两个核反应堆，但后因政治、经济和技术等原因该计划被一再延搁。1992 年伊俄签署《和平利用核能协议》。1995年初，伊俄又签署协议，商定俄从 1995 年 10 月开始帮助伊朗在布什尔建设两座核电站，并为伊核电站运转提供 2000 吨天然铀，每年为伊培训 10~20 名核专家。同年 8 月，两国又签订了补充协议，俄将在 2001 至 2011 年间每年向伊提供价值 3000 万美元的核燃料。根据伊朗政府的核发展计划，伊朗将在今后 10 年内利用核能发电 700 万千瓦，以确保本国石油和天然气资源枯竭后的能源供应。但由于政治、技术等因素，布什尔核电站建设速度缓慢。2000年普京就任总统后，伊俄核合作步伐加快。2000 年 12 月，伊俄签订协议，将加快布什尔核电站的建设。

（二）伊核问题的发展

2002 年底，美国公布了其侦察卫星拍摄的伊朗中部两处核设施的照片，称伊朗一直在秘密发展核武器，未来数年内将研制出原子弹，并且伊朗还在开发可携带核弹头的弹道导弹系统。2003 年 2 月 9 日，伊朗总统哈塔米宣布，伊朗依靠本国力量已在中部成功地开采出铀矿，并开始发展核燃料（環）的回收处理技术。此举立即遭到美国的严重质疑，美国警告伊朗停止与铀浓缩相关的活动，并威胁要将伊朗核问题提交联合国安理会审议，以便对伊朗进行制裁。而伊朗则坚持和平利用核能的权利。

自 2003 年 2 月以来，在美国的压力下，国际原子能机构已经对伊朗进行了数次核查。8 月 26 日，国际原子能机构在德黑兰的纳坦兹检测到了武器级浓缩铀的痕迹。美国对此大做文章，认为纳坦兹铀浓缩设施是伊朗核武器计划组成部分。在美国的推动下，9 月 12 日，国际原子能机构理事会通过决议，要求伊朗在 10 月底公布其核计划，尽快签署《核不扩散条约》附加议定书，并允许国际原子能机构对其进行更为严格的突击检查。2003 年 10 月 21 日，伊朗宣布同意签署《核不扩散条约》附加议定书，实现核计划"完全透明"，自愿暂停铀浓缩活动。2003 年 12 月，伊朗政府签署了《不扩散核武器条约》附加议定书。

2004 年后，国际社会主要围绕伊朗中止浓缩铀活动等问题进行交锋。2004 年 2 月，国际原子能机构核查人员先后在伊朗发现了未向该机构申报的第二代浓缩铀分离机的设备图纸和第二代浓缩铀离心机的部件。3 月 28 日，伊朗副总统、伊朗原子能组织主席阿加扎德对此做出反应，宣布位于伊斯法罕的核燃料处理设施已恢复运行，将在今后 20 天内开始核燃料的试生产。3 月 31 日，英法德三国发表了一项措辞强硬的声明，要求伊朗就此做出解释，批评这一决定发出了一个错误的信号。4 月，巴拉迪再次访问伊朗后伊方宣布，将从 4 月 9 日起在纳坦兹的核设施停止制造和组装铀浓缩离心机。5 月 21 日，伊朗向国际原子能机构递交了有关伊朗核项目所有情况的长达 1000 多页的报告。这也是伊朗自 2003 年 10 月以来向国际原子能机构提交的第二份内容详尽的核计划文件。但是，随后伊朗正式宣布将恢复浓缩铀离心机的组装生产。10 月鲁哈尼表示，伊朗不会接受国际原子能机构所提出的全面中止铀浓缩活动的条件，伊朗已经做好了对话与对抗两手准备。10 月、11 月，英法德、欧盟与伊朗举行谈判并最终达成协议。英法德承诺给予伊朗核能技术及经贸合作方面的支持，以换取伊朗于 11 月 22 日中止与铀浓缩有关的一切活动。但是 11 月 24 日，伊朗突然又向国际原子能机构提出请求，希望保留 20 个离心机继续运转。英法德经过紧急磋商，要求伊朗全面履行与其达成的有关中止一切铀浓缩活动的协议，冻结其核活动。决议中加入了伊朗是"自愿"中止铀浓缩活动的内容，答应了伊朗提出的保留其境内 20 个离心机继续运转的要求，但强调这 20 台离心机应处于国际原子能机构的监控之下。伊朗核危机在一波三折之后再次归于平静。

2005 年 8 月，内贾德担任总统上台后，伊朗彻底推翻哈塔米缓和为主的核政策，转而采取以对抗方式推进伊朗核计划甚至不惜为此承担遭受经济制裁和军事打击的风险。伊朗同国际社会开启了系列的恶性互动。2005 年 8 月，内贾德政府以前所未有的强硬态度重启了铀转化活动。并于 2006 年 1 月，无视国际社会的警告，在国际原子能机构官员的监督下取下了两年前自愿封上的核研究封条。这一举动表明伊朗拒绝了欧盟以经济和技术援助换取伊朗停建核燃料反应堆的设想，也说明欧盟同伊朗就核问题的谈判陷入了僵局。为阻止伊朗推进核进程，安理会先后通过数轮的制裁决议，美国也在安理会之外向伊朗发出军事威胁。

（三）俄罗斯介入伊核问题

为消除国际社会对伊朗核问题的担忧，2005 年俄罗斯向伊朗提出在俄境内建立铀浓缩联合企业的提议，欧盟和美国均表示可以接受这一妥协方案。俄罗斯的积极介入，为国际社会留下了和平解决问题的契机。

俄罗斯是目前唯一与伊朗开展民用核合作的国家。尽管迫于美国的压力，俄罗斯放慢与伊朗的核合作步伐，但俄还是尽力履行布什尔核电站合同。2002 年 7 月底，俄罗斯议会杜马通过决议，批准俄罗斯在未来 10 年中继续为伊朗建造 5 个新的核电站。伊朗核危机爆发后，俄罗斯主张在国际原子能机构的框架内通过谈判和平解决，反对伊朗谋求核武器，但继续支持伊朗发展民用核能。普京首次担任总统后曾表示，俄罗斯"不打算加入任何形式的最后通牒，那样只会把伊朗核问题推向死路，打击联合国的权威"，"我们相信对话而非孤立才是解决伊朗核问题的正道。在防止核扩散方面，我们认为应通过政治外交手段、以国际法为基础通过协商和妥协来解决问题"。① 俄一方面

---

① Что Путин надеется выиграть в иранском вопросе，http：//inosmi.ru/world/20060215/225566.html.

积极参与伊核问题的双边及多边谈判，劝说伊朗与国际社会及国际原子能组织合作；另一方面顶住强大压力，坚持与伊朗发展核能合作，并向伊朗提供防空武器。2003年6月初，普京总统宣布，在伊朗签署《不扩散核武器条约》附加议定书之前，俄罗斯将不会继续同伊朗的核合作。俄官方还再三向美国等西方国家保证，不会向伊朗转让核技术。同年8月，俄罗斯总统经济顾问伊拉里奥诺夫称，只有在确信伊朗无发展核武器计划后，俄才会与伊朗展开全面深入的经济合作。9月，俄罗斯在国际原子能机构对伊朗的强硬决议中投了赞成票。为防止伊朗利用核废料提炼发展核武器的怀，俄坚持在核废料归还问题达成协议以后再向伊提供核燃料。本来在最初的俄伊核合作协议中并没有相关条款，双方对此一直难以达成一致，致使布什尔核电站开始运行的时间一拖再拖。

内贾德总统上台后，重启铀转化活动；拒绝欧盟提出的"一揽子"解决核问题的建议。这些行动突破了伊朗与欧盟在2004年11月达成的协议，使伊朗核危机逐步升级。为打破僵局，2005年2月，伊朗被迫与俄罗斯签署了布什尔核电站核燃料供应和废料归还协议。协议要求伊朗必须将核电站产生的核废料全部运回俄罗斯，以防止伊朗从核废料中提取用于制造核武器的物质。该年4月，普京在访问以色列时表示，伊朗同意将核废料归还给俄罗斯还仍然不够，伊朗应当"放弃所有关于建立一个完整核燃料循环的技术，同时也不能妨碍国际社会对该国核设施的监督"。

2005年11月，俄罗斯提出了解决伊朗核问题的新方案。该方案建议允许伊朗在本国从事相对不太敏感的铀转化活动，即允许伊朗继续在伊斯法罕把铀矿石转化为四氟铀（生产六氟铀的一道中间工序），然后把四氟铀运到俄罗斯境内的一个设施将其转化为六氟铀，此后再浓缩为核电厂使用的低浓缩铀燃料；该设施可以在伊俄联合拥有名下运行；伊朗将反应堆乏燃料运回俄罗斯长期储存和处置，以确保伊朗的核技术不会用于军事目的。俄罗斯的方案曾得到美国等西方国家的认可，伊朗方面起初表示愿意考虑，但最终还是将俄方的建议"打入冷宫"。

由于伊朗在核问题上持拒不妥协的强硬态度，俄罗斯最终同意将伊朗核问题提交联合国。但在2006年12月和2007年3月安理会讨论制裁伊朗决议时，俄罗斯对由欧盟三国提出的决议草案进行了修改，不仅删除了一些严厉制裁措施，而且把俄罗斯援建的布什尔核电站也排除在决议之外，也没有提及对伊朗动武的可能。在美、法等西方国家不时威胁对伊朗动武的情况下，俄罗斯明确反对使用武力解决伊朗核问题。2007 年 3 月，俄罗斯外交部在其官方网站发表《俄罗斯联邦外交政策研究》，批评美国在伊朗核问题上企图把世界拖入危机当中，呼吁国际社会不要贸然参与导致伊朗核问题升级的行动。文件指出，无论将伊朗贴上"邪恶轴心国"的标签，还是鼓吹更迭伊朗政权，都将使局势进一步恶化。2007 年 10 月，普京总统在会见来访的法国总统萨科齐时表示："我们没有情报显示伊朗正在制造核武器。我们没有关于此的实际证据。"他说，各方应以伊朗没有发展核武器的计划为出发点，开展下一步行动。[①] 10 月 16 日，普京参加在德黑兰举行的里海沿岸国家峰会并访问伊朗，重申反对使用武力解决伊朗核问题的立场。他说："我们不但反对使用武力，而且也反对把武力作为解决问题的可能手段。"峰会的联合声明强调，"任何里海国家都不应向第三方提供领土，用于针对另外一个里海国家动用武力或军事侵略"。此外，俄还不顾美国和以色列的反对，向伊朗出口 29 套"托尔-M1"防空导弹系统。据伊朗国防部长透露，俄还将向伊朗提供更先进的 S-300 防空导弹系统。

俄罗斯虽然支持伊朗发展民用核能，反对使用武力解决伊核问题，但并不鼓励伊朗发展核武器。出于自身地缘安全及国际防扩散义务考虑，俄罗斯对伊朗发展核武器也保持戒心。俄伊核合作曾遭到美国的强烈反对，该问题一直是俄美关系中最具争议性的问题之一。俄罗斯帮助伊朗建设布什尔核电站被美国看作是支持伊朗掌握核技术。但是俄罗斯不希望伊朗变为核大国，防止核武器扩散是俄罗斯对伊朗发展关系的底线。因此，面对美国的指责，俄罗斯并没有对美国让步。俄、美两国元首在出席圣彼得堡建城 300 周年仪式举行的联合记者招待会上就暴露出两国的分歧。针对美国方面指称俄罗斯对伊朗的援助使得德黑兰加速研制核武器，普京指出，我们反对利用伊朗的核武器计划作借口，把它当成与我们进行不公平竞争的手段。6 月 9 日，俄罗斯原子能部长鲁缅采夫重申，俄不会放弃帮助伊朗建设布什尔核电站。但是，一旦出现了伊朗的核计划超出了民用范畴的迹象，或者说伊朗并未履行作为核不扩散条约签字国所承担的义务，那么，不排除俄罗斯在伊朗核问题上转而采取与美国合作的政策。毕竟正如俄罗斯国家杜马独联体事务委员会

---

① Саркози летит в Россиюm，http: //vz.ru/politics/2007/10/9/115886.html.

主席安德烈·科科申指出的，很明显伊朗由一个军事大国变成核大国绝对违背俄罗斯的安全利益。

俄罗斯官员曾强调，作为伊朗的邻国，俄罗斯比美国更希望伊朗保持无核化，绝不希望在本国门口出现一个拥有核武器及其运载工具的国家。2006年初，伊朗正式拒绝俄罗斯提出的将铀浓缩活动移到俄境内进行的方案，俄随后支持将伊朗核问题提交到联合国安理会讨论，此后还在制裁伊朗的第1737号和第1747号决议中投了赞成票。本来根据俄伊2006年9月签署的布什尔核电站建设合同补充协议，俄罗斯应于2007年3月向伊朗提供核电站所需核燃料，9月核电站投入使用。但由于伊朗拒不履行安理会有关决议，加速铀浓缩活动，2007年3月，俄以伊朗拖欠工程款为由，宣布推迟布什尔核电站竣工；3月19日，俄罗斯态度更趋强硬，称伊朗如不暂停铀浓缩活动，俄将拒绝提供核燃料，并让相当一部分工程技术人员回国。伊朗对俄的有关立场相当不满，认为俄屈服于美国的压力。特别是，俄罗斯还提出与美国共同使用俄设在阿塞拜疆的预警雷达，以监视伊朗的导弹发射。伊朗外交部发言人表示，俄罗斯正失去其"可信性"。

梅德韦杰夫担任总统时期，俄美关系重启后俄罗斯在伊朗核问题上对伊朗的态度较为强硬。俄罗斯希望在伊朗核问题上获取实利，但也不愿与西方国家对立。2009年9月8日，拉夫罗夫在莫斯科举行的记者招待会上说，俄反对制裁伊朗，除了谈判、政治和外交途径，不存在任何其他解决办法。但梅德韦杰夫2009年9月15日在莫斯科对俄罗斯专家发表讲话时说，西方国家对伊朗的核计划普遍感到不安，其实不仅是西方国家，俄罗斯和中东地区国家也对伊朗核活动的目的感到不安。他表示，"尽管对伊朗的制裁作用不是很大，但许多时候制裁还是必要的。而对伊朗实施新制裁已经不是很远的事情了，但国际社会在讨论对伊朗实施新制裁问题时应该特别谨慎"。梅德韦杰夫在伊朗核问题上的表态，显示出俄罗斯的立场发生了巨大变化，正趋于灵活。迫于美国的压力，俄罗斯停止向伊朗出售S-300防空系统的军事协议。

（四）俄罗斯介入伊核问题的主要考虑

俄罗斯与伊朗的核合作从一开始就遭到美国的质疑和强烈反对。面对美国的压力，俄罗斯仍然与伊朗进行核合作。其主要原因有以下几点：

1. 地缘战略的考虑

对于俄罗斯来说，与伊朗建立良好关系能获得巨大的地缘政治收益。

（1）可以扩大对中东的影响。中东在世界政治中占有极为重要的战略地位，一直是世界大国逐鹿之地，能在中东政治中发挥重要影响是世界大国地位的体现。"冷战"后，中东政治舞台几乎是美国在"唱独角戏"，别的国家很难插手。因此，俄罗斯极为重视利用核合作和军事合作培植与伊朗的关系，希望借助伊朗的"地缘支轴"地位撬动中东政治布局，恢复昔日世界大国的影响力。

（2）可以维护在中亚和高加索地区的利益。中亚和高加索地区是俄罗斯的"柔软下腹部"，对俄罗斯具有重要的战略意义。独立后俄罗斯在中亚和高加索地区的利益受到多方面威胁。首先，中亚和高加索地区穆斯林占人口多数，国家之间存在复杂的领土、民族、宗教等矛盾，容易引发动荡，威胁俄罗斯的安全。其次，美国等西方国家觊觎这一地区重要的战略地位和丰富的自然资源，力图控制这一地区，进一步压缩俄罗斯的战略空间。伊朗与中亚和高加索地区相邻，在这一地区有一定影响力。俄伊两国在维护中亚和高加索稳定和反对西方势力渗透方面有着共同利益，与伊朗建立良好的关系，能加强两国在这方面的合作。2000年12月，俄罗斯国防部长伊戈尔·谢尔盖耶夫访问伊朗。谢尔盖耶夫与伊朗的高级官员就双方在中东和中亚地区的战略合作举行了会谈，双方还同意就"军事原则"和"共同的挑战和威胁"进行协商，这意味着两国建立了非正式的盟友关系。目前，俄罗斯与伊朗在中亚和高加索地区的政策基本保持一致。

（3）俄罗斯与伊朗进行核合作可以进一步加强美伊之间的对抗，防止美伊关系走近威胁自己的战略利益。"冷战"时期，伊朗曾与美国结盟共同反对苏联，增加了其南部安全压力。俄罗斯担心美伊关系改善后美国等西方国家会支持伊朗在中亚和高加索地区扩大影响力，威胁俄罗斯在这一地区的利益。因此，俄罗斯把与伊朗核合作当作跟西方打交道时的一张王牌。

2. 反穆斯林分裂主义的考虑

俄罗斯境内特别是在北高加索、伏尔加河下游地区生活着大量穆斯林人口。俄罗斯对这些穆斯林人口很担心：一方面，穆斯林人口增长率较高，而与之相对的是斯拉夫东正教人口却持续下降；另一方面，这些穆斯林人口大多认同自己的穆斯林世界成员身份，而不是俄罗斯公民的身份。苏联解体后，伊斯兰教对俄罗斯境内的穆斯林影响力增强，各种原教旨主义思潮和宗教极端势力活跃，车臣等穆斯林聚居地区分裂势力抬头。车臣战争给俄罗斯带来极为惨重的损失。2007 年 4 月 26 日，普京在年度国情咨文中特别指出：有外国势力挑动"（俄罗斯）这个多民族国家的不同种族和不同宗教信仰人群之间的仇恨"，呼吁严厉地对待"极端主义"。因此，维护国家的统一、反对各种宗教极端势力和打击恐怖主义是俄罗斯的重要任务。伊朗在伊斯兰世界中有着极为重要的政治和宗教影响。对俄罗斯来说，在反对车臣分裂势力、反对宗教极端势力和打击恐怖主义等方面获得伊朗的理解和支持很重要。在许多国家拒绝同伊朗进行核合作的情况下，俄罗斯希望自己的"雪中送炭"能够进一步加强两国关系，并期望借助伊朗的影响力使什叶派穆斯林理解与支持自己的政策和行动，同时，也可以借助伊朗增强自己对什叶派穆斯林的影响力。

3. 经济利益的考虑

经济利益是俄罗斯与伊朗进行核合作的重要动机。独立初期，俄罗斯经济长期萎靡不振，扩大出口创汇成为国家的重要目标。俄罗斯通过与伊朗进行核合作可以获取巨大的经济收益。

（1）在参与伊朗核项目、建设核电站过程中，俄罗斯可以获取巨额收益。1995 年 1 月，俄罗斯与伊朗签署的核合作协议价值达 8 亿美元，俄罗斯通过这一协议潜在的经济收益可达 27 亿美元。2002 年 2 月，俄伊双方达成俄罗斯提供核燃料的协议，同年 7 月俄伊双方又就为期 10 年的合作项目达成一致。根据这两个合作协议，俄罗斯将为伊朗建设价值 85 亿美元的 5 座核反应堆。据报道，仅布什尔核电站建设就涉及 300 余家俄罗斯企业和为 20000 多人提供就业。俄伊核合作的巨大收益为曾处于困境中的俄罗斯核工业带来了勃勃生机。

（2）通过核合作可以扩大对伊军售。自"伊斯兰革命"以来，伊朗深受美国制裁之苦，其国防装备严重老化急需更新换代，对作为传统的武器出口强国的俄罗斯来说是一块诱人的大蛋糕。1992~2000 年，俄罗斯向伊朗出售了价值 40 亿美元的军火。2000 年 12 月，俄国防部长伊戈尔·谢尔盖耶夫访问伊朗期间，双方探讨了为期 10 年、价值 30 多亿美元的武器和军事技术合作项目。2005 年 11 月底，俄罗斯与伊朗签署了包括向伊出售 29 套"道尔-M1"地对空导弹在内的一项总价值超过 10 亿美元的军火协议。目前，伊朗已经成为俄罗斯的第三大武器进口国，俄伊军事合作关系到俄罗斯 200 多万人的就业。

（3）通过与伊朗进行核合作可以促进两国在石油、天然气等方面进行合作。俄罗斯石油、天然气工业是俄罗斯的经济支柱，每年为俄带来滚滚财源。对俄罗斯在核领域的合作，伊朗也投之以桃，报之以李。2006 年 6 月，在出席上海合作组织峰会期间，伊朗总统内贾德向普京提议，俄伊两国在制定天然气价格方面合作，同时两国开展天然气出口市场方面合作（俄罗斯向欧洲、伊朗向印度和中国南部出口天然气），避免两国之间的竞争。2007 年 1 月，伊朗又向俄罗斯建议成立一个类似石油输出国组织（欧佩克）的天然气合作组织。伊朗的提议得到普京的支持，后者称这是一个"很有意思"的主意，值得进一步讨论和研究。同年 10 月，普京访问德黑兰时，与伊朗再次探讨了"天然气欧佩克"的问题，对加强两国在能源方面的合作进行了讨论。俄罗斯与伊朗在油气方面进行合作维护了俄罗斯在世界能源市场上的利益，为俄方带来巨大的经济利益，同时，伊朗核问题使得中东局势持续紧张，世界油价居高不下，作为油气出口大国的俄罗斯自然获益匪浅。另外，两国合作也可以协调双方在里海丰富的油气资源之间分配、开采和运输等问题上的立场，使双方利益最大化。

二、2012 年前中俄在伊核问题上的合作

（一）中俄在伊核问题上利益的一致性

（1）伊朗是反对美国霸权，中俄倡导的多极化世界格局中重要的力量。中东地区一直是国际格局演变的关键地区，也是大国推行霸权主义和强权政治的主要地区。中俄共同对抗美国的霸权主义，倡导世界格局向多极化方向发展。伊朗是对抗西方、反对霸权主义的潜在盟友。俄罗斯在 2013 年的外交构想中对当今世界的看法强调了世界格局多极化和新兴国家对世界格局的影响：一是现阶段国际发展的主要标志性特征是以全球金融—经济危机为强力催化剂的地缘政治格局深度变革。国际关系正处于一个过渡期，其实质在于构建多极化国际体系。这一过程并不轻松，伴随着全球和地区层面上的经济和政治波动增多的现象。国际关系进一步复杂化，其发展情况变得越来越难以预测。二是西方主宰全球经济和政治的能力进一步减弱。世界力量和发展潜力趋于分散，向东方首先是亚太地区偏移。在西方国家努力维持自身传统地位和全球竞争日益激烈的背景下，一批新玩家登上国际政治和经济舞台，

为国际关系增添了更多不稳定因素。①伊核问题也反映了美西方与新兴大国或复兴国家间一场力量和利益的博弈。伊朗是地区大国，正被看作多极世界中的一极，由于其丰富的能源资源，对世界经济的影响力也不能低估，是中俄两国在国际舞台上的重要合作伙伴。2015年5月8日，中俄两国在签署的关于深化全面战略合作伙伴关系、倡导合作共赢的联合声明中指出，倡导和平发展和合作共赢理念、推进世界多极化以及促进国际关系民主化和法治化作为外交政策的基本方向。声明强调，在世界多极化加快发展的同时，国际关系中不稳定、不确定因素增多。这一进程伴随着原有矛盾激化、新冲突层出不穷和在各领域的竞争加剧。不同宗教和文明之间裂痕加深的危险显现。大规模杀伤性武器扩散、恐怖主义和极端主义、跨国犯罪、粮食短缺、气候变化、传染病等威胁世界稳定和人类持续发展的问题仍未解决。双方一致确信，符合21世纪现实的做法应是实现国与国之间和谐相处，而非彼此隔绝，各国应本着平等、不可分割的安全原则，在恪守国际法的基础上照顾彼此利益，通过集体行动解决当代问题和化解危机。双方基于两国建立和发展新型国家关系的成功经验，本着维护和平、推进合作和共同开创未来的原则，呼吁世界各国：尊重各国主权和领土完整，尊重彼此核心利益和重大关切，尊重各国人民自主选择的社会制度和发展道路，反对颠覆合法政权的行径。通过政治外交途径解决国家间分歧和争端，反对零和博弈、赢者通吃的"冷战"思维和行径，反对使用武力或以武力相威胁，反对实行单方面制裁和威胁实行制裁。②

（2）中俄在伊朗拥有重要的经济利益。对俄罗斯来说，其在伊朗经济利益的体现在上文中已有详尽表述，这里不再赘述。对于中国来说，伊朗是中国最重要的海外能源供应地、重要商品和劳务出口地与工程承包市场。随着中国经济的快速发展，中国对外能源依存度不断上升，尤其是石油的对外依存度几乎呈直线上升。2012年，中国的石油对外依存度创下历史新高。石油对外依存度的不断攀升对中国的能源安全造成了直接威胁。中国原油进口主要集中在中东地区，伊朗是我国原油进口的第三大国家。2012年开始，中国

---

① Концепция внешней политики России, 2013-2-18, http://www.mid.ru/brp_4.nsf/0/6D84DDED-EDBF7DA644257B160051BF7F.

② 中华人民共和国和俄罗斯联邦关于深化全面战略协作伙伴关系、倡导合作共赢的联合声明，http://www.fmprc.gov.cn/mfa_chn/ziliao_611306/1179_611310/t1262144.shtml.

被迫放缓了在伊朗的能源投资，并且大幅降低来自伊朗的石油进口量。中东进口石油主要依靠海洋运输，必经霍尔木兹海峡和马六甲海峡，风险很大。此外，地区地缘政治博弈和军事冲突从未停止过。这使中国在该地区的能源安全受到极大威胁。为了确保这一进口渠道的畅通，中国不仅与能源合作伙伴国保持和发展良好的双边关系，而且还促进有关各方通过谈判解决各类地区冲突，促使地区局势降温。近年来，中国在解决伊核危机中发挥出越来越重要的建设性作用。伴随着中国经济实力的增强，技术进步，中国企业在伊朗开拓市场，主要是基础设施建设和油田开发项目。一方面，解决了中国的剩余产能；另一方面，也拉动了中国的就业率。

（3）反伊斯兰原教旨主义的考虑。我国西部地区也面临着民族分裂主义势力的恐怖活动，他们策划的一系列动乱和暴乱事件，成为我国国家安全的一大隐患。必须关注伊斯兰原教旨主义对我国穆斯林的影响，并寻找适当的对策。在战略上防止"疆独"势力将伊朗变成我国穆斯林极端主义和民族分裂主义的大本营，要使伊朗成为维护我西北安全的重要协作者。俄罗斯也同样面临着反分离主义的威胁，希望得到作为地区宗教领袖伊朗的正面协助。关于此点上文也有详述，此处不再赘述。

（二）2012 年前中俄就伊核问题在联合国的合作

中国是联合国常任理事国之一，是伊核谈判的坚定支持者和建设性参与方。自 2003 年伊核问题演变为核危机以来，中国就开始了不同场合的外交斡旋。2006 年伊核问题提交安理会，美、英、法、俄、中、德六国就伊核问题形成六国磋商机制。自 2006 年 1 月以来，中国和俄罗斯积极介入了伊朗核问题的国际外交解决进程，在联合国保持相互协助。中俄在伊核问题上的主要立场为坚持和平解决方向，无论是进入顺境还是遭遇逆境，中国都坚定支持通过对话解决伊核问题，反对诉诸武力的选项，不赞成单边制裁的冲动。中国主张通过政治谈判解决争端，反对美国单边制裁，维护中伊关系正常发展。中国认为美国和欧盟通过的单边经济制裁具有明显的治外法权的意味，是典型的霸权主义做法。单边制裁违反国际社会中国家无论大小强弱一律平等的基本原则，也无助于伊朗核问题的解决。中国在伊朗核问题上的投票行为表明了中国坚决维护核不扩散机制的决心和意志。

2006 年 3 月，俄罗斯外长拉夫罗夫呼吁国际社会就伊朗核问题制定共同战略。他表示，近一个月来，俄罗斯一直积极致力于与西方国家共同寻求有关伊朗核问题的进一步行动战略。西方国家如果背着俄罗斯采取行动，然后提出摆脱伊朗核问题僵局的方案，俄罗斯未必会同意。3月29日，联合国安理会五个常任理事国就有关伊朗核问题的声明草案最终达成一致意见，呼吁伊朗停止一切与铀浓缩有关的活动。声明大力支持国际原子能机构在解决伊朗核问题中发挥作用，并要求国际原子能机构总干事巴拉迪在30天内向国际原子能机构理事会和安理会报告伊朗核问题的最新进展。中国常驻联合国代表王光亚表示，安理会经过长时间的磋商后最终就声明内容达成一致，虽然在这个过程中，成员国之间难免存有许多不同意见，但声明代表了当前形势下安理会所有成员国在伊朗核问题上的共同立场。王光亚强调指出，主席声明最重要的内容是给各种外交努力以积极的支持。声明强调了维护国际核不扩散机制权威的重要性，表达了对国际原子能机构及其总干事所从事工作的全力支持，体现了通过谈判来达成外交解决的意愿。王光亚说，主席声明的通过是非常重要的一步，但更重要的下一步应该在安理会之外，包括欧盟三国和俄罗斯在内的所有有关各方都应利用这一时机进一步激活各种外交努力，促成伊朗核问题的妥善解决。①

联合国在伊核问题上主要采取"外交努力与制裁"双轨模式的基本形态和运作方法。中俄处理伊朗核问题的出发点是维护国际核不扩散体系的有效性和中东地区的和平与稳定。中国支持"双轨"战略。支撑双轨模式的三大基础是：国际核不扩散机制下的谈判与合作、国际原子能机构以及大国参与的多边谈判与多边政治经济合作。双轨模式的形成主要从2006年及之后的联合国制裁决议开始。主要内容如表3-1所示。

2010年6月第四轮制裁表决结束后，中国常驻联合国代表李保东大使介绍了中国的立场。他表示，安理会刚刚表决通过了伊朗核问题新决议，既反映了国际社会对伊朗核问题的关切，也表达了各方对尽早通过外交谈判和平解决伊朗核问题的期望。中国呼吁国际社会所有成员全面、认真履行决议。李保东说，中国始终认为，安理会围绕伊朗核问题采取的行动必须立足于以下三个原则：第一，应有利于维护国际核不扩散体系。作为《不扩散核武器条约》缔约国，伊朗应严格履行条约规定的义务。同时，条约赋予伊朗的和

---

① 中方强调安理会声明支持通过外交解决伊朗核问题，http://news.xinhuanet.com/world/2006-03/30/content_4362739.htm。

表 3-1　2006 年以来联合国制裁决议的主要内容

联合国决议	外交努力（包括中俄）	制裁	说明
2006 年 7 月第 1696 号决议	在中国、法国、德国、俄罗斯、沙特和美国，在欧洲联盟高级代表的参与下，制定长期的全面安排，在相互尊重的基础上与伊朗发展关系和开展合作，在伊朗和平利用核能的问题上建立国际信任机制，强调寻求谈判解决办法保证伊朗的核计划完全用于和平目的的政治和外交努力的重要性	要求伊朗在 8 月 31 日前暂停所有与铀浓缩相关的活动，否则就可能面临制裁	准备双轨制
2006 年 12 月第 1737 号决议	敦促伊朗应不再拖延地暂停扩散敏感核技术的活动，强调伊朗核计划完全用于和平目的的政治和外交努力的重要性，寻求谈判解决，在上述大国的协助下，劝服伊朗遵守第 1696（2006）号决议和满足原子能机构的要求，阻止伊朗发展敏感技术来支持它的核和导弹计划。决议要求国际原子能机构总干事在 60 天内就伊朗执行决议的情况向安理会提交一份报告，并警告说，如果伊朗仍拒绝停止其核计划，安理会将根据《联合国宪章》第七章第 41 条的规定进一步采取除武力以外的措施	对伊朗实行一系列与其核计划和弹道导弹项目有关的禁运、冻结资产和监督相关人员出国旅行等制裁措施	在决议附件部分明确指出制裁的实体和个人。通观整个决议，虽然 1696（2006）号决议与 1737（2006）号决议可以被视为双轨模式的雏形，决议体现了一定的制裁色彩，而在政治外交途径的选择和实施方面没有做出具体的安排，只是泛泛地对"6+1"模式加以肯定。声明的发表实际上将伊朗核问题纳入联合国进一步采取后续行动的框架之中，声明在对待伊朗重启核活动所可能导致的核扩散问题表示严重关切，并要求对伊朗核活动的真实意图进行深入调查。中国常驻联合国代表王光亚在投票后的解释性发言中强调，制裁不是目的，而只是促使伊朗回到谈判轨道的一种手段。安理会此次采取的制裁措施是有限和可逆的，其范围严格限定于敏感核活动和核武器运载系统，并明确规定，如果伊朗暂停与铀浓缩相关和后处理活动，遵守国际原子能机构和安理会相关决议，安理会将中止甚至取消制裁措施
2007 年 3 月第 1747 号决议	补充完善了外交努力的长期协议目标，由此"外交努力与制裁"双轨模式的基本形态和运作方法得以成型。决议重申致力于通过政治和外交途径解决问题，并确认在伊朗履行相关决议的前提下可终止有关制裁	制裁方面确立了制裁的三大方向：资金来源、敏感武器和技术的转移、相关实体和个人。呼吁各国与国际金融机构不再承诺向伊朗政府提供赠款、财政援助和优惠贷款	外交努力部分确立的三根支柱是：国际核不扩散机制下的谈判与合作、国际原子能机构以及大国参与的多边谈判与多边政治经济合作

联合国决议	外交努力（包括中俄）	制裁	说明
2008~2009 年三决议，第1803（2008）号决议、第1835（2008）号决议和第1887（2009）号决议	是对 1747 号决议精神的细化和补充。决议重申致力于通过政治和外交谈判和平解决问题，支持国际原子能机构发挥作用。决议还规定，如果伊朗采取积极步骤执行决议，安理会将暂停甚至终止所有制裁	制裁的内容上有了新的细化，继续要求伊朗暂停铀浓缩等活动，并在前两份决议基础上增加了对伊制裁措施，包括扩大旅行限制和冻结资产对象名单、禁运敏感双用途物项、呼吁各国对部分对伊金融活动保持警惕、依法有条件地在机场和港口检查伊朗空运公司和伊斯兰航运公司的货物等	—
2010 年 6 月第 1929（2010）号决议	—	主要制裁措施包括禁止伊朗在国外参与核领域的投资活动；禁止各国向伊朗出口坦克、战斗机和军舰等重型武器装备；禁止伊朗进行任何与可运载核武器弹道导弹有关的活动；加强在港口和公海对涉嫌运送违禁品货船的检查措施；禁止各国与伊朗进行与核活动有关的金融交易，同时禁止伊朗在国外开设可能会被用于资助其核活动的独资或合资金融机构。决议附件中包含了自安理会制裁伊朗以来通过的最大的一个制裁清单，其中包括将受到资产冻结的 40 多家伊朗实体，其中许多实体与伊朗伊斯兰革命卫队有关	强调决议的制裁色彩。安理会还决定建立一个 8 人专家小组，负责监督决议的执行进展情况并向安理会提出相关报告和建议

注：①中方强调安理会声明支持通过外交解决伊朗核问题，http://news.xinhuanet.com/world/2006-03/30/content_4362739.htm。② 安全理事会第 5612 次会议通过第 1737（2006）号决议，2006-12-23。

平利用核能权利应得到充分尊重和保障。第二，应有利于维护中东特别是海湾地区的和平与稳定。第三，应有利于维护当前世界经济复苏的势头，不能影响伊朗人民的正常生活和各国与伊朗的正常经贸往来。安理会的行动应适度、渐进、指向明确并与伊方在核领域实际的做法相称，应有助于推动解决伊朗核问题的外交努力。李保东表示，中国以认真和建设性态度参加了决议草案的磋商，积极推动决议草案全面反映上述原则。中国始终认为制裁不可能从根本上解决伊朗核问题，伊朗核问题的全面最终妥善解决，必须回到对话和谈判的轨道上来。安理会通过伊朗核问题新决议并不等于关闭外交努力的大门。新决议的目的是促伊朗重返谈判，激活新一轮外交努力。李保东并强调，安理会保持团结对全面、长期、妥善解决伊朗核问题至关重要，强行推动表决的做法无助于这一团结。[①]

三、2012 年普京重新执政后的俄伊关系

2012 年普京担任第三任总统后指出，"俄罗斯的重建时期已经终结，俄罗斯和全世界的后苏联发展阶段已经结束"，[②] 提出以重振大国地位为核心战略目标。俄罗斯对伊朗的政策尽管受到美国因素的影响，但是俄罗斯凭借着高超的外交手腕已经在伊朗拥有重要的军工、经贸和核开发等市场拥有重要的利益。普京复任后俄伊关系进入调整期。俄伊关系不仅仅局限于解决双边关系中的问题，还要在地区的事务上进行全方位的合作。

1. 俄伊关系发展的利益关联

第一，扩大经济合作，特别是军事技术合作，提高贸易额。俄伊贸易明显下滑，对伊朗的制裁，尤其是在金融和银行领域的制裁影响到俄伊经贸关系。2013 年 11 月日内瓦谈判恢复后，伊朗国家市场终将被打开，俄罗斯将面临为争斗伊朗市场的更为残酷的竞争。

第二，尽快解决伊核问题，进一步加强在核不扩散领域的合作。从 2006 年起俄罗斯支持联合国安理会的四个决议，即伊朗必须执行联合国和国际原子能机构对其核计划的要求。这些决议里包含了对伊朗的制裁，以及执行 2010 年 6 月 9 日的联合国安理会"第 1929 号决议"。

第三，2014 年美国从阿富汗撤军后在中亚地区安全、发展的问题上进行合作。尽管外部力量在中亚多方角力，中亚的形势需要加强主要大国——俄罗斯、伊朗、印度和中国在能源、工业、交通和基础设施等领域的合作和积极协调。这是降低伊斯兰极端主义"大中亚"风险的唯一方法。伊朗对关税同盟和欧亚联盟感兴趣，认为参加这些大项目能起到良性循环

---

① 安理会决定对伊朗实行第四轮制裁，http://news.xinhuanet.com/world/2010-06/10/c_12203202.htm。
② Послание Президента федеральному собранию，http://www.kremlin.ru/events/president/news/17118.

的作用。①

第四，在稳定北非和波斯湾国家政治形势和解决叙利亚危机的合作。在对待"阿拉伯之春"事件上俄伊有许多共识。尽管在埃及、利比亚和其他北非国家有许多反对派的"伊斯兰教颜色革命"，伊朗不支持这些反对派的主张，而且十分谨慎地与他们进行接触。在叙利亚问题上，俄伊与现政权领导人有密切的关系。叙利亚对于伊朗来说是该地区唯一的盟友。俄伊主张通过日内瓦—2国际会议机制和平、政治解决叙利亚危机。

第五，解决里海法律地位问题的合作。俄伊在解决里海法律地位问题上立场和利益相近，主张保护里海的能源和生态资源。签订里海法律公约以及跨里海天然气管道的建设计划，都是环里海国家共同面临的问题。俄伊主张成立里海经济组织和地区安全机制。

第六，保障伊拉克、阿富汗和巴基斯坦的安全和发展相互协作。俄伊关注极端伊斯兰主义和国际恐怖主义在阿富汗和巴基斯坦的扩散，在双边和多边合作的基础上稳定伊拉克、阿富汗和巴基斯坦的政治局势，这符合俄伊的利益。伊朗逐渐成为重要的力量中心，它与阿富汗、巴基斯坦成为上海合作组织的观察员国。俄伊可以在上合组织框架下就阿富汗问题共同协作。

第七，高加索地区问题的合作。俄罗斯和伊朗对外部势力在外高集团化的活动非常警惕。这个地区一直是俄伊的势力范围。俄伊自成体系，可以看成是外高稳定的基础。

第八，在与恐怖主义、贩毒、国际犯罪、难民、种族、宗教等问题作斗争中的合作。

2. 近两年俄伊关系发展的表现

乌克兰危机爆发后，俄罗斯与西方关系日益紧张，俄伊关系却日趋紧密，双方在军事、经济等一系列问题上加强合作，试图摆脱两国关系因制裁而带来的萧条。

（1）扩大军事合作。2014年1月，俄罗斯国防部长谢尔盖·绍伊古访问伊朗。据伊朗媒体称，绍伊古是自2002年以来访问伊朗的俄罗斯最高军事官员。在当前两国都面临西方国家制裁、应对美国干涉地区事务的情况下，俄

---

① Современные российско-иранские отношения: вызовы и возможности, Российский совет по международным делам, 2014.

罗斯与伊朗签署了军事合作协议。伊朗国防部网站称，根据协议，俄伊将在联合军事演习、军事训练，以及维护地区和国际和平、安全与稳定，共同打击分裂主义和极端主义方面开展合作。1 月 20 日，伊朗国防部长侯赛因·德甘称，俄伊两国决定解决俄罗斯终止向伊出售先进的 S-300 地对空导弹合同一事。2010 年，俄罗斯鉴于联合国就伊朗核计划问题对伊制裁，终止价值 8 亿美元的先进 S-300 地对空导弹系统合同。为此，伊朗曾向俄罗斯索赔 40 亿美元。2015 年 4 月 13 日，俄罗斯宣布解除对伊朗交付 S-300 地空导弹的限令。

（2）加强经贸合作，旨在取消对伊朗的制裁后的双边合作。伊朗市场将需要 4500 亿美元投资和高科技产品。[1] 受美国、欧盟单方面制裁的影响，俄伊贸易额近些年来逐年下降。2012 年俄伊贸易额为 23 亿美元，2013 年贸易额为 16 亿美元，比 2012 年下降了 31.4%。2013 年，俄罗斯对伊朗的出口量为 11 亿美元，与 2004 年的 19 亿美元相比，是十年来最低，下降了 38.5%。2014 年 1 至 8 月，俄伊贸易额为 10 亿美元，比上一年同期下降了 4.4%。伊朗在俄罗斯的对外贸易份额中只占到 0.47%。[2] 俄罗斯对伊朗出口机电设备仍然处于低水平，2013 年伊朗进口机械产品超过 50 亿美元，但是俄罗斯仅占0.5%，俄罗斯对伊朗出口机电设备潜力很大，但是没有发挥出来，主要原因是俄罗斯企业担心西方的制裁。俄伊贸易结构仍然是传统结构，毫无改变，双方的贸易潜力没有被发掘出来。影响双边关系发展的主要消极因素是缺乏保障对外经济活动的行之有效的银行金融机制。提高贸易额的主要方向是，参加电站的建设和现代化改造，包括原子能、热电站、供应电气设备，煤炭工业设备、交通机电设备、金属矿的开采、矿山冶金开采、重工业产品、在伊朗进行设备组装、石油开采和加工的设备供应等。俄伊合作的潜力仍然很大，但是从 2013 年 11 月开始的日内瓦谈判达成妥协后，伊朗国家市场将被打开，俄罗斯将面临更大的市场竞争。2014 年 9 月，两国政府间委员会会议在伊朗举行，同时还举行颇具规模的工商业论坛，将近 150 家企业和 450 多

① Российско иранское сотрудничество в условиях санкций стало темой обсуждения на круглом столе в ТППРФ, http://www.tpprf.ru/ru/interaction/committee/komved/meetings/rossiysko-iranskoe-sotrudnichestvo-v-usloviyakh-sanktsiy-stalo-temoy-obsuzhdeniya-na-kruglom-stole-v/.

② Современные российско-иранские отношения: вызовы и возможности, Российский совет по международным делам, 2014.

家伊朗企业参加了论坛。俄伊两国经济合作面临巨大的机遇。

（3）加快核能合作。2013 年 8 月，伊朗新任总统鲁哈尼在就职后第一次举行的新闻发布会上发表声明说，伊朗将继续与俄罗斯就发展伊核能问题进行谈判。之前，俄罗斯国家杜马主席纳雷什金在访问伊朗期间声明说，伊朗布什尔核电站 9 月完全投入使用后，俄罗斯希望与伊朗就进一步核能领域合作进行磋商。2013 年 9 月 13 日，在欧亚首脑峰会期间伊朗新任总统鲁哈尼和俄罗斯总统普京进行了上任以来的首次会晤，合作建设新核电站的协议在会晤之前已经签署。2014 年 11 月，俄伊两国签署新的核能合作协议，旨在帮助伊朗建设 8 个核反应堆，即在布什尔地区 2 个全新核反应堆建设。另外 2 个核反应堆将选择性建设，同时还在伊朗其他地区建立 4 个反应堆。[①]伊朗称此次与俄罗斯的合作是两国关系的拐点。建好后的核反应堆，燃料将由俄提供，用完的燃料则会运回俄进行加工储存。俄认为这份协议的签署是基于 1995 年的协议，[②]并称将有助于伊朗核活动的透明度，也有利于维也纳谈判的推进。但西方担忧，核反应堆的建设会加速伊朗浓缩铀的研发。这份协议不仅给俄罗斯带来数百亿美元的收入，还将巩固其在中东地区的政治地位。同时俄向世界发出信号，无论受到何种制裁，都不能阻挡前进和发展的步伐。俄伊两国总统进行多次会面，签署不少经济协议，他们在西方制裁下寻求新出路。

四、2012 年普京复任后中俄在伊核问题上的合作

1. 普京复任后解决伊核问题面临的国际背景

（1）中东局势。普京重新执政后，中东地区局势发生重大变化。"阿拉伯之春"的出现和叙利亚的紧张局势，都使俄罗斯认识到与伊朗进一步合作对维护自身在中东地区利益的重要性。既可防范美国借机进一步压缩俄罗斯在中东的战略空间，又能通过与伊朗的核合作获得经济利益。

（2）美国的因素。美国是俄罗斯与伊朗开展核合作及处理伊朗核问题必须考虑的关键因素之一。由于俄伊之间的特殊关系，美国希望俄罗斯在伊朗核问题上配合西方的战略。叶利钦时代，俄罗斯在政治上可让融入欧洲，在

---

① Россия и Иран договорились о строительстве восьми энергоблоков АЭС, http: //izvestia.ru/news/ 579245#ixzz3J625QlEs.

② 1995 年，伊朗与俄罗斯签署协议，由俄方实施布什尔核电站，但因为诸多问题，双方合作时有波折。

资金和技术上有求于美国等西方国家，因而在伊朗核问题上时常屈服于西方的压力和要求。普京担任总统后，伴随着国际油价的持续飙升，俄罗斯经济实力逐步恢复，追求大国地位的心态强烈。在伊核问题上俄罗斯不再看美国眼色行事，而是根据自己自身利益和需要决定对伊核问题的立场。梅德韦杰夫担任总统时期，俄美关系重启。俄美关系的缓和使得俄罗斯逐渐疏离伊朗，最明显的一个例子是俄罗斯本来要卖给伊朗的 S-300 远程防空导弹系统，宣布不急于出售给伊朗了。2012 年普京复任，面对美国的战略挤压，普京将伊核问题作为回击美国的重要筹码。2013 年 11 月爆发乌克兰危机后，俄罗斯与西方关系交恶，与伊朗的关系成为俄罗斯摆脱外交困局的一个方向。而伊朗也在谋求未来在地区事务中获得俄罗斯的支持。2013 年 9 月，鲁哈尼建议普京总统就地区局势进行积极的磋商。俄伊关系逐渐升温，俄伊在对美国关系上相互借重。2015 年 2 月，伊朗最高领袖的外交政策助手韦拉亚提以伊朗总统特使的身份访问俄罗斯，会晤了普京总统，向俄罗斯发出联合在一起的信号。

（3）伊朗国内因素。根据国际货币基金组织的数据，2012 年和 2013 年伊朗 GDP 分别下降到 1.9% 和 1.5%，2012 年的消费指数上涨 41.2%，2013 年为 35%，汇率下跌了 50% 之多。现在已经跌了 60% 多，人民的生活贫困，贫富分化严重。2012 年失业率为 12.3%（非官方统计为 19% 到 20%），其中年轻人占 40%。从 2012 年 3 月到 2013 年 3 月，国家通货膨胀率是 30.5%（非官方统计为 41%），这段时间有 6000 多家企业濒临破产，占全部企业的 67%。石油开采量大幅缩减，从 380 万桶到 270 万桶，出口从 240 万桶下降到 130 万桶。[1] 官方渠道的西方开采石油的设备进口处于停滞状态，黑市上本国货币汇率下跌了 3 倍，2013 年 7 月伊朗中央银行宣布本国货币对美元贬值了 102%。[2] 制裁造成每年国家少收入 350 亿到 500 亿美元。[3] 伊朗与国际银行系统和保险服务都中断了联系，在运输和物流方面难于畅通，在获得外国投资、技术和国际海运系统方面都几乎为零。在这样的背景下，2013 年 6 月，被视为温和保守派的哈桑·鲁哈尼当选伊朗第 11 届总统。鲁哈尼称，他将致力于

---

① Внешнеторговый путеводитель для российских участников внешнеэкономической деятельности. Иран / Министерство экономического развития РФ. М.，2013. C. 5.

② URL：http：//www.kommersant.ru/doc/2228811.

③ 近些年每桶石油价格按照 95~105 美元计算。

拯救伊朗经济，与国际社会建立建设性互动。鲁哈尼上台不久就与普京总统电话联系，就双边关系的发展进行了讨论。

2. 中俄在伊核问题上合作的基础

其一，避免战争，维护中俄在中东的经济利益。中俄在美国等大国间进行斡旋，避免美伊迎头相撞，等于保障自己的投资和经贸利益。如果一旦发生战争，中国将蒙受巨额经济损失，中伊的能源联系甚至会中断。俄罗斯也是如此，它帮助建造的布什尔核电站以及关于核电方面的一切合作都将遭受重创。其二，维护地区安全利益，塑造多极化的国际格局，建立多边合作机制的世界新秩序。伊朗是地区大国，伊核问题的解决将有助于伊朗在地区安全稳定上发挥建设性作用，也有利于中东地区突破以美国为主导的安全架构，重建多极安全格局。其三，中俄在美伊关系中能够起到协调作用。伊核问题牵涉面广，既有政治因素，也有技术难题。长期以来，美伊关系处于敌对状态。伊朗研发核技术的能力和决心与美欧阻遏伊朗拥核的立场形成严重对立，伊核问题更是让两国走到了战争的边缘。中国和俄罗斯与伊朗关系良好，不存在战略矛盾，且一直努力推动美伊两国的直接对话。2010 年最严厉的 1929 号决议、第四轮制裁公布后，伊朗仍然表示将不会降低与中国和俄罗斯的关系级别，尽管这两个国家支持对其实施新的制裁，中国和俄罗斯仍然是伊朗关系稳固的伙伴。[①] 鉴于中国与伊朗的政治经济关系发展迅速，以及俄罗斯与伊朗特殊的核合作关系及对地区的影响力，不仅美国在伊核问题上离不开中俄的协作，而且，伊朗也对中俄较为看重，中俄是联合国安理会常任理事国，伊朗寄希望中俄在联合国安理会上就取消制裁等问题上帮助伊朗。中俄实际上起着"润滑剂"的作用，劝和促谈。

3. 重开伊核谈判及中俄在伊核问题谈判中的立场与合作

十年来伊核问题的谈判进程一直陷于僵局，由于美国的威胁伊核危机濒临武力解决的边缘。近年来出现了积极的信号，主要因为主要矛盾的两方美国和伊朗希望在不远的将来解决这个问题。伊朗当局承认国际制裁已使伊朗的经济遭到巨大打击，也加快了解决伊核危机的速度。美国希望伊朗成为地区稳定的力量，尤其是美国从阿富汗撤军后实现大中东计划时，伊朗不能成为该地区的漏洞。

---

① 伊朗称中俄支持制裁无损关系，仍是稳固伙伴，http://news.qq.com/a/20100617/000790.htm。

（1）重开伊核谈判的主要原因：一是2013年6月伊朗新总统鲁哈尼上台后将解决核问题作为对外政策最优先任务。鲁哈尼计划与六方在3~6个月内达成协议，这个想法得到哈梅内伊的支持，但伊朗的激进派强烈批评鲁的政策。可见，伊朗的精英正在发生分化，他们更倾向于妥协。因为伊朗别无选择，要不面临政治经济的崩溃，要么在核问题上妥协。因伊核问题美国和以色列几乎向伊朗动武。伊朗当时的哈梅内伊认为，核计划包含革命的主要含义，为独立而战，应对外国对伊朗不公正的打压，追求自给自足和科学，但是在经济制裁的背景下，伊朗经济凋敝，汇率下跌，预算出现赤字等，这些革命理念无法让人接受。[①] 在这样的背景下，伊朗选择与西方妥协，并且还能够讨价还价，从而得到多方面的好处。二是美国调整中东战略，抓住鲁哈尼希望政治解决伊核问题的机遇。这个时机美国已经等待已久，这为美国总统奥巴马打开了解决伊核问题的可能之门，为了美国在中东地区的长期战略，首先必须使两国关系正常化。奥巴马向鲁哈尼首次表示美国并不寻求更迭伊朗政权，尊重伊朗人民使用核能的权利。伊朗核问题的解决进入以政治谈判为主的新阶段。

（2）中国的立场和作用。2013年10月15日，伊朗与六国启动了全面协议的谈判。伊朗核问题谈判取得突破同中国的大力支持密不可分。中国的立场可以概括为三大原则：一是维护国际核不扩散机制权威的原则。中国一直致力于维护国际核不扩散体系，维护地区的和平与稳定。二是坚持多边谈判的原则。中国坚决维护联合国的权威，主张以六加一等多边形式解决伊朗核问题，反对美国和欧盟等国家对伊朗实行的单边制裁。三是坚持政经分开的原则。中国反对将核问题同国家关系和经贸关系挂钩，主张脱离非此即彼的单项选择的窠臼。在谈判启动之初，中国就提出全面解决伊朗核问题的五点主张：①坚持走六国与伊朗对话道路；②寻求全面、公平、合理的长期解决方案；③秉持分步、对等原则；④营造有利的对话谈判气氛；⑤寻求标本兼治、综合治理。这些主张旨在弥合各方分歧，推动各方在规定时间内达成全面协议。这是中国首次就伊朗核问题全面提出自己的主张。

自谈判开启以来，中国一直发挥着积极的斡旋作用。中国领导人亲自做有关方面工作：在伊核问题日内瓦第三轮谈判前夕，习近平主席同伊朗总统

---

① Современные отношения между россией и ираном.

鲁哈尼通电话，强调中方主张各方本着对等的原则，通过对话谈判和平解决伊朗核问题，希望伊方把握机遇，保持对话势头，同各方寻求最大公约数，争取最好结果。在会谈期间，2015 年 2 月习近平主席与美国奥巴马总统就伊核问题通话，国务委员杨洁篪也与美国总统国家安全事务助理赖斯就此问题深入交换了看法。中国外长王毅还于 2 月访问了伊朗。王毅外长与美国、俄罗斯、伊朗等国外长广泛接触，呼吁各方努力缩小分歧，推动谈判取得实质性进展。

（3）俄罗斯的立场和作用。俄罗斯在伊朗核问题上的立场一直以来是积极、正面的。俄罗斯始终反对以军事手段解决问题，主张通过多边谈判化解矛盾。俄罗斯不主张美国、欧盟和其他国家对伊朗单方面的制裁，这些制裁比起联合国的制裁来说是破坏性很强的。2012 年 4 月 27 日，俄罗斯外长谢尔盖·拉夫罗夫在接受"俄罗斯—24"电视频道采访时表示，针对伊朗的单边制裁将无法促进伊朗核问题的解决。他说："我们的西方同行绕过联合国安理会诉诸单边制裁，这只能令一些认为西方感兴趣的不是调解问题而是政权更迭的伊朗人更加认为自己是正确的。"拉夫罗夫说，联合国安理会已经通过的决议使用了对同伊朗核问题有关的具体的人或组织采取所有可能的影响措施。新的制裁将只会导致伊朗国内经济状况恶化。他说，"任何额外制裁都旨在恶化伊朗经济状况。我们不会这么做，中国不会这么做，联合国安理会通过了最大限度的校正决议，重申有必要通过谈判解决伊朗核问题"。2013 年，俄罗斯对外政策构想中就伊核问题指出，俄罗斯将继续推行旨在以各种政治外交手段解决伊朗核计划问题的平衡方针，在分阶段、相互及无条件遵守不扩散核武器机制要求的基础上通过对话加以解决。

俄罗斯在谈判开启后也发挥了重要的斡旋作用。在 2014 年 3 月的瑞士洛桑六方会谈期间俄罗斯外长拉夫罗夫与美国国务卿克里举行了会晤，协调美国与伊朗的立场，推动在所关切的浓缩铀问题上有最后的突破。[1] 2014 年 11 月 24 日，各方决定将伊朗核问题达成全面协议的最后期限延至 2015 年 6 月 30 日，同时决定在 3 月 31 日之前达成一项政治性框架协议，之后商谈具体技术细节。2015 年 3 月 20 日，俄罗斯外长拉夫罗夫致电美国国务卿克里，希望美伊双方尽可能使克服困难，早日在核问题上达成一致。会谈期间俄罗斯多方

---

[1] Лавров и Керри обсудили иранскую ядерную проблему，http://www.kp.ru/online/news/2014262/.

协调，推动谈判取得实质性的进步。①

2015 年 4 月 2 日，经过"马拉松式"艰难谈判，伊朗核问题谈判终于达成框架协议，为 6 月底前达成最终全面解决方案打下基础。伊朗、欧洲联盟、伊朗核问题相关六国（美国、英国、法国、俄罗斯、中国和德国）当天在瑞士洛桑达成框架协议。发表共同声明，宣布各方对限制伊朗核设施规模、分布、铀浓缩能力、核材料贮存等事宜做出约定，同时承诺将终止美国和欧盟对伊朗实施的经济制裁以及联合国安全理事会通过的制裁决议。各方对该协议较为满意，并高度赞赏中方为推进伊核谈判进程所发挥的重要作用和积极努力。伊朗外长扎里夫表示，共同声明标志着国际社会对伊朗核计划的承认，这是此次谈判伊朗取得的最大成就。伊朗在近期的核谈判中已经实现了自己的目标。其中之一是保留了所有的核设施，伊朗将根据各方认可的规划和范围，继续开展核技术的研发。另一项成就是明确了在核查基础上冻结所有对伊制裁。在国际原子能机构确认伊朗遵循核相关要求的前提下，美国政府被要求立即冻结所有制裁，逐步解除制裁的做法将违背共同声明。俄罗斯外长拉夫罗夫认为，六方会谈接近尾声了，希望最终的协议达成后，各方共同合作，促进波斯湾地区的安全和稳定。②

五、结语

通过各方通力合作和努力关于伊核问题终于达成框架性解决方案，这其中与中国和俄罗斯的长期努力分不开。为结束这场艰难谈判，促成各方达成共识，中俄两国外长数度奔赴谈判现场，中俄在国际事务中又一次表现出共识和协作，体现了中俄全面战略协作伙伴关系的进一步深化。

伊核问题真正得到解决后，将对中东地区地缘政治经济、地区格局将产生重大影响。其一，伊朗将会开放市场，投资、能源、交通、基础设施、军事等领域的合作潜力巨大，以及由此辐射到中亚、外高、中东、欧洲的地区经济合作也将焕发出生命力，中俄在该地区的合作将伴随着竞争向前发展。其二，内政动荡的阿拉伯国家和"伊斯兰国"的恐怖活动使中东局势扑朔迷

---

① Лавров увидел существенный прогресс в переговорах Ирана и шестерки, www.interfax.ru/world/409034.

② Лавров: переговоры по иранской ядерной программе близки к завершению, http://ria.ru/world/20150528/1066998859.html.

离。解除制裁后的伊朗将在中东局势中一家独大。这都将给地缘政治格局带来冲击。伊核问题的解决也可能将使中东地区进入全面的核竞赛。其三，还会对国际能源市场产生重大影响。由于伊朗是产油国，受到制裁缩减了产油量，并且还储存了相当多的石油，在国际能源市场供大于求的背景下，可以断定，制裁解除后，由于伊朗石油投放市场，国际油价还将会下跌。

第三节　中俄在亚太经合组织中的合作

亚太经济合作组织（Asia-Pacific Economic Cooperation，APEC）是亚太地区最高级别的政府间经济一体化合作机制。中国和俄罗斯分别于1991年和1998年以主权国家身份加入该组织。APEC的使命是推动市场开放，以开放促发展。由于地区经济合作产生的区域性利益，推动APEC成员国不断开放发展，并且得到广泛支持，中俄在APEC框架下的合作将给双方带来巨大的经济利益和发展前景。俄罗斯贸易开放程度和一体化水平与本地区其他主要国家相比，处于相对较低层次。但是，2015年5月29日以俄罗斯为主导的欧亚经济联盟与越南签署了自由贸易协定。这不仅是欧亚经济联盟首个自贸区协定，也是俄罗斯自加入APEC后与APEC成员签署的首个自贸区协定。这标志着俄罗斯与亚太地区经济融合趋势将进一步深化，有望开启以建立自由贸易区为主要合作方向的一体化进程。在APEC框架下，未来的中俄经贸合作围绕"一带一路"和欧亚经济联盟寻找合作的契合点，这将促使中俄合作成为APEC成员国合作中最具潜力的合作，APEC的一体化进程也将随着中俄经济合作的深化迎来强劲可持续增长的、联动式的、高度开放的格局。当然，中俄在APEC未来的合作也面临挑战。

一、俄罗斯加入APEC以来至2012年前的基本情况

亚太地区目前占世界人口的40%、经济总量的57%、贸易总量的48%，是全球经济发展速度最快、潜力最大、合作最为活跃的地区，也是世界经济复苏和发展的重要"引擎"。APEC被俄罗斯看作最具权威的、参与亚太地区一体化合作最重要的支点之一，也是俄罗斯亚太外交战略的重要内容。俄罗

斯可与成员国在贸易、投资、经济技术合作，以及全球最激烈的热点问题及面临的挑战等多方面进行对话和合作。

普京第一次执政后，俄罗斯外交更趋务实、进取和多样化，进一步强调国家利益原则，力图恢复俄罗斯的世界大国地位，而不再局限于叶利钦时期的地区性大国身份。西方的挤压也促使俄罗斯进一步调整其国际定位，参与亚太地区一体化在与其全方位平衡外交中的重要性相对上升。同时也是为了顺应全球化和区域经济一体化趋势，俄罗斯全面参与亚太地区的一体化进程，并取得了一些成果。

自1998年以来，俄罗斯积极参加并支持亚太经合组织的工作。俄罗斯每年都参加APEC领导人峰会，倡导并参与APEC的改革进程，在反恐、贸易金融、个人等各种安全问题方面积极发挥自己的作用。扩大参加APEC框架下的各类会议，如部长会议、各类专家工作组会议、展览和研讨会等。2002年9月，第三届亚太经合组织博览会在俄罗斯符拉迪沃斯托克举行，俄罗斯作为亚太经合组织成员第一次承办的这次规模空前的国际投资招商活动取得了显著成果。2004年启动了第一个俄罗斯倡议组建的区域性有色金属对话会议。2005年5月，在韩国举行了这个对话会议框架下的APEC成员国贸易部长会议。在印尼发生海啸后，俄罗斯加入地区国家紧急状态合作机制。2005年，亚太经合组织框架下的俄罗斯项目提高经济能源效率被批准，还有电子商务和国家采购领域的经济项目此后也获批。在俄罗斯举办了APEC框架下的企业创新、电信、投资和大规模投资广场等专家工作组会议、中小企业相互合作会。2004年在莫斯科举行的亚洲经济论坛，广泛地讨论了能源、交通、投资合作等领域的发展前景，以及加强国家、企业和学术界联系的计划。在APEC框架下俄罗斯成立了APEC实业界俱乐部、妇女俱乐部。[1] 2006年9月，第一届远东国际经济论坛在俄罗斯哈巴罗夫斯克举行，在俄罗斯乃至亚太地区都引起了巨大的反响。接着，第二届和第三届论坛也先后于2007年9月和2008年9月在哈巴罗夫斯克举行。2008年11月，俄罗斯与APEC秘书处签订了捐助APEC 50万美元用于保障个人安全和地区发展的协议。[2] 2009年，

---

[1] Россия и АТЭС, http://apec.primorsky.ru/information/all_about_apec/russia-apec.html.

[2] Россия и АТЭС: основные векторы экономического сотрудничества, http://www.hse.ru/data/2010/10/18/.

俄罗斯向 APEC 提交了贸易投资自由化的计划，这对于 2012 年在俄罗斯举办 APEC 会议具有重要的意义。

二、2012 年普京复任后俄罗斯与 APEC 的合作

普京复任后，结合俄罗斯实现经济现代化和重新崛起，俄罗斯与 APEC 协作水平逐年提高，举办俄罗斯 APEC 峰会，开启自贸区谈判，俄罗斯与 APEC 的合作迎来实质提升合作的机遇和动力。

1. 围绕举办俄罗斯 APEC 会议出台一系列措施

2007 年 9 月召开的亚太经合组织领导人非正式会议上，普京总统发表的著名讲话《俄罗斯与 APEC：致力于亚太地区的稳定发展》向世界表明俄罗斯将更加积极融入亚太地区一体化机制。普京在此次会议上宣布将担任 2012 年亚太经合组织主席国，2012 年在符拉迪沃斯托克将举行亚太经合组织领导人峰会。

为筹备俄罗斯 APEC 峰会，俄罗斯出台了《2008~2012 年大符拉迪沃斯托克计划》，旨在建设办会所需的各种基础实施。2010 年 3 月，普京总理签署在滨海边疆区俄罗斯岛设立经济特区的命令。这个经济特区有望成为整个滨海边疆区经济发展的"火车头"。2012 年是俄罗斯亚太战略的转折年。俄采取了一系列措施表明远东开发将提上日程，为融入 APEC 一体化进程积极做准备。2012 年 8 月俄罗斯正式加入 WTO，并以 2012 年在符拉迪沃斯托克举办亚太经合组织会议为契机，着手推动远东西伯利亚地区积极参与亚太经合组织的活动。俄外长拉夫罗夫表示：APEC 被认为是俄罗斯 2012 年最重要的外交工作之一，被看作俄罗斯和亚洲一体化的良机。拉夫罗夫称："APEC 的战略目标就是促进亚太地区的贸易自由化，长远看就是建立一个亚太的经贸区。俄罗斯也很愿意奉行这个政策。"①

为在 2012 年俄罗斯远东的符拉迪沃斯托克召开 APEC 元首峰会，俄罗斯斥巨资 217 亿美元准备了 4 年，以此为契机来提振远东西伯利亚的经济发展。2012 年 5 月，普京颁布总统令，成立远东发展部。这是唯一一个不设在首都的联邦一级的部级机构，部长由总统驻远东联邦区全权代表伊沙耶夫兼任。

---

① Участие России в АТЭС: преимущества, состояние, перспективыhttp: //www.apec-center.ru/pub-lications/29/629/show/.

远东发展部实行特殊的国家管理体制，最大限度限制其他联邦层面力量插手远东联邦区事务，主要负责加大与亚太地区的经济融合步伐。①

2012 年 9 月 2 日至 9 日，APEC 第 20 次峰会在俄罗斯符拉迪沃斯托克举行，这也是俄罗斯首次主办 APEC 峰会，展现了其重视远东的决心，与亚太国家进行合作的愿望及"重返亚太"的战略意图。俄罗斯为峰会设计提出了贸易投资自由化和区域性经济一体化、加强粮食安全、形成牢固的运输物流链、强化合作以保障创新增长四大议题。可以看到，这些议题均旨在以远东作为桥梁和纽带，加强俄罗斯同亚太国家的全方位合作，为俄罗斯进一步融入亚太提供切入点。APEC 作为亚太地区最大的区域论坛组织，其功能不仅限于经贸合作，在推动成员国加强在经济技术合作、社会文化交流、非传统安全合作等方面仍有极大潜力和空间。普京在接受记者采访时指出，长期以来，俄罗斯一直是亚太地区固有的一部分，我们认为这个充满活力的地区是西伯利亚和远东地区发展的最重要的因素，也是整个国家未来成功的最重要因素。②2012 年 11 月，普京专门召开有关远东和贝尔加地区发展的国务委员会主席团会议，要求加快制定远东和贝加尔地区发展计划。2013 年 3 月 29 日，俄政府审议批准了酝酿多时的《俄罗斯联邦远东和贝加尔地区社会经济发展国家纲要》。

颁布法律，确立经济特区，进一步开放远东，融入亚太。2014 年 11 月普京在北京参加 APEC 峰会期间宣布在远东推行引进外资的机制。12 月颁布了《关于俄罗斯社会—经济快速发展地区法》，实质上这部法律勾勒出优先发展区域的法律架构，也就是经济特区以及所从事的专业化方向。③

2. 2013 年以俄罗斯为主导的关税同盟开始与越南、韩国、新西兰谈判双边自贸区

2015 年 1 月，由俄、白、哈组成的以关税同盟为基础的欧亚经济联盟正式启动后，俄罗斯与一些 APEC 成员国开始就与欧亚经济联盟对接成立自贸区进行谈判。2015 年 4 月 20 日，俄罗斯副总理达瓦科维奇在印度尼西亚召开

① Россия и АТЭС，http: //apec.primorsky.ru/information/all_about_apec/russia-apec.html.

② 普京：《俄罗斯与亚太经济合作组织：走向亚太地区的持续稳定发展》，《普京文集》，北京：中国社会科学出版社 2008 年版，第 521 页。

③ Федеральный закон Российской Федерации от 29 декабря 2014 г. N 473-ФЗ，http: //www.rg.ru/2014/12/31/territorii-dok.html.

的世界经济论坛第 24 届东盟峰会上表示，俄罗斯将以欧亚经济联盟和越南签订自贸协定为榜样同东盟国家签订自贸协定。① 2015 年 5 月 29 日，欧亚经济联盟与越南签订了自贸区协定。在这个协定框架下将促进扩大俄罗斯准入越南市场，以及东盟其他国家的市场。欧亚经济联盟与越南签署的这个自贸区协定具有里程碑的意义。这标志着俄罗斯对外经济关系向贸易自由化方向迈出一大步，有助于解决欧亚经济联盟加入亚太地区经济一体化进程的任务。据悉，已有近 40 个国家表示有意与欧亚经济联盟建立自贸区。② 2015 年 5 月 8 日，俄罗斯与中国签署了《欧亚经济联盟与一带一路建设对接的协议》。"一带一路"和欧亚经济联盟也是秉承开放包容的思想，在这个平台上中俄经济合作将再次迎来广阔的合作空间，也将推动 APEC 的深入发展。

3. 与亚太国家贸易增长较快

俄罗斯与 APEC 成员贸易占比每年呈上升的趋势。90 年代是 12%~13%，2006~2008 年为 19.2%，2013 年、2014 年 APEC 成员占俄罗斯外贸总额已经增加到 25% 左右。2013 年 1~8 月是 24.5%，2014 年 1~8 月是 26.3%，2013 年和 2014 年 1~8 月，中国占俄罗斯外贸总额的 11% 左右，位居 APEC 成员国与俄罗斯贸易占比之首。中国等亚太经济体在俄罗斯对外贸易战略的重要性日益突出，从俄罗斯的出口来看，近年来 APEC 成员所占份额出现持续上升势头，并且其中中国所占份额最大。

4. 在 APEC 框架下，俄罗斯与次区域集团东盟的合作得到发展

在参与 APEC 一体化进程中，俄罗斯与东盟的关系发展引人注目。从1994 年俄罗斯参加首届东盟地区论坛至今，俄罗斯不断加强与东盟的务实合作，从最初的发展双边关系到东盟这一国际组织的整体关系。东盟支持俄罗斯以欧亚经济联盟新模式与东盟合作。俄罗斯与东盟的贸易逐年上升，但在俄罗斯贸易总额中占比较小，贸易结构不平衡。俄罗斯与东盟的合作主要集中在能源、军事两个领域。

---

① Дворкович: Россия и АСЕАН могут подписать договор свободной торговли, http: //ftimes.ru/economy/3474-dvorkovich-rossiya-i-asean-mogut-podpisat-dogovor-svobodnoj-torgovli.

② Ханой выбирает союз, http: //www.rg.ru/2015/04/06/medvedev-site.html.

三、俄罗斯加强与 APEC 合作的战略意义

1. 开发远东、西伯利亚带动全俄经济发展是俄罗斯加强与 APEC 合作的经济意义

1998 年 11 月俄罗斯正式成为 APEC 的成员。俄罗斯做出加入 APEC 的决定主要是基于发展俄罗斯远东、西伯利亚和地缘政治利益的考虑。正如普京总统指出的，"这对于俄罗斯来说是一个原则性的战略选择"。[①] 开发远东、西伯利亚带动全俄经济发展。亚洲是俄罗斯需要的巨大资金来源、劳动力市场。为发展远东必须建立增长极，稳定地区人口，增加人口数量，要与亚太国家发展全面合作，成立大量合资企业，提高合资企业产品在地区生产总值中的比重，增加人均地区生产总值，并在此基础上增加人均购买力，发展零售业和服务业。尤其是亚太在全球一体化中作用不断增加的前提下，俄应主动加强与亚太区域经济合作，使俄融入亚太一体化进程。俄罗斯亚洲部分，尤其是远东和西伯利亚地区完全融入世界经济体系，是该地区及整个俄罗斯国家社会经济健康发展、增强经济竞争力、提高俄罗斯在世界经济中地位的最基本的条件。因此，加强与亚太地区经济合作自然而然地成为俄远东地区与世界经济接轨的首要选择。特别是在美国积极推动"跨太平洋经济伙伴计划（TPP）"以及中、日、韩三国自由贸易区建设逐渐提上日程的背景下，如无法把握机会参与相关机制，俄罗斯极有可能被排斥在下一轮区域经济一体化进程之外。对此俄智库提出，俄罗斯不应当充当配角，应从自身利益出发，制定在亚太地区长期存在的战略。[②]

2. 俄罗斯加强与 APEC 合作的政治意义

（1）谋求重新崛起，做全球性大国。落后的远东无法助力俄罗斯的崛起。俄罗斯东部占国土面积的 36%，蕴藏着丰富的油气资源，分别占全俄的 90% 和 70%。已发现和已探明的矿物有 70 多种，集中了全俄 84% 的金刚石矿藏，已探明铁矿石 44 亿吨，占全俄的 89%~10%，已探明煤田 100 多处，占全俄总储量的 44%。俄罗斯一半的木材储量、一半以上的水资源和水力资源也分

---

① 《俄罗斯与 APEC：致力于亚太地区的稳定发展》，《普京文集》，北京：中国社会科学出版社 2008 年版，第 383 页。

② Алексей Маслов：АТЭС становится очень важной системой взаимодействия между странами, http://interaffairs.ru/read.php? item=12098.

布在西伯利亚地区。远东、西伯利亚拥有占全俄 30%的森林资源，集中了俄罗斯大部分有色金属和稀有金属，如铁矿石、黄金、白银、白金、铜和多金属矿石。远东的海岸线长 1.77 万公里，占全俄海岸线总长的 29%。远东地区农业和养殖业发展潜力巨大，过境运输和地缘战略地位重要，与经济快速发展的亚太特别是东北亚地区形成经济互补，成为俄参与亚太经济合作的重要资本，也是体现其大国地位的重要组成部分。然而，落后的尚未开发的远东，不仅成为羁绊俄罗斯实现经济现代化，而且还影响俄罗斯作为大国的崛起。俄罗斯必须改善东西部地区经济发展失衡状况，促进区域平衡发展，以实现强国目标。

（2）回应西方打压，摆脱其对外战略困局。其一，2010 年美国实施"重返亚太"的战略，抢夺亚太战略主导权，尤其是深化与日韩等传统盟国的军事合作关系，意在从东部遏制俄罗斯和中国。在新一轮的亚太主导权之争中，俄罗斯希望凭借自身在亚太的地缘政治和经济优势，改变俄罗斯与亚太地区有限的合作，强化其存在，提升在亚太地区的影响力，在构筑亚太安全新格局中成为主导力量。其二，乌克兰危机爆发后，乌克兰不仅面临领土、军事、经济等一系列极为严峻的困局，而且局势的走向已非乌克兰政府所能全盘驾驭，美国、欧盟和俄罗斯三方的立场和行动具有重大的影响，乌克兰局势的未来走向仍然扑朔迷离。俄罗斯与美国、欧盟的关系陷入谷底，出现似"冷战"时代的对垒，欧洲上空开始笼罩"新冷战"的阴影，北约作为军事组织的地位重新上升。由于克里米亚并入俄罗斯，美国、欧盟在政治、金融、能源、高科技、军事等多个领域对俄罗斯采取严厉制裁，加之国际油价下跌，俄国内资本抽逃，卢布大跌，俄罗斯经济也陷入危机之中。俄罗斯在其西部难以再施展有效的外交，而俄罗斯东部正在形成新的力量格局、与亚洲各国良好的政治关系、富有活力的广阔的亚洲市场，促使俄罗斯集中外交资源再一次将目光投向亚洲，加紧实施亚太战略布局以弥补在西部与美国、欧盟关系交恶所带来的政治孤立和巨大的经济损失。

四、俄罗斯与 APEC 合作中存在的问题

作为 APEC 成员国和亚太地区大国，俄罗斯政府高度重视发展与 APEC 的关系，但俄罗斯的贸易开放程度和一体化水平与本地区其他主要国家相比，处于相对较低层次，名义上的合作多于实质上的合作。又由于俄罗斯国内经

济结构畸形和远东西伯利亚的落后，以及俄罗斯国内存在欧洲中心主义，①在与 APEC 积极发展关系的同时，也暴露出一些问题，主要有以下两个方面的表现。

（1）在 APEC 成员中，俄罗斯与东北亚国家经贸合作发展迅速，超过其对外贸易总体增长水平，但是进出口商品结构不平衡，集中度较高。②俄罗斯的出口主要集中在矿物产品，而进口商品主要为机床机械制造业产品。俄外贸领域近年来形势比较乐观，其中与中国的贸易额增长最快，2008 年俄罗斯在 APEC 的主要贸易伙伴仍然是中国、美国、日本和韩国，其中中国在俄罗斯对外贸易总额占比为 7.2%，2011 年达到近 800 亿美元，但是中俄贸易的规模远远落后于中国和其他 APEC 成员的贸易额，在中国的对外贸易额中俄罗斯所占份额仅为 2%，而同期的日本占 20%多，美国大约是 15%。就是在 2013 年和 2014 年中俄贸易两次刷新历史新高的时期，也只在俄罗斯外贸总额的 10% 左右。

（2）在 APEC 框架下，以主权国家为经济体的俄罗斯只与越南在 2015 年 5 月签署了自由贸易协定。从加入 APEC 以来 16 年间，俄罗斯没有同任何一个成员签订自贸协定。从俄罗斯已经签订和正在谈判的区域贸易协定/自由贸易协定（RTA/FTA）看，其 RTA/FTA 对象国主要为原苏东地区国家。

五、中俄在 APEC 框架下的合作

1. 中国是俄罗斯在 APEC 框架下最重要的合作伙伴

俄罗斯在亚太经合组织中最重要的伙伴是中国。俄罗斯认识到中国在亚太经济发展中所发挥的巨大作用及未来的领导地位，以及对俄罗斯经济振兴所起到的重要作用。俄罗斯前财长库德林曾指出："我深信在未来 20 年里亚太地区将因为中国经济的高速发展而成为世界其他地区无可比拟的最重要的地区。"③ 由于与中国的地缘经济优势，以及俄罗斯开发远东、西伯利亚的资金、技术缺口等，在未来俄罗斯与中国在 APEC 的合作仍将是俄罗斯的重要议题。当前，中俄关系也迎来了历史上最好的时期，中俄在各个领域的合作

---

① 俄罗斯前财长库德林曾经说俄中央政府有一部分人有意阻挡国内投资流向远东地区。
②《跨太平洋伙伴关系协定与亚太区域经济一体化研究》，北京：世界知识出版社 2013 年版，第 301 页。
③ АТЭС и Россия：курс на сближение，http：//ria.ru/economy/20120623/680092181.html.

都在扩大和深化。中俄在亚太地区，尤其在亚太经合组织的合作迎来历史上最好的机遇，未来大有可为。

（1）中国对亚太经合组织成员国的经济意义。中国也已成为世界第二大经济体，GDP由2001年的1.3万亿美元攀升到2013年的9万亿美元。与此同时，亚太地区也日益倚重中国。据国际货币基金组织测算，中国对亚洲经济增长贡献率已超过50%，中国经济每增长1个百分点，就将拉动亚洲经济增长0.3个百分点。亚太在倚重中国，中国在过去13年中也越来越融入亚太。2013年，中国与APEC成员贸易额已占对外贸易总额的60%，中国实际利用外资的83%和对外投资的69%都是与APEC成员之间进行。

自身经济实力增强的同时，中国在APEC中的话语权也在不断增强，话语权的增强也使中国为亚太地区发展做出长足性贡献。发起成立"东盟10国+中国（10+1）自贸区"，使其与APEC共同组成亚太区域合作网络。2010年，"10+1自贸区"生效，这一自贸区带来巨大变化：2009年，中国与东盟国家双边贸易额为1782亿美元，但仅仅4年后的2013年，这一数字就达到4436亿美元。[①]

（2）中国在APEC中发挥的作用。其一，中国经济成为支撑亚太地区经济增长的最主要因素，中国经济发展不断进行改革与开放，这和APEC的发展方向是一致的。其二，中国不断提出倡议，推动APEC向深入发展。例如，金融危机后，中国提出进行金融合作，特别是基础设施互联互通。2014年，北京APEC会议，中国提出推动亚太地区建立自贸区的倡议。亚太自贸区意味着在整个亚太范围内大力推动贸易和投资的自由化和便利化，商品和生产要素自由流动可以节省大量成本，提高经济效益。资本的自由流动有利于构建新的区域生产网络和供应链，各成员都会迎来很多新的发展机遇。此外，"区域贸易协定有贸易创造效应和投资创造效应，这有利于区域内各国的共同发展。扩大区域内的市场规模、推动区域内的共同消费从宏观上有助于各成员GDP、就业的上升，亚太地区将迎来名副其实的21世纪的亚太时期"。[②]

2. 中俄在APEC合作的基础

APEC的使命是推动市场开放，以开放促发展，成员经济体的参与基于非

---

① 李文等：《亚洲：发展、稳定与和平》，北京：中国社会科学出版社2014年版，第40页。
② 张蕴岭：《2014年APEC峰会要推动亚太自贸区变成现实》，http://world.huanqiu.com/exclusive/2014-11/5191639.html。

强制性的自愿原则。APEC 成员通过开放贸易、投资和经济改革共同保持亚太地区的经济增长。由于不断地降低关税和减少贸易壁垒，亚太经合组织成员国越来越多地享有实惠，出口量也明显增加。① 因此，APEC 存在和发展的基础不是区域主义的共同认知，而是获利的选择。在 APEC 框架下，中俄亚太合作具有巨大优势和获得共同利益的前景，是共赢的局面，因此，中俄之间必定相互选择对方。

（1）参与亚太经济合作将带给中俄巨大的经济发展机遇。2014 年 11 月在北京举行的 APEC 领导人非正式会议发表了题为"北京纲领：构建融合、创新、互联的亚太"会议宣言，围绕"共建面向未来的亚太伙伴关系"主题，和"推动区域经济一体化"，"促进经济创新发展、改革与增长"，"加强全方位基础设施与互联互通建设"等重点议题，APEC 成员共商拓展和深化亚太区域经济合作之大计，实现亚太和平、稳定、发展和共同繁荣。② 北京 APEC 会议上中国把亚太合作的战略提到了很高的高度，对俄罗斯来讲，因为欧洲形势不景气，再加上欧美制裁俄罗斯，俄罗斯现在走向亚太地区的合作意愿也很强烈，对于像亚太自贸区这样重大的未来区域发展蓝图，普京总统也明确表示支持。普京总统在 2014 年北京 APEC 工商领导人峰会发表主旨演讲中就表示，对俄罗斯而言，中国是优先合作伙伴。俄罗斯与亚太经济合作很重要，21 世纪是亚太的世纪，俄罗斯是亚太的一部分，俄罗斯的远东和西伯利亚都在亚太区域。③ 中俄视 APEC 为进一步深化亚太地区经济一体化、促进创新发展、改革与增长、加强全方位互联互通与基础设施建设的重要合作方向。普京和习近平在北京 APEC 峰会上的互动，展示了两国对亚太地区经济一体化发展的信心和促进该地区创新发展的立场。

（2）中俄关系有统一的政治基础，经济关系深入发展与 APEC 进程相得益彰。当前中俄前面战略协作伙伴关系处于历史最好时期，不断向前发展，进入新阶段，已成为促进两国发展、确保国家安全、提升国际地位的重要因素，成为维护世界和平与稳定的可靠保障。

一是双方将继续保持密切的高层交往，全面落实两国元首达成的合作共

---

① 张献：《APEC 的国际经济组织模式研究》，北京：法律出版社 2001 年版，第 151 页。

② "北京纲领：构建融合、创新、互联的亚太——亚太经合组织第二十二次领导人非正式会议宣言"，2014-11-11，http://www.fmprc.gov.cn/mfa_chn/ziliao_611306/1179_611310/t1209862.shtml。

③ Визит в Китай. Форум АТЭС. http://www.kremlin.ru/events/president/trips/46998.

识，完善两国政府、立法机关、各部门、地方和民间业已建立的交往机制，创新合作渠道，充分利用高水平的政治关系带来的有利机遇，推动各领域合作取得更多实际成果，促进两国的发展与振兴。①尤其是俄罗斯远东开发迫切需要中俄的务实合作。从地理位置和中俄经济互补性的角度看，俄远东紧邻中国的东北，其发展势必借助于中国。中国能够为远东经济发展、民生改善提供资金，为发展农业、林业等领域提供所需要的劳动力，合作修建基础设施，中国还是俄罗斯工业产品的广阔市场。而俄罗斯有保障中国经济可持续发展的能源、矿产等资源。

二是在亚太区域合作的很多重大问题上，中俄的战略是相互协调的。2015年5月8日，中俄两国签订的《欧亚联盟与一带一路对接的协议》明确了未来中俄在亚太地区合作的主要方向。俄方支持"丝绸之路经济带"建设，愿与中方密切合作，推动落实该倡议。中方支持俄方积极推进"欧亚经济联盟"框架内一体化进程，并将启动与"欧亚经济联盟"经贸合作方面的协议谈判。双方将共同协商，努力将"丝绸之路经济带"建设和"欧亚经济联盟"建设相对接，确保地区经济持续稳定增长，加强区域经济一体化，维护地区和平与发展。②"一带一路"作为战略构想目的是全方位深化对外开放格局，让不同发展水平、不同文化传统、不同资源禀赋、不同社会制度国家间开展平等合作，共享发展成果。可以说，这种战略倡议与APEC的宗旨是相一致的，因此，中俄在上述领域的合作必定与APEC进程相辅相成。在APEC框架下，未来的中俄经贸合作围绕"一带一路"和"欧亚经济联盟"将进行广泛、深入的合作，这将促使中俄合作成为APEC成员国合作中最具潜力的合作，也将对APEC进程起到建设性的推动作用，进而为促进亚太地区经济发展做出更大贡献，同时推动亚太地区与全球的多边合作。在这样的背景下，中俄也将迎来新的发展机遇期。

3. 中俄在亚太经合组织合作的主要领域

2015年5月8日，中俄签署的《关于深化全面战略协作伙伴关系、倡导合作共赢的联合声明》和2015年5月8日中俄签署的《关于丝绸之路经济带

① "中华人民共和国和俄罗斯联邦关于深化全面战略协作伙伴关系、倡导合作共赢的联合声明"，2015-5-8，http://www.fmprc.gov.cn/mfa_chn/ziliao_611306/1179_611310/t1262144.shtml。
② "中华人民共和国与俄罗斯联邦关于丝绸之路经济带建设和欧亚经济联盟建设对接合作的联合声明"，http://www.fmprc.gov.cn/mfa_chn/ziliao_611306/1179_611310/t1262143.shtml。

建设和欧亚经济联盟建设对接合作的联合声明》为我们勾勒出了中俄未来合作的主要方向。双方将继续密切协作，在 APEC 框架下主要在以下几个领域进行合作：

（1）能源合作。加强亚太地区能源合作，促进能源来源多样化，进一步维护能源安全是 APEC 能源合作的长期目标。2005 年的釜山会议 APEC 会议，将能源定为俄罗斯与 APEC 成员国合作的首要方向。普京在文章"俄罗斯与中国：合作新天地"里指出，"中俄在能源领域对话和合作具有战略意义，双方的合作项目切实改变了全球能源市场的整个格局。对中国来说，这意味着提高了能源供应来源的可靠性和多样性；对于俄罗斯来说，这意味着向快速发展的亚太地区开创了新的出口销路"。① 目前，对于能源合作的主要问题是修建联通的油气管线。中俄将进一步深化石油领域全面合作，按计划推进中俄东线天然气管道建设，确保按时建成投产。积极推进并争取尽快完成中俄西线天然气项目谈判，加强燃料—能源资源勘探开发等合作，务实推进煤炭、电力、可再生能源等领域合作项目，推动能源装备研发生产的技术交流与生产合作，加强在和平利用核能领域的战略合作。

（2）互联互通的合作。加强全方位基础设施互联互通建设是近年来 APEC 的重点关注领域。俄罗斯远东地区的交通经济位置优势为俄罗斯和 APEC 的贸易提供了机会，但同时远东、西伯利亚落后的交通网，已经无法应对亚太地区经济发展的需求。普京提出，俄罗斯将引入国内外资本，大力发展远东地区的基础设施建设（包括公路、铁路和港口），以促进俄罗斯与亚太地区的经济联系。俄罗斯《2030 年前交通发展战略》和《俄罗斯远东和贝加尔地区社会经济发展国家纲要》都把发展远东基础设施作为优先方向，其目的不仅为东部地区自身发展打下基础，还要把远东作为亚太地区的"桥头堡"和连接欧亚的"桥梁"。俄罗斯积极回应了中国丝绸之路经济带的战略构想，希望提高跨西伯利亚大铁路的运力，建立欧亚大陆桥，连接俄罗斯远东港口发展，建立北极航道。俄罗斯直接投资基金会总裁德米特里耶夫在北京 APEC 会议期间表示，中国倡议的"新丝绸之路经济带"将延伸至俄罗斯并可能从俄罗斯过境，俄罗斯将有能力参加"新丝绸之路经济带"建设。中国投入 400 亿美元用作"新丝绸之路"基础设施建设基金，这充分表明了中国加强与周边

---

① "俄罗斯与中国：合作新天地"，《普京文集》，北京：世界知识出版社 2014 年版，第 133 页。

国家务实合作的真诚态度。① 2010 年，中国在俄罗斯和亚太经合组织间的对外货运量已经增加到 45%左右。未来中俄将在物流、交通基础设施、多式联运等领域加强互联互通，实施基础设施共同开发项目，以扩大并优化区域生产网络。中俄将加快建设莫斯科—喀山高铁；加快同江—下列宁斯阔耶口岸铁路桥、黑河—布拉戈维申斯克口岸公路桥等跨境交通基础设施建设，在使用俄远东港口等交通基础设施发展中俄陆海联运方面加强合作。亚太地区发展基础设施互联互通除提高中俄经贸合作的水平外，还将为 APEC 进一步深化提供新的动力。

（3）贸易、投资领域的合作。贸易自由化、便利化和经济技术合作是 APEC 追求的两大经济目标。为了经济增长和扩大就业培育新的增长点，中俄在投资领域将采取扩大投资贸易合作，优化贸易结构，促进相互投资便利化和产能合作，实施大型投资合作项目，共同打造产业园区和跨境经济合作区。世界上最大的科技园——中国的清华科技园准备参与莫斯科郊外斯科尔科沃创新中心科技园二期建设。斯科尔科沃科技园内将设立研究中心、实验室和中国公司的办事处。与此同时，俄罗斯最大的科技园也将在与中国科技园的合作框架下在清华科技园建立俄罗斯创新中心办事处，以促进俄创新研发。2008 年，俄罗斯从 APEC 成员国吸收的投资最多是美国，数额为 27 亿美元，占俄罗斯外资的 2.7%，主要投资方向是油气、汽车制造、高科技合作、轻工业和食品业。日本对俄罗斯投资居第二位，为 5 亿美元，主要用于矿藏开采、汽车制造、木材加工、食品和渔业领域。② 这组数据表明，作为经济大国中国在俄罗斯的投资才刚刚起步，合作的空间很广阔。而且，普京在 2014 年的北京 APEC 峰会上鼓励外国去俄罗斯投资，他表示，俄罗斯宏观经济稳定，采取谨慎财政政策，不增加国债。虽然俄罗斯货币卢布有波动，但俄罗斯政府和央行及时采取了有效措施，整顿了银行业秩序。除此之外，在条件成熟的领域建立贸易便利化机制，在有共同利益的领域制定共同措施，协调并兼容相关管理规定和标准、经贸等领域政策。研究推动建立中国与欧亚经济联盟自贸区这一长期目标。中俄如能在自贸区上合作成功，毋庸置疑，将进一步

---

① Кирилл Дмитриев: РФПИ пройдет по "Шелковому пути"，http://www.vestifinance.ru/articles/55757.

② Паньков В.С. Глобализация экономики: сущность, проявления, вызовы и возможности для России.-Ярославль: Издательский дом "верхняя волга", 2009 г. Стр.368.

推动亚太地区经济一体化深入发展。

（4）金融合作。在 APEC 框架下，中俄金融合作具有良好的基础。促进扩大贸易、直接投资和贷款领域的本币结算，实现货币互换，深化在出口信贷、保险、项目和贸易融资、银行卡领域的合作。通过丝路基金、亚洲基础设施投资银行、上海合作组织银联体等金融机构，加强金融合作。在北京 APEC 会议期间，俄储蓄银行与中国进出口银行、中国哈尔滨银行及中国出口信用保险公司在北京 APEC 领导人非正式会议框架下签署了一系列合作协议，协议总价值为 40 亿美元。① 俄罗斯外贸银行已与中国银行签署协议，计划在多个领域发展伙伴关系，包括在卢布和人民币清算、投资银行、银行间贷款、贸易融资和资本市场交易方面展开合作。目前有 75% 的中俄跨境贸易结算使用美元支付，货币互换必将大幅降低两国货币的融资和兑换成本，为两国贸易企业带来实实在在的便利。

（5）农业合作。APEC 成员中的一些国家粮食严重不足，加强区域合作保障粮食安全是 APEC 重要合作领域。中俄开展农业合作具有明显的互补性，目前已进入项目投资、产业升级、快速发展的合作新阶段，显示出深化合作的广阔前景。中俄在该领域的合作主要是有规划地扩大农业、渔业合作，支持相互投资创办农业种植、畜牧养殖、水产品养殖及加工、农产品加工和贸易、农业技术设备生产等现代化企业，在动植物检疫方面加强合作。强调在两国地区合作中尽快落实俄有关州区政府与黑龙江省政府达成的进一步加强农业领域合作的意向性协议。

4. 中俄在 APEC 未来合作中面临的挑战

随着中国建设"丝绸之路经济带"和"21 世纪海上丝绸之路"战略构想的实施，以及俄罗斯欧亚经济联盟的不断扩大和深化，中俄作为亚太地区两个重要的大国，在亚太经合组织中的合作将会迸发出巨大的活力和开启双方合作的深度。APEC 的一体化进程也将随着中俄经济合作的深化迎来强劲可持续增长的、联动式的、高度开放的格局。与此同时，随着亚太地区在国际政治经济格局中的重要性越来越突出，各种组织、各种力量、各种趋势竞相发展，分化组合也明显加剧，在特定区域和一定程度上将造成碎片化趋势。在这样的

---

① Сбербанк подписал соглашения с двумя китайскими банками и Sinosure, http：//www.interfax.ru/business/406282.

背景下，俄罗斯加快融入亚太经济一体化的进程也充满着复杂性和挑战性。

（1）地区热点问题亟待解决，考验一体化进程。朝核问题仍然悬而未决，处于表面缓和、实际紧张、继续酝酿的状态。金正恩上台后在核问题表态上非常强势，坚持拥有核自保战略，在核问题上采取一系列新举措，强化核遏制力。在第三次核试验后，确立了经济建设和核武力建设双规战略。中日钓鱼岛争端以及中国与有关东南亚国家在南海的争端同样存在引发局势紧张的可能性。如果有关国家固守零和博弈思维，把这些问题作为牵制对手的地缘战略工具，不仅不利于问题的解决，还将破坏地区安全、稳定，严重阻碍亚太经济一体化发展。

（2）大国博弈，军备竞赛带给地区紧张和动荡。美国在亚太地区加紧推行自己的亚太再平衡战略，持续加强了与其亚太盟国间军事、安全、经济合作。美日韩菲加强了地区安全合作，企图占据地区安全主导地位。美国还加强与亚太传统盟国和新兴伙伴关系，尤其大力推进"跨太平洋战略经济伙伴关系协定"谈判，有分化 APEC 的作用。美国的亚太再平衡战略主要目的是围堵和遏制中国和俄罗斯，因此，俄罗斯也注重加强与中国、印度、日本、越南和韩国的经济、安全关系。这样，亚太地区又将会形成一个一个地区合作力量中心。由于这些力量中心相互竞争和冲突，就使得地区经济、安全受到不同程度的阻隔和削弱。这些问题同时也加剧了地区军备竞赛。

（3）来自俄罗斯内部的挑战。一是自独立以来，俄罗斯的发展道路是向东还是向西仍然未能确定，导致俄罗斯在制定国家发展战略上一直未能把东部发展战略有效地协调统一在国家大战略中，造成向东发展战略受到向西发展战略的掣肘。时至今日，有关发展东部的纲要、战略和两年前成立的远东发展部都在空转。就在乌克兰危机造成俄罗斯外交孤立，俄罗斯再次向东看的时候，俄国内的欧洲中心主义论者仍然认为，俄罗斯现在向东看是暂时的、是战术性的，因为俄罗斯对外贸易额一半以上是与欧盟的贸易，外国在俄罗斯的投资 80% 来自欧盟。俄罗斯的历史、文化底蕴是属于欧洲的。① 思想上的问题不解决，终究会影响俄罗斯亚太外交战略的实施，并将制约俄融入亚太经济一体化进程的速度和程度。二是俄远东、西伯利亚地区基础设施落后，

---

① Т.В.Бордачев，Е.А.Канаев，Успокоить Запад，уравновесить Восток：Новая стратегия России в Азии，http：//www.globalaffairs.ru/number/Uspokoit-Zapad-uravnovesit-Vostok-16929.

行政壁垒重重，投资环境欠佳，市场及开放程度狭小，人口资源短缺，这些问题都掣肘着俄罗斯市场开放、吸引外资的程度。

（4）中俄关系中的中国威胁论。面对中国的巨大发展，俄罗斯人的心理落差非常大。在战略上借重中国，不断加强与中国的经济联系的同时，更加警惕所谓的中国威胁。中国威胁论的论调主要集中在具有国家发展战略意义上的经济合作和移民问题上。一是要警惕中国投资及两国经贸合作对俄经济的挑战。[①] 二是认为中国将会有人口入侵到落后的远东、西伯利亚地区。2015年1月26日，在俄罗斯政府工作会议上总统普京表示，考虑给每个远东居民免费分土地。具体内容包括：国家准备将远东地区土地无偿分发给每个当地居民，每人1公顷，条件是必须为俄罗斯籍公民，有如何开发所获得土地的十年规划细则，并出具资信证明。俄罗斯国家安全新威胁和新挑战研究中心主任苏哈连科说，"因为经营废弃的农田需要大量资金投入，这是当地居民无力做到的。因此这些土地极有可能转租给中国移民，这是该计划最危险的方面，届时国家将成为输家"。[②]

总之，俄罗斯融入亚太经济一体化是其重新崛起，平衡西方的重要战略，俄罗斯与 APEC 成员国的经济互补性很强，从积极参与到逐渐提升合作的层次，俄罗斯成为亚太经合组织中重要的参与国。中俄在 APEC 框架下的合作及其在俄罗斯远东西伯利亚开发中的作用越来越突出。大国关系、周边外交、各种区域和次区域合作、热点难点问题等多方面因素为俄罗斯和 APEC 的合作增添了复杂性和挑战。

---

① "为什么要害怕中国人——廉价中国贷款对俄罗斯经济有何风险"，2014-10-18，俄罗斯报纸网.
② "俄远东'任性'闲置大量沃土　吸引中国人耕种"，http://world.huanqiu.com/photo/2015-01/2761062.html。

第四章 不断深化的中俄政务、军事与文化合作

中俄关系的意义在于两方面：一是双边关系层面，作为体量巨大的两个邻国，经济贸易的发展、人文的交流，对两国都是有利的；二是在国际关系层面，两国同属世界大国，又是新兴经济体，对促进国际政治的民主化和非极化具有重要意义。进入新的世纪，中俄合作一直在稳步推进，不断深化。两国确立了全面战略协作伙伴关系，建立了大量的政治和经济合作机制，推进了一些大项目建设。双边贸易不断增长，人员交往日益密切，文化交流不断深入，军事合作保持了良好的势头。与此同时，我们也要看到，中俄有共同利益，也有不同利益，中俄合作仍存在一系列不容忽视的问题。

第一节 中俄元首与总理会晤机制的建立与发展

近年来，中俄元首与总理会晤日益频繁，中俄元首及总理会晤机制经历了一个不断完善的过程。正常情况下，中俄元首隔年进行一次正式的国事访问，中俄总理会晤则每年举行一次，在两国轮流进行。此外，两国还有从副总理到部长的各个级别的交流机制。这种从国家元首、政府总理再到主管副总理及相关部长等各层级相互配套的大规模定期会晤机制，是中国与其他国家关系中所没有的，在俄与独联体之外国家间也没有，在世界范围内也非常罕见，充分显示了中俄两国交往的密切。

一、中俄元首互访机制

中俄关系继承于中苏关系。苏联解体后，1991 年 12 月 27 日，中俄两国

签署《会谈纪要》，确认俄继承苏联与中国的外交关系。

1992 年 12 月 17 日至 19 日，俄罗斯第一任总统叶利钦首次对中国进行正式访问。叶利钦分别同江泽民总书记和杨尚昆主席举行了会晤。杨尚昆主席和叶利钦总统签署了《关于中华人民共和国和俄罗斯联邦相互关系基础的联合声明》，决定将两国关系提升到"互相视为友好国家"的新阶段。

1994 年 9 月 2 日至 6 日，国家主席江泽民对俄罗斯进行正式访问，这是对叶利钦总统访华的回访。江泽民主席与叶利钦总统举行会谈，两国领导人签署了《中俄联合声明》，宣布两国决心建立"面向 21 世纪的建设性伙伴关系"。双方还签署了《中俄关于互不首先使用核武器和互不将战略核武器瞄准对方的联合声明》，以及《中俄国界西段协定》等重要文件。1995 年 5 月 7 日至 9 日，江泽民主席还应邀赴莫斯科参加俄罗斯纪念反法西斯战争胜利 50 周年庆典。

1996 年 4 月 24 日至 26 日，叶利钦总统对中国进行国事访问，与江泽民主席举行会谈。25 日，两国元首在北京共同签署了《中俄联合声明》，宣布两国将发展"平等信任、面向 21 世纪的战略协作伙伴关系"。此后，双方元首几乎每年都有见面机会。或者是通过双边访问，或者是在多边场合的见面，例如参加上合组织会议、亚太经合组织非正式首脑会议和"二十国集团"会议。从 1994 年开始至今，虽然中俄两国元首出现了更替，中方从江泽民、胡锦涛到习近平，俄方从叶利钦、普京、梅德韦杰夫再到普京，这种隔年元首互访的制度和做法基本延续下来。

2001 年 7 月，中国国家主席江泽民访俄，与俄总统普京签署《中俄睦邻友好合作条约》，发表《中俄元首莫斯科联合声明》，将两国和两国人民"世代友好、永不为敌"的思想用法律形式固定下来，为两国发展长期战略协作伙伴关系奠定法律基础。2003 年 5 月，中国国家主席胡锦涛首次出访选择俄罗斯，与普京签署《中俄联合声明》，双方同意全面加强和发展两国睦邻友好和战略协作伙伴关系。2004 年 10 月，俄总统普京访华，两国签署《中俄联合声明》，批准《〈中俄睦邻友好合作条约〉实施纲要》，两国还签署了《中俄国界东段补充协定》。

2010 年 9 月，俄总统梅德韦杰夫访华，两国签署《中俄关于全面深化战略协作伙伴关系联合声明》，发表《中俄两国元首关于第二次世界大战结束 65 周年联合声明》。2011 年 6 月，国家主席胡锦涛访俄。两国元首共同宣布致力于发展平等信任、相互支持、共同繁荣、世代友好的中俄全面战略协作伙伴关系。双方还签署了《中俄关于当前国际形势和重大国际问题的联合声明》，发表了《中俄元首关于〈中俄睦邻友好合作条约〉签署 10 周年的联合声明》。

2012 年和 2013 年，中俄领导人先后实现了换届。2012 年 6 月，俄总统普京访华。两国元首签署了《关于进一步深化平等互信的中俄全面战略协作伙伴关系的联合声明》。2013 年 3 月，国家主席习近平访俄。两国元首共同签署了《中俄关于合作共赢、深化全面战略协作伙伴关系的联合声明》。双方批准了《〈中俄睦邻友好合作条约〉实施纲要（2013~2016 年)》。

2014 年 5 月 20 日至 21 日，普京对中国进行国事访问并出席在上海举行的亚洲相互协作与信任措施会议第四次峰会。这是普京第三次担任总统后首次访华。两国元首签署了《中俄关于全面战略协作伙伴关系新阶段的联合声明》。

2015 年 5 月 8 日至 9 日，国家主席习近平访问俄罗斯与普京会晤，并出席在莫斯科举行的纪念卫国战争胜利 70 周年庆典。两国元首签署了《中俄关于深化全面战略协作伙伴关系、倡导合作共赢的联合声明》和《中俄关于丝绸之路经济带建设和欧亚经济联盟建设对接合作的联合声明》。

自 2013 年 3 月习近平就任中国国家主席后，截至 2015 年 5 月 9 日，中俄两国元首已经在各种场合会晤了 11 次。2013 年 3 月 22 日，习近平对俄罗斯进行国事访问。3 月 27 日，两国领导人参加在南非德班举行的"金砖国家"领导人第五次会晤。9 月 5 日，参加俄罗斯圣彼得堡二十国集团领导人第八次峰会。9 月 13 日，参加吉尔吉斯斯坦比什凯克上海合作组织成员国元首理事会第十三次会议。10 月 7 日，参加印度尼西亚巴厘岛亚太经合组织第二十一次领导人非正式会议。2014 年 2 月 6 日，习近平赴俄罗斯索契出席冬奥会开幕式。这是中国国家元首第一次赴国外出席大型体育赛事的活动。5 月 20 日，普京出席上海亚洲相互协作与信任措施会议第四次峰会，并与习近平一起观摩"海上联合—2014"中俄海上联合军事演习。7 月 14 日，习近平于"金砖国家"峰会期间在巴西福塔莱萨会见俄罗斯总统普京。9 月 11 日，习近平于塔吉克斯坦杜尚别上合组织峰会期间会晤普京。同时与普京及蒙古国总统额勒贝格道尔吉举行中俄蒙元首会晤。11 月 9 日，俄总统普京抵达中国，出席在北京举行的亚太经合组织（APEC）非正式领导人会议。习近平主席与普京举行了会晤。2015 年 5 月 8 日至 9 日，习近平访问俄罗斯与普京会晤，并出席在莫斯科举行的纪念卫国战争胜利 70 周年庆典。

除了这 11 次会晤以外，中俄两国领导人 2015 年至少还将举行 4 次会晤：

7月在俄罗斯乌法举行的"金砖峰会"与上合组织峰会、9月3日在北京举行的抗战胜利纪念日活动、11月在土耳其安塔利亚举行的二十国集团峰会、11月在菲律宾举行的亚太经合组织峰会。如此高的会见频率，反映了中俄高层交往的密切和政治关系的稳定。

二、中俄总理定期会晤机制

中俄政府首脑（总理）首次会晤始于1992年，定期会晤机制正式确立于1996年。两国总理会晤成为落实两国元首会晤精神，开展各项具体合作的总平台。

1996年4月，俄罗斯总统叶利钦访华，与中国国家主席江泽民举行会晤。双方认为，保持各个级别、各种渠道的经常对话，特别是两国领导人之间的高级接触和协商具有重要意义。两国元首共同确定了两国高层领导人定期会晤协商制度。根据双方达成的协议，两国政府首脑每年举行会晤，就双边关系的发展和共同关心的重大国际和地区问题及时交换意见。

1996年12月26日至28日，中国国务院总理李鹏对俄罗斯进行工作访问。27日，李鹏与俄罗斯总理切尔诺梅尔金在莫斯科举行首次总理会晤，双方决定成立中俄总理定期会晤委员会，下设经贸、能源、运输等分委会，由两国副总理分别担任委员会的中、俄方主席。委员会在政府首脑会晤前夕召开会议，以协调会晤机制的顺利运行。此次会晤被确定为两国总理的第一次定期会晤。

1997年6月27日，李鹏总理和来访的切尔诺梅尔金总理在北京举行第二次会晤。双方签署了《中华人民共和国政府和俄罗斯联邦政府关于建立中俄总理定期会晤机制及其组织原则的协定》，正式决定建立中俄总理定期会晤机制。为协调这一机制的工作，设立了政府首脑定期会晤委员会。这标志着中俄两国总理定期会晤机制的完全确立。根据这一协定，两国总理的会晤每年不少于一次，在中俄两国轮流举行，以协调两国在经贸、科技、能源、运输、核能和其他领域的合作。中俄总理定期会晤机制下设总理定期会晤委员会、人文合作委员会和能源谈判代表会晤三大机制。中俄总理定期会晤委员会包括许多分委员会，如金融合作分委会、运输合作分委会、航天合作分委会、核问题分委会、经贸合作分委会、环保分委会、通信与信息技术分委会。

2014年10月13日，李克强总理和梅德韦杰夫总理在莫斯科的会晤，是中俄总理第十九次定期会晤。

三、中俄政府间合作机制

除元首和总理会晤机制外，中俄两国政府部门之间在各个级别建立了众多的交流合作机制。

中俄总理定期会晤委员会。这是一个专门为中俄总理会晤做准备的机制，由两国副总理担任负责人，分别在两国举行，一般在总理会晤前夕召开。2014年10月11日，在俄罗斯索契，国务院副总理、中俄总理定期会晤委员会中方主席汪洋与俄罗斯副总理、委员会俄方主席罗戈津共同主持中俄总理定期会晤委员会第十八次会议，为即将举行的中俄总理第十九次定期会晤（10月13日在莫斯科举行）做准备。

中俄能源谈判代表会晤机制（现更名为中俄能源合作委员会）。从2004年起，两国建立起副总理级能源谈判代表会晤机制，涉及石油、煤炭、电力、核能、天然气等能源项目合作。主要的合作集中在四个方面：一是在石油领域，包括原油进口及上中下游合作，例如中俄原油管道（2011年1月1日正式启用）、中俄天津炼厂项目。二是在天然气领域，进行了长期的谈判和沟通，包括东线管道和西线管道合作。三是在核能领域，两国签署田湾核电站一期（1999年开工，2007年投入运行）、二期（2012年开工）政府间协议，并探讨加强核电站、空间核动力、浮动堆、快堆及核燃料等领域"一揽子"合作。四是煤炭、电力与可再生能源领域的合作。2014年8月30日，在莫斯科，国务院副总理张高丽与俄罗斯副总理德沃尔科维奇共同主持中俄能源合作委员会第十一次会议。访俄期间，张高丽还分别会见了俄罗斯总统能源发展战略和生态安全委员会秘书长兼俄罗斯石油公司总裁谢钦、俄罗斯天然气工业股份公司总裁米勒。

中俄政府间军事技术合作委员会。该委员会成立于1992年11月24日，是中俄双边合作机制中非常重要的一个委员会。该委员会由两国国防部长主持，每年召开一次会议，轮流在俄罗斯和中国举行。这个委员会衍生自中苏军事技术合作委员会，是所有中俄间政府机制中历史最悠久的一个。

1990年5月31日至6月14日，中央军委副主席刘华清率团访问苏联，这是中苏军队高层领导中断30多年后的第一次交往。访问期间，举行了中苏政府间军事技术合作混合委员会第一次会议。苏方代表是苏联部长会议副主席兼部长会议军事工业问题国家委员会主席别洛乌索夫。双方签署了《中华人民共和国政府和苏维埃社会主义共和国联盟政府关于军事技术合作的协定》和《中苏政府间军事技术合作混合委员会第一次会议纪要》。1990 年 10 月 25 日，别洛乌索夫率领苏联政府代表团来华访问，双方举行第二次中苏政府间军事技术合作混合委员会会议。11 月 1 日，签署了《中苏政府间军事技术合作混合委员会第二次会议纪要》。

苏联解体后，该委员会演变为中俄政府间军事技术合作混合委员会，时任俄罗斯副总理绍欣担任俄方主席，担任中方主席的仍然是刘华清。1992 年 11 月下旬，俄副总理绍欣访华，会见了中央军委副主席刘华清，这实际上成为后来建立的中俄政府间军事技术合作混合委员会的第一次会议。1993 年 6 月，刘华清上将率中国政府代表团访俄，与绍欣副总理举行了中俄政府间军事技术合作混合委员会第二次会议。从 1992 年到 1997 年，刘华清一直是中俄军事技术合作中方主要负责人，主持了前 6 次中俄军事技术合作混合委员会会议。①

2014 年 11 月 18 日至 19 日，俄罗斯国防部长绍伊古访问中国，出席中俄政府间军事技术合作混合委员会第十九次会议。国务院总理李克强和中央军委副主席许其亮会见了绍伊古。中国国防部长常万全与绍伊古举行了会谈。

中俄战略与安全磋商。根据中俄两国元首倡议，中俄战略安全磋商机制于 2005 年正式启动。该机制是双方就重大战略性、全局性问题沟通、协调的一个平台。俄方首席代表是俄罗斯联邦安全会议秘书，中方首席代表是负责外交的国务委员。2014 年 6 月 6 日，国务委员杨洁篪和俄罗斯联邦安全会议秘书帕特鲁舍夫在北京举行了中俄第十轮战略安全磋商。

中俄人文合作委员会。该委员会从 2000 年开始，初衷是为了增进两国人民的了解和友谊，巩固中俄合作的社会基础。该委员会由两国负责文化和教育的副总理主持。中俄人文合作委员会专门就促进两国人文领域合作展开对话，制定规划，拟定具体合作项目。在教育、文化、卫生、体育、旅游、媒体、电影、青年等领域的合作卓有成效。2014 年 9 月 14 日，国务院副总理、中俄人文合作委员会中方主席刘延东在俄罗斯乌里扬诺夫斯克与俄罗斯副总理、俄方主席戈洛杰茨共同主持召开了中俄人文合作委员会第十五次会议。

① 吴玫："刘华清——亲历对外军事合作"，http://dangshi.people.com.cn/n/2012/0726/c85037-18601958-2.html。

2006 年以后，中俄两国分别举办了"青年友谊年"（中俄共办 2004）、"国家年"（2006 中国俄罗斯年、2007 俄罗斯中国年）、"语言年"（2009 中国俄语年、2010 俄罗斯汉语年）、"旅游年"（2012 中国俄罗斯旅游年、2013 俄罗斯中国旅游年）以及"中俄青年友好交流年"（2014、2015）。按照计划，在"中俄青年友好交流年"期间，两国计划开展"百校万人"大学生交流活动，扩大互派留学生规模，2020 年达到 10 万人。双方分别于 2009 年和 2012 年在北京和莫斯科互设文化中心。双方签署了《中俄人文合作行动计划》及《两国文化部 2014~2016 年合作计划》，推进双方在音乐、戏剧、电影、造型艺术、民间创作、文物保护与修复、图书馆、博物馆、档案馆等领域的交流合作。两国政府进一步提出鼓励中俄高校间开展直接合作，建立同类高校联盟。加快莫斯科中共六大纪念馆修建工作，把俄红色旅游路线打造成中俄人文合作的亮点。继续办好中俄文化节、电影节等文化交流活动。此外，2015 年 5 月 8 日的《中俄联合声明》提出，开始筹办中俄媒体交流年。

中俄议会合作委员会。中俄议会合作委员会是中国全国人大与俄罗斯联邦议会建立的重要高层交往机制，双方代表分别为中国全国人大和俄罗斯联邦委员会与国家杜马。2014 年 9 月 23 日，全国人大常委会委员长张德江在北京人民大会堂与俄罗斯联邦委员会主席马特维延科会谈，共同主持中国全国人大与俄罗斯联邦委员会合作委员会第八次会议，并签署中俄议会合作委员会章程。

中俄经济工商界高峰论坛。2006 年 3 月 22 日，第一届中俄经济工商界高峰论坛在北京钓鱼台国宾馆举行，来自中俄两国的政府官员、专家学者、工商界人士 800 多人出席。中国国家主席胡锦涛和来华进行国事访问的俄罗斯总统普京共同出席了开幕式并发表重要演讲。2007 年 11 月 6 日，第二届中俄经济工商界高峰论坛在莫斯科联盟宫隆重开幕，中国国务院总理温家宝和俄罗斯总理祖布科夫共同出席并致辞。此后，论坛逐渐成一个新的合作机制，在中俄两国轮流举行。2014 年 10 月 11 日，第九届中俄经济工商界高峰论坛在俄罗斯索契举行，国务院副总理汪洋与俄罗斯副总理罗戈津共同出席开幕式并发表演讲。

中俄投资合作委员会。2014 年 5 月 20 日，两国元首签署的《中华人民共和国与俄罗斯联邦关于全面战略协作伙伴关系新阶段的联合声明》指出，中俄将建副总理级投资委员会，以加强投资合作。2014 年 9 月 9 日，在北京举行了中俄投资合作委员会第一次会议，就投资和金融合作进行会谈。中方代表是国务院第一副总理张高丽，俄方代表是第一副总理舒瓦洛夫。

中俄执法安全合作机制。这是一个就当前国际和地区安全形势及加强两国在执法、安全和司法领域合作的平台。2014 年 6 月 5 日，在北京，中央政法委书记孟建柱同俄罗斯联邦安全会议秘书帕特鲁舍夫举行了中俄执法安全合作机制首次会议。

中俄元首办公厅合作机制。双方代表分别是中共中央办公厅主任和俄总统办公厅主任。2014 年 7 月 9 日，中共中央办公厅主任栗战书同俄总统办公厅主任伊万诺夫举行了会谈。伊万诺夫是中共中央办公厅接待的第一位外国总统办公厅负责人。2015 年 5 月 8 日的《中俄联合声明》确定，在中共中央办公厅、中共中央纪委监察部与俄罗斯总统办公厅之间分别建立交往合作机制。

中俄卫星导航重大战略合作项目委员会。2015 年 2 月 10 日，中俄卫星导航重大战略合作项目委员会第一次会议在北京举行，双方代表为中国卫星导航系统委员会与俄罗斯航天局。该委员会是根据 2014 年 10 月中俄总理定期会晤委员会第十八次会晤纪要，以及中国卫星导航系统委员会与俄联邦航天局签署的关于全球卫星导航系统领域合作谅解备忘录设立的。

中俄东北亚安全磋商。这是一个中俄双方专门就东北亚安全形势交换意见进行沟通的机制。2015 年 4 月 23 日，首次中俄东北亚安全磋商在上海举行。外交部部长助理刘建超和俄罗斯外交部副部长莫尔古洛夫共同主持，两国外交、国防、安全等部门官员出席。

四、中俄地区合作机制

2009 年 9 月，中俄两国首脑签署《中华人民共和国东北地区和俄罗斯联邦远东及东西伯利亚地区合作规划纲要 (2009~2018)》，地方合作开始提上日程。2013 年 3 月，国家主席习近平访俄期间，与俄罗斯总统普京共同签署的联合声明提出，充分发挥中俄地方领导人定期会晤的作用，加大《中华人民共和国东北地区与俄罗斯联邦远东及东西伯利亚地区合作规划纲要》的实施力度，扩大地区合作范围，提高地方合作效率。当然，由于各种原因，主要是俄方的原因，中国东北与俄罗斯远东的地方合作进展缓慢。

长江中上游地区和伏尔加河沿岸联邦区合作是另一个合作区域。2012 年 4 月 30 日，在喀山，时任国务院副总理的李克强与伏尔加河沿岸联邦区地方领导人和中国有关省市负责人举行了座谈。李克强指出，中国正在实施扩大内需战略，加快中西部和东北地区发展振兴，强化向西开放，俄罗斯也在实施国家振兴计划和地区发展战略，双方应把握两国发展战略交汇点，丰富地方合作内容。2013 年 5 月，国务委员杨洁篪和俄罗斯总统全权代表巴比奇在武汉签署《长江中上游地区与伏尔加河沿岸联邦区合作的议定书》，正式启动了两河合作机制。

2014 年 6 月 23 日，在俄罗斯萨马拉，长江中上游地区和伏尔加河沿岸联邦区领导人座谈会举行，杨洁篪和巴比奇共同主持会议。双方就继续扩大和深化两地区合作达成重要共识，并签署多项合作协议。双方希望，作为中俄首个非毗邻地区合作机制，又正值中国推出"丝绸之路经济带"和长江经济带两大战略，俄罗斯实施国家振兴计划和地区发展战略，两河合作能够成为中俄合作的新增长点。

中俄关系的全面发展，是建立在两个共识之上。一个是对"二战"的共识，一个是对当今世界的共识。2015 年 5 月 8 日的《中俄联合声明》指出：德国法西斯和日本军国主义发动的第二次世界大战是人类历史上前所未有的浩劫。中国和苏联作为"二战"亚洲和欧洲主战场，是抗击法西斯主义和军国主义的主要力量，经历了最残酷的考验，付出了巨大牺牲，为捍卫人类尊严、重建世界和平建立了伟大的历史功勋。双方强调，中俄作为"二战"主要战胜国、联合国创始会员国和安理会常任理事国，将坚定捍卫"二战"胜利成果，反对否认、歪曲和篡改"二战"历史图谋，维护联合国权威，坚决谴责美化法西斯主义和军国主义及其帮凶、抹黑解放者的行径，将尽一切努力阻止世界大战的悲剧重演。

该《中俄联合声明》还指出，在世界多极化加快发展的同时，国际关系中不稳定不确定因素增多。尊重各国主权和领土完整，尊重彼此核心利益和重大关切，尊重各国人民自主选择的社会制度和发展道路，反对颠覆合法政权的行径。恪守《联合国宪章》、和平共处五项原则及其他国际法和国际关系基本准则，推进世界多极化以及促进国际关系民主化和法治化作为外交政策的基本方向。尊重文化差异和文明多样性；加强联合国在国际事务中的核心作用，加强安理会履行对维护国际和平与安全、维护会员国共同利益的权力，建立更加公正、合作共赢的多极世界秩序的核心机制。

对一些国际问题，中俄双方持相同或相近的看法。例如，都反对单方面在全球范围内发展和部署反导系统；反对外太空军备竞赛；反对利用信息通信技术干涉他国内政；反对零和博弈、赢者通吃的"冷战"思维和行径；反对使用武力或以武力相威胁，反对实行单方面制裁和威胁实行制裁。

第二节　21世纪以来中俄各政府部门间的合作

进入21世纪，中俄合作全面推进。在边界、能源、军事技术、贸易等方面取得了重大进展。2009年，中国超过德国，成为俄罗斯的第一大贸易伙伴。直到2014年，一直保持这个地位。2007年，俄罗斯确立了东部大开发战略。俄将远东的符拉迪沃斯托克确立为2012年亚太经合组织非正式首脑会议会址，投入巨资进行建设。

一、中俄边界问题的解决和全面战略协作伙伴的确立

中国和苏联（俄罗斯）之间的边界谈判历经40多年。1991年5月和1994年9月，中俄两国分别签署了两国边界东段和西段协定。2004年10月14日，俄总统普京访华期间，中俄双方签署了《中华人民共和国和俄罗斯联邦关于中俄国界东段的补充协定》（以下简称《中俄国界东段补充协定》），就两个尚未协商一致的地段边界线走向达成协议。2005年4月21日，俄罗斯政府批准了《中俄国界东段补充协定》。4月27日，中国全国人大常委会批准了《中俄国界东段补充协定》。5月20日和25日，俄罗斯国家杜马（议会下院）和俄罗斯联邦委员会（议会上院）分别以绝对多数票批准《中俄国界东段补充协定》。2005年6月，中俄两国外长在俄远东城市符拉迪沃斯托克互换《中俄国界东段补充协定》批准书，中俄边界线走向以法律形式全部确定下来。《中俄国界东段补充协定》连同1991年5月16日签署的《中俄国界东段协定》和1994年9月3日签署的《中俄国界西段协定》，将长达4300公里的中俄边界全部确定，标志着困扰两国关系多年的边界问题的最终解决。

根据《中俄国界东段补充协定》，银龙岛归中国所有，黑瞎子岛一分为二，东部归俄罗斯所有，西部岛屿归中国所有。2008年10月14日，中俄两国在黑瞎子岛举行了"界碑揭幕仪式"。

伴随着领土争端的解决，两国的政治关系日益提升。2001年7月16日，

江泽民主席和普京总统在莫斯科签署《中俄睦邻友好合作条约》，把两国永做"好邻居"、"好伙伴"、"好朋友"用法律形式确定下来。条约第六条规定：相互没有领土要求，决心积极致力于将两国边界建设成为永久和平、世代友好的边界。条约第九条规定：如出现缔约一方认为会威胁和平、破坏和平或涉及其安全利益和针对缔约一方的侵略威胁的情况，缔约双方为消除所出现的威胁，将立即进行接触和磋商。

2012年6月6日，胡锦涛主席和普京总统会晤，双方签署《关于进一步深化平等信任的中俄全面战略协作伙伴关系的联合声明》，在"战略协作伙伴关系"的前面加上"全面"两字，成为"全面战略协作伙伴关系"，全面提升中俄战略协作关系的水平和高度。2014年5月，普京总统访华期间同习近平主席签署《中俄关于全面战略协作伙伴关系新阶段的联合声明》，提出将中俄"全面"、"平等"、"互信"的战略协作伙伴关系提升至更高水平。

二、军事技术交流与联合演习

中俄军事技术合作是中俄战略伙伴关系的重要内容之一。1989年北京政治风波后，以美国为首的西方国家对中国实施制裁，中国和西方国家的军事技术交流完全中断。因此，发展中苏军事技术交流有其必要性。与此同时，1991年苏联解体前后，俄罗斯经济困难，军队萎缩，军事订货大为减少，俄罗斯国防工业迫切需要资金，以维持生存，也为这种交流提供了可能性。中俄军事技术合作从一开始，就是互惠互利。俄罗斯武器技术对新时期中国的军事现代化进程提供了一定的帮助。同时，也必须看到，对华武器贸易使得俄罗斯军事工业渡过了最困难的时期，实现了转型和升级，为其再次复兴创造了条件。

新时期中国最早也是最大的军购项目是苏-27的引进。1990年12月28日，中国购买24架苏-27的协定在北京签署，同时购买的还有一条苏-27的生产线。这是20世纪50年代以后中国最大的军事引进项目。1992年6月27日，首批苏-27飞抵中国芜湖空3师的基地。1998年12月16日，沈阳飞机制造厂组装的苏-27成功首飞，以歼-11A命名。其后，沈飞又制造出歼-11B。以中国向俄罗斯订购24架苏-27战斗机为标志，中俄两国的军事技术合作逐步推进。1998年和2002年，中方分两次先后购入四艘"现代"级驱逐舰。2003年，中国又从俄罗斯采购了24架苏-30战斗机，价值约10亿美元。

1992 年，中国购买了约 10 架伊尔–76M 运输机。

这一时期，俄罗斯向中国出口了大量的军事装备和成套技术，包括苏–27 战斗机、苏–30MKK 战机、"现代"级驱逐舰、伊尔–76M 运输机、"基洛"级潜艇、S–300 防空导弹、AL–31FN 和 RD–93 航空涡扇发动机等多种装备。迄今为止，中国是苏–27 和苏–30 系列战斗机最大的外国买家，总数达到约 175 架。2005 年后，交易量有所下降。这既和中国本身军事技术水平的提高有关，也和俄方加强了对高精尖武器对外出口的控制有关。

当前，中俄军事技术合作面临的问题是，俄方希望只卖装备，不卖技术，特别是先进的技术。中方既需要新的装备，更需要新的技术。俄方有些人认为，在西方对华武器制裁仍然存在的情况下，中国只能购买俄罗斯武器，别无选择。俄方加强了对国内国防工业的监督和管理，严格控制售华武器的技术水平，希望保留中俄武器之间的代差。一般认为，俄罗斯自己有一个原则，即苏联时期设计的武器可以卖给中国，而对苏联解体后（1991 年以后）新设计或研发的武器系统卖给中国则慎之又慎。毋庸讳言，俄罗斯希望在中俄两军之间维持一种军事技术上的代差。在这种大背景下，知识产权问题被俄方频繁地提了出来。例如，俄方认为，沈飞生产的歼–11B 战斗机实际上是苏–27 的中国版。2008 年，在中俄第 13 次军事技术合作会议上，由于俄方的强烈要求，中俄签署《军事合作领域保护知识产权协议》。根据协议，中国今后只能在俄方许可的情况下仿造俄罗斯的武器。

由于担心中国的"逆向工程"（Reverse-engineering）能力，俄方对华武器出口控制严于其他国家。有军事专家指出，俄销售给印度的 SU–30MKI 战斗机，装备矢量推进发动机、鸭翼和先进的航电系统，配置明显高于售给中国的苏–30MKK 战机。越南海军订购的 6 艘"基洛"级 636MV 将在 2017 年全部交付完毕。与中国海军使用的"基洛"级 636 潜艇最大的不同是，越南海军的 636MV 潜艇装备了 3M–14E 对陆攻击巡航导弹，这种导弹只出口阿尔及利亚、印度和越南，中国不在出口名单内。除此之外，越军的 636MV 潜艇使用的是拥有摄像、红外夜视能力的潜望镜，而中国的"基洛"636 使用旧式的光学潜望镜。[①] 越南金兰湾海军基地距离海南岛亚龙湾直线距离只有 699 公里，距离西沙永兴岛 641 公里，距离中国的永暑礁、赤瓜礁、南熏礁 482~618 公

---

① 平可夫："金兰湾——遏制中国的前哨"，载《汉和防务评论》（加拿大）2015 年 1 月版。

里不等。因此金兰湾具备了前出的绝好地理位置。一旦需要，可以从海上直接使用 3M-14E 对陆攻击导弹，打击亚龙湾中国海军基地的洞库设施、油料设施。[①]

进入 21 世纪，随着中俄两国政治关系的改善，中俄两军交往日益增多，中俄联合军演逐渐常态化。从 2003 年 8 月的"联合-2003"上合组织联合反恐军事演习起，中俄几乎每年都举行陆上或海上联合军事演习。

"和平使命"系列联合军演始于 2005 年。2005 年 8 月 18 日至 25 日，在俄罗斯符拉迪沃斯托克和中国山东半岛及附近海域，举行了第一次"和平使命"联合军演。这一演习至 2014 年 8 月为止共举行了七届（2005、2007、2009、2010、2012、2013、2014）。"海上联合"演习自 2012 年 4 月首次在青岛附近海域举行以来，也正在向机制化方向发展，已经举办了四次（2012、2013、2014、2015）。联合军演已成为中俄两军全方位、宽领域、多层次务实合作的标志。2014 年，两国边防部门也举行了"东方-2014"联合反恐处突演练。此外，中俄在上海合作组织框架下参加了"联合-2003"、"和平使命-2007"（2010、2012、2014）等 5 次成员国武装力量联合反恐军事演习。

三、能源合作

中俄能源合作走过了漫长的旅程。在合作方式、油气管线走向等方面，俄方一直犹豫不定。进入 21 世纪，两国在能源方面的合作有了突破。

1999 年 10 月，中俄合作建设的田湾核电站正式开工。2007 年 8 月，田湾核电站全面投入商业运行。田湾核电站是中俄两国迄今最大的技术经济合作项目，也是目前我国单机容量最大的核电站。2012 年 12 月，田湾核电站二期开工建设。2012 年，中俄 500 千伏输电线路投入运营。

2009 年 2 月 17 日，经过长期谈判，中俄双方签署了长期原油贸易、中俄输油管道建设运营以及贷款协议。中国国家开发银行分别向俄罗斯石油公司和俄罗斯石油管道运输公司提供为期 20 年的 150 亿美元和 100 亿美元的贷款，俄方则承诺在 2011~2030 年的 20 年间每年向中国提供 1500 万吨总计 3 亿吨的原油。中石油与俄罗斯国家石油管道运输公司建设从俄罗斯斯科沃罗季诺经中国边境城市漠河到中国大庆的中俄原油管道。中俄原油管道在俄罗

---

① 平可夫："金兰湾——遏制中国的前哨"，载《汉和防务评论》（加拿大）2015 年 1 月版。

斯境内长约 70 公里，在中国境内长约 960 公里。该管道于 2011 年 1 月 1 日正式投产运营。中俄石油管道的开通，拓展了中国的能源来源，对国家的能源安全起到了积极的作用。

第三节 普京重新执政后的中俄政府间合作
（2012.5~2013.11）

2012 年，中俄两国领导人都实现了换届。俄罗斯进行了总统选举，普京重新当选俄罗斯总统。同年，中国共产党第十八次全国代表大会顺利举行，选举了新一届党的领导集体，习近平当选为中国共产党总书记。2013 年 3 月，习近平当选为中国国家主席。

一、两国元首的互访

普京政府非常重视远东开发。2009 年 12 月 28 日，时任总理普京批准《2025 年前远东和贝加尔地区社会经济发展战略》，提出了"加速战略"。2012 年 4 月，普京提出，实施远东大开发战略，实现俄罗斯各地区平衡发展。5 月，又在新一届政府中增设远东发展部。2013 年 4 月初，《远东和贝加尔地区社会经济发展国家计划》生效，意味着酝酿已久的俄罗斯远东地区发展战略进入实施阶段。2012 年 9 月，在符拉迪沃斯托克举行亚太经合组织首脑会议。以此为契机，在当地进行了大规模的基础设施建设。

2012 年 6 月 5 日至 7 日，普京对中国进行国事访问，并出席在北京举行的上海合作组织成员国元首理事会第十二次会议。6 月 5 日，普京总统为《人民日报》撰文：俄罗斯与中国：合作新天地。对于中俄双边合作，普京提到了三个领域：加强高技术行业的合作，优化贸易结构；在双边贸易和投资领域，推进本币结算，提升卢布和人民币的地位；加强能源合作。普京访华期间，中国投资有限公司与俄罗斯直接投资基金签署了在中国香港成立中俄投资基金管理公司的协议，该基金目标募集规模为 20 亿至 40 亿美元。俄"斯科尔科沃"创新中心与中国高科技产业区——中关村签署了框架协议。俄也希望在国际范围内与中国共同采取行动，应对诸如恐怖主义、分裂主义、有组织犯罪、非法移民、中东和北非问题、叙利亚和阿富汗局势、朝鲜半岛问题和伊朗核计划造成的威胁。

2013 年 3 月 22 日至 24 日，习近平主席对俄罗斯进行了国事访问。访问俄罗斯，是习近平就任国家主席后出访的第一个国家。除了总统普京外，习近平主席还分别会见俄罗斯联邦政府总理梅德韦杰夫、联邦委员会主席马特维延科、国家杜马主席纳雷什金、国防部长绍伊古。3 月 23 日，按照普京的安排，习近平在莫斯科参观了俄罗斯联邦国防部和俄罗斯联邦武装力量作战指挥中心（2014 年 12 月 1 日，俄罗斯建立了新的作战指挥中心）。这是中国国家元首首次到俄罗斯国防部参观。

二、军事技术合作与联合演习

2012 年 11 月 20 日，接替谢尔久科夫担任俄罗斯国防部长的绍伊古上任后不久便出访中国，同中国国家主席胡锦涛和国防部长梁光烈举行了会谈，出席俄中政府间军事技术合作委员会第 17 次会议。2012 年，俄罗斯直升机公司签署了向中国出口 52 架米-171E 直升机的合同。2012 年后，新一轮的军事技术交流项目提上议事日程：苏-35S、S-400 防空系统、"拉达级"（出口型称"阿穆尔"级）潜艇，双方就价格、配置、采购数量进行了多年谈判。这是时隔近十年后，中国再次向俄罗斯采购重大军事技术装备。2012 年，俄国防出口公司与中方签署了一项为中国海军共同设计和建造 4 艘"阿穆尔-1650"常规动力潜艇的框架性合同。据报道，合同于 2012 年 8 月底签署，其中规定的条件是双方共同设计和建造 4 艘潜艇（分别在俄罗斯和中国各建两艘）。

苏-35S 于 2008 年首飞，属俄现役战斗机。2011 年，中国就表达了采购苏-35S 战斗机的愿望。双方在采购数量上有分歧。中国计划在第一阶段购买 24 架苏-35S 战斗机，而俄方要求至少是 48 架。俄方怀疑中国采购苏-35S 只是想引进其安装的发动机和"雪豹-E"相控阵雷达，用来装备国产歼-20 隐形战斗机。因为苏-35S 和俄罗斯新一代隐形战机 T-50 使用的发动机相同，都是"土星"公司生产的 AL-41F1S（117S）发动机。该发动机是 AL-31F 的改进版。根据俄专家观点，中国的国产歼-10 使用 AL-31FN 发动机，歼-11B/BS、歼-15、歼-16 战斗机使用的是 AL-31F 发动机，飞豹（FC-1）使用的是 RD-93 发动机，新轰-6 使用的是 D-30KP2 发动机。① 俄罗斯媒体多次报道，俄国防产品出口公司已经和中国就对华供应 24 架苏-35S 战斗机达成初步协议。

2011 年，俄对华出口武器超过 19 亿美元。2013 年，达到 21 亿美元，占俄罗斯当年武器出口 176 亿美元的 12%。这其中包括 6 亿美元的 52 架米-171E 直升机和 7 亿美元的 140 个 AL-31F 涡扇发动机。另外 8 亿美元的军事订货不详。② 根据斯德哥尔摩国际和平研究所的数据，2013 年，中国占俄罗斯军火出口总额的 12.5%，而中国进口的武器装备中俄罗斯产品占 67.8%。③

两军交流合作不断加强，包括高层互访、人员培训、联合演习。2013 年，举行了两场演习："海上联合-2013"联合演习与"和平使命-2013"联合反恐演习。

2013 年 7 月 5 日至 12 日，中俄"海上联合-2013"军演在日本海符拉迪沃斯托克彼得大帝湾附近海空域举行，双方共出动 19 艘舰艇以及 2 个特战分队参加联演。这是中国海军一次性向国外派出舰艇兵力最多的中外联合演习。此次联演是中国海军首次组织大编队远离基地，在无保障体系依托情况下，在他国境内参加的联合演习。中方派出由 4 艘驱逐舰、2 艘护卫舰和 1 艘综合补给舰组成的舰艇编队。俄方参演兵力来自俄罗斯海军太平洋舰队，包括各型水面舰艇 11 艘、潜艇 1 艘、固定翼飞机 3 架、舰载直升机两架和 1 个特战分队。俄海军的苏-24M 重型战斗轰炸机以及常规潜艇，首次出现在中俄联合演习场上。军演结束之后两国舰队联手通过宗谷海峡，由日本海进入西太平洋海域。

2013 年 7 月 27 日至 8 月 15 日，中俄两国军队在俄罗斯车里雅宾斯克举行"和平使命-2013"联合反恐演习。

三、能源合作

2012 年，俄中能源合作取得了重大进展。两国草签了有关建设田湾核电

①② Vassily Kashin，"China's Call for Arms"，http：//eng.globalaffairs.ru/book/Chinas-call-for-arms-16360.

③ 转引自 Michael Kofman，"An Uneasy Ménage à Trois：Reliance on Russian and Ukrainian Weapons Puts China in a Tight Spot"，http：//www.foreignaffairs.com/articles/142417/michael-kofman/an-uneasy-menage-a-trois。

站3、4号机组的议定书、原子能机构的合作路线图，以及在扩大电力合作方面的谅解备忘录等文件。中俄合建的田湾核电站进展顺利。作为中俄两国迄今最大的技术经济合作项目，截至2014年，1期项目（1、2号机组）已经投入运营，2期工程（3、4号机组）已开工建设。

2013年，中国从俄进口原油2435万吨，煤炭2728万吨，电力约35亿度。2013年3月，国家主席习近平访俄期间，俄罗斯国家石油公司和中石油签署了建设天津炼油厂协议，其中俄罗斯石油持股49%，中石油持股51%。炼油厂年加工能力达1600万吨，项目投资50亿美元，预计2020年投入使用，有望成为中俄能源下游合作的高效益示范项目。

2013年6月21日，在圣彼得堡国际经济论坛期间，俄罗斯国家石油公司总裁谢钦与中国石油天然气集团公司董事长周吉平，在俄罗斯总统普京和中国国务院副总理张高丽的见证下，签署了长期供应原油协议。根据增供协议，俄罗斯将在目前中俄原油管道（东线）1500万吨/年输油量的基础上逐年向中国增供原油，到2018年达到3000万吨/年，增供合同期25年，可延长5年；通过中哈原油管道（西线）于2014年1月1日开始每年增供原油700万吨，合同期5年，可延长5年。俄方还承诺，在中俄合资天津炼油厂建成投运后，每年向其供应910万吨原油。未来中国石油进口俄罗斯原油量将达到每年4610万吨，接近2012年我国石油消费总量的1/10。9月，中石油与俄第二大天然气生产商诺瓦泰克公司签署收购亚马尔液化天然气（LNG）公司20%股份的框架协议。亚马尔液化天然气项目位于俄罗斯亚马尔—涅涅茨自治区，已探明天然气储量超过1万亿立方米，合同总价值达到约2700亿美元。

四、国际合作的加强

中俄在国际问题上协调立场，特别是叙利亚危机。2011~2012年，中俄三次联手在联合国安理会否决了西方国家提出的相关议案。2014年5月22日，联合国安理会就法国起草的将叙利亚问题提交国际刑事法院的有关决议草案举行投票，俄罗斯和中国投否决票，草案未获通过。安理会当天的投票结果是13票赞成、2票反对。这是叙利亚内战爆发后，有关叙利亚问题的决议草案第四次在安理会被否决。值得注意的是，中国是安理会常任理事国行使否决权最少的国家。在1971年恢复联合国席位以后，中国在安理会共行使了十次否决权，而在叙利亚问题上中俄联手就占四次。

2015 年 5 月 8 日的《中俄联合声明》指出：双方支持叙利亚的主权、统一和领土完整，认为政治外交手段是解决叙利亚危机的唯一途径，反对任何在该国从事武力干涉的企图。双方呼吁叙利亚冲突各方尽快停止武装对抗，在 2012 年 6 月 30 日通过的《日内瓦公报》基础上启动内部对话与谈判，达成符合叙利亚人民意愿的长期政治和解。

2013 年 1 月 9 日，以帕特鲁舍夫为首的代表团在北京与中方举行了俄中第八轮战略安全磋商，中方代表团团长是国务委员戴秉国。双方就两国关系、包括叙利亚局势在内的北非与中东，以及亚太地区安全问题深入交换了意见。帕特鲁舍夫在磋商过程中指出，俄罗斯不满美国构建全球导弹防御系统的计划，并且该计划已经引起了中方的担忧，因此俄中两国将协调这方面的行动，这是双方的一项重要任务。他还指出，俄罗斯与中国对两国目前在安全领域双边合作的进展感到满意。双方同意，继续完善、用好中俄战略安全磋商机制，为中俄全面战略协作伙伴关系发展做出新贡献。

2014 年 1 月 7 日，俄中两国军舰于完成安全护送运载首批叙利亚化学武器的丹麦船只的任务。这是两国军舰历史上第一次在国际军事行动中进行具有真正意义的合作。

中俄两国在朝鲜、伊朗等问题上，具有相似的立场。两国都主张维护朝鲜半岛和平稳定，实现半岛无核化，通过对话协商解决有关问题。双方认为，六方会谈是解决朝核问题有效方式。两国都致力于推动政治外交解决伊朗核问题。

五、"丝绸之路经济带"和"欧亚经济联盟"

2013 年 9 月 7 日，习近平主席在访问哈萨克斯坦时提出了"丝绸之路经济带"的战略构想。这个战略构想，在周边国家产生了一些欢迎，也带来一些疑虑。因为"一带"所涵盖的中亚国家，多数过去隶属于苏联。它们与俄罗斯有着特殊地缘政治关系。中国政府多次强调，"丝绸之路经济带"是一个合作、发展的理念和倡议，它不是一体化机制，也不是实体组织，它不是一个封闭、排外的机制。俄罗斯是横跨欧亚大陆的世界大国，古丝绸之路的沿线国家，俄罗斯是共建"丝绸之路经济带"不可或缺的重要合作伙伴。中俄之间的一些合作项目，如油气管道、"渝新欧"铁路、中国西部—欧洲西部公路、中方参与俄远东和东西伯利亚开发等，都可以同"丝绸之路经济带"建设有机结合起来。"丝绸之路经济带"与"欧亚经济联盟"进程并行不悖、相辅相成，它的建设不仅不会与上海合作组织、"欧亚经济联盟"等既有合作机制重叠或竞争，还会增加这些机制的内涵和活力，可以成为欧亚国家间扩大经贸合作的新增长点。①

2015年1月1日，欧亚经济联盟正式启动。欧亚经济联盟是俄罗斯推动原苏联地区重新整合的一个重要设想。在俄罗斯，对"丝绸之路经济带"有两种不同的声音。俄罗斯外交学院副院长卢金认为，"这个构想并不意味着中俄将在中亚地区展开竞争，相反，中俄两国在中亚地区是互补关系。中亚地区不是哪一个国家的'势力范围'，而是中俄两国的友好邻邦，也是一个地理位置极其重要的地区。为防止中亚地区被恐怖分子侵蚀，两国有责任也有义务通力合作。共同维护中亚地区的和平稳定和经济发展，不仅符合上海合作组织的宗旨，也对中俄两国的国家安全大有裨益"。②另一种观点，则对中国在中亚的任何活动，持高度警惕态度。2013年12月10日，俄罗斯《导报》报道，戈尔巴乔夫基金会专家安德烈·里亚博夫明确表示，中国领导人提出的"丝绸之路"类似于欧盟提出的"东部伙伴关系"计划，这两个计划一个从东边，一个从西边，对俄罗斯的势力范围构成了侵蚀，都是对莫斯科的挑战。③莫斯科大学信息分析中心主任阿列克谢·弗拉索夫也认为，中国在中亚的基础设施投资，例如中国提议的中国—吉尔吉斯—乌兹别克铁路项目，会危及俄罗斯在中亚的利益。中国不仅想把美国从中亚排挤出去，而且会对俄罗斯的计划，比如独联体一体化方案，制造严峻的问题。这是中国对中亚政治的渗透。④

2015年5月8日的《中俄关于深化全面战略协作伙伴关系、倡导合作共赢的联合声明》试图融合两个计划，它强调：俄方高度评价中方建设"丝绸之路经济带"和"21世纪海上丝绸之路"的倡议，认为这是一个旨在发展地区经贸与投资合作的重要构想。双方将继续在"丝绸之路经济带"和"欧亚经济联盟"框架内寻找地区经济一体化进程的契合点，在加强平等合作与互信基础上确保欧亚地区经济的可持续增长。《中俄关于丝绸之路经济带建设和

① 中国驻俄大使李辉："丝绸之路经济带"与"欧亚经济联盟"并行不悖，http：//www.scio.gov.cn/ztk/wh/slxy/31200/Document/1382630/1382630.htm。
② 亚历山大·卢金（俄罗斯外交学院副院长）："中俄关系机遇多"，载2014年2月5日《人民日报》。
③ 俄报：俄需用新模式应对后苏联挑战，http：//column.cankaoxiaoxi.com/2013/1219/319624.shtml。
④ 俄罗斯卫星网："吉尔吉斯斯坦拒绝中国修建铁路"，http：//sputniknews.cn/radiovr.com.cn/2013_12_19/256304796/。

欧亚经济联盟建设对接合作的联合声明》指出，俄方支持"丝绸之路经济带"建设。中方支持俄方积极推进欧亚经济联盟框架内一体化进程，并将启动与欧亚经济联盟经贸合作方面的协议谈判。双方将共同协商，努力将"丝绸之路经济带"建设和欧亚经济联盟建设相对接，确保地区经济持续稳定增长，加强区域经济一体化。

第四节　乌克兰危机后中俄政府间合作的
深化与问题

乌克兰危机的爆发是一个突发因素，在客观上推动了中俄合作。尤其是在俄罗斯一方，比乌克兰危机爆发前更为主动。俄罗斯认识到中国政治、经济对俄罗斯支持的重要性。西方世界也在猜测，乌克兰危机是否会促成一个中俄"正式联盟"（Formal Alliance）、"松散联盟"（Soft Alliance）、"中俄轴心"（China-Russia Axis）。2013 年中俄双边贸易额为 892 亿美元。2014 年，中俄双边贸易额较 2013 年增长 6.8%，达 952.8 亿美元。中国从俄罗斯进口商品总值达 416 亿美元，增长 4.9%。与此同时，中国对俄出口总额增长 8.2%，达到 536.8 亿美元。中国为俄罗斯第一大贸易伙伴，而俄罗斯是中国第 9 大贸易伙伴。虽然有乌克兰危机，但是，中俄重大军售项目迟迟没有进展。

一、围绕乌克兰危机的交流

乌克兰危机爆发后，俄罗斯多次在不同层面和中方进行了沟通，阐明了俄罗斯的立场。2014 年 3 月 3 日，外交部副部长程国平在莫斯科与俄罗斯外交部主管独联体事务的副外长卡拉辛就独联体事务、乌克兰局势举行会谈。3 月 4 日晚，国家主席习近平应约同俄罗斯总统普京通电话，双方就中俄关系、乌克兰局势交换意见。3 月 18 日，普京在议会就克里米亚问题发表演讲时，专门感谢中国和印度对克里米亚问题的态度。普京说，感谢所有对俄在克里米亚问题上的行动表示理解的人，感谢中国人民，中国政府对克里米亚和乌克兰问题的态度经过了深思熟虑。4 月 1 日，俄罗斯国防部长绍伊古在北京同中国国防部长常万全举行双边会谈。绍伊古表示，俄罗斯感谢中国在克里米亚局势方面支持莫斯科的立场。2014年4月15日，国家主席习近平在人民大会堂会见俄罗斯外长拉夫罗夫。拉夫罗夫还通报了俄方在乌克兰问题上的立场。习近平阐述了中方的立场和主张。5月20日，中国国家主席习近平与正在对中国进行国事访问并出席亚洲相互协作与信任措施会议第四次峰会的俄罗斯总统普京共同签署了《中俄关于全面战略协作伙伴关系新阶段的联合声明》。声明说："中俄双方对乌克兰持续的内部政治危机表示严重关切，呼吁有关各方保持克制，避免乌克兰冲突升级，通过和平和政治途径寻找解决现有问题的办法。"声明呼吁"乌克兰所有地区和社会政治组织参与广泛的民族对话，共同制定国家宪法制度进一步发展构想，以全面保障公民的基本权利和自由。"

2014年3月15日，联合国安理会就美国起草的有关克里米亚半岛公投的决议草案举行投票表决，由于俄罗斯投票否决，决议草案未通过。当天投票结果为13票赞成、1票否决、1票弃权。中国对决议草案投了弃权票。此后，乌克兰等国向第68届联合国大会提交一份题为"乌克兰的领土完整"的决议草案，主要内容包括：联合国申明其对乌克兰在其国际公认边界内的主权、独立和领土完整的承诺；3月16日在克里米亚自治共和国和塞瓦斯托波尔市举行的全民公投无效。3月27日进行了投票表决，美国、英国、法国、德国等100个国家投赞成票，俄罗斯、古巴、朝鲜、委内瑞拉等11个国家投票反对，中国、巴西、印度、南非、乌兹别克斯坦等58个国家弃权。6月4日，习近平致电波罗申科，祝贺其当选乌克兰总统。6月7日，中国文化部部长蔡武作为国家主席习近平的特使同50多个国家和国际组织的代表一起出席乌克兰总统就职仪式。蔡武转达了习近平主席对波罗申科当选总统的祝贺，表示中方高度重视中乌战略伙伴关系，愿在相互尊重、平等互利的基础上，推动中乌关系持续健康稳定发展。波罗申科则请蔡武转达他对习近平主席的问候，邀请中方领导人在任何方便的时候访问乌克兰，共同推动乌中关系不断向前发展。

乌克兰独立后，中乌关系一直非常友好，两国经济贸易往来十分活跃。在军事技术领域，中乌合作比较密切。乌克兰危机也对中国军事技术合作造成一些负面影响。长期以来，乌克兰一直是中国对外军事技术合作的一个重要国家。它提供了许多俄罗斯不能或不愿提供的军事技术和装备，促进了中国人民解放军装备的现代化。

总的来看，中俄两国政府在乌克兰问题的态度上，既有共同点，又有一定区别。2015年1月21日，李克强总理在瑞士达沃斯和乌克兰总统波罗申科会谈时，强调中国始终尊重乌克兰国家主权、独立和领土完整，支持乌克兰走符合本国国情的发展道路。

二、军事技术合作与联合演习

2014 年 6 月 17 日，俄方在莫斯科郊外的库宾卡基地专门为中国军事代表团组织苏-35S 歼击机的飞行展示。飞行展示前，中国军事代表团团长、解放军总装备部部长张又侠同俄罗斯国防部副部长鲍里索夫举行会谈，讨论了向中国供应苏-35S 的问题。2014 年 11 月 11 日开幕的第十届珠海航展，苏-35S 战机首次参加并作飞行表演。

2014 年 11 月，俄国防部长绍伊古访华，俄中军事技术会议上的重要议题，就是讨论向中国提供苏-35 战斗机、C-400 防空导弹系统和进口伊尔-78 加油机、伊尔-76 运输机项目、"阿穆尔"级潜艇及其装备的导弹、苏-35S 相控阵雷达配套组件。中方也表达了让中国宇航员进入国际空间站实验室的可能性。俄方表达了进口中国电子元器件的愿望。截至 2015 年 5 月，关于苏-35S、S-400 防空导弹系统、"阿穆尔"级潜艇没有任何进展。

2015 年 5 月，习近平主席访俄期间，俄罗斯直升机公司和中国航空技术国际控股有限公司（AVIC）签署了合作研发先进重型直升机（AHL）的协议。[①] 目前，俄罗斯的米-26T 拥有最大起飞重量和最大载重量。它可通过货舱或外挂运送各种人员和物资，最大载重量为 20 吨。现在中国拥有 3 架米-26T 直升机。根据合同，第 4 架将在 2015 年底运抵中国，用于山东省森林消防。

截至 2015 年 5 月，向中国出口 S-400 防空导弹系统的谈判已经超过 3 年。2014 年 3 月，俄《生意人报》援引消息人士的话披露称，普京总统已经原则性同意向中国出售 S-400 导弹系统。中国可能成为 S-400 的第一个国外用户。2015 年 4 月，俄媒报道，中国已经和俄国防产品出口公司签署相关协议，向中国出口 S-400，[②] 合同总金额 30 亿美元，包括 6 个导弹分队，每个分队包括 8 辆导弹发射车。[③] 但出口中国的 S-400 是否和俄自用的具有同样性能，

① 俄罗斯卫星网："俄中签署联合研发先进重型直升机协议"，http://sputniknews.cn/russia/20150511/1014722812.html。

② Russia Confirms Arms Deal to Supply China with S-400 Air Defense Systems，http://sputniknews.com/world/20150413/1020809219.html.

③ China and Russia Sign Contract for S-400 Missile Systems, Moscow Times，April 14, 2015.

交货时间等仍不确定。

从俄罗斯方面来说，俄罗斯一再强调知识产权保护问题，中俄高科技领域的其他项目合作上也存在这一问题。俄对华武器出口管控越来越严格，避免售华高技术武器，以威胁俄罗斯本身的安全。采取各种借口拖延，例如生产能力问题。

俄方也存在夸大虚饰俄罗斯技术装备的现象。俄方媒体一再宣称："一套 S-400 可替代 3 套 S-300，在目标命中率和攻击速度方面比 S-300 提高一倍，作战距离 400 千米以上，是当今射程最远的地空导弹"；"可与美国最先进的'爱国者'PAC-3 相媲美"；"中国配备 S-400 后，可覆盖离海岸 300 千米的钓鱼岛"等。有中国军事观察员分析，现役的 S-400 最多只能算是 S-300PMU2 的深度改进型，并不具有俄罗斯人宣传的那种性能，中国有必要破除甚嚣尘上的 S-400 迷信。[①] 空军专家傅前哨认为，苏-35S 这款机型对中国有一定参考价值，它的尾喷管是独门的，而雷达、航电并没有太大的吸引力，水平和国产的差不多。其动力装置 117S 是个过渡产品，还没达到四代机的水平。即使苏-35S 出口给中国，肯定要降级，不是俄军自用的级别。[②]

2014 年 5 月 20 日至 26 日，中俄在东海举行"海上联合—2014"军事演习。演习第一天，国家主席、中央军委主席习近平来到上海吴淞军港，同俄罗斯总统普京一起出席"海上联合—2014"中俄海上联合军事演习开始仪式。此次演习，中俄海军均派出了主力舰艇参加，包括 14 艘水面舰艇、2 艘潜艇、9 架固定翼飞机、6 架舰载直升机、2 个特战分队等。中方参演舰艇中，包含具有强大区域防空能力的新型"郑州"号导弹驱逐舰，而俄方则包括太平洋舰队旗舰"瓦良格"号巡洋舰。演习主要演练联合防空、联合反潜、联合对海突击、实际使用武器、联合护航、联合搜救等战术科目，提高两国海军共同应对海上安全威胁的能力。本次演习双方潜艇和水面舰艇采取混编，进行自主对抗。这样安排可以增加对彼此武器、装备性能、战术规范的了解。

2014 年 8 月 24 日至 29 日，"和平使命—2014"5 国（中、俄、哈、吉、塔）联合反恐军事演习在中国内蒙古的朱日和训练基地举行。朱日和是中国最

---

① 田聿："俄军工代表团在珠海航展"，《兵器知识》2015 年第 1 期，第 64 页。

② 空军人士："苏-35 对中国吸引力不大，买不买都行"，http://mil.sohu.com/20150511/n412787 019_1.shtml。

大的军事训练基地，以往很少对外军开放。这次演习的规模也超过以往历届，中国总参谋长房峰辉和哈、吉、俄、塔、乌五国总长一同现场观摩。俄罗斯此次共派出900多名军人，包括东部军区第36摩步旅分队及空军和防空军第3指挥部的空军分队。携带60辆装甲车和60辆其他技术装备车辆。哈萨克斯坦派出300名空降兵，塔吉克斯坦派出200多名快速反应分队军人，吉尔吉斯斯坦派出500多名军人，乌兹别克斯坦像往年一样派出观察员参加。中国则派出近5000名军人参加，参演总兵力达到7000多人。中国参演的很多装备都是最先进的。例如，第38集团军陆航旅的直-10和直-19、坦克99改、新型光纤制导反坦克导弹。空军分队包括歼-10、歼-11、歼轰-7、空警-200等7型23架飞机以及"查打一体"无人机，涵盖了中国空军当前的主要装备。

　　尽管这一演习为早已计划好的演习，但在俄罗斯与西方关系因乌克兰危机而紧张的背景下，地点如此特殊，规模又如此之大，仍具有特殊的意义。俄地缘问题研究院院长退役上将伊瓦绍夫表示，从地缘政治的角度看，上合组织成员国演习，尤其是俄罗斯和中国的联合演习，表明俄罗斯与中国在军事上站在一起，这既是对美国，也是对整个西方发出的信号。伊万绍夫指出，在当前复杂的国际政治背景下，这是俄罗斯远离西方、靠拢东方的又一信号。[①]

　　2014年11月，俄国防部长绍伊古在访华期间，宣布中俄将扩大在地中海和西太平洋的合作。2015年5月10日，中央军委副主席范长龙率领的中国军事代表团在参加完庆祝卫国战争70周年庆典后在莫斯科继续进行工作访问，代表团访问了莫斯科、圣彼得堡和伏尔加格勒。10日下午，范长龙与俄国防部长绍伊古举行了会谈。会谈后，范长龙一行应邀参观了新投入运行的俄国家防务指挥中心。中国邀请俄罗斯军队参加9月3日在北京举行的抗战胜利70周年阅兵，俄国防部长接受了邀请。

　　2015年5月8日，中国海军"临沂舰"和"潍坊舰"进入俄罗斯海军黑海舰队基地新罗西斯克，对俄罗斯进行正式访问。9日，该海军编队参加了新罗西斯克卫戍部队举行的胜利日阅兵。2015年5月11日，中俄"海上联合—2015"军演启动仪式在新罗西斯克举行。12日，军舰前往演习地点地中海，演习为期10天。5月14日上午，中俄特混舰队穿越了黑海海峡。此次中俄双方共派出9艘舰艇参演。中方包括"临沂舰"、"潍坊舰"和综合补给舰

―――――――――
① "中国参演装备上合军演最强　最先进坦克或亮相"，载《环球时报》2014年8月25日。

"微山湖舰"。俄方派出"莫斯科"号巡洋舰、"顺利"号护卫舰、"西蒙风"号导弹气垫艇、"A·沙巴林"号大型登陆舰、"亚速海"号大型登陆舰和一艘海洋拖船参演。演习的课题是维护远海航行安全，主要课目包括海上防御、海上补给、护航行动、保证航运安全联合行动和实际使用武器演练等。中方总导演是海军副司令员杜景臣，俄方总导演是海军副司令费多坚科夫。双方商定，8月在日本海举行联合演习。俄罗斯战略与技术分析中心专家瓦西里·卡申认为，演习对于俄罗斯的意义在于两点：突出与中国的日益增强的军事联系，平衡与西方冷却的关系；维护俄在叙利亚的军事存在。对中国而言，联合演习将有助于中国海军扩大其活动范围。[①]

三、能源和经济合作

中俄天然气谈判历时逾20年，其间起起伏伏。双方争论的焦点是，俄方坚持以对欧天然气出口价来确定对华供气价格，并认为我国天然气价格被严重低估。而中方要求以国内价格为基础，参考其他进口国价格。2014年5月21日，在俄罗斯总统普京离开上海返回莫斯科前的最后一刻，习近平和普京共同见证了中俄两国政府《中俄东线天然气合作项目备忘录》、中国石油天然气集团公司和俄罗斯天然气工业股份公司《中俄东线供气购销合同》的签署。根据双方商定，从2018年起，俄罗斯开始通过中俄天然气管道东线向中国供气，输气量逐年增长，最终达到每年380亿立方米，累计30年。该合同总价约4000亿美元。主供气源地为俄罗斯东西伯利亚的伊尔库茨克州的科维克金气田和萨哈共和国的恰扬金气田。俄气负责气田开发、天然气处理厂和俄罗斯境内管道的建设；中石油负责中国境内输气管道和储气库等配套设施建设。中方给予俄方一定的预付款，但是，有关预付款的条件仍没有达成一致，需要继续谈判。最后的"底线价格"究竟是多少，"价格公式"如何，双方没有公布。

2014年9月1日，国务院副总理张高丽在雅库茨克会见俄罗斯总统普京，并与普京共同出席中俄东线天然气管道俄境内段"西伯利亚力量"管道开工仪式。2015年4月，俄国家杜马批准了该协议。

---

① 专家："中国借助与俄罗斯的演习扩大其海军活动范围"，http://sputniknews.cn/russia_china_re-lations/20150515/1014766541.html。

2014 年 11 月 9 日至 10 日，俄总统普京抵达中国，出席在北京举行的亚太经合组织（APEC）非正式领导人会议。9 日，在亚太经合组织首脑会议前夕，习近平与普京在钓鱼台国宾馆举行了会晤，两国元首共同见证了一系列双边合作协议的签署。中国石油集团董事长周吉平分别与俄罗斯国家石油公司（俄油）总裁谢钦和俄罗斯天然气工业股份公司（俄气）总裁米勒签署了《关于万科尔油田项目合作的框架协议》和《关于沿西线管道从俄罗斯向中国供应天然气的框架协议》。根据协议，未来，俄气将通过中俄西线管道向中国市场每年供应 300 亿立方米天然气。同时，俄油邀请中国石油集团购买万科尔油田 10% 的股份。万科尔油田是位于俄东西伯利亚北部的巨型油田，是俄油旗下最大的油田之一（占俄油目前原油产量的 11%），其原油是东西伯利亚—太平洋石油管道输油的主要来源之一。此外，中俄双方还议定，在已有石油换贷款的基础上，通过漠河和大庆分支线的斯克沃罗基诺供应点之外的另一地点，再向中国每年附加供应 500 万吨石油。作为回应，中国石油将与俄油合资，积极推进位于中国天津的东方石化公司建设。根据中俄协议，天津东方石化将建成包括每年 1600 万吨炼油、石化及 300 座加油站在内的联合体，其中炼油项目将于 2019 年建成，中俄占股分别为 51% 和 49%。

2014 年 6 月 30 日，中俄卫星导航合作圆桌会议在哈尔滨举行，这是首届中俄博览会暨第 25 届哈洽会的重要合作交流活动之一。中国国务院副总理汪洋和俄罗斯副总理罗戈津分别为圆桌会议开幕致辞，来自中俄两国卫星导航方面的专家就俄罗斯"格洛纳斯"导航系统和中国"北斗"卫星导航系统的相关问题进行了交流，双方签署了《卫星导航合作谅解备忘录》。

2014 年 12 月 11 日，中俄合作圆桌会议在北京举行。俄罗斯副总理、俄罗斯总统驻远东地区全权代表特鲁特涅夫带领政府代表团招商引资，推介远东优先发展地区投资项目，承诺了一系列税费减免等优惠政策。出席会议的中方代表包括招商局集团执行董事胡建华，国电、三峡、华能等央企巨头和一些民营企业代表。俄副总理表示优先发展地区税费减免期为 10 年，企业入驻 10 年内减免 90% 的税费，10 年后税费逐步增加。他称 10 年时间给了企业非常长的时间收回利润、成长壮大。而企业所得税、财产税、地皮税都将有所优惠。在会上，滨海边疆区行政长官米克卢舍夫斯基提出五大重点合作项目：一是油田附近建设石油枢纽，使石油开采、冶炼一条龙，降低运输成本；二是将扎卢冰港口发展为自由港计划；三是与俄农业公司合作发展畜牧业，建立从饲料到养殖再到肉制品生产的产业链；四是在海参崴建立物流中心，此项目占地 500 多公顷，基础设施建设即将竣工，建成后设施非常齐全；五是在俄罗斯岛也就是俄罗斯联邦大学所在地建立科研中心，使高校科学技术产业化。

因为美国和欧盟（EU）对俄罗斯实施的制裁，俄罗斯企业比以往更重视对中国银联的使用、中国股票市场的利用，将资金存入中资银行，将现金兑换成为港元。2014 年 7 月 31 日，俄罗斯第二大移动通信运营商 Megafon 表示，已将 40% 的现金储备兑换成港元，存放在几家中资银行，剩下的 60% 则以卢布形式持有。俄罗斯镍生产商诺里尔斯克镍业（Norilsk Nickel）以及俄罗斯第二大天然气生产商诺瓦泰克公司（Novatek）也开始将一部分持有的外汇转换成美元以外的货币，包括港元。①

中俄天然气合同曾谈判了 10 年没有结果。而乌克兰危机是巨大的促进因素。俄方加强了对中方的工作。而中方选择此时签署协议，并不仅仅是经济问题，也是对俄罗斯的一种政治支持。乌克兰危机后，俄面临西方多轮制裁。中国已连续出手，与俄缔结多项双边协议，有效缓解了俄战略压力，为其维持经济基本面、延缓经济崩溃作出了重要贡献。这些协议包括：①中俄在 2014 年 5 月签署的总价值高达 4000 亿美元、为期 30 年的《中俄东线供气购销合同》。②10 月，中国人民银行与俄罗斯联邦中央银行签署规模为 1500 亿元人民币/8150 亿卢布的双边本币互换协议。③10 月 13 日，俄罗斯交通部、俄罗斯铁路公司、中国发改委和中国铁路总公司签署了在高铁领域合作的备忘录。文件签署目的是研究"莫斯科—北京"欧亚高速运输走廊，包括"莫斯科—喀山"高铁项目。④11 月，在北京 APEC 峰会期间，中俄签署《关于沿西线管道从俄罗斯向中国供应天然气的框架协议》。

2014 年 12 月 25 日，俄罗斯驻华大使杰尼索夫在接受《环球时报》记者专访时强调指出，俄罗斯经济确实经历困难时期，但俄罗斯不需要任何紧急援助，需要的是支持。俄罗斯处于危机状态，但和中国等伙伴讨论的不是援助，而是互惠互利，如贸易交易时以本币结算的规模，这些不是援助，这样做对中方有利，对俄方有利，对双方都有利。他还说，俄罗斯并不存在商品短缺问题，相反，最近（因为卢布贬值），中国、乌克兰、波罗的海国家的人

---

① 《金融时报》（英国）："俄罗斯企业现金资本转向亚洲"，http://www.ftchinese.com/story/001057545。

都来俄罗斯买东西，而且东西很便宜。有中国学者指出，特殊时期的中俄交易，中方做出了巨大让步。"中国与俄罗斯的每单生意都是以吃巨亏为前提的。中俄战略性大宗贸易有几个特点，它们都是将中方贷款与贸易进行捆绑，也就是花中国单方面的钱做两国共同的事；合同价格高于俄对外贸易的平均价格，且在由于制裁俄油气价格大幅跌落的情况下，中国仍然以合同价格支付，在中俄本币互换协议中，人民币和卢布兑换的汇率不受卢布国际汇率的影响，仍然以危机前的汇率结算，一来一去之间，中国损失巨大。"①

2015 年 5 月 8 日，卫国战争 70 周年庆典前夕，中俄两国元首在莫斯科见证了 32 份合同的签署，有媒体报道总价值高达 250 亿美元。包括：双方达成西线供气基础条件协议；中方进一步确认为俄罗斯首条高铁"莫斯科—喀山"提供融资；双方签署共同使用北斗系统与格洛纳斯系统数据的声明；俄罗斯联邦储蓄银行与中国国家开发银行之间达成了一项 60 亿元人民币的贷款协议；俄罗斯直升机公司和中国航空工业集团公司签署了重型直升机项目合作框架协议；中俄联合投资基金将与俄联合飞机制造集团公司合作建立租赁公司，向中国和东南亚市场推广 100 架俄制苏霍伊超级喷气机-100（SSJ-100），该租赁公司总部将设在陕西省西咸新区的中俄工业园区内。

2015 年 5 月 12 日，中国中铁股份有限公司发布公告称，其旗下的中铁二院集团工程有限责任公司与俄罗斯企业组成的联合体已中标俄罗斯莫斯科—喀山高铁项目的勘察设计部分。该联合体由莫斯科国家运输工程勘测设计所领导、下诺夫哥罗德地铁设计院和中国中铁二院工程集团有限责任公司组成。工程执行时间为 2015~2016 年，项目合同金额为 200 亿卢布。"莫斯科—喀山高铁"是俄罗斯 2008 年 11 月颁布的《2030 年运输发展战略规划》的组成部分，未来将延伸至叶卡捷琳堡。项目总里程 770 公里，最高设计时速 400 公里，轨距为 1520 毫米。铁路建成后，莫斯科—喀山间列车运行时间将从现在的 14 小时压缩至 3.5 小时。项目规划在 2018 年世界杯之前完工。据测算，莫斯科—喀山高铁项目造价达 10683 亿卢布（约合 213 亿美元），中国将提供部分项目融资。国内舆论称这是中国高铁走向海外第一单。②

---

① 丁咚："俄罗斯为何得了中国便宜还卖乖"？http://blog.ifeng.com/article/34745491.html？touping。
② 新华网："中俄共建莫斯科—喀山高铁协议将有望月底签署"，http://news.xinhuanet.com/2015-05/12/c_127793545.htm。

四、中俄总理第十九次定期会晤

2014 年 10 月 2 日，是中俄两国建交 65 周年日。10 月 13 日，俄罗斯总理梅德韦杰夫和中国总理李克强在莫斯科举行了中俄总理第十九次定期会晤。此次总理会晤的一个背景是乌克兰危机。西方对俄实施了制裁，导致国际油价下跌，俄卢布贬值，资本外逃，经济前景堪忧，国际形象受损。

比较第十九次总理会晤公报和 2013 年的第十八次总理会晤公报，可以看出，2014 年公报和 2013 年公报有一些类似的表述："双方将继续在维护国家主权、领土完整、安全等涉及两国核心利益的问题上相互坚定支持。""中俄在许多国际问题上持相同或相近的立场。"特别令人关注的是新增的内容："反对以任何方式干涉内政，……尊重对方国家自主选择发展道路的权利。""双方强调，必须尊重各国历史文化传统、各国自主选择的社会政治制度、价值观及发展道路，不干涉别国内政，不赞成进行单边制裁。""将在联合国、二十国集团、'金砖国家'、上海合作组织和亚太经合组织等多边机制框架内加强协调，在一系列重大国际和地区问题上加强沟通与协作。"在当前特殊形势下，公报明确表明反对干涉内政、不赞成单边制裁，要求在国际组织中加强沟通和协作，这体现了中方对俄方立场的某种声援。"双方指出，应改革国际经济金融体系，以服务实体经济的需要，并通过扩大新兴市场国家和发展中国家在全球经济治理体系中的代表性和发言权来进行改革。"这一条款一定程度上反映了中方立场，即希望俄罗斯支持中国扩大在世界银行和国际货币基金组织的表决权。在该领域，中国的实际利益超过俄罗斯。

2014 年的公报没有涉及其他国家和地区。2013 年的公报直接提到了叙利亚、朝鲜、伊朗，间接提到日本："双方指出，应通过和平手段和政治对话解决包括叙利亚、朝鲜半岛核、伊朗核在内的国际问题，反对绕过联合国安理会动辄对别国使用武力或以武力相威胁，反对颠覆别国合法政权。""双方认为，《联合国宪章》以及其他国际法律文件所确认的第二次世界大战成果不容篡改，呼吁各有关国家共同致力于强化互信、友谊和合作的氛围。"（第十八次总理会晤公报）中俄双边合作开始大幅推进，许多大型项目开始提上议事日程。双方表示要"启动中俄投资合作委员会和经济领域战略性项目高级别监督工作组。""落实《中俄投资合作规划纲要》，重点推进大项目合作。"制定双边贸易 2015 年达到 1000 亿美元、到 2020 年达到 2000 亿美元的目标

（黑龙江确定了到 2015 年和 2020 年对俄贸易力争突破 240 亿美元和 500 亿美元的中长期目标）。2013 年，签署了 18 项合作协议，其中主要是一些较小的项目，例如贷款协议和矿藏开发协议，如：《国家开发银行与俄罗斯对外经济与开发银行 8 亿美元贷款协议》；《国家开发银行与俄罗斯对外经济与开发银行 4 亿美元贷款协议》；《中国进出口银行与俄罗斯对外经济与开发银行 7 亿美元贷款框架协议》；《中国有色金属建设股份有限公司与俄罗斯 MBC 有限公司关于奥杰罗铅锌矿项目建设 EPC 合同》；《安徽省外经建设（集团）有限公司和俄罗斯 Meetline 有限公司关于俄罗斯斯维尔德罗夫斯克州 3000 吨/日水泥熟料生产线工程 EPC 合同》。2014 年，公报列举了签署的 13 项合作协议，其中很多项目都是大型项目、长期性项目。例如：《中俄关于沿中俄东线管道自俄罗斯向中国供应天然气领域合作的协议》；《中国卫星导航系统委员会与俄罗斯联邦航天局在卫星导航领域合作谅解备忘录》；《中国国家发展和改革委员会与俄罗斯联邦运输部、中国铁路总公司与俄罗斯国家铁路股份公司中俄高铁合作谅解备忘录》；《中国人民银行和俄罗斯联邦中央银行人民币/卢布双边本币互换协议》。

　　由于乌克兰危机及西方的制裁和俄罗斯的反制裁，俄罗斯认识到了自己的不足，特别是在农业和信息产业领域。这两个部门的合作公报专门涉及。"在中俄总理定期会晤委员会农业合作分委会框架内确定双方在农业领域最有前景的合作方向，积极致力于扩大农产品贸易，加强动植物检验检疫合作，密切在农工综合体投资领域的合作，合作生产绿色农产品并促进两国间贸易及向第三国出口，扩大两国在渔业领域的长期互利合作。""推动信息通信领域的战略合作项目取得实际成果，在无线通信设备、网络设备、高端服务器、车载信息服务等领域加强合作，在集成电路设计、电信设备和配件研发、陆地光纤通信网络建设方面开展合作，在无线宽带接入、光纤网络、普遍服务、政府监管与政策等方面开展交流，共同努力降低中俄两国间的国际漫游资费。"在农业和信息产业，中国相对俄罗斯确实具有优势，而俄罗斯此前一意面向欧美，对中国产品很不以为然。

五、中俄合作存在的问题

　　总的来看，中俄双边合作近年取得了巨大的成果。从 2009 年起，中国连续五年成为俄罗斯第一大贸易伙伴。与此同时，也要看到中俄合作仍然存在许多问题，需要我们正视。中俄有许多共同利益，也有不同利益。在对共同利益大唱赞歌的时候，不能回避问题。独立自主是我们最高的外交准则，国家利益是永恒的外交政策的出发点，坚持平等、对等是外交工作的最基本要求。

1. 中俄合作的特点是政府强势主导，行政化趋势越来越明显

两国合作机制众多，从上到下建立了无数的委员会、分委员会、工作组、专家组，层层叠叠。每年召开各个级别无数的会议，进行无数次互访，效率低下。同时，合作领域规划太多、太滥，涉及工业、农业、金融、能源、教育、高科技、海关、知识产权保护、经济特区建设、旅游、会展、青少年交流等几乎各个方面，事无巨细，无所不包。两国政府的一些人迷恋于"顶层设计"，试图规划两国交往的各个方面，缺乏企业和民间的自发参与。这实质是中俄合作缺乏活力和深层次动力的表现。

中方往往将一些国内做法延伸到国际上，习惯在对外交往中提出指标。例如，提出中俄双边贸易 2015 年计划要达到 1000 亿美元，2020 年实现 2000 亿美元。这种定指标、下任务的方式在国际经济合作中是非常少见的，容易产生一些问题，导致为合作而合作，没有效益的合作。

2014 年 5 月中俄签署的 4000 亿美元天然气巨单，以商业秘密为由，不公布价格和计算公式，自然引起外界猜测。在两国内部，也有很多不同的声音。一系列的疑问产生：最终的价格是多少？谁获利更多？这是一份经济协议还是一份政治协议？这份协议会得到顺利的履行吗？一些俄罗斯专家认为，因为乌克兰危机，中国将获得战略机遇期，中国是乌克兰危机中获利的一方。俄罗斯战略和技术分析中心研究员瓦西里·卡申（Vasily Kashin）说："中国官员现在正在暗中鼓掌，即使不是公开表达喜悦……乌克兰危机所导致的局势符合他们的利益，他们愿意让形势保持目前的状况。"中国正从俄罗斯与西方关系恶化中获利，标志就是 5 月俄中之间签署的 4000 亿美元的天然气协议。"这个交易显示中国人是强硬的谈判者，这个交易之前谈了很多年，直到这个困难的政治局势后才签署。"莫斯科战略评估和预测中心主任谢尔盖·格林亚耶夫（Sergei Grinyayev）说。[1] 普京"中国人喝了我们不少血"[2] 的表态更像是

---

① "As Russia and U.S. Struggle, China Rejoices", Moscow Times, Aug 24, 2014. http://www.the-moscowtimes.com/article/as-russia-and-us-struggle-china-rejoices/505745.html.

② 2014 年 5 月 23 日，普京在会见参加圣彼得堡国际经济论坛的中国国家副主席李源潮时的讲话。

虚矫之词。中俄历次能源交易的具体价格、条款严格保密。交易不能公开透明，容易引起误读，不利于两国能源合作，也不利于两国关系的长远发展，凸显了中俄政治和经济合作的问题。即完全由政府主导和决策，排除了企业的决策权。两国似乎都遵循企业谈判领导人拍板的模式。这个模式蕴含巨大风险。即企业认为在商业上无利可图，而纯粹是完成政治任务。结果导致巨额亏损，需要国家买单。这是典型的对外贸易中的政企不分。

当前，外方非常了解中国的情况。经常采取的做法是，在一些商业谈判无法达成协议的时候，转而做中国上层的工作，然后通过上层的决定或意愿来施压中国企业和地方政府，让他们非常被动。这一点我们需要特别注意。

从长远来看，中国应考虑将政治性项目和经济项目、商业项目分开。政治性项目、援助应由政治领导人决策。而经济项目、商业项目，应完全由相关企业自行负责，国家只保留最后的审查权。一个企业，无论国企还是私企，最基本的，是对企业负责、对员工负责、对股东负责，我们不能要求一个企业去承担其无法承担的任务。在国外，企业就应追求经济利益第一，不能要求企业去履行政治义务，不能让企业去承担国家责任。因为，从本质上看，企业办好了，就是对国家的贡献，对社会的贡献。归根到底，对外经济合作也要从"政府主导"向"市场主导"转变。

2. 中俄双方战略互信仍然存在问题，并没有得到根本解决

中俄关系近年发展趋势良好。但是，毋庸讳言，在俄罗斯国内，对中国的疑虑仍广泛存在。"中国威胁论"、"黄祸论"不仅在西方，在俄罗斯也很有市场。在俄罗斯精英和普通民众中，很多人对小老弟中国对老大哥俄罗斯的超越，心理上难以适应。俄罗斯上层对中国在远东和中亚的意图疑虑重重，这种疑虑不是短期内可以消除的。俄国内一些人不断提醒俄罗斯沦为中国的"小伙伴"，成为中国的"经济附庸"和"原材料殖民地"，暗示中国是乌克兰危机的最大受益者。[1]

乌克兰危机后，普京政府"向东看"的战略，既有开发远东的主动追求，也有乌克兰危机导致的西方经济制裁的叠加因素。后者是一种临时性的被动的选择，这是我们需要清醒认识的。一旦俄罗斯与西方关系缓解，他对中国的需求将迎来一波退潮。俄会对危机期间的双边协议进行重新审视，也许有

---

① Dmitry Trenin, "The Only Winner in Ukraine Is China," Moscow Times, August 20, 2014.

的协议会打折扣，有的不会履行。俄罗斯自我定位为一个欧洲国家，它对西方的看重远远大于对东方的看重。促进远东和西伯利亚发展确实是俄罗斯的国策，但是，这个战略并不必然会带来中俄边界地区合作的提高，并不必然会带来俄罗斯人对中国资本和中国人的热烈欢迎。俄罗斯一直希望的是，其他国家，例如日本、韩国、朝鲜、东盟国家，来对冲中国在远东的影响力。俄罗斯眼中远东的对外合作是全方位的，并不局限于中国。

普京和梅德韦杰夫都曾表示，俄不允许出现单一民族聚居区，不允许出现唐人街。2013年，莫斯科市长索比亚宁在接受《莫斯科新闻报》采访时表示，"我不赞同这些人（中亚人）就直接这样留在这里。如果谁能够留下来，那么首先是懂得俄语、和我们有相同文化传统的人，也就是我们形象地称之为'同胞'的人。那些俄语说得不好、完全是另外一种文化传统的人，最好待在自己国家"。"我认为莫斯科始终是俄罗斯的城市，也应该这样下去，而不是中国的、塔吉克斯坦的、乌兹别克斯坦的。"① 俄罗斯人一方面抱怨中国不向俄罗斯投资，另一方面对外资特别是中国资本怀有特别的疑虑，对中国人对远东的所谓野心念念不忘。俄罗斯对中国有两怕：一怕中国人口扩张，二怕俄罗斯沦为中国的原料供应国。但是这种担心是没有根据的。中国真正迁居俄罗斯的移民少之又少，比起中国到美国、加拿大、澳大利亚、欧洲、东南亚的移民要少得多。而原料供应国并不等于不发达国家。例如，澳大利亚是原料供应国，但仍然是发达国家。这有赖于俄罗斯自我定位和自我适应。

正是在这种心理作用下，多年来，许多项目俄方实际是在敷衍。中俄总理第十九次会晤公报提到要"推动同江—下列宁斯阔耶跨境铁路桥如期建成，抓紧协商《1995年6月26日签署的〈中华人民共和国政府和俄罗斯联邦政府关于共同建设黑河—布拉戈维申斯克黑龙江（阿穆尔河）大桥的协定〉的补充协定》"。2015年5月8日的《中俄联合声明》也指出"加快同江—下列宁斯阔耶口岸铁路桥、黑河—布拉戈维申斯克口岸公路桥等跨境交通基础设施建设"。

1995年签署的关于共同建设黑河—布拉戈维申斯克黑龙江（阿穆尔河）大桥的协定已经过去了20年，没有任何进展。截至2015年4月，同江—下

---

① 俄新社2013年5月30日消息。转引自环球网，http://world.huanqiu.com/exclusive/2013-05/3987804.html。

列宁斯阔耶跨境铁路桥中方已完成投资 9.5 亿元，而俄方尚未开始建设。《中华人民共和国东北地区与俄罗斯联邦远东及东西伯利亚地区合作规划纲要（2009~2018）》规划的时间已经过去大半，现在又要开始"商定地方合作重点项目清单"。在东北和远东边界合作进展缓慢的情况下，两国又推出长江中上游地区和伏尔加河沿岸联邦区合作机制。中俄本币互换讨论了很多年，这次是在俄金融机构面临西方制裁和人民币国际化已经取得巨大进展的情况下才姗姗来迟。实际上，2008 年以来，中国人民银行已经与 28 个国家和地区签署了双边本币互换协议，包括欧洲央行。2014 年 10 月 13 日——中俄协议签署日，人民币对卢布汇率市场中间价已经是 6.14。而中国央行与俄罗斯联邦中央银行按 5.43 这个固定汇率签署了规模为 1500 亿元人民币/8150 亿卢布的双边本币互换协议。有学者认为，在卢布跌跌不休的情况下，按固定汇率本币互换，实际上是变相给俄罗斯送钱。

图们江国际通航问题是中国和东北地方急切盼望解决的问题，中国目前还未实现图们江的通航权。2009 年 11 月 17 日，国务院正式批复《中国图们江区域合作开发规划纲要——以长吉图为开发开放先导区》，"长吉图"开发上升为国家战略。2015 年 5 月 8 日的《中俄联合声明》指出，"在使用俄远东港口等交通基础设施发展中俄陆海联运方面加强合作"。但是，封锁中国在日本海的出海口，是俄罗斯和朝鲜的国策。对此，两国有共同的利益，高度的默契。无论中国做什么工作，两国只有敷衍。两国一直在做的，就是以图们江通航作为诱饵，诱使中国无尽的援助、投资和让步。国内有人一直在不断论证，中国享有图们江航行的权利，既有历史依据，又有现实国际法基础。而且，中俄、中朝曾就此达成共识，开发图们江三角洲有利于中、俄、朝三国。其实，这不是一个法律问题，也不是一个经济问题，而是一个政治问题。俄罗斯和朝鲜对中国的防范与排斥导致了这一问题很难解决。我们必须清醒地认识到这一点。

3. 片面强调合作，忽视风险警示，忽视利益冲突

政府要做的，不仅是鼓励中国公民和中国企业"走出去"、赴外投资，更要提醒企业和个人注意外部世界潜在的风险。如果外部风险太大，投入产出不成比例，还不如鼓励资本"留下来"。

对一个投资项目，最重要的是投资环境和利润回报。中俄合作，尤其是一些大项目合作，由于建设周期长，资金需求量大，利润回报遥遥无期，中

方要特别注意防范风险，尤其是经济和金融风险。因为一个项目如果不能盈利，最终是无法持续的。对投资大、周期长的项目尤其要有风险意识，谨慎进入，合理避险。

大项目合作，既要考虑财政风险，也要考虑政治风险。例如，一国的政治制度是否完善，政策有无连续性，会不会发生政府更迭、政治动荡的情况，投资地区是否有战争和冲突，是不是争议地区，该国的总体财政状况和政治稳定前景怎样，商业合作伙伴是否面临国际纠纷或国际制裁。

近年来，中国热衷对外大型投资，例如电力、铁路、公路、水利工程、输油气管道等大型基础设施项目，往往资金需求大，工期长，需要工人多，中国需承担从融资、建设、维护、管理的所有责任，风险很大。全世界的投资者都在谈论俄罗斯商业环境的不确定性。这和当前的经济制裁有关，也和俄罗斯国内现实的政治状况有关，我们不能漠视这一点。乌克兰危机后，有人提出中方应主动积极追求中俄更广领域的经济合作，加大在俄投资力度，拓宽投资领域，上一些大项目，甚至推动中国企业赴敏感地区如克里米亚和乌东部投资。俄罗斯希望中国企业参与克里米亚和乌东部的建设工作，包括克里米亚深水港和刻赤海峡大桥。中国企业的参与，将不仅提供俄罗斯所缺少的技术和资金，更为重要的是，它可以向世人宣扬，这是中国对莫斯科立场的证明。

目前，俄罗斯联邦储蓄银行（Sberbank）、俄罗斯天然气工业银行（Gazprombank）、俄罗斯外贸银行（VTB）、俄罗斯外经银行（VEB）、俄罗斯石油公司（Rosneft）和诺瓦泰克公司（Novatek）都处于美国的制裁名单中。[①] 未来，不排除某些公司出现债务违约的风险。中国应该从中乌（乌克兰）贷款换粮食协议、中国铁建麦加轻轨、缅甸油气管道、缅甸密松大坝、科伦坡港口城、中朝鸭绿江新跨境大桥、墨西哥高铁等项目吸取经验和教训。

中俄总理第十九次会晤公报要求"加强两国金融机构在相互提供出口信贷、保险、项目融资和贸易融资、银行卡等领域的合作，提高双边贸易和投资便利化"。从 2014 年底到 2015 年，原油价格急剧下跌，曾经探底到每桶 50 美元以下。俄罗斯再次爆发金融危机的可能性是存在的。中俄金融合作需警

---

① Announcement of Treasury Sanctions on Entities within the Financial Services and Energy Sectors of Russia, Against Arms or Related Materiel Entities, and those Undermining Ukraine's Sovereignty, http://www.state.gov/e/eb/tfs/spi/ukrainerussia/.

惕额外风险。因为，如果乌克兰危机进一步恶化，西方国家很可能将对俄制裁扩展到那些和俄罗斯有紧密联系的第三国金融机构。中国金融机构在欧美有广泛的利益，需要我们慎重对待。中俄实行本币交易，中国单方面在境内开设卢布区，也需防范风险。在卢布币值不稳的情况下，强推本币结算风险极大。中俄两国对"去美元化"有共同利益，但关键是，在"去美元化"之后，实行本币结算，到底是用人民币还是卢布，两国有一定分歧。俄罗斯的目标是推动卢布国际化，而中国希望推动人民币的国际化。坦率地说，两者很难兼容。如果不能使用人民币结算，暂时回到美元结算或易货贸易是规避风险的一个有效手段。

航空和高铁合作是最近热议的两个问题。在民用航空领域，俄罗斯近年是完全沦陷，没有一款能够市场化的民航客机。中俄第十九次总理会晤公报提出要"推动民用航空和航空制造合作，推动重点项目，扩大航空发动机、科技、工艺与材料、适航等领域的合作"。对于宽体客机合作，俄方一直比中方更有热情。当前的现实是，俄罗斯民机发展需要中国的资金和市场，而俄罗斯的民航机技术对中国的帮助非常有限。2015年2月，俄罗斯联合飞机制造集团总裁表示，中俄两国将联合投资130亿美元研制宽体商用客机，中方参与的实体是中国商用飞机有限公司。俄罗斯的目标是，在联合飞机制造集团的基础上，建立可与波音和空客公司展开竞争的世界第三大的航空制造中心。这和中国商飞的战略目标非常类似。中国商业飞机有限公司有自己的飞机发展计划。目前，干线单通道客机 C919 正在加紧研制，支线客机 ARJ21-700 已经取得中国民航局颁发的适航证。目前，国内单位有意向引进俄罗斯的苏霍伊（Sukhoi）超级 100（SSJ-100）支线客机，而这款客机和中国商飞的 ARJ21-700 构成严重竞争关系。同样，俄伊尔库特公司（Irkut）生产的 MS-21 客机（中短程干线飞机）和国产 C919（国产单通道干线飞机）构成竞争关系。2015年4月28日，俄副总理罗戈津表示，俄中两国联合生产的远程宽体飞机有可能建立在俄 MS-21 客机的基础上。[①] 这显然是不现实的。中国商飞有没有能力同时研制生产三种型号的飞机呢？如果中俄进行大飞机合作，这种合作谁占主导，风险如何分担，都需要考虑清楚。中国需要仔细衡量，

---

① 罗戈津："俄中或基于 MS-21 客机联合生产新型远程宽体客机"，http://sputniknews.cn/russia/20150428/1014574026.html。

独立发展大飞机和与俄罗斯联合发展，哪条道路更为可行。

第十九次总理会晤公报提出要"继续研究构建'中国（北京）—俄罗斯（莫斯科）'欧亚高速运输走廊，确保在优先实施'莫斯科—喀山'高铁项目上开展全面合作"。2015 年 5 月，中俄联合体中标莫斯科—喀山高铁项目的勘察设计部分。长达 7000 公里的中俄高铁线路，资金如何筹集，建成后有没有客流量，能不能盈利，都是问题。俄罗斯希望中国向俄罗斯的第一个高铁项目——莫斯科—喀山段（770 公里）高铁投入巨资，包括融资、设计、建设、设备提供和维护。俄方的设想是，仅投入有限的启动资金，又要保证主导权，而风险全由中方承担。这种合作模式具有极大风险。所以，这两个项目在经济上是否具有效益，在政治上是否有可行性，值得进一步深入探讨。2006 年，在"萨哈林-2"号油气开发项目上，俄和英荷皇家"壳牌"公司、日本三井物产和日本三菱商事的争执案件值得关注。

目前，国内正在聚焦"一带一路"，拓展欧亚大陆交通，加强沿线国家交往无可厚非。然而，欧亚大陆交通的弱点也显而易见。"义新欧"、"渝新欧"、"西伯利亚大陆桥"、"第二欧亚大陆桥"（莫斯科—阿斯塔纳—乌鲁木齐）等亚欧大陆铁路运输和海运相比，存在先天的劣势。一是运费高，基础设施建设和维护费用高。二是欧亚大陆腹地冬季漫长，气候寒冷，对很多商品的运输并不适合，例如欧洲等国输华的大众商品如食品（葡萄酒、橄榄油等）。三是沿线国家众多，关卡重重，官僚主义严重，协调困难。"新丝绸之路"陆上通道作为海上通道的补充是可以的，但期望其等同或替代海上通道，则是不现实的。一些人将"新丝绸之路经济带"定位为世界上"最具有发展潜力的经济大走廊"，认为"中国货物运往欧洲的最佳路径是西伯利亚大铁路"。①这些看法是脱离实际的。

中俄也在探讨在导航系统领域合作的可能性。目前，世界上有四种导航系统：中国的"北斗"导航系统、俄罗斯的"格洛纳斯"系统、欧洲的"伽利略"卫星定位系统和美国的"GPS"全球定位系统。美国的"GPS"全球定位系统一枝独秀，占据了市场最大份额。而其他三种导航系统都处于追赶状态。中国的"北斗"导航系统和俄罗斯的"格洛纳斯"系统既有合作关系，

---

① 专家："中国商品运往欧洲的最佳路径是西伯利亚大铁路"，http://sputniknews.cn/economics/20150417/1014459444.html。

也存在竞争关系。历史证明，俄罗斯在合作中，从不甘居人下。在对外合作中，中国应特别注意，不要让政治判断代替经济判断和技术判断，不要让对外合作项目取代自主发展项目。

政治关系良好并不意味着商业环境良好。对中俄关系友好的强调，不能阻碍我们对俄罗斯经济和商业环境的真正的研究考察。要把俄罗斯真实的投资环境和商业环境告知国内公司和民众。不能只强调中俄经济合作的机遇。长期以来，在国内媒体上，有关俄罗斯，总是进行正面宣传和报道：宣传中俄友好、中俄战略伙伴、中俄在国际事务上的配合、俄罗斯资源的丰富、俄罗斯领导人的英明、俄罗斯人民的友好。但是，政府和媒体也有必要告诉国人俄罗斯的另一面：官僚主义严重、行政效率低下、腐败盛行、市场机制不健全、税务负担沉重、法治缺失、利益集团活动猖獗、排外主义严重、人民比较安于享乐，等等。一个全面而真实的俄罗斯，才是政府和媒体需要向国内民众说明的。

在俄罗斯，多年来，中国公民和企业合法权益被侵害的事情屡有发生。为达目的，俄政府经常采取各种非常措施，例如，违反环境保护、伪造证件、违反移民条例、欠税、进口限额、签证失效、产品质量等问题，突然发难，给企业和个人造成巨大困难。2008 年，浙商傅建中的新洲集团在哈巴罗夫斯克林场被没收案，2009 年查抄切尔基佐夫斯基大市场案都是明证。一些进入俄罗斯的中国企业因为非市场原因举步维艰。而在中国，很少有俄罗斯公民和企业的合法权益被侵害。

中国政府要组织在俄罗斯的中资企业和个体工商户，广泛征求意见，提出风险应对策略，提高预警能力，提高领事保护能力，提高新闻媒体对负面新闻的曝光率。在一些典型案件处理未完成时，政府应对赴俄投资进行预警。

4. 放弃对等原则，造成被动

对等不仅是政治上的，也是经济上的。邓小平同志说过，中苏之间"真正的实质问题是不平等，中国人感到受屈辱"。[①]当前，中俄合作，在绝大多数时间、绝大多数项目上，是中国一方热而俄罗斯一方冷。俄罗斯严把中方签证，而中国给予俄罗斯人几乎是免签的待遇，几乎没有拒签或拖延签证的情况，造成实际上的不平等。在一些中俄口岸（例如满洲里），俄罗斯人的车

---

① 《邓小平文选》第 3 卷，人民出版社 1993 年版，第 294~295 页。

可以随意开到中国境内，而中国人的车不能到俄境内。中国边界地方政府给予俄罗斯海关和口岸建设大量援助，例如，嘉荫县财政在自身财政极为困难的情况下，还给予俄方帕什科沃口岸126万元人民币的援助。①在实际执法过程中，俄罗斯各级行政执法部门对中国公民权益的非法侵害，中国有关部门往往不能予以正当交涉，中国新闻媒体很少曝光。中国人到俄罗斯旅游，本无可厚非，但是中国国家旅游局和俄罗斯合作，规划专门针对中国人的俄罗斯红色旅游项目，其实质是和外国政府合作来赚中国人的钱，这让人非常困惑。

2013年12月，黑龙江绥芬河正式被国务院批复为中国首个卢布使用试点市。这是新中国成立以来，首次允许一种外币在中国某个特定领域行使与主权货币同等功能。卢布可在绥芬河自由存取，俄罗斯游客可用卢布直接消费、交易。而俄方没有采取类似的措施，人民币在俄罗斯不能流通。人民币在俄罗斯与卢布在中国的地位，没有对等。在国内单方面设立一种外国货币使用区，其实质是对中国经济主权和政治主权的侵蚀。一些人表示，在中国设立卢布试点地区有利于规范卢布交易市场，有助于建立人民币和卢布之间的汇率形成机制，为对等推进人民币在俄罗斯相关城市流通使用，奠定坚实基础，从而推动人民币国际化，等等。其实，仅从货币角度来说，人民币现在的地位远高于卢布。根据环球银行金融电信协会（SWIFT）发布的报告显示，至2014年11月，人民币已经取代加元和澳元，成为全球第五大支付货币，紧随美元、欧元、英镑和日元。苏联解体后，俄罗斯经历了1998年、2008年和2014年三次卢布危机。卢布多次大幅度贬值，中国商人损失惨重。中国在绥芬河采取的措施，实质是在推动卢布的国际化，而非人民币的国际化，违背了"对等"这个最基本的国际关系准则。

中国地方、中国企业往往各行其是，缺乏大局意识和国家观念。各省、各个口岸争抢外贸、旅游资源，争相给予对方优惠，争相要求中央给予优惠政策，争相建立各种贸易区、保税区。就会展而言，就有哈尔滨中俄博览会（以前称哈尔滨国际经济贸易洽谈会）、长春东北亚博览会、乌鲁木齐亚欧商品贸易博览会、西安的欧亚经济论坛（丝绸之路论坛），同质化严重，互相恶性竞争。就口岸建设而言，仅黑龙江一省，就有国家批准建设的边境口岸15个。是否真需要这么多口岸？这些口岸建设投入在经济上是否有回报？实际

---

① 吕萍："黑龙江边境口岸发展现状"，《俄罗斯学刊》2015年第2期，第48页。

上，有些口岸自建成起就从未使用过（例如呼玛口岸），有些口岸长期关闭，徒然耗费国家的投资。有的口岸为求俄方开放相应的口岸，处于近乎祈求的地位，非常被动。目前的一个突出问题是，沿边各省、市、县将对外合作的重要性、战略性无限拔高。实际上，对沿边各省来说，做好省内工作，做好省际合作，做好国内合作，才是第一位的任务。

2015 年 5 月，俄中联合投资基金与俄联合飞机制造集团公司签署协议，成立中俄"苏霍伊超级 100（SSJ-100）"租赁公司，从苏霍伊公司购买 100 架客机，总金额 300 亿美元，供应中国和东南亚市场。租赁公司总部将设在陕西省西咸新区的中俄工业园。[①] 这无疑是对尚在襁褓中的国产 ARJ21-700 客机和中国民用航空工业的沉重打击。

5. 中国政府也应该踏踏实实地做一些工作，严格管理，保证中国出口产品质量

苏联解体前后，某些口岸只求量不求质的出口观亟须改变。劣质产品的出口，短期内可能获得一些小利，但从长远看，损害的是中国产品的信誉和市场。国家也需要采取措施，整顿众多的涉外中介机构（劳务、留学、旅游），切实提高海外中国公民素质，打击中国公民海外犯罪。多年来，中国人海外犯罪是一个严重的问题，特别是中国人针对中国人的犯罪行为，自我欺诈、自相残杀，触目惊心，严重败坏了中国人的海外形象。国家亟须在公安部建立专门的机构，处理海外中国人的犯罪问题。

---

① 俄罗斯卫星网："俄罗斯超级 100 客机将飞往中国"，http://sputniknews.cn/china/20150508/1014685 721.html。

第五章 经贸合作：中俄战略协作的核心内容

中俄两国同为世界大国，又互为最大的邻国，加强两国间经贸合作，发展两国间经贸关系具有重大战略意义，既有利于促进两国共同发展经济、改善民生，又有利于两国融入经济全球化进程。21世纪以来，随着中俄经贸合作的不断拓展与深化，经贸合作已成为中俄战略协作的核心内容。普京重新执政后，在全球经济增长放缓、国际能源价格下跌、乌克兰危机、西方经济制裁等一系列因素的影响下，中俄双边贸易出现了增长放缓的趋势，但在能源、金融、农业、交通等领域的合作中，中俄两国不断取得新进展和新突破。

第一节　21世纪以来中俄经贸合作的拓展与深化

进入21世纪以来，中俄经贸合作逐步结束磨合期，进入快速发展阶段，贸易额持续攀升，投资规模也迅速扩大。这期间，中俄经贸合作取得如此丰硕的成果，一方面得益于两国经济形势趋好，另一方面两国良好的政治关系为经贸合作提供了政治保障，各类协调机制的建立和运行为经贸合作搭建了沟通平台，经贸合作逐渐成为中俄战略协作的核心内容。

一、双边贸易额持续攀升

从中俄双边贸易额看，进入21世纪以来，中俄贸易呈现持续快速增长态势，大多数年份都达到30%以上的增长率（见表5-1）。2001年中俄双边贸易额首次突破百亿元大关，达到106.7亿美元，同比增长33.3%；2004年，中俄贸易额达到212.3亿美元，仅用三年时间贸易额就翻了一番，突破200亿美元；2005 年 11 月，中俄两国签署了《关于 2010 年前中俄经贸合作纲要的备忘录》，提出了到 2010 年中俄双边贸易额达到 600 亿~800 亿美元的发展目标。2005 年，中俄贸易额达到 291 亿美元，同比增长 37.1%，其增幅为中国与主要贸易伙伴之首。2006 年，中俄贸易额突破 300 亿美元，达到 333.9 亿美元，同比增长 14.7%，占当年我国外贸总额的 1.9%。2007 年，中俄两国经济形势大好，中俄双边贸易额达到 481.7 亿美元，同比增长 44.3%，增幅达到历史最高，其中，中国对俄出口实现"飞跃式"增长，出口额达到 284.9 亿美元，同比增长 79.9%，中国自俄进口 196.8 亿美元，同比增长 12.1%，中国对俄贸易首次出现顺差，顺差为 88.1 亿美元。中国成为俄罗斯第四大出口贸易伙伴和第二大进口来源地。2008 年后，国际局势和中俄两国经济形势复杂多变，中俄双边贸易也因此而变动，增长率表现出较强的不稳定性，但就总体趋势而言，中俄双边贸易额仍保持增长态势。2008 年爆发了全球金融危机，中俄两国经济受到不同程度的波及，中俄双边贸易也因此受到严重影响，2008 年中俄贸易增长率下降至 18%，2009 年危机在全球范围内蔓延发酵，俄罗斯经济遭受严重打击，中俄双边贸易也因此大幅下滑，出现了进入 21 世纪以来的首次负增长，双边贸易额同比下降 31.8%。2010 年中俄双边贸易摆脱金融危机影响，实现强劲复苏。2010 年中俄双边贸易额达到 554.5 亿美元，接近金融危机前的水平，同比增长 43.1%，其中，中国对俄出口额为 296.1 亿美元，同比增幅达到 69%，中国自俄进口额为 258.4 亿美元，同比增长 21.7%，中国首次超过德国成为俄罗斯的第一大贸易伙伴。2011 年中俄贸易额继续攀升，达到 792.5 亿美元，同比增长 42.7%，其中，中国对俄出口额为 389 亿美元，同比增长 31.4%，中国自俄进口额为 403.5 亿美元，同比增幅达到历史最高，为 55.6%。2011 年中国仍然保持俄罗斯第一大贸易伙伴地位，成为俄罗斯最大的进口市场，还超过德国，成为俄罗斯第二大出口市场（荷兰为俄罗斯第一大出口市场）。

表 5-1　2000~2011 年中俄双边贸易额

年　份	出　口		进　口		进出口	
	亿美元	增长（%）	亿美元	增长（%）	亿美元	增长（%）
2000	22.3	48.7	57.7	36.7	80.0	39.9
2001	27.1	21.4	79.6	37.9	106.7	33.3
2002	35.2	29.9	84.1	5.7	119.3	11.8
2003	60.3	71.3	97.3	15.7	157.6	32.1

续表

年 份	出 口		进 口		进出口	
	亿美元	增长（%）	亿美元	增长（%）	亿美元	增长（%）
2004	91.0	51.0	121.3	24.7	212.3	34.7
2005	132.1	45.2	158.9	31	291.0	37.1
2006	158.3	19.8	175.6	10.5	333.9	14.7
2007	284.9	79.9	196.8	12.1	481.65	44.3
2008	330.1	15.9	238.3	21.0	568.4	18.0
2009	175.1	−47.1	212.8	−10.7	387.9	−31.8
2010	296.1	69.0	258.4	21.7	554.5	43.1
2011	389.0	31.4	403.5	55.6	792.5	42.7
2012	440.6	13.2	441.0	9.9	881.6	11.2

资料来源：根据中国海关统计数据计算整理。

二、投资规模迅速扩大

进入 21 世纪以来，中国成为全球最大的加工业基地，外汇储备也已跃居世界第一位，具有很强的生产和资金优势，而俄罗斯在科研和设计方面具有较强的优势。在中俄投资合作中，两国具有很强的优势互补性，这成为两国展开投资合作的基础。2000 年以来，在两国政府的共同推动下，中国对俄投资规模迅速扩大。2000 年，中国对俄投资仅为 1600 万美元，占当年俄罗斯吸引外资总额的 0.1%，2010 年，中国对俄投资高达 76.31 亿美元，占当年俄罗斯吸引外资总额的 6.7%（见表 5-2）。中俄投资合作主要依托大型项目，中国对俄投资主要集中在能源、矿产资源开发、微电子、通信、家用电器组装和木材加工领域；俄在华投资则主要集中在核电、汽车、农机组装和化工领域。同时，随着投资规模的扩大，中俄经贸合作的质量在提升，正在从商品贸易和资源型贸易向技术服务型贸易转变。在 2011 年 10 月 10 日开幕的第六届中俄经济工商界高峰论坛上，中俄双方签署了 16 项经贸合作项目，总金额为 70.8 亿美元，其中投资合作项目金额为 41.6 亿美元，占总金额一半以上，协议涉及技术转让、合作研发等领域。

表 5-2 俄罗斯主要投资来源国对俄投资状况

	2000 年		2005 年		2010 年		2011 年	
	外资额 (亿美元)	比重 (%)	外资额 (亿美元)	比重 (%)	外资额 (亿美元)	比重 (%)	外资额 (亿美元)	比重 (%)
全部外资	109.58	100.0	536.51	100.0	1147.46	100.0	1906.43	100.0
荷兰	12.31	11.2	88.98	16.6	106.96	9.3	168.17	8.8
塞浦路斯	14.48	13.2	51.15	9.5	90.03	7.8	202.68	10.6
英国	5.99	5.5	85.88	16.0	407.70	35.5	131.04	6.9
卢森堡	2.03	1.9	138.41	25.8	53.74	4.7	46.82	2.5
德国	14.68	13.4	30.10	5.6	104.35	9.1	102.64	5.4
爱尔兰	0.34	0.3	5.95	1.1	25.56	2.2	20.33	1.1
法国	7.43	6.8	14.28	2.7	37.02	3.2	43.53	2.3
英属维尔京群岛	1.37	1.3	12.11	2.3	23.83	2.1	20.83	1.1
日本	1.17	1.1	1.65	0.3	11.08	1.0	12.43	0.7
中国	0.16	0.1	1.27	0.2	76.31	6.7	18.87	1.0
其他国家	49.62	45.2	106.73	19.9	210.88	18.4	1139.09	59.6

资料来源：Федеральная служба государственной статистики. Российский статистический ежегодник (2013)，http://www.gks.ru.

三、21 世纪以来中俄经贸快速发展的原因分析

（一）中俄两国经济形势趋好为经贸合作奠定经济基础

进入 21 世纪，中俄两国经济取得了长足的发展，人民生活水平不断提高，企业经营与投资环境逐步改善，两国消费和投资能力也随之增强，这为中俄经贸合作的发展奠定了良好的经济基础。2000 年以来，中国经济飞速发展，经济一直保持 8% 以上的增长率，2003~2008 年，中国经济增长连续六年保持两位数增长率，2007 年达到 14.6%（见表 5-3）。[①] 2010 年，中国 GDP 赶超日本，成为世界第二大经济体。随着经济的快速发展，中国城镇和农村居民生活得到持续改善。2000 年，中国城镇居民人均可支配收入为 6280 元，到 2012 年已增长至 24565 元，增长了近 3 倍，农村居民人均纯收入从 2000 年的 2253 元增长到 2012 年的 7917 元，增长了 2.5 倍。2000 年，中国人均存款余额为 5076 元，到 2012 年增长至 29508 元，增长了近 5 倍。2000~2012 年，中国城镇居民人均现金消费支出从 4998 元增长到 16674 元，农村居民人均消费

---

① 中国统计年鉴（2013），http://www.stats.gov.cn/tjsj/ndsj/2013/indexch.htm。

支出也从 1670 元提高到 5908 元。[①]进入 21 世纪以来，俄罗斯逐步走出经济危机的阴霾，开始恢复性增长，尤其是 2003~2008 年，俄罗斯经济呈现快速增长态势，经济增长率均在 5%以上。普京总统执政期间，推行强国富民的执政理念，提出四大民生工程，大力改善居民生活。2000 年，俄罗斯居民人均收入为 2281 卢布/月，2012 年已提高到 23058 卢布/月，是 2000 年收入水平的10 倍。2000 年，俄罗斯人均最终消费支出为 26014 卢布，2012 年增长至253426 卢布，增长了近 9 倍。[②]

表 5-3　2000~2012 年中俄两国经济增长率（%）

年份	2000	2001	2002	2003	2004	2005	2006	2007	2008	2009	2010	2011	2012
中国	8.6	8.1	9.5	10.5	10.5	10.8	13.3	14.6	10.1	8.3	10.2	8.7	8.1
俄罗斯	10.0	5.1	4.7	7.3	7.2	6.4	8.2	8.5	5.2	-7.8	4.3	4.3	3.4

资料来源：中国经济增长率数据来源于《中国统计年鉴（2013）》，俄罗斯经济增长率数据来源于俄罗斯联邦国家统计署。

（二）良好的政治关系为经贸合作提供政治保障

20 世纪 90 年代后半期，中俄关系连上了三个台阶：从"互视为友好国家"到"建设性伙伴关系"，再到建立"平等与信任的、面向 21 世纪的战略协作伙伴关系"。中俄双方遵循战略协作伙伴关系的原则与精神，实现了两国高层领导人互访的机制化，解决了大部分历史遗留的边界问题，在边境地区建立信任措施与实行裁军，联合打击国际恐怖主义、民族分裂主义与宗教极端主义三股势力，中俄两国在国际事务中的协调不断加强，经贸合作不断扩大，这些都有利于两国政治互信的增强。

进入 21 世纪，中俄两国先后经历了最高领导人的政权交接，两国政治关系并没有因为领导人的更替而受到不利影响，战略协作伙伴关系继续得到巩固与发展。2000 年 7 月，普京就任总统之后第一次访问中国，中俄双方共同签署了《中俄北京宣言》，宣言中提出："中国和俄罗斯签署和通过的所有政治文件是两国关系得以良好发展的牢固基础。中国和俄罗斯恪守其各项原则和精神，决心不断努力，将两国关系提高到新水平。"中国国家主席胡锦涛上

---

① 中国统计年鉴（2013），http：//www.stats.gov.cn/tjsj/ndsj/2013/indexch.htm。
② Федеральная служба государственной статистики，http：//www.gks.ru/wps/wcm/connect/rosstat_main/rosstat/ru/statistics/population/level.

任后，2003 年 5 月末至 6 月上旬出访欧亚一些国家时，将俄罗斯作为首访国家，访问期间，胡锦涛在莫斯科国际关系学院的演讲中提出了提升中俄关系的四项原则：相互支持和相互信任、合作与双赢、加强交往与友谊、加强协作。2013 年 3 月，习近平出任中国国家主席后将俄罗斯作为首访国家，习近平表示，选择俄罗斯作为出访首站并不是偶然，而是要展示中俄两国关系具有特殊的重要性。俄罗斯总理梅德韦杰夫也表示，俄罗斯被选为中国新任国家主席首个进行国事访问的国家，是非常有象征意义的。俄中全面战略协作伙伴关系发展良好，当前两国关系处于历史最好时期，俄方对此表示满意。俄方认为，习近平主席的访问成果丰硕，必将深化两国战略协作，为俄中关系长期发展注入新的动力。

2000 年以来，中俄两国还采取了一系列重大举措，签订了一些条约、协定和联合声明，中俄战略协作伙伴关系得到了进一步的充实和发展。2001 年 7 月 16 日，江泽民主席和普京总统签订了《中俄睦邻友好合作条约》。条约共 25 条，有效期为 20 年。条约作为新世纪中俄关系的纲领性文件，规定了两国今后在政治、经济、贸易、科技、文化和国际事务中合作的原则和方向。条约总结了发展中俄关系最主要的方针和原则，将两国"世代友好、永不为敌"的和平思想和永做好邻居、好朋友、好伙伴的坚定意愿以法律形式加以确定。当日，两国元首还签署了《中俄元首莫斯科联合声明》，在声明中对《中俄睦邻友好合作条约》的签订予以积极的评价，指出《中俄睦邻友好合作条约》"是两国关系史上的一个重要里程碑，标志着双方关系进入一个新阶段"。"中俄元首坚信，以条约为坚实基础，中俄关系在本世纪必将达到新的更高水平。" 2002 年 12 月初，中俄两国首脑在北京签署的《中俄联合声明》对《中俄睦邻友好合作条约》做了进一步的充实和细化。2004 年 10 月 14 日，中俄两国外长李肇星和拉夫罗夫签署了《中俄国界东段补充协定》，该协定基于 1991 年中俄两国签署的《中国和苏联关于国界东段的协定》，明确了关于两国以来长期争议的黑瞎子岛、珍宝岛以及阿巴该图洲渚地区的归属问题。该协定的签署使中俄两国长达 4300 多公里的边界线走向全部确定下来，为两国睦邻友好关系奠定了稳固的基础。2005 年 7 月 1 日，胡锦涛主席与普京总统在莫斯科签署了《中俄关于 21 世纪国际秩序的联合声明》。中俄两国在国际关系中的各种重大问题上有着广泛的共识与共同的利益。在联合声明中，双方对新世纪人类面临的中心任务、如何解决人类面临的问题、联合国改革、全球化的影响、消除发达国家与发展中国家之间发展水平差距、建立新型的安全构架等问题表明了共同的主张。《联合声明》显示出中俄两国促进世界和平、稳定、繁荣的坚定决心，对深化两国在国际领域的战略协作、促进国际形势健康发展具有重要意义。2008年7月21日，中俄两国外长签署了两国东段国界的补充叙述议定书，10月14日，在黑瞎子岛举行了"中华人民共和国与俄罗斯联邦国界东段界桩揭幕仪式"，中俄之间的边界问题彻底解决，两国间不再有悬而未决的问题，这对巩固与发展两国睦邻友好关系意义重大。目前，中俄关系处于历史最好时期，高度的政治互信对经贸合作的开展奠定了坚实的政治基础。

（三）各类协调机制的建立与运行为经贸合作搭建沟通平台

中俄经贸合作经过多年的发展，各级政府及有关决策部门在经贸合作实践中不断寻求解决各种问题，在此过程中逐渐建立起一系列运行机制，这些机制的运行对推动中俄经贸合作的发展起到至关重要的作用。

1. 国家层面：中俄高层互访与会晤机制

1996年4月，叶利钦总统第二次访华期间，中俄两国就两国高层互访与定期会晤机制达成一致：中俄两国元首每年分别在北京和莫斯科会晤一次；建立两国总理定期会晤委员会，每年在双方首都各会晤一次；建立两国领导人之间的电话热线，就重大问题随时进行沟通和磋商。1996年12月，时任总理李鹏访问俄罗斯，标志着中俄总理定期会晤机制正式启动。此后，中俄两国领导人每年定期举行会晤和磋商，就双边关系及一些重大的国际问题交换意见，签订了一系列重要的联合声明、协定，为继续推动两国务实合作指明了方向，为中俄战略协作伙伴关系的进一步发展做出贡献。

1996年12月，在设立两国政府首脑定期会晤委员会的同时，该委员会还下设分委会，涵盖经贸、能源、金融、科技、运输、核能、航天、通信和环保等各个领域。中俄总理定期会晤委员会框架下的经贸合作分委会的主要职责包括：协调中俄两国在经济贸易领域的合作并促进其发展；制定并落实两国大型合作项目与长期合作规划；监督两国政府间经贸合作条约和协定的执行情况，督促两国领导人在经贸合作领域达成共识的落实情况；解决双边合作中的重大问题；向中俄总理定期会晤委员会汇报双边经贸工作情况等。经贸合作分委会每年举行一次会议，总结一年来分委会工作进展，就双边合作中的一系列问题深入交换意见，并着手开展中俄总理定期会晤的准备工作。

分委会下还设有工作组和工作小组。在规范贸易秩序、解决贸易争端、地区经贸合作等方面，中俄两国还共同建立磋商机制，遇到问题，积极并及时展开磋商。此外，大型企业和行业协会间也逐渐建立起对口联系机制。在两国经贸合作的实践中，会晤机制的覆盖领域逐渐扩大，组织结构不断健全，各分委会之间职责分工明确，工作效率不断提高。可以说，定期会晤机制的建立和运行对推动中俄两国在各个领域合作起到了不可低估的作用。

2. 地区层面：中俄边境和地方间经贸合作协调委员会

1998 年，根据远东及后贝加尔跨地区经济协作协会的提议，中俄两国毗邻地区建立中俄边境地方经贸合作协调委员会，启动了中国黑龙江省、吉林省、辽宁省、内蒙古自治区、新疆维吾尔自治区与俄罗斯滨海边疆区、哈巴罗夫斯克边疆区、阿穆尔州、犹太自治州、赤塔州、萨哈共和国、阿尔泰共和国等毗邻地区的定期会晤机制。委员会关注的重点领域包括完善双方经贸合作的模式与手段、促进贸易增长、降低边界壁垒、加强边界建设、协调有关法律法规、边境合作发展经验交流、改善跨境河流生态状况和发展交通基础设施等。该协调委员会每年召开一次会议，设轮值主席，由两国省（州）长轮流担任。在会议中，两国代表沟通两国毗邻地区上一年经贸合作相关情况，共同提出当前影响经贸合作的问题，并积极磋商解决。经会议讨论后，双方签署会议纪要，就会议取得的一致意见形成文件，向两国中央政府及有关部门上报。中俄边境和地方间经贸合作协调委员会自成立以来，已召开过十四次会议，成为中俄两国地区间有效的互动机制，对于协调和解决两国毗邻地区共同关心的经贸合作问题发挥了重要作用。

2002 年起，黑龙江省与俄罗斯远东及外贝加尔地区各联邦主体开始建立地方政府领导人会晤机制。目前，已经同哈巴罗夫斯克边疆区、滨海边疆区、阿穆尔州、犹太自治州领导人就建立一对一会晤机制交换了意见并达成共识，仿照中俄政府总理定期会晤的模式，中方省长与俄方联邦主体行政长官每年举行会晤一次，对上年工作进行总结，对未来合作提出建议和规划，并就合作中存在的问题进行磋商。在该会晤机制下，下设文化交流工作组和经贸科技合作工作组，由副省（州）长负责，经贸科技合作工作组还下设能源、农业、工业、科技、林业、互市贸易区、口岸建设、旅游等多个专项工作小组，不定期召开会议，发生问题及时沟通和解决。从目前的情况看，尽管该机制在执行方面还存在各自为政、缺乏默契等问题，但会晤机制的建立为加强两国边境地区的交流与合作搭建了重要的沟通平台。

3. 民间层面：各类民间组织和机构

除官方层面的会晤与协调机制之外，在民间层面，中俄两国也陆续出现了一些民间组织，这些组织由企业、商人自筹资金，自发成立，具有反应快、灵活性强、执行能力强等特点，在解决企业间合作与民间交流合作方面的具体问题上发挥着不可替代的作用。

中俄两国间的民间组织主要包括：国家级友好协会、华人社团及行业协会和商会三类。

国家级友好协会主要包括中国对外友协、中俄友协、中俄友好和平发展委员会、俄中友好协会等。这类友好协会每年配合国家间友好合作的主题开展多种形式的活动，如友好互访、文艺演出、学术论坛、经贸洽谈会等。中俄友协是中国对外友协下设的国别友协，其前身是成立于1949年10月5日的中苏友好协会，是新中国最早开展活动的群众性民间外交团体，1992年2月，更名为中国俄罗斯友好协会。其宗旨是发展中俄两国间的民间友好往来，促进相互间的经济、政治、文化、社会及地区、城市间的交流与合作，增进中俄人民友谊。中俄友协的领导和理事任期五年，每五年举行一次换届大会，产生新一届领导班子。常务理事会每年召开一次会议，以沟通、讨论、总结并规划协会一年工作。① 中俄友协主要围绕以下方面开展工作：同俄罗斯对华友好组织、社会团体和各界人士发展友好关系，通过相互访问，举办纪念会、报告会、研讨会、出版书刊、交换资料等方式，增进了解，发展友谊，促进合作；通过民间途径，促进中俄经贸合作的发展，在中俄两国民间经贸企业间进行沟通，推动两国企业界代表团互访，发挥中介协调作用，帮助双方企业建立直接联系；开展中俄民间文化交流，派出民间文化艺术团体和文学、艺术界人士赴俄罗斯进行交流访问，举办演出和展览，并接待俄方团体和人士进行回访；推动中俄科技、教育合作和人才交流；开展中俄青少年友好交流，增进两国青少年的相互了解和友谊，培养中俄友好事业的接班人；促进中俄地区合作和各种类型的地方交流，推动建立友好城市关系等。中俄友好、和平与发展委员会是由两国政府支持、两国社会各界人士广泛参与的民间组织，于1997年4月在莫斯科正式成立，其宗旨是加强两国人民的相互理解和

---

① http://www.cpaffc.org.cn/content/details28-22437.html.

传统友谊，促进睦邻友好合作，巩固和扩大中俄战略协作伙伴关系的社会基础。委员会分设中方委员会和俄方委员会，中俄双方各设主席一名、副主席两名，秘书处分别设立于中国外交部欧亚司和俄罗斯外交部第一亚洲司。委员会委员在热衷于中俄友好事业的社会各界人士中推选产生。该委员会在北京和莫斯科每年轮流举办会议，每次会议设定一个议题，议题涉及两国经贸、科技、文化、地区合作等多领域。多年来，该委员会作为中俄民间交往的主要渠道之一，为促进中俄世代友好及两国政治、经贸关系的发展做了大量细致而富有成效的工作，对推动两国民间交往起到了重要作用。

华人社团是指由在俄华商组建的民间团体。进入 21 世纪以来在俄的主要华人社团包括圣彼得堡华人华侨协会（1999 年 12 月 20 日成立）、俄罗斯华人企业家联合会（2001 年 2 月成立）、莫斯科中国北方华人商会（2005 年 3 月 29 日成立）、中国浙江华侨华人联合会（2005 年 8 月 5 日成立）、俄罗斯中国南方商会（2005 年 10 月 16 日成立）和俄罗斯中国总商会（2006 年 4 月 15 日成立）。俄罗斯中国总商会虽然成立较晚，但规模最大。到 2007 年底，商会共有会员 89 家，大多数为知名的国资大型企业派出单位，其中包括：欧洲商业开发投资管理中心俄罗斯代表处、中国贸促会驻俄代表处、华为集团俄罗斯公司、中国石油天然气集团公司驻俄代表处和莫斯科友谊商城等。总商会的宗旨是团结广大中资企业，努力充当中俄国家间经贸发展、中俄企业间交流的"桥梁和纽带"。总商会积极与俄罗斯民间组织（莫斯科国际商业协会高级会员、首都（莫斯科）投资者协会、俄罗斯北方商会、俄罗斯南方商会等）及其他在俄华人团体（如闽南商会、浙江华人华侨联合会等）建立联系；充分运用双边高层会晤机制、研讨和调研机制、中俄互访、参展和动员机制、援助和慈善机制、领导交办机制，为在俄华商排忧解难，维护中资企业的正当权益；定期举办两国间商务、科技和文化方面的洽谈会及交流活动；提供法律、安全、商务、信息、财会等技术支持和指南服务。

行业协会和商会在双边贸易中应起到制定行业标准规范、协调行业事务、避免行业内恶性竞争的重要作用。我国在海外市场上的行业协会包括：工业经济联合会、企业联合会、质量协会、包装联合会、机械工业联合会、建筑材料工业协会、家用电器协会、轻工业联合会、纺织工业协会、服装协会、食品和包装机械工业协会、纺织品进出口商会、轻工工艺品进出口商会、机电产品进出口商会、对外承包工程商会等。这些行业协会和商会在对俄贸易中发挥的作用还比较小，随着俄罗斯营商环境的改善、中俄双边贸易的逐步规范，在俄罗斯的行业协会和商会将发挥日益重要的作用。

（四）经贸合作逐渐成为战略协作的核心内容

普京上台后，在对华关系方面继续沿着叶利钦时期的战略协作伙伴关系方向平稳发展的同时，为了尽快摆脱经济危机和恢复俄罗斯的强国地位，因此，他的对华政策具有务实性和转向以经济利益为中心的特点。[①]普京强调，俄罗斯的对外政策要为国家经济利益服务。可以说，叶利钦时期，中俄两国构建的战略协作伙伴关系主要体现在政治、军事和外交方面，经济合作一直是薄弱环节。普京总统上台后，随着俄罗斯经济形势的恢复，经贸合作在两国关系中的地位日益重要，逐渐成为战略协作伙伴关系的核心内容。

2000 年 7 月俄罗斯公布了《俄罗斯外交政策构想》，其中对俄罗斯与中国关系的表述为："俄罗斯与中国对国际政治的关键问题原则性态度是一致的，双方在维护地区稳定和全球稳定的各个方面互利合作，主要任务仍然是进行与政治水平相符合的大规模的经济合作。"2000 年 7 月 13 日，俄罗斯《独立报》指出，普京亚洲之行将面临三大任务：一是如何处理好与北京在反对 NMD 计划中的关系；二是朝鲜问题；第三个任务可能不太引人注意，但可能是一个最为重要的问题，那就是中俄贸易。2000 年 11 月 3 日至 4 日，俄罗斯总理卡西亚诺夫访华，期间中俄两国总理举行了第五次定期会晤，双方一致认为，中俄总理定期会晤机制对两国经贸合作的发展已经并将继续发挥重要作用。两国总理指出，双方在落实中俄总理第四次定期会晤就林业合作、在莫斯科开设中国超市、中俄地区间建立和发展直接经贸往来，以及核能、油气大项目立项和实施等领域达成的协议取得了一定进展，强调签署和切实执行互免团体旅游签证和公民往来协定对规范两国间大量的公民往来创造了条件。在两国总理共同签署的《中俄总理第五次定期会晤联合公报》中同意两国经济合作的主要方向为：完善金融、银行、保险、广告信息、法律仲裁、运输等领域的相互协作；中俄有关国家部门积极支持两国在核能、油气、航天及其他领域大型合作项目的立项和实施；继续促进两国地区间直接经贸、科技往来；促进中俄两国信誉较高的大企业和大公司建立直接的长期合作关系。在此次会晤中，两国总理签署了 13 份文件，其中《关于中华人民共和国公民

---

① 陆南泉：《中俄经贸关系现状与前景》，北京：中国社会科学出版社 2011 年版，第 147 页。

和俄罗斯联邦公民短期劳务协定》、《关于共同开发森林资源合作的协定》、《2001~2005 年政府间贸易协定》、《中华人民共和国国土资源部和俄罗斯联邦自然资源部关于开展地学和矿产资源利用科技合作的协定》、《中华人民共和国国家税务总局和俄罗斯联邦税务部相互谅解备忘录》、《中国国家开发银行和俄联邦"苏联外经银行"合作协议》、《中华人民共和国国家质量监督局与俄罗斯联邦国家标准化和计量委员会关于在标准化、计量、合格评定、认可和产品质量管理领域的合作协议》等 9 份文件都与经贸合作相关，这充分显示了中俄两国政府对加强经贸合作的积极态度。

2001 年中俄两国元首在莫斯科签署了《中俄睦邻友好合作条约》，该条约的签署为双方经贸合作奠定了政治和法律基础，《条约》第十六条明确指出："缔约双方将在互利的基础上开展经贸、军事、科技、能源、运输、金融、航天航空、信息技术及其他双方共同感兴趣领域的合作，促进两国边境和地方间经贸合作的发展，并根据本国法律为此创造必要的良好条件。"双边经贸合作成为战略协作的重要内容。2001 年 9 月，中国总理朱镕基与俄罗斯总理卡西亚诺夫在圣彼得堡举行第六次总理定期会晤，其间两国总理签署了包括大型能源合作在内的 9 份文件，此次会晤的联合公报中提出了进一步开展两国经贸合作工作的主要方向，与上年相比，合作的主要方向从四条增加为十四条①，两国经贸合作领域大大拓展，各领域合作工作的内容也逐步细化、具体化。

2004 年 9 月中俄总理举行第九次定期会晤，两国领导人提出，到 2010 年

---

① 根据《中俄总理第六次会晤联合公报》，应按以下方向进一步开展两国经贸合作工作：（一）确保双边贸易持续增长；通过实现相互供货多样化及采用新的、先进的贸易形式和方法来达到贸易平衡；通过提高机械和高科技产品的比重优化贸易结构；增加相互投资；完善两国企业合作的法律和其他条件。（二）实施中俄石油管道建设项目并于 2005 年投入运营；继续开展天然气领域的相互协作，包括建设天然气管道和俄罗斯参与发展中国的天然气工业；支持两国公司合作勘探开发俄罗斯境内油气田以及中方参与俄境内油气田的开发；继续支持两国公司开展石油贸易。（三）扩大动力机械制造和能源设施建设领域的合作，并在动力设备的研制和生产方面开展合作。（四）在航天领域，包括卫星及其应用技术、空间科学及相关技术、基础元器件及工艺技术等方面开展深入、实际的合作，以和平研究并开发宇宙空间。（五）积极开展民用航空领域的相互合作，包括促进航空安全，向中国销售新一代俄产飞机；就中方投资俄航空工业问题进行商讨。（六）缔结两国政府部门间有关民用航空技术研究和生产领域进行长期合作的协议，并就实施该协议建立政府部门间联合机制。（七）继续进行和平利用核能领域的合作，包括进一步加强核电和核燃料循环方面的合作。（八）继续扩大科技合作；共同开发高新技术并使其成果产业化，包括利用两国有关的科技园进行上述工作。（九）鼓励进一步扩大地区，特别是边境地区的直接经贸联系，完善边境地区交通运输和口岸设施的工作。（十）通过实施大型投资项目，发展两国森林资源开发和利用领域的合作。（十一）进一步发展交通基础设施，在协调发展亚欧之间的交通干线方面开展合作。（十二）扩大和完善银行间合作，提高银行对经贸和科技联系的服务水平。（十三）在协调移民进程方面开展相互协作，包括研究建立联合工作机构的可能性。（十四）积极开展环保领域，首先是边境地区环保领域的相互协作。

中俄双边经贸额要达到 600 亿~800 亿美元，到 2020 年实现中国对俄投资 120 亿美元的目标。2004 年 10 月，中俄两国元首会晤批准了上述目标。中俄总理定期会晤委员会委托经贸合作分委会研究实现上述目标的具体实施办法。为此，中华人民共和国商务部和俄罗斯经济发展与贸易部共同成立联合课题组，共同研究探讨中俄经贸发展规划（2006~2010 年）的制定工作，扩大中俄经贸合作规模，促进两国经济结构的调整和规划。在中俄总理第九次定期会晤的联合声明中，关于双边经贸合作的内容占有很大篇幅。双方决心采取切实措施，进一步加强在经济领域的互利合作，保持积极发展势头，力争在一系列问题重点方向上取得突破。在此次总理会晤中，中俄双方顺利结束关于俄罗斯加入世贸组织的中俄双边谈判，中国支持俄罗斯尽快加入世贸组织，并将中方态度写入联合声明。在此次联合声明中，共提到 17 项重点合作领域，涉及磋商机制、贸易秩序、投资、能源、科技、金融、航天、知识产权、公民往来、林业合作及动植物检疫等多个领域，针对每个领域又提出具体方向。中俄经贸合作逐渐驶入"快车道"，中俄经贸合作在中俄战略协作伙伴关系中的地位日益重要，逐渐成为战略协作的核心内容。

2005 年中俄总理第十次定期会晤期间，中俄双方签署了《关于 2010 年前中俄经贸合作纲要的备忘录》，将 2012 年两国贸易额达到 600 亿~800 亿美元的目标写入文件。积极制定贸易额的目标，并以政府文件的形式予以确认，充分表明了中俄两国促进经贸合作深化发展的强烈意愿。2006 年 3 月普京访华期间，中俄双方签署了 22 份合作文件，内容涉及能源、金融、运输等多个领域，其中与经贸合作相关的文件有 15 份。在双方签署的《联合声明》中提到，中俄在经贸和能源领域的合作是战略协作伙伴关系的重要组成部分。

2011 年恰逢《中俄睦邻友好合作条约》签署 10 周年，2011 年 6 月胡锦涛访俄，两国领导人总结了《中俄睦邻友好合作条约》签署 10 年来中俄关系发展的经验和成果，确定了两国关系下一个 10 年的发展方向、规划和各领域合作目标。双方商定，将致力于发展平等信任、相互支持、共同繁荣、世代友好的全面战略协作伙伴关系，商定到 2015 年将双边贸易额提高到 1000 亿美元，到 2020 年提高到 2000 亿美元的目标。2011 年 11 月，中俄两国总理会晤期间，两国领导人提出，中俄作为两大新兴经济体，经贸合作不能过多倚重于能源合作，应立足于两国经贸关系长期可持续发展，努力建立起更加多元化的经贸联系。双方提出，采取更多切实有效的措施，创新经贸合作方式，扩展合作领域，协商解决重大问题，开创互利共赢的新局面。在两国总理签署的《联合公报》中，着重强调提高经贸合作的质量，公报内容广泛，涉及经贸合作的各个领域。《联合公报》提出：双方将继续致力于扩大经贸合作，着重提高合作质量，完善合作机制。为实现上述目标，双方达成协议如下：共同采取措施，通过大力优化贸易结构，提高机电产品和高科技产品在贸易额中的比重，实现双边贸易额 2015 年提高至 1000 亿美元，2020 年提高至 2000 亿美元的中长期目标；通过完善投资环境，定期举行中俄投资合作促进会议，继续落实《中俄投资合作规划纲要》确定的双边投资优先领域，协助两国投资者开展联合投资项目，扩大相互投资规模；积极推进两国企业在高技术和创新领域的合作；共同努力落实中俄政府间关于经济现代化领域合作备忘录中的条款；深化经济特区合作，加强相关信息交流，继续研究关于在俄罗斯共同建设运营经济特区的问题；完善金融合作形式，扩大两国本币结算，促进贸易和投资增长。鼓励两国金融及银行机构对双边合作项目予以融资支持；继续优化海关通关流程，提高口岸通关监管效率，加强信息交流，推进贸易统计合作；确保全面实施《中国东北地区与俄罗斯远东及东西伯利亚地区合作规划纲要》，调整和充实地方合作重点项目，推动落实双方共同关注的优先合作项目，研究设立中俄地区合作发展基金；积极开展合作，完善跨境运输基础设施，尽快开工建设同江—下列宁斯阔耶铁路大桥，继续就推进黑河—布拉戈维申斯克、洛古河—波克罗夫卡和东宁—波尔塔夫卡大桥建设及制定相应的条约法律草案开展工作；努力发展欧洲至中国国际公路运输通道；深化纳米系统产业、新材料、生物工程、能源、节能、合理利用开发自然资源与生态、信息及通信系统等领域合作。双方将推动从联合研发到科技成果商业化、产业化的全创新链合作；双方支持本国高科技中心及企业入驻对方高新技术园区，并为中俄创新机构间的合作创造必要条件；深化航空、航天领域长期合作，两国航天机构起草并通过 2013 年及后续合作大纲；加强和扩大环保合作，推进在跨界水体水质监测与保护、建立生物多样性保护和跨界特别自然保护区、污染防治和及时消除生态灾害后果等领域的合作；建立高效的农业合作机制，推动尽快成立中俄农工综合体领域合作联合工作组，开展互利共赢的农业投资合作；加强林业资源开发与利用方面的投资合作，落实中俄林业合作规划；促进劳务合作。双方有关部门应在 2000 年 11 月 3 日签署的《中华人民共和国政府和俄罗斯联邦政府关于中华人民共和国公民和俄罗斯联邦公民短期劳务协定》框架内制定加强劳务移民管理的具体建议；继续研究制定合作打击非法移民活动协定和便利人员合法往来协定文本草案。

综上所述，经过多年的发展，两国政府对于加强经贸合作都有着强烈、迫切的愿望，经贸合作逐渐成为中俄战略协作的核心内容，中俄双方努力提高经贸合作的水平和质量是未来两国经贸合作的主要战略方向。

第二节　21 世纪中俄经贸合作面临的主要问题

近年来，中俄经贸合作取得了丰硕的成果，但也存在一些问题，严重阻碍了经贸合作的深化发展，其中，中俄贸易合作中存在的问题包括：贸易结构低级化、贸易方式仍以产业间贸易为主、服务贸易发展滞后、俄罗斯贸易政策多变、技术壁垒高等；投资合作中存在的问题包括：俄罗斯对华投资规模较小、俄罗斯投资环境差、两国间仍存在一些戒备心理等。这些问题大多具有长期性，需要两国携手努力，共同解决，只有从根本上解决这些问题，才能推动中俄经贸合作取得质的飞跃。

一、贸易合作中存在的问题

（一）贸易商品结构低级化

尽管中俄两国贸易规模不断扩大，但贸易商品结构低级化的状况并无实质性改变。总体上看，中国对俄出口商品结构明显好于俄对华出口商品结构。从俄方看，俄罗斯向中国出口的产品主要是能源和资源类产品（原油、成品油、原木、煤）等，对俄方而言，出口结构的能源化和低级化正是国内经济产业结构畸形的表现。尤其是近年来俄罗斯努力实现能源出口多元化，并逐渐把战略重心转向亚洲，中俄能源合作不断取得新突破，能源类产品在俄罗斯对华出口商品结构中的比重逐渐固化且仍有上升趋势，如何改变出口商品结构低级化的现状一直是俄方关注的重心，但这恐怕还要从俄国内经济结构的优化入手，并非朝夕之功。应引起中国企业注意的是，俄罗斯不仅拥有丰富的资源，而且其科技水平也很高，应积极参与到俄政府鼓励和扶持的高科技行业（如生物技术、航空航天技术、纳米技术等）中，带动贸易结构逐步优化。从中方看，中国对俄罗斯的出口产品主要是机械设备、轻纺产品（服装、鞋、纱线等）、电子产品、农产品、金属及其制品等。近年来，中国对俄机电出口额增长较为快速，在一定程度上优化了中国对俄出口商品结构。同时，值得注意的是，在中国对俄出口商品中，工业机械、设备、零部件等资本密集型产品和高新技术产品的比重仍然不高，办公设备、小家电、电信录音设备等一般技术密集型产品比重较大。这类商品可替代性强，在俄罗斯市场上还面临着日韩等国同类商品的激烈竞争，中国企业往往要以更低廉的价格换取市场份额，大大压缩了企业的利润空间。

（二）两国贸易仍以产业间贸易为主

根据国际贸易比较优势理论，国际贸易可以分为产业间贸易和产业内贸易。产业间贸易是指一个国家或地区，在一段时间内，同一产业部门产品只出口或只进口的现象。产业间贸易中，同一产业产品基本上是单向流动的。产业间贸易形成的基础是各国产业之间分工的不同，由于各国在不同产品的生产上有各自的成本优势，从而形成该产品的价格优势，这就构成了各国产业间进行贸易的基础，而这种成本的优势往往来源于各自的资源禀赋或技术的差异。产业间贸易属于早期的贸易方式，当前的国际贸易更多为产业内贸易。产业内贸易是指一个国家或地区，在一段时间内，同一产业部门既有进口又有出口，产品是双向流动的。产业内贸易还包括中间产品贸易，即某产品的半制成品或零部件在两国间的贸易。由于跨国公司的兴起和快速发展，国际贸易中很大一部分贸易是在跨国公司的子公司和母公司或是子公司之间进行的。产业内贸易首先表现为差异产品的贸易，主要集中于新产品和制成品的产业中。根据中俄贸易商品结构，中俄两国的贸易仍以产业间贸易为主，这主要由两国经济结构、经济发展水平和自然资源禀赋决定。21世纪以来中国制造业飞速发展，逐渐成为"世界工厂"，而与之相比，经济转型之后俄罗斯制造业（尤其是机电行业）普遍经历了生产大幅下降的时期，出口乏力，在与中国的贸易中始终保持较大逆差。因此，由于两国制造业水平的差异，导致制成品在中俄贸易中不具备双向流动的条件。同时，中俄两国经济结构决定了两国在能源、轻工业等领域存在很强的互补性，形成了支撑产业间贸易的前提条件。

（三）服务贸易发展相对落后

随着世界经济的不断发展和产业结构的演进，世界主要发达国家逐渐进入后工业时代，服务业对经济发展的拉动作用越来越强。在经济全球化的背景下，世界经济也逐渐出现服务化趋势，服务贸易在国际贸易中的地位日益增强。然而，从目前中俄贸易发展现状看，服务贸易与货物贸易相比发展相对落后。同时，中俄两国服务贸易仍主要集中于传统行业，如运输、旅游等行业，金融、保险、咨询、通信等生产性服务行业及知识密集型行业中的服务贸易尚处于起步阶段，这也是与中俄两国产业结构所处阶段是相符的。中俄两国均未进入后工业化阶段，两国服务业的发展与发达国家相比也相对落后，尤其是生产性服务业对经济发展的拉动力不足，这就决定了中俄两国服务贸易发展滞后。服务贸易尤其是生产性服务业间的贸易能够提高货物贸易的附加值，能够对货物贸易转型和升级起着巨大的促进作用。因此，在中俄两国贸易中应注重发挥服务贸易对货物贸易的促进和拉动作用，以其高附加值的优势，提高货物贸易的技术含量，延长货物贸易的价值链。[1] 同时，中俄两国还应在优化本国产业结构和服务业结构的基础上，拓宽两国在生产性服务业中的贸易合作，大力推进电子商务的广泛应用，优化两国服务贸易结构。

（四）俄罗斯贸易政策多变，技术壁垒高

俄罗斯对外贸易政策经常会发生重大调整，并且在做出调整之前，一般并不预留过渡期。这增加了中俄经贸合作的不确定因素，两国贸易中出现的大量法律纠纷大多与此相关。此外，技术性壁垒是中国对俄出口面临的最主要的非关税壁垒。在对俄出口的重点行业中都存在标准认证方面的问题。以汽车行业中该问题最为突出，俄罗斯要求对进口汽车的关键性零件全部进行认证，认证程序复杂，投入大，耗时长，整车认证需 7~8 个月。然而汽车排放标准升级却很快（从欧Ⅲ升级到欧Ⅳ只用了 2 年），这就意味着中国汽车企业刚通过旧的认证，又要重新进行新的认证，这就加大了出口成本，削弱了产品竞争力。同样的技术性壁垒也存在于铁路装备、工程承包、工程农机、电子设备和电力电网等行业中。

二、投资合作中存在的问题

（一）俄罗斯对华投资额小

近年来，中国对俄投资规模迅速扩大，但俄罗斯对华投资则表现为投资

---

① 高晓慧：《中俄贸易额在各自国家对外贸易中的贡献分析》，《俄罗斯东欧中亚研究》2014 年第 4 期。

额小、进展较为缓慢的特点，尤其是俄罗斯对华直接投资规模则更小。1993年俄罗斯对华直接投资额为 4194 万美元，此后几年，俄罗斯对华投资额没有随着中俄关系的发展而逐步提高，反而出现下降趋势。1998 年，中俄两国建立面向 21 世纪的战略协作伙伴关系，俄罗斯对华直接投资开始缓慢增长，到2004 年俄罗斯对华投资达到 1.26 亿美元，为历史峰值。此后，俄罗斯对华直接投资又逐年下降，2011 年仅为 3102 万美元，同比下降 11.3%，尚不及 20世纪 90 年代初的水平，这与持续升温的中俄关系极不相称。

（二）俄罗斯营商环境改观不大

尽管近年来俄罗斯政府出台了一系列政策改善贸易秩序和投资环境，但到目前为止效果并不尽如人意。根据世界银行公布的《2014 年全球营商环境报告》①，俄罗斯在开办企业、注册资产、缴纳税款、合同执行和办理破产等方面情况较好，问题主要集中在获得信贷、申请建筑许可、获得电力供应、投资者保护和跨境贸易这 5 个方面。根据表 5-4 中显示的各项指标，在以上五个方面，俄罗斯在 189 个参评经济体中排名均在 100 位之后，且各项指标与经合组织国家相比存在巨大差距。

表 5-4　2013 年俄罗斯营商环境相关指标

指　标		俄罗斯	经合组织
获得信贷（排名第 109 位）	合法权利指数	3.0	7.0
	信用信息指数	5.0	7.0
	公共注册处覆盖范围（%，成年人）	0	15.2
	私营调查机构覆盖范围（%，成年人）	59.2	66.7
申请建筑许可（排名第 178 位）	程序（个）	36.0	13.0
	时间（天）	297.0	147.1
	成本（占人均国民收入的百分比，%）	89.0	84.1
获得电力供应（排名第 117 位）	程序（个）	5.0	5.0
	时间（天）	162.0	89.0
	成本（占人均国民收入的百分比，%）	193.8	79.1
投资者保护（排名第 115 位）	披露指数	6.0	7.0
	董事责任指数	2.0	5.0
	股东诉讼指数	6.0	7.0
	投资者保护指数	4.7	6.2

① The World Bank. Doing Business 2014，http：//chinese.doingbusiness.org/data/exploreeconomies/russia/#trading-across-borders.

指　标		俄罗斯	经合组织
跨境贸易（排名第 157 位）	出口文件（个）	9.0	4.0
	出口时间（天）	22.0	11.0
	出口成本（美元/箱）	2615.0	1070.0
	进口文件（个）	10.0	4.0
	进口时间（天）	21.0	10.0
	进口成本（美元/箱）	2810.0	1090.0

资料来源：The World Bank. Doing Business 2014, http://chinese.doingbusiness.org/data/ exploreeconomies/russia/#trading-across-borders。

俄罗斯营商环境改观不大，具体表现在以下四个方面：第一，"灰色清关"仍大量存在。近年来，中俄两国联手对"灰色清关"采取了一系列措施，但"灰色清关"通关快、费用低，而正规清关手续复杂，海关管理条例变动频繁，且缺乏合理的过渡期，关税相对于"灰色清关"的成本高出 20%~30%，只有一些高附加值的产品才能承受，这就使一些中小商家不惜铤而走险。因此，对俄方而言，应简化报关手续，打击腐败行为；对中国出口企业而言，应鼓励企业合法经营，通过树立产品形象，提高产品附加值来获取出口利润。第二，经济犯罪率高，投资竞标缺乏透明度，存在严重的"暗箱操作"现象。第三，行政审批手续繁复，来俄劳务人员审批时间过长，而签证期过短。第四，腐败现象严重。根据透明国际 2013 年 12 月公布的《2013 年全球腐败印象指数》[1] 报告，俄罗斯得分仅为 28 分，在参评的 175 个国家和地区中排名第 127 位。

（三）中俄间还存在一些戒备心理

俄罗斯出口给中国的商品多为能源和资源等初级产品，而从中国进口的商品主要为工业品。因此，一部分俄罗斯人认为中俄贸易中俄罗斯是"吃亏"的一方，能源和资源具有不可再生性，将能源和资源出口给中国有损俄罗斯的尊严，而从中国进口的工业品又会挤占俄罗斯市场，与其本国工业中的同类产品形成竞争。这种心态也阻碍了中俄经贸的深化和发展。

---

[1] Transparency International. Corruption Perceptions Index 2013, http://files.transparency.org/content/download/ 700/3007/file/2013_cpibrochure_en.pdf.

第三节　普京重新执政后的中俄经贸合作
（2012.5~2013.12）

2012 年 5 月至 2013 年，中俄双边贸易受到两国经济增长放缓和国际能源价格下跌的影响，增速明显下降，但在能源、金融、农业、地区等领域的合作中，中俄两国均取得了新进展。此外，中俄电子商务迅速发展，成为该时期中俄经贸合作中的新亮点。

一、中俄双边贸易总体状况

（一）双边贸易额

根据俄罗斯海关总署的统计数据，2012 年中俄双边贸易额达到 875 亿美元，同比增长 5.1%，其中，俄罗斯对华出口额为 357.2 亿美元，同比增长 2%，俄罗斯自华进口额为 517.9 亿美元，同比增长 7.4%。2013 年，中俄双边贸易受到两国经济增长放缓和国际能源价格下跌的影响，增速明显下降。2013 年，中俄双边贸易额为 888.4 亿美元，同比仅增长 1.4%，与金融危机后 2010~2011 年 40%~50% 的增长相比，完全不可同日而语。2013 年，俄罗斯对华出口额为 356.3 亿美元，同比下降 0.3%，俄罗斯自华进口额为 532.12 亿美元，与上年同期相比增长 2.6%。根据中国海关统计数据，2013 年，中俄双边贸易额为 892.12 亿美元，同比增长 1.2%，其中，中国对俄罗斯的出口额为 495.94 亿美元，同比增长 12.5%，而中国从俄罗斯的进口额为 396.18 亿美元，同比下降 10.2%（见表 5-5）。从俄方角度看，2010 年起，中国超过德国成为俄罗斯第一大贸易伙伴，2013 年，中国仍然保持这一地位，中国在俄罗斯对外贸易总额中的占比为 12.2%，高于 2012 年 10.5% 的水平。中国是俄罗斯最大的进口来源地，第六大出口市场。从中方角度看，俄罗斯是中国第十大贸易伙伴国。 2013 年中俄双边贸易额增速明显下降，主要是中国从俄罗斯进口出现下降，具体分为"量"和"价"两方面原因。从"量"上看，受中国经济结构性减速影响，中国内需整体收缩，因此从俄罗斯的进口能力也有所下降。从"价"上看，中国从俄罗斯进口的油气产品占中国从俄罗斯进口总额的一半以上，因此，国际能源价格下滑也是造成进口额下降的主要原因之一。

表5-5　2013年中国与前十大贸易伙伴贸易概况

	进出口（亿美元）	出口（亿美元）	进口（亿美元）	与上年相比增长（%）		
				进出口	出口	进口
美国	5210.02	3684.27	1525.75	7.5	4.7	14.8
中国香港	4010.07	3847.92	162.15	17.5	19.0	-9.3
日本	3125.53	1502.75	1622.78	-5.1	-0.9	-8.7
韩国	2742.48	911.75	1830.73	7.0	4.0	8.5
中国台湾	1972.80	406.44	1566.36	16.7	10.5	18.5
德国	1615.62	673.58	942.04	0.3	-2.7	2.5
澳大利亚	1363.77	375.60	988.17	11.5	-0.4	16.8
马来西亚	1060.75	459.33	601.42	11.9	25.8	3.1
巴西	902.78	361.92	540.86	5.3	8.3	3.4
俄罗斯	892.12	495.94	396.18	1.1	12.6	-10.3

资料来源：中国海关总署，http://www.customs.gov.cn/tabid/2433/InfoID/690424/frtid/49564/Default.aspx。

（二）双边贸易结构

俄罗斯对中国出口的商品主要为能源和原材料等初级产品，这主要是基于俄罗斯的资源禀赋。2013年，俄罗斯对中国出口的前五大类商品为矿产品、木及制品、化工产品、机电产品、活动物和动物产品（见表5-6）。第一大类商品为矿产品，出口额为86.07亿美元，与上年同期相比下降了45.5%，矿产品在俄罗斯对中国出口中的占比也从2012年的65.6%下降为51.7%。相比之下，俄罗斯对中国机电产品出口增长较快，同比增长12.4%，机电产品在俄罗斯对中国出口中的占比从2012年的4.2%上升至6.8%。

表5-6　2013年俄罗斯对中国出口主要商品构成（类）

商品类别	贸易额（亿美元）	同比增长（%）	占比（%）
矿产品	86.07	-45.5	51.7
木及制品	22.30	8.2	13.4
化工产品	15.84	-35.1	9.5
机电产品	11.39	12.4	6.8
活动物；动物产品	10.22	9.9	6.1
纤维素浆；纸张	7.75	-0.1	4.7
塑料、橡胶	5.07	-1.0	3.1
贱金属及制品	3.61	6.3	2.2

资料来源：中国商务部网站，http://countryreport.mofcom.gov.cn/record/view110209.asp?news_id=38037。

俄罗斯自中国进口的主要商品中，机电产品的比重最大，2013 年，俄罗斯自中国进口机电产品价值达 234.96 亿美元，同比增长 2.1%，机电产品占比达到 45.5%；其次是纺织品、玩具、家具、杂项制品、鞋靴、伞、皮革制品、箱包等劳动密集型产品，总占比达到 23.8%（见表 5-7）。

表 5-7　2013 年俄罗斯自中国进口主要商品构成（类）

商品类别	贸易额（亿美元）	同比增长（%）	占比（%）
机电产品	234.96	2.1	45.5
纺织品及原料	51.61	7.9	10.0
贱金属及制品	40.90	−0.3	7.9
家具、玩具、杂项制品	33.66	1.9	6.5
鞋靴、伞等轻工产品	29.14	−0.1	5.6
运输设备	26.28	−13.1	5.1
塑料、橡胶	24.17	−1.9	4.7
化工产品	18.01	5.0	3.5
陶瓷；玻璃	11.50	1.2	2.2
光学、钟表、医疗设备	11.27	−2.5	2.2
皮革制品、箱包	8.56	3.1	1.7
植物产品	8.39	8.2	1.6

资料来源：中国商务部网站，http://countryreport.mofcom.gov.cn/record/view110209.asp?news_id=38038。

（三）投资额

根据俄罗斯联邦国家统计署数据，截至 2013 年年底，俄罗斯累计吸引外国投资 3841 亿美元，中国是俄罗斯第四大投资来源国，累计对俄投资 321.3 亿美元，其中直接投资为 16.79 亿美元，仅占中国对俄累计投资总额的 5.2%，其他投资为 304.36 亿美元，占中国对俄累计投资总额的 94.7%（见表5-8）。2013 年，中国对俄投资额为 50.27 亿美元。

表 5-8　俄罗斯十大投资来源国（地）累计对俄投资（亿美元）

国别	到 2013 年年底累计余额		其中			2013 年流入外资额
	总计	占比（%）	直接投资	间接投资	其他投资	
全部投资	3841.17	100.0	1260.51	56.91	2523.75	1701.80
前十大外资来源国	3214.56	83.7	941.63	38.70	2234.23	1158.50
其中：塞浦路斯	690.75	18.0	447.81	15.65	227.29	226.83
荷兰	681.76	17.8	237.23	1.53	443.00	147.79
卢森堡	491.92	12.8	11.95	2.13	477.84	169.96

续表

国别	到2013年年底累计余额		其中			2013年流入外资额
	总计	占比（%）	直接投资	间接投资	其他投资	
中国	321.30	8.4	16.79	0.15	304.36	50.27
英国	279.77	7.3	27.26	9.28	243.23	188.62
德国	213.09	5.5	127.04	0.16	85.89	91.57
爱尔兰	200.87	5.2	4.82	0.02	196.03	67.57
法国	132.27	3.4	27.46	0.34	104.47	103.09
美国	103.05	2.7	28.31	9.38	65.36	86.56
日本	99.78	2.6	12.96	0.06	86.76	26.24

资料来源：俄罗斯联邦国家统计署，http://www.gks.ru。

二、各领域合作新进展

（一）能源合作取得突破

中俄两国的经济发展模式和资源禀赋决定了能源合作在中俄经贸合作中的重要地位，即中国目前已成为全球最大的能源消费国[①]，而俄罗斯则是重要的石油输出国[②]。中东、北非等产油国局势的不稳定使得中国海外能源供应的安全系数大大降低，就俄罗斯而言，近年来俄乌多次发生天然气纠纷也严重影响其对欧洲的能源出口，因此，中俄开展能源合作一方面可以很好地化解各自面临的风险，另一方面也符合了双方互利共赢的合作原则。

2011年1月1日起，中俄原油管道投入商业运营，标志着两国能源合作取得重大突破。2012年8月，俄罗斯能源部部长亚历山大·诺瓦克在接受中国媒体采访时谈道："中俄能源合作的顺利推进得益于两国各层级之间卓有成效的对话机制。"目前，中俄还正在就进一步扩大输油量，加强两国石油合作密切磋商。中俄成功实施了天津合资炼油项目，两国能源企业在伊尔库茨克州和乌德穆尔特共和国两个油气区块开展的勘探工作也正在运行中。与此同时，两国能源企业还就中资参与"萨哈林3号"区块开发、中俄共同对位于鄂霍茨克海所属大陆架上的"马加丹1号"和"马加丹2号"油气区块联合

---

①据英国石油（BP）的《世界能源统计年鉴》显示，2010年，中国超过美国成为世界上最大的能源消费国，中国的能源消费量占全球的20.3%，超过了美国19%的占比。

②英国石油（BP）的《世界能源统计年鉴》的数据表明，俄罗斯2010年石油探明储量为全球的5.6%，排名第六，苏联地区的出口在全球出口中的排名第二，全年为4.21亿吨，其中以俄罗斯为主。

勘探等合作项目正在作可行性论证。在天然气合作方面，2012 年普京总统访华期间，提出用"全程合作"这种新的角度展开中俄天然气合作，"全程合作"意味着天然气从开采到运输到使用，中俄在每一个阶段都合作，因此利益能够达到互补。

2012 年能源合作的新亮点主要体现在两个方面：一方面是深挖油气合作潜力，带动上下游产业链发展；俄方提出中俄能源合作不能仅停留于能源和原材料的简单交易，双方还可通过股权交换、技术和经验交换等方式帮助各自的企业直接进入对方市场，深度参与对方能源项目的开发。为切实推动这种合作方式的开展，俄罗斯提出两国应联手组建合资公司，积极参与两国各自境内相关能源项目的开发和建设，使两国能源合作从原材料进出口提升至共同生产高附加值的能源产品。另一方面是拓展能源合作范围，为煤炭、电力、核能等各方面的合作开辟广阔空间。在煤炭合作领域，2011 年中国煤炭进口量为 1.82 亿吨，但俄罗斯所占份额较小，仅为 1050 万吨。俄罗斯能源部部长亚历山大·诺瓦克谈到，俄罗斯看好两国在此领域内的合作前景，并准备近年内通过铁路运输把对华煤炭年出口总量提高两倍。在电力合作方面，中俄已于 2011 年建成了 500 千伏输配电线路，此线路投入商业运行后，俄对华年出口电量可提高至 45 亿千瓦时。根据两国已达成的协议，俄在未来 20 年内对华年输电量要达到 600 亿千瓦时。在核电领域，俄罗斯核电技术具有很强的竞争力，目前田湾核电站 1 号、2 号机组已投入运营，俄参与 3 号和 4 号机组建设的合同已签订，同时中俄双方还在商谈 5 号、6 号机组建设事宜。此外，除了在传统能源领域内的合作以外，中俄另一个具有前景的合作领域是联手提高能源利用效率，实现节能减排是当前包括中俄在内的每个国家都面临的重要任务。

2013 年中俄能源合作又取得了新的突破。俄罗斯能源部部长诺瓦克在陪同梅德韦杰夫参加第十八次中俄总理定期会晤期间表示，2013 年是中俄能源合作的"突破年"，中俄双方在石油、天然气、煤炭、电力、核电等多个领域都达成了合作意向，并解决了一些多年积压的问题。

在石油领域，根据 2009 年中俄双方签订的协议，俄罗斯石油公司目前每年向中国供应 1500 万吨石油，约占中国年度原油进口总量的 8%。2013 年 3 月 22 日，习总书记访俄期间，俄罗斯头号石油巨头俄罗斯石油公司与中国签署协议，未来将会把对中国的石油出口量提高到现有水平的 3 倍。根据该协议，2013 年俄罗斯石油公司将增加约 80 万吨石油供应，未来年度石油供应额将达 4500 万~5000 万吨，中国将成为俄罗斯原油最大进口国，而俄罗斯石油公司将获得来自中国国家开发银行的一笔 20 亿美元为期 25 年的贷款。6 月 21 日，在第十七届圣彼得堡国际经济论坛全体会议上，俄罗斯总统普京宣布俄罗斯将在未来 25 年中每年向中国供应 4600 万吨石油，协议总价值高达 2700 亿美元。俄方还承诺在中俄合资天津炼油厂建成投运后，每年向其供应 910 万吨原油，这是中国对外原油贸易中最大单笔合同。除以上增供协议外，2013 年 4 月李克强总理在访问俄罗斯时提出了上下游一体、风险共担、利益共享的能源合作新构想，该提议得到了普京总统的赞许。10 月 18 日，中石油公司与俄罗斯石油公司还就共同开发东西伯利亚油气田签署了扩大东西伯利亚上游项目合作谅解备忘录。该备忘录确定，中国石油和俄罗斯石油将在东西伯利亚和远东地区共同开发中鲍图奥滨等一批大型油气田。中俄双方成立合资公司，并以 49：51 的比例持股。合资公司成立后，双方计划联合收购并开发东西伯利亚和远东地区一些有规模储量的油气田。其中，生产的石油除满足俄东部使用以外，还将通过俄远东原油管道和中俄原油管道向中国及其他亚太国家出口。此项备忘录的签署标志着中国取得参与俄罗斯上游石油开发的新突破，也是中俄开展上下游一体化合作的重要里程碑。

在天然气领域，从 2006 年起，中俄两国就开始设计从东、西两线建设天然气管道，当时中石油公司与俄罗斯天然气工业股份公司签订了合作备忘录。按照计划，将修建两条通往中国的天然气管道，西线管道从西西伯利亚开采进入中国新疆，东线管道则经俄远东地区到中国东北。2013 年 2 月，中俄能源合作委员会双方主席表态，两国政府将支持企业进行中俄东部管道供气谈判，东线管道对中国的供气量确定为每年 380 亿立方米。俄天然气工业公司总裁阿列克谢·米勒于 2013 年 1 月也曾表示，在西线对华供气方面中俄双方只剩下价格问题尚未商定。2013 年 9 月 5 日，中俄两国就俄罗斯从东线向中国输送天然气达成一致，在圣彼得堡二十国集团领导人第八次峰会期间，中石油与俄罗斯天然气工业股份公司签署了《俄罗斯通过东线管道向中国供应天然气的框架协议》，该协议规定了东部天然气供气总量、供气条件、照付不议比例等具有法律约束力的商务条件，为完成供气项目奠定了法律基础。该协议的签署标志着谈判十余年未果的中俄天然气合作终于取得突破性进展。中石油与俄罗斯天然气工业股份公司商定在年底签订购销合同，实现 2018 年供气的目标。此外，中石油还与俄罗斯诺瓦泰克公司签署了《中国石油天然气集团公司与诺瓦泰克股份公司关于收购亚马尔液化天然气股份公司股份的股份收购协议》。

在电力合作领域，早在 1992 年中俄电力边境贸易就已开始，目前中俄间已建起三条跨江输电线路。一是 110 千伏布黑线（俄罗斯布拉戈维申斯克—中国黑河）。二是 220 千伏布爱甲乙线（俄罗斯布拉戈维申斯克—中国爱辉），这两条线路曾一度中断，又于 2009 年 3 月恢复运营。三是 2012 年 1 月建成、3 月投入运营的 500 千伏直流联网工程阿黑线（俄罗斯阿穆尔—中国黑河换流站）。500 千伏直流联网输电技术的应用，扩大了跨国线路的输电能力。因为中俄双方都是交流电网，高压直流背靠背联网技术能较好地实现不同交流电压的电网互联，特别是偶尔出现中俄电流频率不统一的情况下，可以保证电网稳定运行。此后，中国国家电网公司与俄罗斯东方能源公司在签订 2013 年购俄电量 33.5 亿千瓦时协议的基础上，下半年又增加购俄电量 1.5 亿千瓦时。此外，为了改变以往中俄电力合作仅仅是中国进口俄电的模式，中国国家电网公司投资与引进并举，充分利用在先进装备、智能电网建设、特高压技术和资金等方面的经验和优势，参与俄罗斯电网新建和现代化改造升级，与之共同开发煤电、水电电能资源，合作建立电厂，向中国直销电力，从单纯的买家转变为参与者和合作方，实现风险共担、利益共享。2013 年 3 月 22 日，在中俄两国元首的见证下，中国国家电网公司与俄罗斯统一电力国际公司在莫斯科克里姆林宫签署了《关于开展扩大中俄电力合作项目可行性研究的协议》。双方计划研究开发俄罗斯远东、西伯利亚地区资源，建设大型煤电输一体化项目，通过高压或特高压跨国直流输电线路向中国送电。国家电网公司与俄罗斯辛特斯集团股份公司还签署了《中国国家电网公司与俄罗斯辛特斯集团股份公司合作框架协议》，双方将研究开展俄罗斯电站新建或改造项目、开发俄远东地区水电和煤炭资源向中国供电等电力项目。这两个协议的签署为中俄电力合作开启了更加广阔的合作空间。此外，中俄两国仍继续在核能领域扩大合作，积极推进田湾核电站二期项目。

在煤炭领域，近年来中俄煤炭贸易量逐年提高。2010 年，中国自俄进口煤炭 1080 万吨，2012 年已提高到 1920 万吨。除进口之外，中国企业还积极投资与俄罗斯共同开发煤矿。2013 年 3 月，中国神华集团与俄罗斯恩佳集团签署协议，共同开发俄罗斯远东和西伯利亚地区煤炭资源，中国国家开发银行为该项目提供 20 亿美元融资。12 月，据路透社报道，神华集团与恩佳集团将共同投资 300 亿卢布（约合 9.2 亿美元）开发俄境内后贝加尔边疆区扎舒兰煤矿，目前项目已获得开采及勘探许可。项目表内平衡储量达 2.52 亿吨低硫动力煤，计划年产煤 600 万吨。项目拟于 2018 年开采，2021 年达到最大化产能。

在新能源领域，2011 年 6 月，国网绿色能源有限公司与俄罗斯燃料公司正式签署框架协议，共同开发俄罗斯生物质能源，拉开了两国新能源合作的序幕。2012 年 2 月，双方达成协议成立合资公司。目前，在建筑节能、新能源汽车、生态评估等领域，中俄两国也展开了积极的探索。

（二）金融合作日益深化

近年来，中俄金融合作日益深化，在国际金融领域的协调也有所加强。2011 年，中俄金融合作又出现新的进展。2011 年 6 月 23 日，俄罗斯央行与中国人民银行签署了双边本币结算协定，该文件扩大了中俄两国在双边贸易中使用卢布和人民币进行结算的范围。在两国经贸联系日益密切的背景下，扩大本币结算范围具有重大意义：第一，这为两国企业创造了有利的贸易环境，有效降低了交易成本；第二，美国借两轮量化宽松政策为世界经济"注水"，美元币值稳定受到影响，中俄两国贸易使用本币结算有利于双方避免汇率波动带来的损失；第三，对中俄两国联手防范金融风险，以及相互配合推动国际金融秩序的改革具有重大意义。

继 2010 年人民币和卢布挂牌交易之后，2011 年 10 月 10 日俄罗斯对外贸易银行旗下最大的零售银行 ВТБ24 银行开始接受人民币存款。对中国而言，这使人民币的国际化进程向前迈进了一步；对俄罗斯而言，则有利于俄罗斯外汇市场多元化发展。俄罗斯银行协会主席、知名的金融家卡列金·托苏尼扬充分肯定了该举措，他表示："这一事件具有标志性意义，ВТБ24 银行开始接受人民币的存款业务，这将扩大此类银行产品规模。我对此持肯定态度，因为这将意味着俄罗斯外汇市场正在多元化。"

2011 年 6 月，俄罗斯直接投资基金正式成立，俄罗斯主权财富基金对其注资 100 亿美元，该基金成立的目的在于吸引外国投资者跟投，起到抛砖引玉的作用。2011 年 10 月，普京总理访华期间，中投公司与俄罗斯直接投资基金各出资 10 亿美元，与其他投资者共同成立总额为 30 亿~40 亿美元的中俄投资基金。成立该基金的目的是实施在俄罗斯领土上的直接投资，该基金将于2012年第一季度开始运作。根据中俄双方签署的意向备忘录，俄罗斯对外经贸银行担任"基金的战略合作伙伴"，提供债务融资。2012年6月，在俄罗斯总统普京访华期间，中投公司与俄罗斯直接投资基金签署《中俄投资基金管理公司正式成立及其基本原则的备忘录》，标志着中俄投资基金的全面启动。该基金目标募集规模为40亿美元，其中10亿美元由中投公司及其相关方出资，10亿美元由俄罗斯直接投资基金出资，剩余资金将向第三方国际投资者募集。2012年9月7日，俄罗斯直接投资基金总经理基里尔·德米特里耶夫在亚太经合组织工商领导人峰会上向参会人士介绍俄中投资基金成立以来的运行状况，推介俄中投资合作项目。他谈道："俄中投资基金框架下的首笔交易很有可能落户俄罗斯远东地区。目前，俄中双方在该基金框架下就10笔可能的交易进行磋商，此外，双方正在就农业和物流领域的合作项目进行研究。除了远东，俄中直接投资基金还将在俄罗斯全境开展业务。另外，根据俄中投资基金的运作规则，不超过30%的资金将投资于与俄有关的中国境内项目。"

中俄双方的金融合作正日益深化，但也应注意到，两国金融合作依然以政府推动为主，企业和机构自主的金融合作还尚未发展起来。相信随着俄罗斯加入世贸组织，逐渐放开对外资银行的限制，将为更多银行等金融企业进入俄罗斯创造机会。

（三）农业合作前景广阔

俄罗斯拥有2.2亿公顷的农业用地，其中耕地约1.25亿公顷，是世界上黑土带面积最大的国家，其耕地使用率不足50%，而中国具有劳动力、资金和技术等优势，又是世界上重要的粮食需求大国，这都为两国开展农业合作奠定了坚实的基础。中俄两国的农业合作率先在边境地区展开。俄罗斯远东地区地广人稀，拥有发展大农业的良好自然条件，但由于各种因素的制约，该地区的农业发展潜力尚未发挥。目前，俄罗斯远东地区还属于农业发展落后地区，粮食、蔬菜、肉、奶等农产品还没有实现自给自足。2012年9月APEC会议期间，俄罗斯总统普京曾提出，希望能吸引更多的外国资本发展俄罗斯农业，大量尚未开垦的农业土地是俄罗斯竞争优势。我国企业在俄罗斯政府的支持下，在俄罗斯境内租赁农田和林地，农民参与的农业合作项目遍及俄远东地区阿穆尔州、滨海边疆区、犹太自治州、哈巴罗夫斯克边疆区等10个州区，建成境外农产品生产基地总面积约48万公顷。中国已成为远东地区居民农产品消费的重要供应国，而中国农民在俄罗斯境内种植的玉米、大豆等农产品除提供远东地区的供应之外，已经开始返销国内。此外，近年来，中国企业在俄罗斯欧洲部分进行投资的项目也逐年增多，如在伏尔加格勒地区，中国企业建立了蔬菜种植基地，在奔萨地区建立了玉米种植基地等。2013年3月，中国兔业协会与俄罗斯国家兔业协会签署了合作协议，双方兔业协会旗下企业在俄罗斯境内建立合资企业，计划年产兔肉5000吨。中国在继续扩大租赁土地合作模式的同时，更应重视俄罗斯已成为重要的粮食出口国，扩大农产品贸易将成为未来两国农业合作的重要内容。中俄两国动植物检验检疫标准存在较大差异，对两国间的农产品贸易造成严重阻碍。2013年3月22日，在习近平主席访俄期间，中俄双方签署了多项农业合作协议，其中包括《中华人民共和国国家质量监督检验检疫总局和俄罗斯联邦农业部关于互供粮食及加工品植物检疫要求协议》。该协议明晰了植物检疫标准，为今后中俄双方开展农产品贸易提供了有力保障。根据俄罗斯的入世承诺，俄罗斯将逐步降低农产品补贴，2013~2017年，俄罗斯农业补贴将会下降至44亿美元，这为中国企业扩大对俄农业合作创造了更多机遇，未来中俄两国在农业种植、农产品加工和贸易领域将会拥有更加广阔的合作空间。

（四）电子商务蓬勃发展

近年来，我国跨境电子商务发展势头强劲，2012年我国跨境电子交易额达到150亿美元，2013年交易规模继续扩大，预计同比增速将会达到30%。与传统贸易方式相比，跨境电子商务具有海量商品信息、个性化广告推送、口碑聚集消费需求、节约交易成本、沟通和支付方式便捷多样等优势。对于客户而言，不出家门轻松购物，具有较强的应用性和便利性。对于企业而言，可以通过互联网创新经营模式，从在线供应链中获取利润空间。

中俄跨境电子商务起步较晚，但发展迅速。淘宝网是中国最大的电子商务交易平台，根据该网站数据，俄罗斯人的购物量"井喷式"增长。2013年2月，淘宝网对俄罗斯的日成交额约为50万~200万美元，到2013年5月，已增长至400万美元。中俄电子商务的蓬勃发展有利于突破对俄贸易的地域局限，充分发挥国内产业优势。目前，以杭州淘宝网为代表的一大批网站纷纷开始推广对俄电子商务，商品种类众多，主要包括轻工产品、电子产品、日用百货等，很多企业还开设了俄文网站，向俄罗斯搜索引擎提供网址，以便扩大对俄贸易和服务。为扫清中俄电子商务交易的支付障碍，中国电商阿里巴巴于2012年6月与俄罗斯最大的第三方支付平台QiwiWallet公司签署战略合作协议。与阿里巴巴合作后，俄罗斯用户可以在QiwiWallet账户充值，再到阿里巴巴旗下的在线交易平台全球速卖通购买中国商品，支付成功之后中国卖家便可发货。截至2013年3月，阿里巴巴旗下全球速卖通已有超过70万的俄罗斯注册用户，注册用户数量同比增长465%。2013年7月，全球速卖通又开通Webmoney支付选项，Webmoney目前是俄罗斯最流行的一种支付方式，全球速卖通此项业务的开通对其开拓俄罗斯市场奠定了基础。此外，2013年6月15日，黑龙江省与杭州市还联手召开"中俄跨境贸易电子商务发展论坛"，以"云计算促进跨境电子商务发展"为主题，深入探讨中俄跨境电子商务发展过程中遇到的问题及解决之道。随着应用领域和地域的不断拓展，电子商务将为中俄两国间贸易发展提供新的动力。

（五）地区合作由毗邻向内陆推进

2009年11月29日，中俄两国元首共同批准了《中华人民共和国东北地区和俄罗斯联邦远东及东西伯利亚地区合作规划纲要（2009~2018）》，这份文件的签署具有里程碑式的意义，标志着中俄两国地区合作真正拉开了序幕。《规划纲要》批准五年以来，毗邻地区在政治、经贸、人文、旅游等各领域的联系日趋密切。中俄间地区合作在毗邻地区展开的同时，近年来又出现向内陆逐步推进的趋势。

2012年4月，李克强总理在访俄期间会见了俄总统驻伏尔加河沿岸联邦区全权代表巴比奇，中俄双方希望扩大地区合作范围，并就中国长江中游城市群①与俄罗斯伏尔加河流域城市群开展区域合作达成共识。此后，国家发改委和外交部等有关部门举行座谈，并赴实地调研，结合各省产业优势，研究制定长江中游城市群将与俄罗斯伏尔加河流域城市群开展地区合作的具体方案。2013年5月14日，长江中上游地区②与俄罗斯伏尔加河沿岸联邦区合作座谈会在湖北省武汉市举行，长江中上游各省领导与俄罗斯伏尔加河沿岸联邦区地方领导人共同探讨未来合作发展规划。会后，国务委员杨洁篪与巴比奇签订了《长江中上游地区与伏尔加河沿岸联邦区开展合作的议定书》。

---

① 长江中游城市群包括湖南、湖北、江西三省的湖北武汉都市圈、襄荆宜城市群和湖南长株潭城市群以及江西环鄱阳湖经济圈，有地级以上城市17个。
② 长江中上游地区包括湖北、江西、重庆、安徽、湖南、四川6个省（市）。

长江中上游地区与俄罗斯伏尔加河沿岸联邦区开展地区合作的特点在于：第一，摒弃低附加值的传统贸易模式，围绕高科技、高附加值产业展开合作。长江中上游地区的优势产业为汽车、钢铁、石化、食品加工、航空航天、船舶制造、装备制造等行业。俄罗斯伏尔加河沿岸联邦区的优势产业包括汽车、航空制造、石化、船舶制造、农业等。两个地区制造业都较为发达、产业链条较长，围绕两地优势产业展开合作不仅可以推动两地经济增长，而且制造业产品的相互引进还伴随着技术交流，这对优化中俄两国经济结构和双边贸易结构也具有较强的积极作用。第二，两地区合作有利于产业内贸易的发展。产业内贸易是指由于差异产品间的规模经济优势的存在和跨国直接投资，同一产业部门的产品既进口又出口的现象。中俄双边贸易一直是基于自然禀赋差异的产业间贸易，围绕共同的优势产业展开合作，共建产业园区，有利于促进产业内贸易的发展，从而带动相互直接投资。第三，打破地域局限，将地区合作向内陆推进，在距离遥远的两地区展开。地区合作从毗邻向内陆合作既体现了中俄战略协作伙伴关系的逐步深化，同时又能满足我国内陆地区扩大开放、增强经济活力的现实需求。由于两地区距离遥远，需要研究开通中国长江中上游中心城市与俄罗斯伏尔加河流域中心城市直飞航线或包机，航线的开通为未来两地开展旅游、人文、教育、环保等全方位多领域的合作奠定了基础。

（六）边境贸易面临瓶颈

中俄两国有着绵延4300多公里的共同边境线，经过多年的发展，边境贸易规模逐渐扩大，经营模式逐步规范，贸易方式逐渐多样化，贸易对象也从简单的易货贸易发展到贸易与投资相结合，为边境地区经济发展和居民生活水平的提高发挥着重要作用。尽管边境贸易的方式逐渐多样化、一般贸易占比逐步扩大，但边民贸易和边境小额贸易在边境贸易中仍占有较大的比重。此外，尽管边境地区合作已取得一定成绩，但边境贸易始终在低水平徘徊，发展面临瓶颈。多年来，边境贸易中，中国出口到俄罗斯的商品主要以轻工产品、农副产品等劳动密集型产品为主，中国从俄罗斯进口的商品主要以原木、原油、纸浆等资源密集型产品为主，无论是进口还是出口，均为低附加值产品。

三、中俄经贸合作的有利条件

（一）中俄战略协作伙伴关系继续深化

2012 年 5 月至 2013 年，中俄两国国家领导人多次会面，商讨中俄两国共同发展大计。普京再次当选总统后将中国列为首访国家，于 2012 年 6 月 5 日访问中国，并出席在北京举行的上海合作组织成员国元首理事会第十二次会议。2012 年 12 月 6 日，中国总理温家宝和俄罗斯总理梅德韦杰夫在莫斯科举行中俄总理第十七次会晤，双方重点讨论落实北京会晤达成的重要共识，进一步深化两国的政治互信和全面战略协作，促进两国战略性大项目的落实，经济、人文等领域的合作也取得了新进展。2013 年 3 月，习近平当选中国国家主席后首选俄罗斯进行国事访问，充分体现了对中俄战略协作伙伴关系的重视。此次访问中，中俄两国元首就继续深化中俄战略协作伙伴关系，加强全方位战略合作达成一系列重要共识，标志着中俄关系进入全面开展务实合作的新阶段。除此次国事访问之外，2013 年中俄两国元首还参加了 3 月 26~27 日在南非举行的"金砖四国"峰会、9 月 5 日在圣彼得堡举行的 G20 峰会、9 月 12~13 日在比什凯克举行的上合组织峰会和 10 月 7 日在巴厘岛举行的亚太经合组织峰会，多次进行会面，强调两国关系的重要性和特殊性。在总理层面，2013 年 10 月 22~24 日，中俄政府首脑举行第 18 次定期会晤，详细审议两国经济、文化、科技等领域合作，签订了 20 多份部门间协定和商业协议。2013 年，中俄两国还举行了 9 次副总理级会晤，两国部委间多次进行积极交流。除领导人多次会面之外，2013 年中俄两国在叙利亚问题、海军联合演习以及共同抵御洪灾等方面均配合良好，这都充分证明了中俄关系处于最好阶段，两国政治互信达到前所未有的高度。良好的政治关系为中俄两国开展全方位、多领域的合作奠定了坚实的基础。

（二）俄罗斯的远东开发战略

俄罗斯的西伯利亚和远东地区地广人稀，并且蕴藏着丰富的自然资源，发展潜力巨大。早在 2000 年的《俄罗斯对外政策构想》中，俄政府就明确提出"必须振兴西伯利亚和远东经济，使其成为俄罗斯积极参与亚太一体化进程的支柱"[①]。近年来，俄罗斯对远东地区愈加重视，该地区的开发逐步提上

[①] Концепция внешной политики России，http：//www.ng.ru/world/2000-07-11 /1_concept.html.

议事日程。2010 年，俄政府为致力于东西伯利亚和远东地区的经济开发，批准了《2025 年前远东和贝加尔地区社会经济发展战略》。2012 年 6 月，普京就任总统之后不久就签署总统令并成立远东发展部，充分显示了对远东地区开发的重视。中国是俄罗斯在亚太地区最重要的合作伙伴，对于俄罗斯而言，东部地区的振兴在很大程度上要借助中国的力量。2012 年 2 月，普京在总统竞选纲领中曾提出："'俄罗斯经济之帆'要乘上'中国风'"，"要积极发展与中国的合作关系，将'中国的潜力'用于俄罗斯西伯利亚和远东地区的开发"。因此，远东开发必将促进中俄经济合作的发展，也为中国企业参与远东开发创造了机遇。

（三）中国提出"丝绸之路经济带"的倡议

2013 年 9 月 7 日，中国国家主席习近平访问中亚，在哈萨克斯坦纳扎尔巴耶夫大学演讲时提出，为了使欧亚各国经济联系更加紧密，相互间合作更加深入，发展空间更加广阔，可以创新合作模式，共同建设"丝绸之路经济带"，这是一项造福沿途各国人民的大事业。"丝绸之路经济带"东连亚太经济圈，西系欧洲经济圈，地缘范围涵盖包括俄罗斯在内的整个欧亚大陆。"丝绸之路经济带"的倡议是通过加强政策沟通、道路联通、贸易畅通、货币流通和民意想通等手段，加强与欧亚大陆乃至欧洲国家的经济联系，从而促进我国西部地区发展，形成全方位对外开放新格局。在这一倡议下，中俄之间的互联互通将会进一步加强，对推动中俄两国经济合作起到巨大的促进作用。

（四）俄罗斯加入世贸组织

从 1993 年 6 月提出申请，到 2011 年 11 月 10 日正式完成谈判，俄罗斯的入世经历了 18 载的艰苦谈判。俄罗斯入世后，世贸组织将能覆盖全球 98% 的国际贸易。

入世后，俄罗斯总体关税水平从 10% 降至 7.8%，农产品平均进口关税从 13.2% 降至 10.8%，工业品平均进口关税从 9.5% 降至 7.3%。其中 1/3 的商品入世之后无过渡期，这不但为中国机电、轻工等传统商品扩大对俄出口创造了条件，也为中国企业在能源、铁矿石等俄罗斯具有比较优势部门进行投资创造了机遇。中国企业应充分利用俄入世后放宽外资企业进入的有利契机，扩大对俄投资，尤其应重视在能源、铁矿石等俄罗斯具有比较优势部门的投资。但俄罗斯市场向中国开放的同时，也向其他成员国开放，这就意味着产品市场上的竞争将更加激烈。

俄罗斯在"入世"文本中承诺，国外银行可以在俄罗斯建立海外附属机构，并且对国外资本在俄罗斯私人银行机构中的股权不设上限。这就意味着俄罗斯逐渐放开了对外资银行进入的限制，国外银行可以自由选择合资或者独资的方式开设银行。对中国而言，五大国有银行可以选择独资的形式，股份制银行可以选择参股，亦可尝试独资，其他中小银行也有机会以参股的方式进入俄罗斯的金融市场。

俄罗斯的涉外法律特别是对外经贸法，以及海关管理制度等也将在世贸组织规则下更趋规范健全，这将为两国经贸合作创造良好的法律环境。为了扫除入世障碍，俄罗斯对国内经济和技术管理制度实施了大刀阔斧的改革，技术标准和相应法律、法规均达到了世贸组织的要求，对动植物检疫法也进行了相应的修改。此外，俄罗斯的贸易和投资环境也将持续改善。因此，俄罗斯加入世贸组织之后，两国将在同一框架内，按照同一规则展开合作，双边贸易更加规范有序。此外，俄罗斯的营商和投资环境也有所改善。根据世界银行发布的《2014 年全球营商环境报告》①，俄罗斯在 189 个参评的经济体中排名第 92 位，与 2013 年排名第 111 位相比，上升了 19 位。同时也应注意，俄罗斯入世也会为中国企业带来一些困难，比如，知识产权引进难度加大、农产品环保标准门槛提高等。从长期看，俄罗斯入世将有利于两国经贸合作的日益深化，但到目前为止，入世对中俄经贸合作的促进作用尚未完全显现。

第四节 中俄经贸合作的新局面与新问题

进入 2014 年，俄罗斯经济形势更加严峻，乌克兰危机后，西方国家的经济制裁、国际油价大幅下跌、卢布暴跌等因素都使本就不乐观的经济形势雪上加霜。在这些因素的影响下，中俄经贸合作面临着新局面和新问题，机遇与挑战并存。

---

① The World Bank. Doing Business 2014, http: //chinese.doingbusiness.org/data/exploreeconomies/russia/# trading-across-borders.

一、2014~2015 年中俄双边贸易总体状况

（一）双边贸易额

2014 年，在西方制裁、油价下跌等因素的影响下，俄罗斯经济走向衰退，中俄双边贸易也受到一定程度的影响，增速明显下降。根据俄罗斯海关总署的数据，2014 年，中俄双边贸易额为 883.89 亿美元，同比下降 0.5%，中俄双边贸易额在俄罗斯对外贸易总额中的占比为 11.3%，中国是俄罗斯第一大贸易伙伴。其中，俄罗斯对华出口额为 375.04 亿美元，同比增长 5.3%，俄罗斯自华进口额为 508.84 亿美元，同比下降 4.3%。[1] 根据中国海关统计数据，2014 年，中俄双边贸易额为 952.85 亿美元，同比增长 6.8%，中国对俄出口额为 536.77 亿美元，同比增长 8.2%，中国自俄进口额为 416.07 亿美元，同比增长 4.9%（见表 5-9）。2014 年，俄罗斯超过巴西成为中国第九大贸易伙伴国[2]。

表 5-9　2014 年中国与前十大贸易伙伴贸易概况

	进出口（亿美元）	出口（亿美元）	进口（亿美元）	与上年相比增长（%）		
				进出口	出口	进口
美国	5551.18	3960.82	1590.36	6.6	7.5	4.2
中国香港	3760.94	3631.91	129.02	-6.2	-5.5	-20.7
日本	3124.38	1494.42	1629.97	0.0	-0.5	0.4
韩国	2904.92	1003.40	1901.52	5.9	10.1	3.9
中国台湾	1983.14	462.85	1520.30	0.6	13.9	-2.8
德国	1777.53	727.13	1050.40	10.1	8.0	11.5
澳大利亚	1369.05	391.54	977.51	0.3	4.3	-1.2
马来西亚	1020.21	463.59	556.61	-3.8	0.9	-7.5
俄罗斯	952.85	536.77	416.07	6.8	8.2	4.9
巴西	865.79	348.94	516.86	-4.0	-2.8	-4.8

资料来源：中国海关总署，http://www.customs.gov.cn/publish/portal0/tab49666/info729723.htm。

进入 2015 年，中俄双边贸易延续了上一年的下降趋势，且降幅继续加大。根据俄罗斯海关总署的统计数据，2015 年 1~3 月中俄双边贸易额为 152.57 亿美元，与上年同期相比下降了 28.7%，其中俄罗斯对华出口额为

---

[1] Фелеральная таможенная служба. Внешняя торговля Российской Федерации по основным странам за январь–декабрь 2014 г. http://www.customs.ru/index2.ph.

[2] 中国海关总署，http://www.customs.gov.cn/publish/portal0/tab49666/info729723.htm。

67.68 亿美元，同比下降 27.8%，俄罗斯自华进口额为 84.9 亿美元，同比下降 29.4%。尽管中俄双边贸易额出现了一定程度的下降，但中俄贸易在俄罗斯对外贸易总额中的占比不降反升，2015 年 1~3 月，中俄贸易在俄罗斯对外贸易总额中的比例提高至 11.6%。

（二）双边贸易结构

俄罗斯对中国出口的商品主要为能源和原材料等初级产品，这主要是基于俄罗斯的资源禀赋。2014 年，中国自俄罗斯进口的前五大类商品为矿产品、木及制品、金属及制品、化工产品、活动物和动物制品。第一大类商品为矿产品，出口额为 309.43 亿美元（见表 5-10），在中国自俄罗斯进口商品总额中的占比从 2013 年的 67.8%上升至 74.4%[①]。相比之下，机电产品的进口占比大幅下降，从 2013 年的 6.9%下降至 1%。

表 5-10 2014 年中国自俄罗斯进口主要商品

商品类别	贸易额（亿美元）	占比（%）
矿产品	309.43	74.4
木及制品、纸制品	40.49	9.7
金属及制品	21.20	5.1
化工产品	16.40	3.9
活动物、动物制品	12.71	3.1
塑料、橡胶	6.20	1.5
机电产品	4.22	1.0

资料来源：海关信息网，http://www.haiguan.info/onlinesearch/TradeStat/StatOriSub.aspx?TID=2。

在中国对俄出口的主要商品中，机电产品的比重最大，2014 年，中国对俄出口机电产品总额为 193.44 亿美元，机电产品出口占比达到 36%。[②] 其次是纺织品、鞋靴、轻工产品、皮革制品等劳动密集型产品，其占比达到 28.2%（见表 5-11）。

---

①② 海关信息网，http://www.haiguan.info/onlinesearch/TradeStat/StatOriSub.aspx? TID=2。

表 5-11　2014 年中国对俄罗斯出口主要商品

商品类别	贸易额（亿美元）	占比（%）
机电产品	193.44	36.0
纺织品、鞋靴、轻工产品、皮革制品	151.32	28.2
金属及制品	33.58	6.3
家具、玩具、杂项制品	33.62	6.2
塑料、橡胶	26.45	4.9
化工产品	6.85	1.3

资料来源：海关信息网，http://www.haiguan.info/onlinesearch/TradeStat/StatOriSub.aspx?TID=2。

二、2014~2015 年中俄各领域合作的新进展

（一）能源合作

中俄两国的经济发展模式和资源禀赋决定了能源合作一直是中俄经贸合作的重要方向。

在石油领域，2013 年 4 月李克强总理在访问俄罗斯时提出了上下游一体、风险共担、利益共享的能源合作新构想，该提议得到了普京总统的赞许。2014 年，中俄双方积极就拓展油气上下游全面合作（包括上游勘探开发、下游炼化和精深加工合作）做出努力。普京总统邀请中方企业收购俄罗斯石油公司旗下的万科尔油田股份，并表示对中方不设任何限制，进一步传递了大力推进上游合作的积极信号。2014 年 10 月，中俄两国总理会晤期间，中石油与俄罗斯石油公司签署了《关于进一步深化战略合作的协议》，根据协议，双方约定将在上游油气勘探开发、下游炼厂建设、油气贸易领域开展一体化合作，同时还有意将合作方向拓展至工程技术服务、装备制造和科技研发等领域。2014 年 11 月，APEC 会议期间，国家能源局局长吴新雄与俄罗斯能源部长和俄罗斯石油公司总裁举行会谈，此后，中石油勘探开发公司与俄罗斯石油公司签署了框架协议，中石油购买俄石油旗下万科尔石油公司 10% 的股份，中石油还将成为万科尔石油公司董事会成员，获得相应分红。中石油和俄石油还通过合资的东方石化董事会批准了进行天津炼化项目的可行性研究。

在天然气领域，经过中俄双方多年的谈判，在两国领导人的关心与推动下，在两国政府的直接指导和参与下，中俄天然气合作终于取得历史性突破。2014 年 5 月上海亚信峰会期间，在习近平主席和普京总统的见证下，由国家

能源局局长吴新雄与俄罗斯能源部部长诺瓦克代表中俄两国政府签署了《东线天然气合作项目备忘录》，中石油集团公司董事长周吉平与俄罗斯天然气工业股份公司总裁米勒签署了《中俄东线供气购销合同》，这两份能源领域重要合作文件的签署标志着中俄双方在天然气合作领域取得了历史性突破。根据合同，从 2018 年起，俄罗斯开始通过中俄天然气管道东线向中国供气，输气量逐年增长，最终达到每年 380 亿立方米，累计合同期 30 年，合同总价值超过 4000 亿美元，是俄罗斯历史上最大的能源出口合同。合同约定，主供气源地为俄罗斯东西伯利亚的伊尔库茨克州科维克金气田和萨哈共和国恰扬金气田，俄罗斯天然气工业股份公司负责气田开发、天然气处理厂和俄罗斯境内管道的建设；中石油负责中国境内输气管道和储气库等配套设施建设。俄罗斯境内管道工程包括：科维克金气田至恰扬金气田管线长 800 公里，恰扬金气田至别洛戈尔斯克管线长 1700 公里，别洛戈尔斯克至黑河管线长 180 公里；中国境内管道工程途经黑龙江、吉林、内蒙古、辽宁、河北、天津、山东、江苏、上海 9 个省（区、市），止于上海市（见图 5-1）。为合理安排项目建设周期，分为北段（黑龙江黑河—吉林长岭干线及长岭—长春支线）、中段（吉林长岭—河北永清）、南段（河北永清—上海），分别核准和建设，拟新建管道全长约 3060 公里。入境点位于黑河开发区北侧约 10 公里，新建管道管径 1016~1420 毫米；配套建设 5 座地下储气库。普京总统将其称为全球规模最大的建设工程。2014 年 9 月初，俄方境内段管道——"西伯利亚力量"管道已经开工修建，计划 2018 年建成并投产运营。

此外，亚信会议期间，中石油与俄罗斯诺瓦泰克公司还签署了《年供 300 万吨液化天然气合同》。2014 年 10 月，在中俄两国总理的见证下，中石油与俄天然气工业股份公司签署了《关于中俄东线天然气管道建设和运营的技术协议》，为中俄东线天然气管道跨境段和各自境内管道的建设奠定重要的法律基础。该协议作为实施中俄东线天然气项目的重要基础性文件，确定了中俄东线天然气管道的入境点、交气压力、跨境段主要参数、天然气品质、计量标准等管道建设和运营方面的技术内容。

东线天然气项目谈成后，中俄双方重新启动西线天然气项目，这是一个规模不亚于东线的重大能源项目。2014 年 11 月 9 日，APEC 会议期间，中俄西线天然气管道落地，中石油与俄罗斯天然气工业股份公司签署了《关于沿西线管道从俄罗斯向中国供应天然气的框架协议》。这一框架协议是继 2014

图5-1　中俄东线天然气管道示意图

　　年5月《中俄东线供气购销合同》签署之后中俄天然气合作取得的又一新进展。协议规定了未来俄罗斯通过中俄西线天然气管道向中国供气的基本技术经济条款。按照协议，俄方将从西伯利亚西部通过阿尔泰管道每年向中国供应300亿立方米天然气，为期30年，供气量渐增期为4~6年等。框架协议还注明了起草关于西线购气协议、技术协议和跨政府协议的时间表。该项目运作后，中国将超过德国成为俄罗斯最大的天然气客户。

　　在电力合作领域，2014年中俄双方在水电开发领域取得新进展。11月9日，俄罗斯最大的水力发电企业俄罗斯水电集团公司分别与三峡集团和中国电力建设集团就水电站建设达成合作。目前，三峡集团已与俄签署《关于建立合资公司在俄罗斯远东地区投资、建设和运营水电站之股东协议核心条款》，中俄双方在水电开发领域又取得实质性进展。

　　除油气合作和电力合作之外，中俄双方在煤炭、可再生能源等领域也制定了长期合作规划，合作进展顺利。

　　中俄在能源领域，尤其是油气领域的合作符合中俄双方的共同利益，但多年以来，俄罗斯在同中国的能源合作问题上一直抱有较大戒心，担心扩大对华油气出口会沦为中国的"能源附庸国"。近年来，俄罗斯对华能源合作的态度明显变得积极，不仅主动提出增加对华出口量，并且在一些多年悬而未决的项目谈判中，俄方的态度也更加积极、配合。因此，东西天然气管道项目和中国参与上游开发等项目相继取得突破性进展。俄罗斯对华能源出口战略进行调整，主要缘于以下四方面原因：第一，欧洲市场收缩。一直以来，欧洲一直是俄罗斯油气出口最大的市场。2009 年以来，欧洲主权债务危机不断蔓延升级，这不但降低了欧洲的能源需求，也使俄罗斯与欧洲开展能源合作的潜在风险上升。2012 年，俄罗斯对欧洲的天然气出口同比下降了 7%。尤其是乌克兰危机后，欧洲下决心摆脱对俄罗斯的能源依赖。一方面加速发展新型液化气进口设备，从而增加从中东、非洲和北美国家的进口；另一方面，积极采用节能技术，开发核能、可再生能源等技术用以替代传统的化石能源。因此，欧洲市场的收缩成为俄罗斯不断提高对华能源合作积极性的重要原因。第二，"页岩气革命"冲击了俄罗斯在国际能源格局中的地位。美国的"页岩气革命"极大地提高了美国的天然气产量。2009 年美国天然气产量达到 6240 亿立方米，首次超过俄罗斯成为世界第一大天然气生产国，此后，美国的天然气产量一直高于俄罗斯。由于页岩气开发技术的突破，美国不再需要进口液化天然气，还可以用自产的液化天然气替代柴油，在页岩气开发中意外收获的大量页岩油，也使美国对中东石油的需求直线下降。也许在不久的将来，美国不但有可能实现能源独立，还会成为油气的净出口国。美国的异军突起提高了北美地区在国际能源格局中的地位，对全球天然气供需关系变化和价格变动也将产生重大影响，俄罗斯在国际能源格局中的地位受到了巨大冲击。这也是中俄天然气合作取得突破性进展的又一重要原因。第三，俄罗斯经济陷入低迷，经济发展和社会稳定缺乏大量资金。2012 年 2 月，普京发表了 7 篇纲领性竞选文章，阐述治国方略，2012 年 5 月，普京当选总统后，又连续签署了一系列"5 月总统令"，其中涉及经济发展和社会稳定的一系列相关指标，然而这些指标的实现都需要俄罗斯经济保持 5% 以上增长为其提供资金保障。2014 年，在欧美制裁、国际油价大跌等因素的作用下，本已不乐观的俄罗斯经济更是雪上加霜。经济增长停滞，俄罗斯国内经济建设和社会稳定所需要的大量资金落空。根据俄罗斯经济发展部的预测，2015 年俄罗斯经济出现衰退已成定局，经济结构改革和经济增长模式的转变短期难以取得收效，这就意味着能源出口收入带来的资金仍然是维持俄罗斯经济增长的重要经济来源。因此，俄罗斯也迫切需要开拓亚洲能源市场，用以支撑国内经济建设和保持社会稳定。第四，俄罗斯的能源出口多元化战略与中国谋求能源进口多元化的战略诉求相契合。欧洲和北美对俄罗斯能源的需求逐渐下降，而与之形成鲜明对比的是，经济快速发展的中国对于能源的需求相对旺盛。俄罗斯实行能源出口多元化战略，将战略重心东移，从欧洲转向亚太，尤其是中国。同时，中国也正谋求能源进口的多元化，致力于降低对海上能源通道的依赖，中国对俄罗斯和中亚国家的能源需求相应上升。因此，中俄两国的能源战略的诉求正相契合。

（二）金融合作

金融合作是中俄经贸合作中的重要组成部分，它为两国间经贸合作的拓展和深入创造了良好的条件。随着中俄双边贸易和相互投资规模的不断扩大，中俄金融合作也持续升温。

首先，中俄金融机构间合作不断深入，领域不断扩展。2014年5月，中国银行与俄罗斯第二大银行俄罗斯联邦对外贸易银行签署合作协议，将在多个领域发展双方的合作伙伴关系，其中包括人民币与卢布清算、投行业务、银行间贷款、贸易金融、资本市场交易等方面。2013年，中国农业银行曾与俄罗斯储蓄银行签署战略合作协议。2014年9月，俄罗斯第一副总理舒瓦洛夫访华，会见了12家中国商业银行的代表，中国商业银行代表提出修改注册资本规定作为进军俄罗斯市场的条件。2014年10月7日，俄罗斯央行公布，中国农业银行已完成在俄注册，成为继中国银行、中国建设银行和中国工商银行之后，第四家在俄罗斯境内开展业务的商业银行。APEC会议期间，俄罗斯联邦储蓄银行与中国出口信用保险公司签署了20亿美元的框架协议，双方将扩展在融资项目方面长期合作，该行还与中国进出口银行签署了20亿美元信贷额度框架协议和31亿元人民币的买方信用贷款协议等一系列合作文件。进入2015年，中俄金融合作继续深化，2015年5月习近平主席访俄期间，俄罗斯联邦储蓄银行与中国国家开发银行签署了一项60亿元人民币信用额度协议，俄罗斯投资基金与中信国通投资管理有限公司签署了建立中国—俄罗斯投资银行的协议。

其次，本币结算业务不断发展。乌克兰危机后，俄罗斯有意推进"去美元化"进程，开展双边贸易本币结算对人民币和卢布的国际化均有益处。2014年5月20日，普京总统访华期间，中俄元首共同发表了《中俄关于全面战略协作伙伴关系新阶段的联合声明》，声明中涉及中俄经贸合作中的第一条就提到："推进财金领域紧密协作，包括在中俄贸易、投资和借贷中扩大中俄本币直接结算规模。"受欧美制裁影响，俄罗斯企业对人民币的需求量明显增长，2014 年 7 月，人民币与卢布交易量环比增长 52%。2014 年 8 月，俄罗斯央行与中国人民银行达成共识，进一步简化本币结算步骤，加大结算能力，为扩大本币结算创造更有利的条件。2014 年 10 月，中俄总理第十九次会晤期间，中俄双方签署了 1500 亿元人民币/8150 亿卢布的本币互换协议。此次会晤签署的联合公报中还提出："在双边贸易、直接投资和信贷领域扩大使用本币。"2015 年 5 月在中俄元首会面中，普京总统再次表示，俄罗斯和中国将加强金融合作，其中包括在相互结算中更广泛地使用卢布和人民币。

（三）技术创新合作

当前，中国的改革逐步进入"攻坚期"和"深水期"，中国经济增长仅靠出口和政府投资的拉动已不可持续，今后经济发展将会更多依靠改革和创新带来的活力。同时，金融危机、油价下跌凸显了俄罗斯能源出口导向型经济发展模式的结构性弊病，产业结构的转型和升级也势在必行。对中俄双方而言，加强创新合作是互利共赢、共谋发展的有效途径。近年来，中俄两国间创新合作的趋势日益显著，双方在高科技等多个领域已达成一些创新合作的协议，在落实和执行已达成协议的同时，两国应继续加强在教育、科技、科研等领域的交流与合作，增加两国间创新人才的往来，逐步探索新的合作途径，扩大合作范围。

2014 年 10 月 14 日，中俄总理第十九次会晤期间，李克强总理出席了中俄联合举办的"开放式创新"国际论坛开幕式并发表演讲。在该论坛框架下，中俄双方共同举办了主题为"创新对话：伙伴国创新政策的互动"的伙伴国论坛。中方设立了 240 平方米的高科技成果展台，18 家单位的 44 项科研成果参加了展示，内容涉及中国高新技术产业开发区建设发展、航天、高速铁路机车、核电、高端制造、纳米、LED 显示、通信等多个领域。多名政府官员和高科技企业代表组成了政府代表团参与了论坛，并负责组织论坛商务计划中的专项活动。在此次会晤期间，在中俄两国领导人的见证下，陕西省政府与俄罗斯直接投资基金、俄中投资基金和俄罗斯斯科尔科沃创新中心在莫斯科共同签署了《关于合作开发建设中俄丝绸之路高科技产业园的合作备忘录》，确定在西安和莫斯科分别建设一个高科技产业园区，加强两国科技和创新合作。中方园区位于西安西咸新区，园区规划开发面积 4 平方公里，由西咸新区与俄中投资基金共同出资成立合资企业进行开发建设。依托陕西省的科研力量和现代工业基础，建设以高新技术研发为先导、现代产业为主体、第三产业和社会基础设施相配套的高科技产业园区。俄方的园区将位于俄罗斯斯科尔科沃创新中心地区，首期开发面积 20 万平方米。目标是依托莫斯科优越的地理位置和经济技术实力，建设以高新技术研发和转化为主体的高科技产业园区。

此外，中俄双方在工业制造、军事技术、航天、卫星导航系统、联合研制远程宽体客机和重型直升机等项目的合作也不断取得新进展。2015 年 5 月 8 日，习近平主席访俄期间，中俄双方签署了重型直升机项目合作框架协议。中俄两国还签署协议将建立租赁公司，在中国和东南亚市场推广 100 架俄制 SSJ-100 公务客机，这个数目是该型号飞机已交付数量的两倍之多，公司总部将设在中国航空集群的中心陕西省西咸新区俄中工业园区内。

（四）交通合作

俄罗斯的交通基础设施较为落后，多为 20 世纪七八十年代修建，面临更新换代，交通基础设施建设的市场容量巨大。因此，在铁路建设和城市轨道交通建设等方面，中俄两国的交通合作蕴含着巨大的潜力。根据俄罗斯政府出台的《2030 年前铁路交通发展战略》，俄罗斯计划在 2030 年前新建铁路 2 万公里，其中 5000 公里为高速铁路。高铁 1 号线为"莫斯科—圣彼得堡"高铁项目，线路全长 658 公里，设计时速 400 公里，预计 2018 年前建成；高铁 2 号线为"莫斯科—叶卡捷琳堡"项目，全长 1595 公里，优先修建"莫斯科—喀山"路段。此外，莫斯科、圣彼得堡等大城市中的地铁也面临更新换代、承载量达到上限等问题，新建和更新轨道交通的需求将会增大。

2014~2015 年，中俄交通合作取得了实质性进展。2014 年 10 月在中俄总理第十九次会晤期间，在中俄两国总理的见证下，中国铁道建筑总公司、中国交通运输部与俄罗斯铁路公司和俄罗斯交通部共同签署《高铁合作备忘录》。备忘录提出，中俄双方将推进构建北京至莫斯科的欧亚高速运输走廊，优先实施"莫斯科—喀山"高铁项目。根据俄政府的计划，"莫斯科—喀山"高铁项目全程 770 公里，跨越俄罗斯七个联邦主体，覆盖人口 2500 万以上，预计总投资 1.068 万亿卢布（见图 5-2）。项目投入运营后，两地间列车运行时间将从目前的 11 小时 30 分缩短至 3 小时 30 分。备忘录签署之后，中俄双方积极推进项目进度，截至 2015 年 1 月已举行了 4 次会议探讨项目相关问题。2014 年 12 月，俄总理梅德韦杰夫宣布，将于 2015 年向这一高铁项目拨款 60 亿卢布用于技术论证。俄罗斯铁路公司总裁亚库宁也表示，俄铁公司计划在未来两年中向这一项目投资 200 亿卢布，即使面临严峻的经济形势，俄铁公司也会继续推动这一项目的进展。中俄双方还有意将"莫斯科—喀山"高铁延伸至北京，全长 7000 多公里，北京通往莫斯科的时间有望从现在的 6 天左右缩短至 2 天。目前中俄双方已成立联合工作组，积极发展在高铁领域的合作，包括项目设计、施工、服务、设备供应、投融资等方面全方位的合作。

图 5-2　莫斯科—喀山高铁线路图

中俄高铁合作实现了"中国高铁走出去"新的突破，增强了中国高铁的世界认知度，拓展了中国高科技产品的出口市场，并将带动产业链上下游细分行业（如高速机车、钢铁冶炼、电子控制、能源和新材料等行业）的发展，对优化中俄双边贸易结构也起到了重要的作用。

（五）丝路经济带与欧亚经济联盟对接

2015 年 5 月 8 日，中俄两国元首在莫斯科签署《中华人民共和国与俄罗斯联邦关于丝绸之路经济带建设和欧亚经济联盟建设对接合作的联合声明》。声明中指出，俄方支持丝绸之路经济带建设，愿与中方密切合作，推动落实该倡议。中方支持俄方积极推进欧亚经济联盟框架内一体化进程，并将启动与欧亚经济联盟经贸合作方面的协议谈判。双方将共同协商，努力将丝绸之路经济带建设和欧亚经济联盟建设相对接，确保地区经济持续稳定增长，加强区域经济一体化，维护地区和平与发展。双方将秉持透明、相互尊重、平等、各种一体化机制相互补充、向亚洲和欧洲各有关方开放等原则，通过双边和多边机制，特别是上海合作组织平台开展合作。声明中还提出了推动地区合作的优先领域：扩大投资贸易合作，优化贸易结构，为经济增长和扩大就业培育新的增长点；促进相互投资便利化和产能合作，实施大型投资合作项目，共同打造产业园区和跨境经济合作区；在物流、交通基础设施、多式联运等领域加强互联互通，实施基础设施共同开发项目，以扩大并优化区域生产网络；在条件成熟的领域建立贸易便利化机制，在有共同利益的领域制订共同措施，协调并兼容相关管理规定和标准、经贸等领域政策。研究推动建立中国与欧亚经济联盟自贸区这一长期目标；为在区域经济发展方面能够发挥重要作用的中小企业发展创造良好环境；促进扩大贸易、直接投资和贷款领域的本币结算，实现货币互换，深化在出口信贷、保险、项目和贸易融资、银行卡领域的合作；通过丝路基金、亚洲基础设施投资银行、上海合作组织银联体等金融机构，加强金融合作；推动区域和全球多边合作，以实现和谐发展，扩大国际贸易，在全球贸易和投资管理方面形成并推广符合时代要求的有效规则与实践。

自中国提出丝绸之路经济带的倡导以来，俄罗斯的态度经历了从警惕到观察，到目前主动参与的过程。丝绸之路经济带与欧亚经济联盟对接的提出，表明俄罗斯放下戒心，对中俄全面合作表现出更积极的姿态，标志着中俄在战略互信方面又取得新的突破。

三、西方国家制裁对中俄经贸的影响

（一）欧美对俄制裁

从 2014 年 3 月起，欧美等西方国家对俄罗斯实行了多轮制裁措施，且制裁逐步升级，目前已涉及人员、金融、能源、军事等多个领域。

1. 人员制裁

2014 年 3 月 17 日，在乌克兰克里米亚自治区公投结果决定加入俄罗斯联邦后，欧盟和美国开始展开人员制裁措施。

2014 年 3 月 17 日，美国决定对俄罗斯实施人员制裁措施，开始对 4 名乌克兰官员和 7 名俄罗斯官员实行冻结财产、禁止入境的制裁。

2014 年 3 月 20 日，美国在制裁名单中增加了 16 名俄罗斯官员和 4 名"圈内人"。

2014 年 4 月 11 日，美国在制裁名单中增加美国国防部指定的 7 名乌克兰分裂主义领导人。①

2014 年 4 月 28 日，美国在制裁名单中再增加 7 名俄罗斯官员。②

2014 年 6 月 20 日，美国制裁名单中又增加 7 名乌克兰分裂主义分子。③

2014 年 7 月 16 日，美国在制裁名单中增加 4 名俄罗斯官员。④

欧盟也于 2014 年 3 月 17 日开始对俄实施制裁。该日，欧盟一致同意冻结 21 名俄罗斯与乌克兰官员的个人财产，并禁止向其发放旅游签证。⑤ 此后，欧盟制裁人员名单陆续增加，截至 2014 年 9 月 12 日，受欧盟制裁的人员已达 119 人。⑥

2. 金融制裁

2014 年 3 月 20 日，美国开始对俄罗斯银行实施金融制裁，冻结其在美国的资产，禁止美国个人和机构与该银行进行交易。⑦

4 月 28 日，美国将 17 家相关企业列入制裁名单，对其实行冻结资产，并禁止美国个人和公司与上述公司进行交易。⑧ 这 17 家企业为：

2014 年 7 月 16 日，美国宣布制裁升级，禁止美国人为俄罗斯两家银行（俄罗斯天然气工业银行和俄罗斯对外经济银行）和两家能源公司（俄罗斯石油公司和诺瓦泰克公司）提供新的融资，限制其进入美国资本市场。⑨

7 月 29 日，美国宣布制裁俄罗斯外贸银行、莫斯科银行、俄罗斯农业银

---

① Treasury Designates Seven Individuals and One Entity Contributing to the Situation in Ukraine. http: // www.treasury.gov/press–center/press–releases/Pages/jl2355.aspx.

② Announcement of Additional Treasury Sanctions on Russian Government Officials and Entities. http: // www.treasury.gov/press–center/press–releases/Pages/jl2369.aspx.

③ Treasury Sanctions Additional Individuals for Threatening the Territorial Integrity of Ukraine. http: //www. treasury.gov/press–center/press–releases/Pages/jl2438.aspx.

④ Announcement of Treasury Sanctions on Entities within the Financial Services and Energy Sectors of Russia, Against Arms or Related Materiel Entities, and those Undermining Ukraine's Sovereignty. http: //www.treasury.gov/press–center/press–releases/Pages/jl2572.aspx.

⑤ Council Conclusions on Ukraine of 17 March. http: //www.consilium.europa.eu/uedocs/cms_data/ docs/ pressdata/EN/foraff/141601.pdf.

⑥ http: //europa.eu/newsroom/highlights/special–coverage/eu_sanctions/index_en.htm.

⑦ FACT SHEET: Ukraine –Related Sanctions. http: //www.whitehouse.gov/the –press –office/2014/03/17 / fact–sheet–ukraine–related–sanctions.

⑧ Announcement of Additional Treasury Sanctions on Russian Government Officials and Entities. http: // www.treasury.gov/press–center/press–releases/Pages/jl2369.aspx.

⑨ Announcement of Treasury Sanctions on Entities within the Financial Services and Energy Sectors of Russia, Against Arms or Related Materiel Entities, and those Undermining Ukraine's Sovereignty. http: //www. treasury.gov/press–center/press–releases/Pages/jl2572.aspx.

行，这 3 家国有银行被禁止从美国金融市场获得期限超过 90 天的融资。

9 月 11 日，美国制裁再次升级，把俄罗斯最大银行——俄罗斯储蓄银行列入制裁名单，并扩大对俄其他主要银行的制裁范围。美国公民和公司禁止交易俄罗斯 6 家银行发行的期限超过 30 天的债券，对俄罗斯的融资限制进一步收紧。这 6 家银行为：俄罗斯储蓄银行、莫斯科银行、天然气工业银行、农业银行、对外经济银行和对外贸易银行。

2014 年 5 月 12 日，欧盟宣布冻结黑海石油天然气公司（Chernomorneftegaz）和费奥多西亚公司（Feodosia）的资产。7 月 29 日，欧盟禁止俄罗斯国有金融机构进入欧盟金融市场。此外，被冻结资产的俄罗斯企业增加至 23 家。9 月 11 日，欧盟制裁升级，禁止公民和公司向 5 家俄罗斯主要的国有银行提供贷款，并禁止交易 5 家国有银行、3 家俄罗斯防务公司和 3 家俄能源公司发行的期限超过 30 天的债券、股权及类似金融工具；同时禁止对上述金融工具的发行提供相关服务。①

3. 对俄罗斯能源领域的制裁

2014 年 7 月 16 日，美国禁止对 2 家能源公司（俄罗斯石油公司和俄罗斯第二大天然气供应商诺瓦泰克公司）提供新的融资。②9 月 12 日，美国禁止向 5 家俄罗斯能源公司（俄罗斯天然气工业股份公司、俄罗斯天然气工业石油公司、俄罗斯卢克石油公司、俄罗斯苏尔古特石油天然气股份公司、俄罗斯石油公司）出口货物、技术、提供服务（不含金融服务），以支持或参与俄罗斯深水石油开发、北极石油勘探、俄罗斯页岩油勘探工作，并禁止与 2 家能源公司（俄罗斯天然气工业石油公司和俄罗斯石油运输公司）进行交易、为其提供期限超过 90 天的融资。③

7 月 30 日，欧盟宣布，对俄出口与能源相关的技术和设备需欧盟成员国主管部门进行事先审批；停止对深水石油开发、北极石油勘探、俄罗斯页岩

---

① Reinforced Restrictive Measures Against Russia. http: //eeas.europa.eu/top_stories/2014/120914_restrictive_measures_against_russia_en.htm.

② Announcement of Treasury Sanctions on Entities within the Financial Services and Energy Sectors of Russia, Against Arms or Related Materiel Entities, and those Undermining Ukraine's Sovereignty. http: //www.treasury.gov/press-center/press-releases/Pages/jl2572.aspx.

③ Announcement of Expanded Treasury Sanctions within the Russian Financial Services, Energy and Defense or Related Materiel Sectors. http: //www.treasury.gov/press-center/press-releases/Pages/jl2629.aspx.

油项目发放出口许可证。①9月11日，欧盟宣布，将可能不再对深水石油开发、北极石油勘探、俄罗斯页岩油项目提供有关钻探、试井、测井等服务。②

4.对俄罗斯军工领域的制裁

2014年7月16日，美国将俄罗斯8家军工企业列入制裁名单。7月29日，由于俄罗斯联合造船公司为俄罗斯海军设计和建造舰艇，美国宣布将其列入制裁名单。③

9月12日，美国又在制裁名单中加入5家经营武器及相关物资的防务公司：

同时，由于俄罗斯技术公司与国防和物资部门相关，美国对其实行制裁，禁止美国人与该公司进行交易、为其提供期限超过30天的新融资，禁止为该公司控股50%以上的子公司进行融资。④

7月30日，欧盟宣布，禁止欧盟共同军事清单上所有武器及相关材料的对俄进出口；禁止军民两用产品和军事用途技术的对俄出口。⑤9月11日，欧盟禁止对9家合资的防务公司进行军民两用产品的对俄出口。⑥

表5-12　2014年欧美对俄罗斯制裁措施一览表

欧　盟			美　国		
3月17日	人员	冻结21人在欧盟的财产，禁止向其发放旅游签证	3月17日	人员	对4名乌克兰官员和7名俄罗斯官员实行冻结财产和禁止发放签证的制裁
3月21日	人员	在制裁名单中增加12人，受欧盟制裁的人员增加至33人	3月20日	人员	在制裁名单中增加16名俄罗斯官员和4名"圈内人"
				金融	将俄罗斯银行列入制裁名单，冻结其在美国的资产，禁止美国个人和机构与该银行进行交易

---

① EU Restrictive Measures in View of the Situation in Eastern Ukraine and the Illegal Annexation of Crimea. http://eeas.europa.eu/delegations/ukraine/press_corner/all_news/news/2014/2014_07_30_02_en.htm.

② Reinforced Restrictive Measures Against Russia. http://eeas.europa.eu/top_stories/2014/120914_restrictive_measures_against_russia_en.htm.

③ Announcement of Additional Treasury Sanctions on Russian Financial Institutions and on a Defense Technology Entity. http://www.treasury.gov/press-center/press-releases/Pages/jl2590.aspx.

④ Announcement of Expanded Treasury Sanctions within the Russian Financial Services, Energy and Defense or Related Materiel Sectors. http://www.treasury.gov/press-center/press-releases/Pages/jl2629.asp.x

⑤ EU Restrictive Measures in View of the Situation in Eastern Ukraine and the Illegal Annexation of Crimea. http://eeas.europa.eu/delegations/ukraine/press_corner/all_news/news/2014/2014_07_30_02_en.htm.

⑥ Reinforced Restrictive Measures against Russia. http://eeas.europa.eu/top_stories/2014/120914_restrictive_measures_against_russia_en.htm.

欧 盟			美 国		
一	一	一	4月11日	人员	在制裁名单中增加7人
				能源	将黑海石油天然气公司列入制裁名单，冻结其在美国的资产，禁止美国个人和机构与该银行进行交易
4月28日	人员	在制裁名单中增加15人，受欧盟制裁的人员增加至48人	4月28日	人员	在制裁名单中增加7名俄罗斯官员
				金融	将17家相关企业列入制裁名单，对其实行冻结资产，并禁止美国个人和公司与上述公司进行交易
5月12日	人员	在制裁名单中增加13人，受欧盟制裁的人员增加至61人	6月20日	人员	在制裁名单中增加7人
	金融	冻结黑海石油天然气公司和费奥多西亚公司两家企业资产			
7月11日	人员	在制裁名单中增加11人，受欧盟制裁的人员增加至72人	7月16日	人员	在制裁名单中增加4名俄罗斯官员
				金融	禁止美国人为俄罗斯2家银行和2家能源公司提供新的融资，限制其进入美国资本市场
				能源	美国禁止对2家能源公司提供新的融资
				军工	美国将俄罗斯8家军工企业列入制裁名单
7月30日	人员	在制裁名单中增加23人，受欧盟制裁的人员增加至95人	7月29日	金融	3家俄罗斯国有银行被禁止从美国金融市场获得期限超过90天的融资
	金融	禁止俄罗斯国有金融机构进入欧盟金融市场。被冻结资产的俄罗斯企业增加至23家		军工	由于俄罗斯联合造船公司为俄罗斯海军设计和建造舰艇，美国宣布将其列入制裁名单
	能源	对俄出口与能源相关的技术和设备需欧盟成员国主管部门进行事先审批；停止对深水石油开发、北极石油勘探、俄罗斯页岩油项目发放出口许可证			
	军工	禁止欧盟共同军事清单上所有武器及相关材料的对俄进出口；禁止军民两用产品和军事用途技术的对俄出口			

续表

欧　盟			美　国		
9月11日	人员	在制裁名单中增加24人，受欧盟制裁的人员增加至119人	9月11日	金融	将俄罗斯储蓄银行列入制裁名单，禁止美国公民和公司对俄罗斯6家银行发行的期限超过30天的债券进行交易
	能源	美国禁止向5家俄罗斯能源公司出口货物、技术、提供服务（不含金融服务），以支持或参与俄罗斯深水石油开发、北极石油勘探、俄罗斯页岩油勘探工作，并禁止与2家能源公司进行交易、为其提供期限超过90天的融资		金融	禁止公民和公司向5家俄罗斯主要的国有银行提供贷款，并禁止交易5家国有银行、3家俄罗斯防务公司和3家俄能源公司发行的期限超过30天的债券、股权及类似金融工具；同时禁止对上述金融工具的发行提供相关服务
9月11日	能源	将可能不再对深水石油开发、北极石油勘探、俄罗斯页岩油项目提供有关钻探、试井、测井等服务	9月11日	军工	美国又在制裁名单中加入5家经营武器及相关物资的防务公司；同时由于俄罗斯技术公司与国防和物资部门相关，美国对其实行制裁，禁止美国人与该公司进行交易、为其提供期限超过30天的新融资，禁止为该公司控股50%以上的子公司进行融资
	军工	欧盟禁止对9家合资的防务公司进行军民两用产品的对俄出口			

（二）制裁对俄罗斯经济的影响

从人员制裁的角度看，西方国家对"破坏乌克兰主权负有责任"的人员制裁名单逐步扩大，旨在对与普京关系密切的政治和商业盟友予以打击，希望通过制裁引起俄罗斯精英内部的分歧与矛盾，直接的经济影响并不大。

从贸易的角度看，西方制裁的影响也非常有限。根据俄罗斯海关总署的数据，2014年1~10月，欧盟、美国、日本和乌克兰与俄罗斯的贸易总额为4004亿美元，与上年同期相比，仅下降了5.3%。这四个国家和地区与俄罗斯贸易额总和占俄罗斯对外贸易总额的比重从2013年1~10月的61.5%下降至60.3%。与上年同期相比，2014年1~10月，俄美贸易额还出现了11.1%的增长，俄美贸易占俄罗斯对外贸易总额的比重也从3.3%增长至3.8%。

从金融的角度看，西方制裁对俄罗斯经济的影响最为直接和有效。第一，金融制裁最直接的影响是企业融资成本上升。欧美对俄罗斯实行金融制裁主要是限制俄罗斯企业在欧盟和美国资本市场上的长期融资，从而达到打击俄罗斯经济的目的。欧美实行制裁以来，俄罗斯企业发行的欧元债券跌幅高达70%，俄罗斯的国际融资成本上升。第二，投资环境恶化，资金外逃。西方的金融制裁还会带来市场预期的下降、投资环境的恶化，从而导致大量资金外逃。根据俄罗斯央行数据，2014年上半年俄罗斯资金外逃数额已近750亿美元，是2012年同期的2.2倍，且超过2013年全年资金外逃规模（2013年资金外逃规模为627亿美元）。预计2014年将会有900亿~1200亿美元资本流出俄罗斯。第三，卢布贬值，通胀压力加大。油价下跌、西方制裁、资本外流和经济增长率下降造成卢布大幅贬值。从2013年底，卢布已经开始缓慢贬值。马航危机之后，欧盟和美国相继出台了更加严厉的制裁措施，卢布再现下行趋势。2014年8月，卢布兑美元月平均汇率环比下跌4.07%，9月下跌4.65%。2014年10月，国际油价持续大幅下跌，继续推动卢布加速贬值，2014年10月卢布兑美元月平均汇率环比下跌7.09%，11月下跌11.12%。卢布贬值增加了通胀压力，目前俄罗斯货币政策实行通货膨胀目标制，根据俄央行9月26日出台的《2015~2017年俄罗斯货币信贷政策主要方向》，要在2016年将通货膨胀率降低到4%。因此，为降低通胀，2014年央行曾先后五次加息，基准利率已从5.5%上调至10.5%。2014年12月15日，卢布暴跌13%，美元兑卢布汇率跌破1：64。央行紧急加息650个基点，将基准利率从10.5%大幅提高到17%，这一幅度超过此前5次加息的总和，但卢布贬值仍在继续。12月16日，卢布汇率再创新低，盘中一度跌破80大关。此后，俄政府采取了非正式的资本管制措施，对稳定汇率起到了重要作用。截至2015年1月4日，美元兑卢布汇率回升至1：58。央行不断加息下，紧缩的货币政策导致总需求的进一步下降，不利于刺激经济。第四，国际储备规模缩减，风险加大。西方制裁以来，国际储备中有相当一部分资金用于弥补在欧美国家融资企业的资金缺口而有所消耗。根据俄罗斯央行数据，俄罗斯国际储备规模从2014年3月1日的4933亿美元缩减为9月1日的4652亿美元。然而，俄罗斯目前的国际储备规模仍足以支付17个月的进口支出，远高于支付3个月进口支出的警戒水平。此外，俄罗斯还有以超额石油收入积累起来的储备基金和国家财富基金。在2014年9月俄罗斯财政部出台的《2015~2017年预算政策主要方向》中，批准政府动用储备基金，向受制裁影响的企业提供资金支持。但值得注意的是，外汇储备和储备基金一旦进入国内流通领域，会产生货币乘数，进一步推高通胀。因此，从规模上看，国际储备的缩减尚不足畏惧，但从结构上看，由于外汇储备中有大量美元和欧元债券，风险加大。乌克兰危机后，俄罗斯央行曾积极改善国际储备结构，增持黄金，以降低美元和欧元所带来的风险。2014年1~9月，俄罗斯黄金储备规模不断扩大，已从 399 亿美元增加到 459 亿美元。但此后，由于卢布一路贬值，为防止外汇储备因干预汇市而耗尽，央行被迫在黄金价格走低的情况下出售黄金。除此之外，一些俄罗斯企业更愿意增持港元和人民币，以规避西方制裁带来的风险。俄罗斯第二大移动通信运营商 Megafon 公司已将 40% 的现金兑换成港元。根据莫斯科交易所的数据，截至 2014 年 9 月，人民币兑卢布的交易量已达到 311 亿卢布，而去年同期仅为 24 亿卢布，同比增长了近 12 倍。俄罗斯镍生产商诺里尔斯克镍业和俄罗斯第二大天然气生产商诺瓦泰克也将该公司持有的一部分外汇从美元兑换为其他币种。

从能源的角度看，能源出口在俄罗斯经济中的地位举足轻重，对俄罗斯而言，量和价的下跌都会造成出口收入的减少，从而使俄罗斯经济形势恶化。欧盟是俄罗斯能源的主要进口国，俄罗斯对欧盟的能源出口占俄罗斯能源出口的 60% 以上，占欧盟能源进口的 23%~30%，俄罗斯能源出口量的下降将会对欧盟造成严重影响。欧美不会通过减少能源贸易对俄形成致命打击，天然气出口反而"掣肘"欧盟制裁俄罗斯的力度。因此，欧美只能以限制资金和新技术的获取为手段，以期对俄能源行业的发展造成长远影响。目前，俄罗斯一些传统油田已出现易采资源枯竭、产量下降的趋势，资金和新技术的投入对维持产量而言至关重要，以俄罗斯现有钻探等技术水平，会造成传统油田资源的浪费，还会拖延北极地区新开发油田、页岩油等项目的进度。目前，俄罗斯正抓紧自主研发或通过与中国等亚洲国家加强在能源领域的合作以冲抵来自欧美方面的负面效应。但不幸的是，从 2014 年 10 月起，国际能源价格一路下跌，俄罗斯经济与油价高度相关，油价的大幅下跌对俄罗斯经济打击沉重。

从军工制裁的角度看，欧美对军工行业的制裁主要是禁止武器及相关产品的进出口、限制军工企业融资和限制相关军事技术出口。对俄罗斯而言，禁止军工产品的进出口的影响无足轻重，但此次受制裁的军工企业大多为军事工业的研发部门，欧美对这些企业实行融资限制的目的就是为了延缓俄军事工业技术进步的进程，同时禁止军民两用产品和军事用途技术的对俄出口，相当于在军工行业对俄罗斯实行了技术封锁，负面影响将会长期存在。

综上所述，西方国家的制裁确实对俄罗斯经济造成了一定程度的打击，并且制裁的效果仍在不断发酵，从长期来看对俄罗斯经济还会产生更多负面效果。但也应注意，从 2012 年起俄罗斯经济下行的趋势已经开始，这更多是由于其经济结构等自身原因造成，制裁只起到了推波助澜的作用，不能将俄罗斯当前的经济停滞完全归咎于西方制裁。

（三）制裁对中俄经贸的影响

西方制裁对中俄经贸的影响具有正反两方面效应。从负面效应看，西方制裁、油价暴跌使俄罗斯经济雪上加霜，国内市场需求萎缩，导致进口能力下降，不利于贸易额的扩大。受卢布贬值影响，中国对俄出口轻纺产品、小家电及旅游等行业会受到影响。但在中国对俄贸易中，出口以机电产品为主，而进口以能源产品为主，这些大宗商品均以美元计价，因此卢布贬值对中俄经贸的负面影响并不太大。

从正面效应看，为降低西方制裁对俄罗斯经济的冲击，俄罗斯积极发展与东北亚乃至亚太地区国家的政治和经济关系，实施"向东看"战略。在此背景下，俄罗斯与中国的合作意愿逐渐加强，一些重大项目相继取得新突破，能源、金融、技术等领域的合作也不断拓展、深化，中俄经贸合作迎来新机遇。

在能源领域，乌克兰危机后，欧洲下决心摆脱对俄罗斯的能源依赖，采取各种措施逐步减少对俄罗斯天然气的进口。为弥补欧洲市场收缩的损失，俄罗斯逐渐将目光转向亚洲，着力扩大亚洲能源出口市场。因此，在与中国的能源合作中，俄罗斯的态度变得更加积极，中俄天然气合作在多年悬而未决之后，2014年东、西两线天然气合作均取得新的进展。

在金融领域，西方对俄罗斯实施制裁后，俄罗斯意识到"去美元化"的重要性，一方面强调在与中国、印度、朝鲜、伊朗等国家的贸易中推进本币结算。受西方制裁影响，俄罗斯企业对人民币的需求量明显增长，2014年7月，人民币与卢布交易量环比增长52%。中俄两国领导人在元首互访、总理会晤、上合峰会和APEC峰会等多次会面中多次强调推进人民币与卢布本币结算的重要性，俄罗斯央行与中国人民银行已达成共识，进一步简化本币结算步骤，加强结算能力。另一方面，俄罗斯下决心建立本国独立支付结算体系，并加强与中国银联的合作。2014年3月21日，国际支付系统Visa和万事达响应美国对俄制裁，在没有任何通知的情况下，停止向受制裁的几家俄罗斯银行提供支付服务。尽管很快这项业务又重新恢复，但这促使俄罗斯政府下决心建立本国独立支付结算系统，减少对美国支付系统的依赖。在此过程中，俄罗斯还寻求与第三国支付系统加强合作，中国银联和日本JBC支付系统成为俄罗斯的主要选择。2014 年 11 月 17 日，莫斯科信贷银行与中国银联支付系统签署合作协议，根据协议条件，莫斯科信贷银行的自动取款机和自助服务终端机上将受理银联卡，贸易服务企业也将接受银联卡，莫斯科信贷银行是这些企业的收单银行。

在技术创新领域，近年来，俄罗斯正着力改善经济结构，大力发展本国制造业，但受到资金、技术等条件的限制而并未取得实质性进展。乌克兰危机后，欧美对俄罗斯军工和能源企业实施制裁，禁止向俄罗斯出口军民两用技术装备和相关技术，俄罗斯深水石油开发、北极石油勘探、俄罗斯页岩油等能源项目也得不到来自西方的技术支持。制裁后，俄罗斯更加重视与中国的技术合作，希望通过共同研发或从中国进口替代技术产品弥补技术缺口。中俄双方在石油勘探技术、航天科技、卫星导航系统、宽体客机等多个领域的合作均取得了新进展。中国制造业应抓住这一发展机遇，大力推进"走出去"战略，中俄在技术创新领域的合作将具有广阔的前景。

四、未来中俄双边贸易额预测

中俄两国领导人为未来中俄贸易制定的目标是，到 2015 年中俄双边贸易额达到 1000 亿美元，到 2020 年达到 2000 亿美元。

对于设定的这一目标是否可行，我们根据年度历史数据进行一个简单的回归分析。从图 5-3 给出的中俄两国贸易额的历史数据看，它的增长趋势明显与二次多项式曲线相符，因此建立如下方程进行拟合：

$$Y = aX^2 + bX + c$$

其中，Y 表示中俄两国贸易额，X 表示时间的期数（如 1995 年对应的 X 为 1）。根据统计软件给出的计算结果，中俄两国贸易额的测算方程为：

$$Y = 372.79X^2 - 2789.5X + 8673.6$$

方程的拟合优度达到 0.934。图 5-3 中还绘制了根据方程计算的预测值曲线，其中 2015 年中俄双边贸易额的预测值为 1144.95 亿美元，2020 年的预测值为 1881.53 亿美元，预测结果与设定目标非常接近。如果 2015 年俄罗斯经济确实如它国内相关部门预测的将下降 3%~5%，那么，上述在正常情况下的预测方程就会出现偏差。

除了贸易额增长的固有趋势外，为了实现这一目标，中俄两国还需共同努力。一方面需要直面挑战，努力克服经贸合作中的不利因素，保持这种增长趋势；另一方面，双方还需进一步挖掘合作潜力，扩大合作规模，增加相互投资，力争实现 2020 年贸易额 2000 亿美元的目标。

（百万美元）

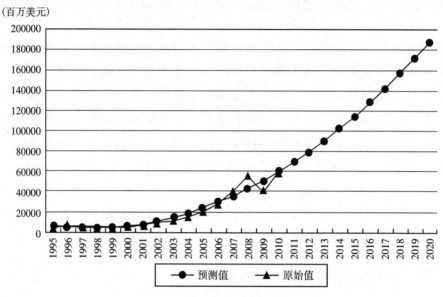

图 5-3　中俄双边贸易额增长趋势预测

五、中俄经贸合作未来发展方向

自 2008 年全球金融危机爆发已过去七年，世界经济形势发生了深刻复杂的变化，2013 年世界经济继续下行，达到金融危机爆发以来的最低水平。2014 年，世界经济复苏有望加快，发达国家与发展中国家的增速差距将进一步收窄。① 根据 IMF 报告，2014 年世界经济增长率属于"偏低的中期增长轨迹"。同时，世界经济仍处于危机过后的深度调整期，面临的困难也不容忽视。美国逐步退出量化宽松政策，将成为世界经济和国际金融最大的风险；新兴经济体各国深层次结构性矛盾凸显；欧元区失业率居高不下，不但抑制了居民收入增长，还将导致整体消费能力下降。面对复杂多变的国际经济形势，中俄双方在未来的经贸合作中应做好以下几方面工作。

第一，中俄两国经济持续稳定发展是深化经贸合作的前提。2014 年，中

---

① UN DESA. Global Launch of World Economic Situation and Prospects 2014. http：//www.un.org/en/ development/desa/news/policy/global-launch-of-wesp-2014.html.

国经济保持了 7.4% 的增长，增长放缓。国内经济体制改革进入"深水区"、"攻坚区"，俄罗斯经济则出现增速放缓趋势，经济增长从 2012 年的 3.4% 下降至 2013 年的 1.3%，2014~2015 年，俄罗斯经济更是内外交困，走向衰退。乌克兰危机后，西方国家对俄罗斯的制裁使本不乐观的经济形势雪上加霜，可以预见，未来一年中俄罗斯经济衰退已成定局。中俄两国经济持续稳定发展是两国开展经贸合作的起点，因此，对于两国而言，致力于复苏经济、改善民生和扩大内需是两国在未来经贸合作中应做好的首要工作。

第二，调整贸易结构，提高经贸合作的质量。贸易结构在一定程度上是贸易双方经济结构的缩影，中俄两国贸易结构低级化恰恰是两国经济结构调整势在必行的一种体现。因此，中俄两国国内经济结构的调整是优化双边贸易结构的基础。经济危机时期正是进行结构调整的大好时机，中俄两国应抓住当前机遇，加快经济体制改革和经济结构调整的步伐，使科技进步和创新成为未来经济发展的动力。在此基础上开展经贸合作能够从根本上优化贸易结构，提高经贸合作的质量。

第三，改善贸易秩序和投资环境，完善金融制度建设。目前，中俄两国仍存在"灰色清关"、行政审批手续复杂、贪污腐败等问题，贸易秩序和投资环境的改善将为中俄两国贸易和投资规模的扩大发挥重要的积极作用。此外，在经济全球化背景下，国际金融市场动荡加剧，金融风波频发，这就需要两国防患于未然，加紧国内金融制度建设，以保证两国经济的合作能在一个稳定的金融体系内展开。

第四，中国企业对俄投资需保持谨慎的态度。首先，西方制裁后，俄罗斯迫切需要中国的资金、技术和市场，弥补其在制裁中遭受的损失，因而在对华贸易中表现出相对积极的姿态。其次，鉴于俄欧之间密切的经济联系不可能在短期内消除，在利益导向下，俄罗斯能否一直保持对华经贸合作的热情，对此中国企业要保持清醒的认识。最后，尽管入世后俄罗斯贸易秩序和投资环境有所改善，但腐败盛行、投资者权益得不到应有的保护、行政审批手续繁杂等问题尚未得到解决，因此，中国企业对俄投资还应保持谨慎的态度。

第五，突破边境地区发展瓶颈应转变传统观念，放眼全局。边境贸易瓶颈的突破一方面有赖于基础设施建设、各项互联互通及相关配套措施的落实，充分发挥边境口岸作为物流中转枢纽的作用，将国内过剩产能向境外转移；

另一方面边境贸易结构的改善也有赖于边境省份及城市经济发展水平的提高，应充分贯彻远东开发和东北老工业基地建设的战略方针，使边境贸易与边境省份经济建设产生良性互动。

第六，跨境电子商务是中俄贸易中的一颗新星，政府相关部门应给予一定政策支持，并完善相应法律法规。跨境电子商务在发展过程中会遇到报检烦琐、通关困难等一系列困难，因此，中俄两国政府相关部门应加强联系，促进双方在贸易管理、海关监管、商品检验检疫、政策和市场信息交流等方面的沟通与协作，并完善相关法律法规，保障两国消费者权益。

第七，不应把眼光局限于扩大贸易规模，而是开展全方位、多领域的合作。中俄经贸合作中，除了注重贸易规模的扩大外，更应关注能源、投资、技术、金融、基础设施等领域的合作，通过一些合作项目的带动，使中俄两国在这些关键领域中发挥各自优势，彼此取长补短，互相学习借鉴，从而推动这些领域的快速发展，这也将为两国经济增长方式的转变贡献力量。文化、政治、安全等领域的合作也不容忽视。文化和政治合作有利于两国增进了解，消除误解和矛盾，增强政治互信度，从而为经贸合作提供良好的政治氛围，而安全合作则起到保驾护航的作用，为中俄两国经贸合作创造更稳定的国内外环境。

第八，应充分发挥各类国际组织与机制的作用，在各个组织框架内推动中俄经贸合作的发展。中国与俄罗斯同为世界贸易组织、上海合作组织、亚太经合组织、二十国集团和"金砖国家"的成员国，中俄两国应充分发挥这些国际组织与机制的积极作用，在不同组织框架下，不断拓展合作领域、创新合作模式，共同推动中俄经贸合作深入发展。

第六章 能源合作：中俄战略协作的重要支柱[①]

20世纪90年代中期中国成为石油净进口国，而几乎与此同时中俄两国建立战略协作伙伴关系，能源合作成为两国战略协作关系中的重要内容。2012年普京重新执政后，两国在天然气领域的合作又取得了重大突破。

第一节 中俄两国的对外能源政策及两国能源合作的互利性

中国和俄罗斯是世界上重要的油气生产消费国和油气进出口国家，根据本国油气资源特点和经济社会发展的能源需求，中俄两国分别制定了相应的能源发展战略和政策。油气资源供需的互补以及互为邻国的地理便利为中俄两个国家之间的油气合作提供了互利共赢的可能，而俄罗斯面向东方的"亚太战略"、"欧亚经济联盟"，以及中国深入欧亚大陆腹地的"西进战略"和"丝绸之路经济带"战略则为两国之间未来的能源合作提供了更多的互利潜力。

一、中俄在全球油气生产、消费及油气国际贸易中的重要地位

能源合作历来是中俄两国战略协作伙伴关系建设的重要议程之一。之前十余年至今，中国的城镇化、工业化、现代化进程不断推进，经济的持续快速发展和居民生活消费水平的提高使本国的能源需求持续处于高位，油气供需的巨额缺口使中国近年来成为全球油气进口增长速度最快的国家之一。而

[①] 本章能源合作重点讨论中俄两国间的石油和天然气合作。

俄罗斯由于本国油气资源的天然禀赋，油气生产和出口至今仍然是该国联邦预算收入和出口收入的首要来源。

（一）石油储量及进出口

中俄两国均为世界重要的石油储藏国之一，根据BP能源的统计数据，截至2013年，俄罗斯和中国的石油探明储量分别达930亿桶和181亿桶，占世界石油探明总储量的5.5%和1.1%，分别位列世界第八位和第十四位（见图6-1）。[①]

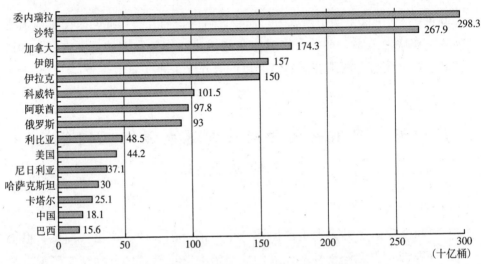

图6-1　2013年世界石油探明储量前十五位国家

资料来源：BP Statistical Review of World Energy 2014，June 2014，p.6. http://www.bp.com/content/dam/bp/pdf/Energy-economics/statistical-review-2014/BP-statistical-review-of-world-energy-2014-full-report.pdf.

石油产量方面，2013年，俄罗斯日产石油1078.8万桶，占世界石油总产量的12.9%，石油产量仅次于沙特，是世界第二大产油国。而中国则位列第四，日产石油418万桶，占世界石油总产量的5%。[②] 石油消费方面，2013年，中国以日消费石油1111万桶成为世界第二大石油消费国，石油消费量仅次于美国，占当年度世界石油消费总量的12.2%。俄罗斯日消费石油331.3万桶，

---

① BP Statistical Review of World Energy 2014，June 2014，p.6. http://www.bp.com/en/global/corporate/about-bp/energy-economics/statistical-review-of-world-energy.html.

② BP Statistical Review of World Energy 2014，June 2014，p.9. http://www.bp.com/en/global/corporate/about-bp/energy-economics/statistical-review-of-world-energy.html.

占当年度世界石油消费总量的 3.7%，是世界第五大石油消费国（见图 6-2）。[①]

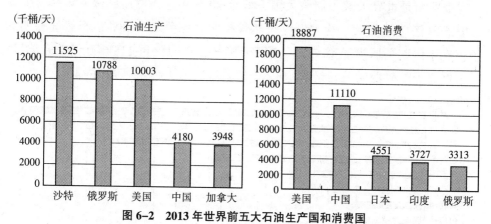

图 6-2 2013 年世界前五大石油生产国和消费国

资料来源：BP Statistical Review of World Energy 2014，June 2014，pp.8-9. http：//www.bp.com/en/glob al/corporate/about-bp/energy-economics/statistical-review-of-world-energy.html.

原油进出口方面，2010 年，中国日进口原油 475.4 万桶，原油进口量仅次于美国，成为世界第二大原油进口国。[②] 而俄罗斯则以日出口原油 488.8 万桶成为世界第二大原油输出国，原油出口量仅次于沙特（见图 6-3）。[③]

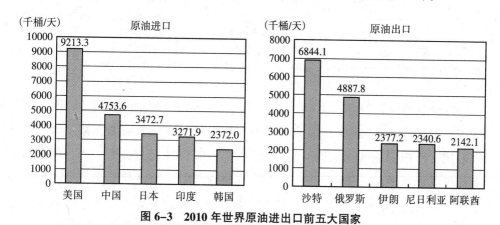

图 6-3 2010 年世界原油进出口前五大国家

资料来源：U.S. Energy Information Administration，原油进口：http://www.eia.gov/cfapps/ipdbproject/ied index3.cfm?tid=5&pid=57&aid=3&cid=regions&syid=2008&eyid=2012&unit=TBPD ；原油出口：http：//www. eia.gov/cfapps/ipdbproject/iedindex3.cfm?tid=5&pid=57&aid=4&cid=regions&syid=2008&eyid=2012&unit=TBPD.

① BP Statistical Review of World Energy 2014，June 2014，p.9. http：//www.bp.com/en/global/corporate/ about-bp/energy-economics/statistical-review-of-world-energy.html.

②③ U.S. Energy Information Administration，http：//www.eia.gov/cfapps/ipdbproject/iedindex3.cfm? tid = 5&pid=57&aid=3&cid=regions&syid=2008&eyid=2012&unit=TBPD.

（二）天然气储量及进出口

俄罗斯是世界天然气储藏大国，截至 2013 年，俄罗斯已探明天然气储量 1103.6 万亿立方英尺，约占世界天然气探明总储量的 16.8%，天然气探明储量仅次于伊朗，居世界第二位。中国天然气已探明储量 115.6 万亿立方英尺，约占世界天然气探明总储量的 1.8%，位列世界第 13 位（见图 6-4）。①

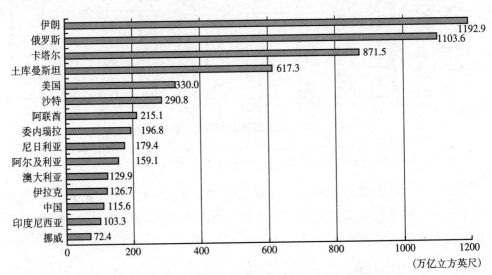

图 6-4　2013 年世界天然气探明储量前十五位国家

资料来源：BP Statistical Review of World Energy 2014，June 2014，p.20. http://www.bp.com/en/global/corporate/about-bp/energy-economics/statistical-review-of-world-energy.html.

与储量情况相对应，中俄两国同样也是世界最重要的天然气生产和消费国家（见图 6-5）。2013 年，俄罗斯和中国分别成为世界第二大、第六大天然气产出国，年产天然气分别达到 6048 亿立方米和 1171 亿立方米，占当年度世界天然气总产量的 17.9% 和 3.5%。② 天然气消费方面，2013 年，俄罗斯和中国分别以 4135 亿立方米、1642 亿立方米的消费量成为世界第二、第三大天然气消费国，其天然气消费量分别占到当年度世界天然气消费总量的 12.3% 和 4.9%。③

① BP Statistical Review of World Energy 2014，June 2014，p.20. http://www.bp.com/en/global/corporate/about-bp/energy-economics/statistical-review-of-world-energy.html.

② BP Statistical Review of World Energy 2014，June 2014，p.22. http://www.bp.com/en/global/corporate/about-bp/energy-economics/statistical-review-of-world-energy.html.

③ BP Statistical Review of World Energy 2014，June 2014，p.23. http://www.bp.com/en/global/corporate/about-bp/energy-economics/statistical-review-of-world-energy.html.

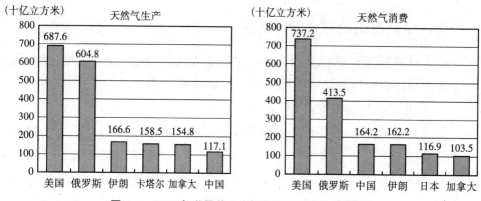

图6-5 2013年世界前六大天然气生产国和消费国

资料来源：BP Statistical Review of World Energy 2014，June 2014，pp.22-23. http：//www.bp.com/en/global/corporate/about-bp/energy-economics/statistical-review-of-world-energy.html.

天然气进出口方面，2013年，中国进口天然气519亿立方米，成为世界第六大天然气进口国家。而俄罗斯则出口天然气2255亿立方米，天然气出口量位居世界第一。[①]

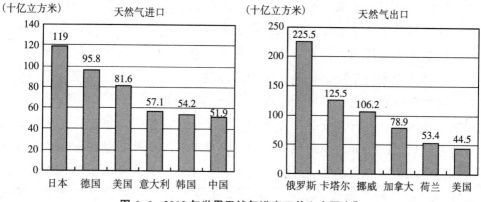

图6-6 2013年世界天然气进出口前六大国家[②]

资料来源：BP Statistical Review of World Energy 2014，June 2014，p.29. http：//www.bp.com/en/global/corporate/about-bp/energy-economics/statistical-review-of-world-energy.html.

---

① BP Statistical Review of World Energy 2014，June 2014，p.29. http：//www.bp.com/en/global/corporate/about-bp/energy-economics/statistical-review-of-world-energy.html.

② 此处数据为管道气和液化气进口、出口数量之和。

二、中俄两国的对外能源政策

根据自身能源资源状况和国内经济社会发展的能源需求，中俄两国均制定了本国的能源发展战略及具体的对外能源政策。

（一）中国的对外能源政策

国家发展与改革委员会是中国能源政策的主要制定部门，主要负责能源政策的制定、规划以及管理执行等。2008年7月，国家能源局成立，能源局与发改委共同负责能源项目的审批，确定国内能源批发价格，以及贯彻执行中央政府的能源政策等。2010年1月，中国政府设立国家能源委员会，该委员会主要负责在国务院不同机构之间对国家的能源政策进行全局整合。除了以上几个关键部门外，外交部、科技部、财政部、国土资源部、交通运输部、商务部等政府机构也都不同程度地参与了规划执行中国的对外能源合作。[①] 在中国政府的《能源发展"十二五"规划》、《中国的能源政策（2012）白皮书》中，对本国的国际能源合作及对外能源政策均进行了较为明确和详尽的规划，具体说，主要有以下几个方面：

一是通过进口来源多元化和"走出去"战略保障能源进口安全。中国目前正处于城镇化、工业化、现代化发展进程中，经济社会的快速发展形成了巨大的能源需求压力。由于人均能源资源拥有率较低，使中国对国外油气进口存在较大程度的依赖。但是，由于国际地缘政治的持续不稳定，作为全球油气输出重地的西亚、北非地区局势持续动荡，中国与苏丹、南苏丹、伊朗、利比亚等国的油气合作受到严重影响，为了保障能源进口安全，中国政府提出通过进口来源多元化保障油气进口安全的政策，积极推动国际油气贸易渠道、品种和运输方式的多元化，我国西北、东北、西南和海上四大能源进口战略通道格局初步形成。此外，还鼓励通过海外并购和参股等形式，实施"走出去"战略，深化与能源资源国的务实合作。[②]

二是鼓励通过国际合作推进能源技术进步，提升"引进来"水平。中国目前大约81%的原油产能来自东北和中北部地区的陆上油田，如大庆油田、胜利油田、辽河油田、吉林油田等，但这些传统油田普遍面临着开发过度、

---

①② 中国中央政府门户网站：《能源发展"十二五"规划》，2013年1月，http://www.gov.cn/zwgk/2013-01/23/content_2318554.htm。

产能下降问题，为了继续发掘这些传统石油产区的产能，需要利用国际先进技术提高采收率。① 中国政府提出，"坚持引资引智与能源产业发展相结合，引导外资投向能源领域战略性新兴产业，带动先进技术的引进。鼓励外资参与内陆复杂油气田、深海油气田风险勘探。在四川、鄂尔多斯等页岩气资源富集盆地选择勘探开发合作区，建设先导性示范工程。鼓励国外石油公司以合作的方式，进行石油天然气勘探开发，开展页岩气、煤层气等非常规油气资源勘探开发，鼓励跨国能源公司在华设立研发中心。"②

三是推动能源价格形成机制改革，维护国际能源市场及价格稳定。中国政府认识到，"在能源资源供给长期偏紧的背景下，国际能源价格总体呈现上涨态势，全球能源市场波动风险加剧。金融资本投机形成'投机溢价'，国际局势动荡形成'安全溢价'，生态环境标准提高形成'环境溢价'，能源价格将长期高位震荡"。③ 面对国际能源市场发展形势，中国政府提出，要"积极参与全球能源治理，加强与世界各国的沟通与合作，共同应对国际货币体系、过度投机、垄断经营等因素对能源市场的影响，维护国际能源市场及价格的稳定"。④

（二）俄罗斯的对外能源政策

俄罗斯的能源政策主要由国家能源部制定实施，此外，经济发展部负责能源部门改革和能源关税的制定。除了这两个主要机构外，自然资源部、⑤ 财政部，⑥ 以及联邦能源委员会、⑦ 地区能源委员会、⑧ 国家石油市场政策委员会、⑨ 对外贸易和关税保护措施委员会⑩ 等机构也参与其中。

天然气工业是俄罗斯国民经济的支柱产业，在之前几十年的发展过程中，既有自身发展战略及政策的延续性，同时，在新的国内国际形势和背景下，

---

① U.S. EIA, "Country Analysis Briefs: China", February 4, 2014. http://www.eia.gov/countries/analysisbriefs/China/china.pdf.

②④ 中国国务院新闻办公室：《中国的能源政策（2012）白皮书》，2012 年 10 月，http://www.gov.cn/jrzg/2012-10/24/content_2250377.htm。

③ 中国中央政府门户网站：《能源发展"十二五"规划》，2013 年 1 月，http://www.gov.cn/zwgk/2013-01/23/content_2318554.htm。

⑤ 自然资源部负责发放油气田许可执照、对违反环境法规的行为进行罚款等。

⑥ 财政部主要负责制定能源部门的税收政策。

⑦ 联邦能源委员会主要负责确定石油运输关税、管理天然气批发价格等。

⑧ 地区能源委员会主要负责确定天然气零售价格等。

⑨ 国家石油市场政策委员会主要负责制定石油和石油产品以及天然气的市场管制政策。

⑩ 对外贸易和关税保护措施委员会主要负责确定原油的出口关税。

又表现出一些新特点和新趋势。

2000 年普京执政后，随着俄罗斯政局趋稳、经济开始复苏，制定适应国内外变化需要的能源战略成为当务之急。2000 年 10 月，俄罗斯联邦燃料能源部根据新的《国家长期经济和社会发展计划》，研究编写了《2020 年前俄罗斯能源战略和电力工业结构改革》报告，并获得政府批准。随着国际形势和国际能源市场的变化，俄罗斯对本国能源行业发展的战略定位也随之发生调整，在近十年相继通过了《2020 年前能源战略》和《2030 年前能源战略》，同时针对天然气行业具体情况，根据能源发展战略总体要求，俄罗斯先后制定通过了两份天然气发展规划，包括《在东西伯利亚和远东地区建设天然气开采、运输、供应统一系统及向中国和亚太地区其他国家出口天然气的规划》（以下简称《东部天然气规划》）和《2030 年前天然气行业发展总体纲要》，这几份关键性文件构成了完整的俄罗斯天然气政策，推动俄罗斯天然气政策体系不断走向成熟。

从制定通过的时间看，《2020 年前能源战略》于 2003 年 8 月 28 日获得俄联邦政府正式批准。按照该战略构想，俄罗斯东部的油气主产地将发展成为新的大型能源供应基地。基于上述考虑，2007 年 6 月 15 日，俄政府直属燃料能源委员会批准《东部天然气规划》，9 月 3 日俄罗斯工业能源部第 340 号部令通过，并于 9 月 7 日正式公布。这是俄罗斯东部地区天然气行业发展的一份基础性文件。

2009 年，由于国际金融危机影响，国际市场能源价格持续下跌，俄罗斯经济受到消极影响。面对挑战，俄罗斯开始着手对本国能源政策进行调整。2009 年 8 月 27 日俄联邦政府会议讨论通过《2030 年前能源战略》，2009 年 11 月 13 日正式批准。《2030 年前能源战略》对《2020 年前能源战略》中的一系列主要指数进行了修订，但能源行业发展的基本原则——能源安全、经济效益、能源生态安全及提高经济的能源效益等未变，确保政策的延续性。《2030 年前能源战略》提出了分三个阶段发展的目标：第一阶段 2013~2015 年，主要任务是克服危机；第二阶段 2015~2022 年，在克服经济危机后，主要任务是提高能源利用效率；第三阶段 2022~2030 年，重点转向非常规能源，包括核能和可再生能源。但是，《2030 年前能源战略》规定的是整个能源行业，包括石油、天然气、电力、核能、可再生能源等的发展战略，更多展示的是能源行业的长期发展前景。为进一步细化天然气行业的发展规划，明确天然气工业的战略发展方向，2011 年 6 月，俄罗斯能源部出台了《2030 年前天然气行业发展纲要》。该《纲要》中对俄罗斯天然气工业的现状、存在问题和未来发展方向进行了详尽描述，内容涉及天然气国内外市场需求与供应预测、资源、运输、加工、工业改扩建及新建工程量、相关行业设备材料需求，以及生态、科技进步、地区气化、投资需求、风险分析与发展措施等内容。

　　上述四份政策性文件系统全面地阐述了俄罗斯天然气行业中长期发展目标、原则、任务和基本方针，从国内和国外两个层面阐明了行业发展的基本方向，在提出指导原则的同时也明确了配套措施，具有很强的现实指导意义。其中，通过对俄罗斯《2020 年前能源战略》、《2030 年前能源战略》等政策文件的分析，可以看出俄罗斯天然气发展的对外政策包含以下几个方面内容：

　　一是通过能源出口多元化保障能源出口安全。作为能源资源储藏大国，能源生产是俄罗斯经济发展的重要支柱，2012 年，油气收入占俄罗斯联邦预算收入的 52%，油气出口收入占到国家出口总额的 70% 以上，[1] 其中，俄罗斯 79% 的原油、76% 左右的天然气出口到了德国、荷兰、波兰、土耳其、意大利、法国、英国等欧洲国家。[2] 但是，欧盟在 2010 年推出《2020 能源战略》，提出到 2020 年使可再生能源的份额提高到 20%、能效提高 20% 的目标，并且提出要增加从新兴市场和发展中国家的油气进口，通过开发新的进口渠道，确保油气供应安全。[3] 此外，美国也出台了《未来能源安全蓝图》，提出"能源独立"的目标，加大本土能源开发，减少海外油气进口。[4] 同时，美国、加拿大等北美国家，以及巴西、哥伦比亚等美洲国家页岩气、页岩油等非常规能源资源的开发也进一步影响了俄罗斯现实和潜在的油气出口。在此背景下，俄罗斯提出通过能源出口多元化保障能源出口的战略，除了传统的欧洲市场外，大力拓展亚洲及新兴国家的油气市场。根据俄罗斯《2030 年前能源战略》

---

　　① PFC Energy，转引自 U.S. EIA，"Country Analysis Briefs：Russia"，March 12, 2014. http：//www.eia. gov/countries/analysisbriefs/Russia/russia.pdf。

　　② 还有少部分天然气出口到奥地利、芬兰、希腊。U.S. EIA，"Country Analysis Briefs：Russia"，March 12, 2014. http：//www.eia.gov/countries/analysisbriefs/Russia/russia.pdf。

　　③ European Commission，"Energy 2020：A Strategy for Competitive, Sustainable and Secure Energy"，November 10, 2010.

　　④ The White House，"Blueprint for A Secure Energy Future"，March 30, 2011. http：//www.whitehouse. gov/sites/default/files/blueprint_secure_energy_future.pdf。

规划，计划在东西伯利亚、远东、极地周围，以及北冰洋大陆架地区建立新的油气综合体，尽管欧洲仍将是俄罗斯油气出口的主要方向，但俄罗斯整个油气出口的增长将主要取决于东部方向的超前发展。①

为了保证出口需求，《2030年前能源战略》预计，2030年前，俄罗斯的天然气年出口量将达到3490亿~3680亿立方米。根据《东部天然气规划》，预计到2020年，俄罗斯每年通过管道可以向中国和韩国出口天然气干气250亿~500亿立方米，每年向亚太地区出口液化天然气210亿立方米；到2030年该地区的天然气年出口量可达到1300亿立方米。

二是保障能源输出安全。俄罗斯超过80%的石油出口和全部天然气干气均依靠管道输出，②由于油气管道运输容易受到国际地缘政治因素的影响，使得俄罗斯的油气输出往往受制于过境运输国，无法完全自主。在此背景下，俄罗斯《2030年前能源战略》指出："由于俄罗斯地缘政治的特点，能源过境运输具有重要意义。为了加强能源和经济安全，除了原有的西向出口外，必须在北、东、南三个方向拓展能源出口渠道，增加这些方向在俄罗斯能源出口地缘结构中的比重。"③新建完全由俄罗斯本国控制的油气外输管线，通过油气输出管线的多元化保障本国油气输出安全，成为俄罗斯对外能源政策的重要目标之一。例如俄罗斯提出新建面向欧洲经波罗的海直接通往德国的"北溪"（Nord Stream）管道，于2009年得到沿线各国批准，并于2010年4月正式开始修建。2012年第一管线建成后的供应量达到每年275亿立方米，2013年第二管线建成后供应量达到每年550亿立方米。

三是利用油气资源优势增强本国在全球能源市场的地位，扩大市场份额。作为全球原油出口第二大国家和天然气出口第一大国家，在国际油气市场上，俄罗斯发挥着举足轻重的影响。普京提出："依靠《2030年前能源战略》的实施，俄罗斯应该完全保证今后自身对能源资源的需要，并且强化自身在全球市场的地位。"《2030年前能源战略》的主要目标之一即是，最有效地利用自身的能源资源潜力，强化俄罗斯在世界能源市场中的地位，为国家经济得到

---

① Энергетическая стратегия россии на период до 2030 года. http://www.government.gov.ru.

② U.S. EIA, "Country Analysis Briefs: Russia", March 12, 2014. http://www.eia.gov/countries/analysis-briefs/Russia/russia.pdf.

③ Энергетическая стратегия России на период до 2020 года. http://www.government.gov.ru.

最大实惠。①

　　除了自身战略和政策的延续性外，过去两三年间，不管俄罗斯本国国内经济发展抑或国际天然气市场均出现了一些新背景和新变化，而俄罗斯的天然气政策也随之表现出一些新的趋势和特点：

　　一是对新的天然气产区提供税收优惠促进开发。目前俄罗斯主力产气气田主要集中在西西伯利亚地区，未来亚马尔地区、北极大陆架、东西伯利亚、远东地区将成为接替产区。但是这些地区自然条件恶劣，地质条件复杂，基础设施缺乏，普查和勘探的周期长、风险大，同时东西伯利亚、远东地区的天然气还富含许多有益组分需要加工分离，总体生产的成本远高于目前现有的产气区，需要大量的投资开发新的气田、建设新的管道和新的天然气加工厂及化工厂。俄罗斯的天然气生产商提出，需要国家层面的政策支持，主要是税收方面的政策支持，以保证公司有更多的富余资金投向新的产气区或提高拥有资金、先进技术和经验的跨国石油公司进入的兴趣。在这种情况下，俄罗斯政府目前已经对新的天然气产区提供了矿产资源开采税方面的优惠措施。近期启动实施的亚马尔液化天然气项目已经获得政府的税收优惠政策，该项目项下的南—塔姆别伊气田和北—塔姆别伊气田用于生产液化天然气的天然气无须缴纳矿产资源开采税，出口凝析气和液化天然气免交关税，进口设备免交进口关税。

　　二是发展高附加值的液化天然气业务，提高天然气出口效益。液化天然气与管道天然气不同，可以根据需求的变化灵活开拓新的市场，同时经济效益优于管道气。俄联邦政府《2030年前能源战略》规定，俄罗斯液化天然气的出口量在2030年将要占到本国天然气出口总量的14%~15%，鼓励扩大液化天然气出口，提高俄罗斯在世界液化天然气市场的份额。目前俄罗斯建成的液化天然气项目仅有萨哈林–2项目，两条生产线产量合计为每年960万吨；在建的有亚马尔液化天然气项目，规划产能每年1650万吨，此外，还计划在2017年后逐年投产三条生产线；已启动建设、原计划于2017年投产的什托克曼液化天然气项目，由于页岩气发展导致欧洲从其他渠道进口液化天然气的增加，该项目已经暂时中止；另外，俄联邦政府《东部天然气规划》提出，在符拉迪沃斯托克（海参崴）建设液化天然气项目，计划规模在1500

---

① Энергетическая стратегия россии на период до 2030 года. http://www.government.gov.ru.

万~1600万吨之间，但目前尚未启动建设。

三是建立电子交易平台，允许少量的天然气自由贸易。在保持国内天然气价格持续上涨的同时，俄罗斯政府正逐步放开对天然气价格的控制。2006年9月，俄联邦政府颁布决议，允许俄罗斯天然气工业股份公司和独立天然气生产商进行试点，采用电子交易平台的形式自由销售少量天然气，这部分天然气的价格不受价格机制的控制。在2006年11月至2008年12月的两年期间，共有132.5亿立方米天然气通过电子交易平台交易，销售商有包括俄罗斯天然气工业股份公司在内的14家企业，购买商达到59家，完成交易3120笔，交易平均价格比国家调控的天然气价格高出37%~38%[①]。由于俄罗斯政府未能及时出台管理天然气电子交易的法规，并且俄罗斯国内对是否需要建立电子交易平台、平台的建立和运营主体、每年的交易数量、交易量的分配等诸多问题存在争议，俄罗斯政府在2009~2014年期间暂停了此项业务的开展。但是，近年来，俄罗斯政府能源主管部门、反垄断部门、俄罗斯天然气工业股份公司、独立天然气生产商、商品交易所等机构都一直在积极商讨天然气电子交易的管理和运行办法，但目前尚未最终达成一致，有观点认为可以利用俄罗斯现有的商品交易所，如圣彼得堡的国际商品交易所进行天然气电子交易，包括天然气现货和期货交易。尽管如此，从长远看，俄罗斯在国内推行天然气电子交易平台进行部分天然气自由交易的工作不会放弃。

三、中俄两国能源合作的互利性

中国和俄罗斯分别是世界上最重要的油气进口国家和油气输出国家之一，油气供需的互补从根本上决定了两国能源合作的必要性和互利性。中国是世界第二大原油进口国（2010年）、第六大天然气进口国（2013年），2012年日均石油净进口590.4万桶，天然气进口总量1.4万亿立方英尺。而俄罗斯则是世界第二大原油出口国（2010年）、第一大天然气出口国（2013年），2012年日均石油净出口720.1万桶，天然气出口总量6.2万亿立方英尺。由于地缘政治的不稳定和国际油气市场的波动，中俄两国分别面临着通过油气进口多元化保障本国油气进口和油气出口多元化保障本国油气出口安

---

① http://www.mrg.ru/docs/speech/11.04.19_Petrov1.pdf.

（千桶/天）

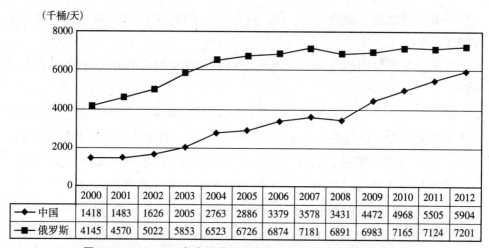

	2000	2001	2002	2003	2004	2005	2006	2007	2008	2009	2010	2011	2012
中国	1418	1483	1626	2005	2763	2886	3379	3578	3431	4472	4968	5505	5904
俄罗斯	4145	4570	5022	5853	6523	6726	6874	7181	6891	6983	7165	7124	7201

图 6-7 2000~2012 年中国的石油净进口和俄罗斯的石油净出口

注：净进出口为总生产与总消费的差额。俄罗斯的数值为净出口额，中国的数据为净进口额。

资料来源：U.S. EIA, International Energy Statistics. 石油生产：http://www.eia.gov/cfapps/ipdbproject/iedindex3.cfm? tid=5&pid=53&aid=1&cid=CH,RS,&syid=2000&eyid=2014&unit=TBPD；石油消费：http://www.eia.gov/cfapps/ipdbproject/iedindex3.cfm?tid=5&pid=5&aid=2&cid=CH, RS, &syid=2000&eyid=2013&unit=TBPD.

（十亿立方英尺）

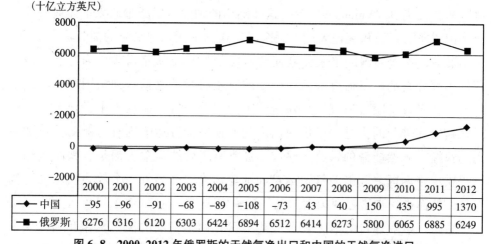

	2000	2001	2002	2003	2004	2005	2006	2007	2008	2009	2010	2011	2012
中国	-95	-96	-91	-68	-89	-108	-73	43	40	150	435	995	1370
俄罗斯	6276	6316	6120	6303	6424	6894	6512	6414	6273	5800	6065	6885	6249

图 6-8 2000~2012 年俄罗斯的天然气净出口和中国的天然气净进口

注：净进出口为总生产与总消费的差额。俄罗斯的数值为净出口额，中国的数据为净进口额。

资料来源：U.S. EIA, International Energy Statistics. 天然气生产：http://www.eia.gov/cfapps/ipdbproject/iedindex3.cfm? tid=3&pid=26&aid=1&cid=CH,RS,&syid=2000&eyid=2012&unit=BCF；天然气消费：http://www.eia.gov/cfapps/ipdbproject/iedindex3.cfm?tid=3&pid=26&aid=2&cid=CH, RS, &syid=2000&eyid=2012&unit=BCF.

全的任务，可以说，油气进出口供需的互补为中俄两国之间的油气合作提供了有利的前提条件。

此外，互为邻国的地理位置也为中俄两国的油气合作进一步提供了互利可能：

第一，中俄两国互为邻国，邻近的地理位置为两国之间的油气管道运输提供了有利条件。位置的邻近使管道输出油气从经济成本角度更加现实可行。并且，直接相邻的便利使中俄两个国家可以实现直接的油气输送，而不必像输出欧洲那样必须通过过境国，从而大大增加了油气管道输送的安全，例如已经投入使用的东西伯利亚—太平洋石油管线（泰纳线）和2014年9月开始建设的"西伯利亚力量"天然气管线即是中俄两国直接陆上跨境油气运输的重要通道。

第二，同处北太平洋沿岸的地理位置为两国之间通过油轮输送油气提供了便利渠道。俄罗斯在远东、萨哈林岛以及北极地区均有重要的油气输出港口，例如位于远东地区的科兹米诺湾（Kozmino Bay）和德卡斯特瑞（De-Kas-tri）、位于萨哈林岛的普里戈罗德诺耶（Prigorodnoye），以及位于俄罗斯北极地区的瓦兰杰伊（Varandey）等，这些港口的油轮可以通过北太平洋或者北冰洋将俄罗斯的石油和液化天然气近距离输送到中国东部沿海的油气输入港口。

第三，互为邻国的接壤便利使两国之间的跨境铁路运输成为可能。俄罗斯的少部分石油可以通过中俄两国间的直接跨境铁路输送到中国东北城市哈尔滨，或者过境蒙古通过铁路输送到中国中部地区。而在未来，随着"新丝绸之路经济带"的推进，中俄两国之间的铁路能源运输则有可能变得更加便利和快捷，虽然能源的铁路运输成本通常高于管线运输，但是，铁路运输可以提供中俄两国之间能源管道运输和油轮运输之外另外一个较为安全的替代选择，从而进一步增强两国间的油气运输安全。

第四，中俄各自的地区发展战略为深化两国之间的油气合作互利提供了新的机遇：

俄罗斯近些年日益重视东西伯利亚和远东地区的能源资源开发和经济社会发展，普京在2009年底推出《远东和贝加尔地区2025年前经济社会发展战略》，提出要将远东和贝加尔地区纳入国家的长期发展战略，提升该地区的国内国际地位，从全球化的视角出发，通过实施"西伯利亚工程"，充分利用远东和贝加尔地区的资源和地缘优势，加快俄罗斯融入亚太地区经济空间的步伐，实现俄罗斯出口市场的多元化。地理位置决定了俄罗斯远东和贝加尔地区对外合作的重点是与东北亚国家的经济合作，其中，与中国东北地区的合作是优先方向之一，而能源合作则是两国合作的重点领域之一。①

除了东西伯利亚和远东地区之外，俄罗斯近些年也开始日益重视北极地区的油气资源开发和航道拓展。2008 年 9 月俄罗斯通过《2020 年前俄罗斯在北极的国家政策原则》，提出要将北极地区发展成为首要战略能源基地。2009 年11 月，在俄罗斯《2030 年前能源战略》中，提出将"开发北极海上大陆架和俄罗斯北部地区矿产资源，以弥补西西伯利亚传统油气产区在 2015~2030 年期间可能出现的产量下滑，从而保持油气产量的稳定"。② 但从现实情况看，俄罗斯勘探开发北极地区油气资源既需要大量资金，又需要勘探开发的经验和技术、设备，在此方面，俄罗斯可与中国形成一定的优势互补，中俄两国在北极地区的油气资源开发、北极地区的国际航道拓展方面均具有合作的可能和潜力。③

此外，近年来，随着美国的战略重心东移和亚太地区经济的高速发展，俄罗斯对亚太地区愈加重视，逐渐将亚太地区视为俄罗斯国家战略利益的攸关地区之一。俄罗斯国内智库亚太安全合作理事会俄罗斯国家委员会（CSCAP Российской комиссии） 的报告《走向东方：俄罗斯的太平洋战略》（НаВосток，Россия–тихоокеанскомстратегическом） 指出，"由于亚太地区的经济腾飞和欧洲大西洋地区在全球化过程中的明显衰落，现在亚太地区正在取代欧洲成为世界文明的'发动机'，因此俄罗斯应该发挥自己独特的地缘优势，背靠西方、稳定南方、走向东方，做一个新的'欧洲太平洋国家'"。④ 2012 年，谢尔盖·卡拉加诺夫 （С.А.Караганов） 以"瓦尔代"国际辩论俱乐部 （Валдай Международного дискуссионного клуба） 主席的身份牵头撰写了一份题为《俄罗斯与亚洲共同进入太平洋，还是俄罗斯作为亚洲的一部分进入太平洋？》

① Министерство экономического развития Российской Федерации Минэкономразвития России：Стратегия социально–экономического радвития Дальнего Востока и Байкальского региона на период до 2025 г. http：//www.economy.gov.ru/minec/activity/sections/econreg/investproject/doc20100309_011.

② Энергетическая стратегия россии на период до 2030 года. http：//www.government.gov.ru.

③ 王海燕：《加强对俄油气合作，开拓我国在北极的战略利益》，中国石油天然气集团公司国际事业部内部报告，2011 年 5 月。

④ CSCAP，"Going East：Russia's Asia–Pacific Strategy"，Russia in Global Affairs，December 25，2010，http：//eng.globalaffairs.ru/number/Going-East-Russias-Asia-Pacific-Strategy-15081.

（К Великому океану，или новая глобализация России）的研究报告，该报告认为："亚太地区将在未来全球化进程中扮演领导角色，因此俄罗斯需要使自己的经济与政治进程融入亚太地区，这是保持国内稳定和国际竞争力的先决条件，也是实现成为一个真正意义上的现代化全球大国的重要条件。"① 2012年2月，普京在第三次竞选总统前发表了一篇题为《俄罗斯与不断变化的世界》（Россия и меняющийся мир）的外交纲领性文章，该文章不仅将俄罗斯与亚太国家的关系放在俄欧、俄美关系之前进行论述，而且强调，俄罗斯要通过举办亚太经合组织峰会带动远东和西伯利亚地区的发展，并在更大程度上融入亚太地区充满活力的一体化进程。②

中国方面，则先后于 2003 年提出"东北振兴战略"、2013 年提出建设"新丝绸之路经济带"的倡议，这两个已经上升至国家发展战略层面的区域发展规划为中俄两国的能源合作提供了新的发展机遇。俄罗斯东西伯利亚地区与中国东北地区领土接壤。陆路相连，是中俄两国能源运输的关键通道，随着中国"东北振兴战略"的深化，通过"引进来"和"走出去"的政策结合，两个地区之间的能源跨境管道运输、能源口岸建设、能源产品贸易、能源产业投资及能源技术合作等方面在"东北振兴战略"实施的十余年间均取得了较大进展。

2013 年 9 月，中国主席习近平访问中亚期间提出建设"新丝绸之路经济带"的设想，之后这一设想被逐渐落实到国家战略发展规划中。"新丝绸之路经济带"是中国西进战略的三个方案之一（另外两个分别为"中巴经济走廊"和"中印缅孟经济走廊"），该方案意在打通从太平洋到波罗的海的运输大通道，形成一个东起西太平洋沿岸、西到波罗的海、横跨欧亚大陆的新兴经济合作区。"新丝绸之路经济带"主要依托第二欧亚大陆桥国际经济走廊和国际

---

① Караганов С.А.，Барабанов О.Н.，Бордачев Т.В. К Великому океану，или новаяглобализация России// Аналитический доклад Международного дискуссионного клуба《Валдай》. июль 2012. http: //vid-1.rian.ru/ig/valdai/Toward_great_ocean_rus.pdf.

② Путин В.В. Россия и меняющийся мир// Московские новости. 27 февраля 2012 года.

能源大通道，分为南、北、中三线，[①] 其中，北线和中线均过境俄罗斯。在 2015 年 5 月中国主席习近平访俄期间，中俄两国进一步提出要将中国提出的丝绸之路经济带建设与俄罗斯主导的欧亚经济联盟建设进行对接，[②] 未来几年，中国深入欧亚大陆腹地的"西进战略"与俄罗斯面向东方的"亚太战略"的交汇有望为中俄两国之间的能源合作带来更多的互利合作可能和空间。

第二节　21世纪以来中俄能源协作的演进

2000~2012 年 5 月普京第三次就任俄罗斯总统之前的十余年期间，中俄两国之间的油气合作总体表现出石油合作突飞猛进、天然气合作滞后不前的特点。

石油方面，2000~2012 年，中国从俄罗斯进口的石油数量从 57.2 万吨大幅度增加到 2432.9 万吨，13 年间两国间的石油贸易数量增加了 42 倍。[③] 2012 年，俄罗斯成为中国第四大石油进口来源国（2011 年）（见图 6-9），[④] 中国则成为俄罗斯第三大石油进口伙伴国（见图 6-10）。[⑤]

---

① 南线依托南疆铁路和 314 国道干线，推进库尔勒—阿克苏南疆产业带和喀什等城市及口岸经济发展，推动向西亚和南亚延伸的第二亚欧大陆桥南线国际经济走廊及国际能源大通道建设。（第二亚欧大陆桥南线是由土库曼斯坦阿什哈巴德向南入伊朗，至马什哈德折向西，经德黑兰、大不里士入土耳其，过博斯鲁斯海峡，经保加利亚、南斯拉夫（现已解体）通往中欧、西欧及南欧诸国，同时还可经过土耳其埃斯希谢基尔南下中东及北非。）北线依托奎北铁路及口岸建设，推进阿勒泰等地以面向俄罗斯、蒙古为主的第二亚欧大陆桥北线外向型经济发展及国际能源大通道建设。（第二亚欧大陆桥北线是由哈萨克斯坦与西伯利亚大铁路接轨，经俄罗斯、白俄罗斯、波兰通往西欧及北欧诸国。）中线依托西陇海兰新干线，加快伊宁等沿边城市外向型经济发展，推进哈萨克斯坦向欧洲延伸的第二亚欧大陆桥中线国际经济走廊建设及国际能源大通道建设。国内区域范围目前包括西北五省、重庆、四川、内蒙古和新疆建设兵团，还将扩展到其他省区。（第二亚欧大陆桥中线是由哈萨克斯坦往俄罗斯、乌克兰、斯洛伐克、匈牙利、奥地利、瑞士、德国、法国至英吉利海峡港口转海运或由哈萨克斯坦阿克斗卡南下，沿吉尔吉斯斯坦边境经乌兹别克斯坦塔什干及土库曼斯坦阿什哈马德西行至克拉斯诺沃茨克，过里海达阿塞拜疆的巴库，再经格鲁吉亚第比利斯及波季港，越黑海至保加利亚的瓦尔纳，并经鲁塞进入罗马尼亚、匈牙利通往中欧诸国。）

② 中国外交部："中华人民共和国与俄罗斯联邦关于丝绸之路经济带建设和欧亚经济联盟建设对接合作的联合声明"，2015 年 5 月 9 日。

③ UN Comtrade. http://comtrade.un.org/db/ce/ceSearch.aspx.

④ FACTS Global Energy. 转引自 U.S. EIA，"Country Analysis Briefs: China"，February 4，2014. http://www.eia.gov/countries/analysisbriefs/China/china.pdf.

⑤ Global Trade Atlas, U.S. Energy Information Administration. 转引自 U.S. EIA，"Country Analysis Briefs: Russia"，March 12，2014. http://www.eia.gov/countries/analysisbriefs/Russia/russia.pdf.

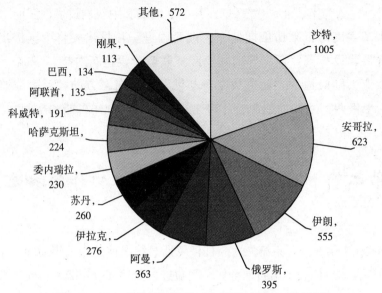

图 6-9　2011 年中国原油进口来源国（单位：千桶/天）

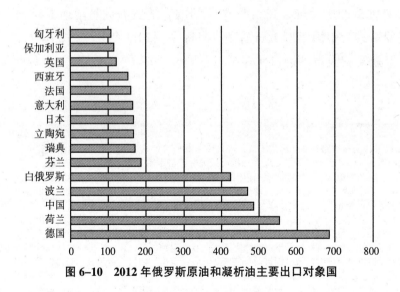

图 6-10　2012 年俄罗斯原油和凝析油主要出口对象国

具体来说，2000~2012 年期间，中俄两国之间的石油贸易可以分为三个阶段：

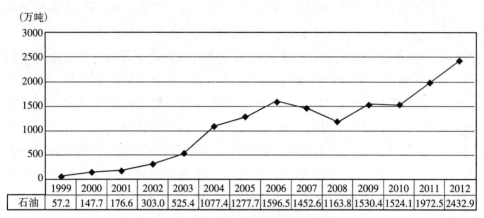

（万吨）

	1999	2000	2001	2002	2003	2004	2005	2006	2007	2008	2009	2010	2011	2012
石油	57.2	147.7	176.6	303.0	525.4	1077.4	1277.7	1596.5	1452.6	1163.8	1530.4	1524.1	1972.5	2432.9

图 6–11　1999~2012 年中国自俄罗斯石油进口量

资料来源：UN comtrade. http://comtrade.un.org/db/ce/ceSearch.aspx.

2000~2004 年是第一个阶段。在这一时期，中俄两国间的石油贸易数量较少，基本处于 1000 万吨以下的规模，并且采取铁路运输方式。尤科斯石油公司是中国在俄罗斯唯一的石油供应商。2003 年 5 月 28 日，中国石油天然气集团公司与俄罗斯尤科斯石油公司签署《关于中俄原油管道原油长期购销合同基本原则和共识的总协议》以及 600 万吨原油的铁路购销合同，该石油供应合同金额为 1500 亿美元。按照计划，双方将合作修建连接俄罗斯西伯利亚和中国大庆的石油管道，每年向中国输送 3000 万吨原油。但是，随后由于尤科斯石油公司时任总裁霍多尔科夫斯基的倒台，此计划被搁置。2004 年 9 月，尤科斯单方面宣布，终止通过铁路向中国出口石油。

2005~2010 年是第二个阶段。2005 年 1 月 8 日，中国国家发改委、国家开发银行、中国石油天然气集团公司与俄罗斯能源部、俄罗斯外经银行、俄罗斯石油公司签署了 60 亿美元贷款合同，同时签署了五年内通过铁路向中国供应 4840 万吨原油的合同。2005 年 7 月，中石油与俄罗斯石油公司签署了《长期合作协议》，双方合作的内容涉及石油贸易、石油工程技术服务、石油勘探开发以及科技信息交流等。通过合同和协议的签署，中俄石油贸易数量有了较大幅度的增长，基本稳定在每年 1000 万吨至 1500 万吨的水平之间，仍然采用铁路运输方式。

2011~2012 年是第三个阶段。2009 年 4 月 21 日，中俄两国政府签署《中俄政府关于石油领域合作的协议》，同意建设中俄原油管道，并授权中国石油天然气集团公司和俄罗斯管道运输公司共同建设。为此，中石油分别与俄罗斯管道运输公司签署了《关于斯科沃罗季诺—中俄边境原油管道建设与运营合同》、与俄罗斯石油公司和俄罗斯管道运输公司签署了开展长期原油贸易的协议。根据协议，中方向俄罗斯提供总额为 250 亿美元的融资贷款，而俄罗斯则从 2011 年 1 月 1 日起，在 20 年的合同期内，每年通过管道向中国供应1500 万吨原油。^① 此外，2010 年 9 月 27 日，中国石油天然气集团公司还与俄罗斯石油公司签署了《中俄原油管道填充油供油合同》、与俄罗斯卢克石油公司签署了《扩大战略合作协议》等。^② 自此，中俄两国间的石油贸易开始逐渐突破 2000 万吨的规模，输送方式也由之前的铁路运输转变为管道运输为主、铁路运输为辅。

与石油贸易相比，中俄两国间的天然气贸易则起步较晚并且贸易数量有限（见图 6-12）。

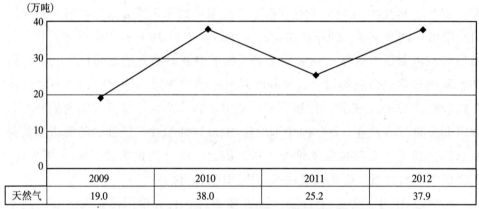

（万吨）	2009	2010	2011	2012
天然气	19.0	38.0	25.2	37.9

图 6-12 2009~2012 年中国自俄罗斯液化天然气进口量

资料来源：UN Comtrade. http://comtrade.un.org/db/dqBasicQueryResults.aspx? px=HS&cc=271111&r=156&p=643&rg=1&y=2012，2011，2010，2009，2008&so=8.

1996 年，中俄两国政府签署《中俄共同开展能源领域合作的政府间协定》，提出从俄罗斯东西伯利亚的伊尔库茨克州科维克塔气田向中国输送天然气的计划。2004 年 10 月 14 日，中国石油天然气集团公司与俄罗斯天然气工业股份公司签署《战略合作协议》，并成立合作委员会，之后双方就引进俄罗

①② 中国石油天然气集团公司：《2010 年集团公司年报》。http://www.cnpc.com.cn/cnpc/qywhcbw/cbw_index.shtml。

斯天然气的方案开展了合作研究和论证。在前期工作的基础上，2006 年 3 月 21 日，中国石油天然气集团公司与俄罗斯天然气工业股份公司签署了《中国石油天然气集团公司与俄罗斯天然气工业股份公司关于从俄罗斯向中国供应天然气的谅解备忘录》。2007 年下半年，俄罗斯天然气工业股份公司宣布，根据其与中石油达成的协议，中俄两国计划在边境接壤的东西两线各建设一条输气管道，并将分别于 2011 年（西线）和 2016 年（东线）向中国供气，预期到 2020 年向中国的供气总量将达到每年 680 亿立方米。2009 年 10 月 13 日，中国石油天然气集团公司与俄罗斯天然气工业股份公司签署了《关于俄罗斯向中国出口天然气的框架协议》，协议提出，自 2014 年起，在 30 年的时间内在东西两条天然气管线开通后，俄罗斯每年向中国供应 700 亿立方米天然气。2010 年 9 月 27 日，中国石油天然气集团公司与俄罗斯天然气工业股份公司签署《俄罗斯向中国供气主要条款框架协议》，协议约定自 2015 年开始，俄罗斯每年向中国出口 300 亿立方米天然气。尽管在十几年时间内，中俄双方就两国间的天然气合作达成了一系列企业间和政府间协议，但是，因为未就进口天然气价格达成一致等原因，合作计划一直没有取得实质性进展。

从中俄两国间的天然气贸易数量看，2009~2012 年期间，中国每年自俄罗斯进口的天然气数量在 20 万吨至 40 万吨之间，[1] 主要以液化天然气为主，采取油轮运输方式，气源主要来自俄罗斯 2009 年投产的萨哈林–2 项目。2011 年，中国自俄罗斯进口的液化天然气仅占中国液化天然气进口总量的 2% 左右（见图 6–13），[2] 俄罗斯并非中国的主要天然气进口来源国。而俄罗斯天然气出口则仍然以欧洲市场为主，中国并非俄罗斯天然气出口的主要伙伴国（见图 6–14）。[3]

---

① UN Comtrade. http://comtrade.un.org/db/dqBasicQueryResults.aspx? px =HS&cc =271111&r =156&p = 643&rg=1&y=2012, 2011, 2010, 2009, 2008&so=8.

② FACTS Global Energy. 转引自 U.S. EIA, "Country Analysis Briefs：China", February 4, 2014. http://www.eia.gov/countries/analysisbriefs/China/china.pdf.

③ Eastern Block Energy, U.S. Energy Information Administration. 转引自 U.S. EIA, "Country Analysis Briefs：Russia", March 12, 2014. http://www.eia.gov/countries/analysisbriefs/Russia/russia.pdf.

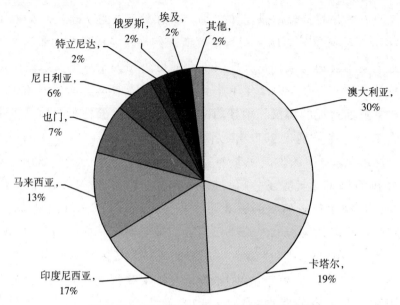

图6-13 2011年中国液化天然气进口来源国

资料来源：FACTS Global Energy. 转引自U.S. EIA，"Country Analysis Briefs：China"，February 4，2014. http：//www.eia.gov/countries/analysisbriefs/China/china.pdf.

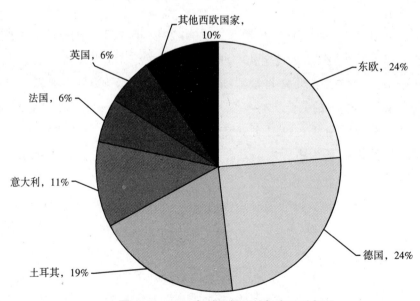

图6-14 2012年俄罗斯天然气出口对象国

资料来源：Eastern Block Energy，U.S. Energy Information Administration，转引自U.S. EIA，"Country Analysis Briefs：Russia"，March 12，2014. http://www.eia.gov/countries/analysisbriefs/Russia/russia.pdf.

　　除了石油和天然气的双边贸易之外，中俄两国在上游的油气田勘探开发和工程技术服务、中游的油气管线建设以及下游的油气产品精炼化工等领域均进行了不同程度的合作。

（一）油气田勘探开发

　　中国企业参与俄罗斯油气田上游勘探开发的主要是中国石油天然气集团公司和中国石油化工股份公司两大能源国企。俄方合作企业主要是俄罗斯石油公司，此外，卢克石油公司、萨哈林石油公司、秋明—英国石油公司等俄罗斯主要石油企业也与中方能源企业进行了不同形式的合作（见表6-1）。

表6-1　中俄油气田勘探开发合作（2000~2012.5）

中方企业	合作时间（年）	俄方企业	合作内容
中石油	2003	萨哈林石油公司	萨哈林油田勘探开发
	2005	俄石油公司	《长期合作协议》
	2006	俄石油公司	《关于中石油与俄石油公司在中国、俄罗斯成立合资企业深化石油合作的基本原则协议》
	2006	卢克石油公司	《战略合作协议》
	2006	秋明—英国石油公司	三维地震资料采集项目
	2006	俄石油公司	合资成立东方能源公司
	2009	俄石油公司	《中石油与俄石油公司关于推进上下游合作的谅解备忘录》
	2010	卢克石油公司	《扩大战略合作协议》
	2010	TNG测井公司	MCI5570微电阻率扫描仪器销售及技术服务合同
中石化	2005	俄石油公司	《一号议定书》
	2006	俄石油公司	收购UDM石油公司

　　中国石油天然气集团公司是参与俄罗斯油气上游勘探开发项目最多的中国油气企业，中石油于2003年开始进入俄罗斯油气市场。2003年12月，中国石油天然气集团公司与俄罗斯萨哈林石油股份公司就萨哈林油田的勘探开发签订框架协议。[①] 2005年7月，中石油与俄罗斯石油公司签署《长期合作协议》，双方合作的内容涉及石油勘探开发、石油工程技术服务、石油贸易以及科技信息交流等。2006年3月，俄罗斯时任总统普京访华期间，中国石油天然气集团公司与俄罗斯石油公司签署《关于中国石油天然气集团公司与俄罗

---

① 中国石油天然气集团公司：CNPC在全球—海外业务—俄罗斯。http://www.cnpc.com.cn/cnpc/Russia/country_index.shtml。

斯石油公司在中国、俄罗斯成立合资企业深化石油合作的基本原则协议》，根据协议，中国石油天然气集团公司与俄罗斯石油公司共同组建合资公司，分别经营上游和下游业务。上游方面，双方在俄罗斯组建东方能源公司，在俄罗斯进行地质勘探及能源项目融资。2006年9月，中国石油天然气集团公司与俄罗斯卢克石油公司签署了《战略合作协议》，此外又于2010年9月与卢克石油公司进一步签署了《扩大战略合作协议》。① 2006年10月，中国石油天然气集团公司与俄罗斯石油公司的合资公司东方能源公司在俄罗斯正式成立，双方分别拥有该公司49%、51%的权益。2007年7月，东方能源公司通过拍卖方式获得俄罗斯东西伯利亚地区伊尔库茨克州上伊恰尔和西乔两个区块的勘探许可证。② 2010年，部署在西乔区块的探井西乔1井完钻并见到油气显示。③ 2009年10月13日，在中俄两国总理见证下，中国石油天然气集团公司与俄罗斯石油公司签署了《中国石油天然气集团公司与俄罗斯石油公司关于推进上下游合作的谅解备忘录》。④ 在油气田的工程技术服务方面，2006年，中国石油天然气集团公司获得秋明—英国石油公司的三维地震资料采集项目。2010年，中石油与俄罗斯TNG测井公司签订了MCI5570微电阻率扫描仪器销售及技术服务合同，实现了中国产同类仪器在俄罗斯测井市场零的突破。⑤

除了中国石油天然气集团公司以外，中国石油化工股份公司在俄罗斯油气的上游市场也有部分参与。2005年7月，中国石油化工股份公司与俄罗斯石油公司签署《一号议定书》，根据协定，双方共同出资成立一家石油公司，负责在俄罗斯萨哈林3号地区的油气勘探开发。在合资公司中，中俄双方的股权比例暂定为30:70，未来将引入新的投资者，但中方拥有30%的股权比例将不会发生改变，中方具体负责这一项目作业的是中石化国际石油勘探开发有限公司俄罗斯国家公司，该公司是中石化下属专业公司——国际石油勘探开发公司的派出机构，主要负责在俄罗斯境内开展油气勘探开发领域的合作。俄方拿出这个项目与中方合资，其直接目的是吸引资金，加快对本国萨哈林地区油气资源的开发。双方进行先期勘探作业的维宁油气区块位于俄罗

---

①③ 中国石油天然气集团公司：《2010年集团公司年报》。
② 中国石油天然气集团公司：《2007年集团公司年报》。
④ 中国石油天然气集团公司：《2009年集团公司年报》。
⑤ 中国石油天然气集团公司：《2010年集团公司年报》。

斯萨哈林岛东部，该区块预期储量为石油 1.14 亿吨，天然气 3150 亿立方米。根据协议，该合资公司将在 2006 年开凿第一口探井，形成生产规模后，中方将以"份额油"的形式获取合资公司收益。但是，由于勘探结果未达预期，2010 年 9 月，中石化结束了该项目的勘探工作。除了这一合作项目外，2006 年，中国石油化工股份公司与俄罗斯石油公司共同收购 UDM 石油公司，该公司拥有俄罗斯乌德穆尔共和国 68% 以上的原油储量和 65% 以上的原油产量，是当地最大的石油天然气公司，共同收购后，中国石油化工股份公司占股 49%，俄罗斯石油公司占股 51%。

（二）油气管线建设

中俄两国石油和天然气管线合作建设的主要参与企业分别是中国石油天然气集团公司与俄罗斯管道运输公司以及俄罗斯天然气工业公司。

修建中俄原油管道的设想最早由俄方提出。1994 年 11 月，中俄双方签署了《中国石油天然气总公司与俄罗斯西伯利亚远东石油股份公司会谈备忘录》，双方商定就从俄罗斯向中国铺设输油管线的合作议题进行探讨，此后，中俄两国经过数年的讨论、协商和谈判，签订了一系列推动项目进展的公司间和政府间协议。1996 年，俄罗斯时任总统叶利钦访华期间，中俄两国政府正式签署了《中俄共同开展能源领域合作的政府间协定》。2001 年，中俄两国政府达成协议，双方计划合作修建一条从俄罗斯安达尔斯克到中国东北大庆的石油管道，总长度约为 2400 公里，由两国合作铺设，但此线路后来由于日本的介入而流产。2001 年 7 月，中俄双方在莫斯科签署了《中国石油天然气集团公司和俄罗斯管道运输公司、俄罗斯尤科斯石油公司关于开展铺设俄罗斯至中国原油管道项目可行性研究主要原则的协议》，两国政府作为项目协调人在协议中签字。

2001 年 9 月，中俄两国总理定期会晤期间，在圣彼得堡签署了《中俄关于共同开展铺设中俄原油管道项目可行性研究的总协议》，就两国之间的原油管线建设合作开展研究论证。2004 年 3 月，俄罗斯石油运输公司公布俄罗斯远东石油管道的"新方案"：计划修建两条管道，一条通往纳霍德卡，另一条分管道通往中国，管道起点是贝加尔—阿穆尔铁路的枢纽泰舍特。2004 年 6 月，俄罗斯工业与能源部长赫里斯坚科表示，俄罗斯政府已经基本确定其远东原油管道主干线通向太平洋港的纳霍德卡，即泰纳线（泰舍特至纳霍德卡）新方案。这条干线确定以后，俄罗斯将与中国就修建通往中国的支线问题进行具体商谈。

2006年4月，俄罗斯远东输油管道一期工程正式开工建设，其中到中国的管道线路优先开工。2007年，中石油中标俄罗斯远东原油管道一期工程建设项目，负责承建阿尔丹至藤达段170公里的管道工程，2008年6月，该管道工程的主体焊接完成。

2008年10月，中国石油天然气集团公司与俄罗斯管道运输公司签署了《关于从斯科沃罗季诺至中俄边境原油管道建设与运营的原则协议》，根据协议，双方将在俄罗斯远东原油管道一期工程的基础上，共同建设和运营从俄罗斯远东城市斯科沃罗基诺经中国边境城市漠河到大庆的中俄原油管道（见图6-15）。

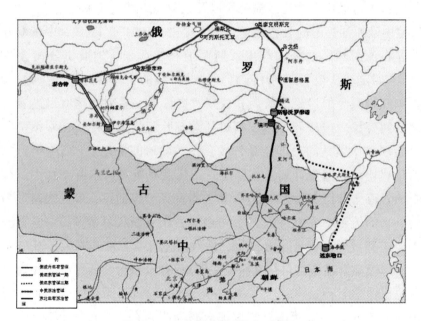

图6-15 中俄原油管道走向示意图

2008年全球金融危机爆发，俄罗斯在金融危机的影响下，经济出现严重困难，再加上国际原油价格大幅度下跌，使俄罗斯油气企业资金紧张，无法对油气工业进行投资，有可能导致油气工业减产。在此背景下，历时十余年的中俄原油管道谈判终于取得最终突破。2009年2月，由中国石油天然气集团公司、中国国家开发银行分别与俄罗斯石油公司、俄罗斯管道运输公司签署了管道修建、石油贸易的多份协议，根据协议，中国国家开发银行将分别向俄罗斯石油公司和俄罗斯管道运输公司提供 150 亿美元、100 亿美元、为期 20 年的长期贷款，而俄罗斯石油公司将在之后的 20 年间每年通过中俄原油管道向中国输送 1500 万吨原油，预期将向中国稳定供应总量达 3 亿吨的原油。① 根据协议，中俄原油管道始自俄罗斯斯科沃罗季诺分输站，经过俄罗斯边境林达计量站，穿越黑龙江，途经中国黑龙江省和内蒙古自治区的 12 个县市，到达中国大庆末站，设计输油能力 1500 万吨/年。管道全长约 1030 千米，俄罗斯境内约 63.4 千米，中国境内 965 千米，计划 2010 年底建成投产。

2009 年 4 月，中俄原油管道俄罗斯境内段在斯科沃罗季诺首站举行开工仪式。5 月 18 日，中国境内段漠河—大庆原油管道开工建设。漠大线始于黑龙江漠河县兴安镇，自北向南途经 5 个城市 12 个县区，终点达到大庆市。② 其中，在 2010 年，中石油宝鸡石油钢管有限责任公司获得俄罗斯东西伯利亚—太平洋管线项目的供管合同。2010 年 9 月 27 日，中俄原油管道全线竣工，该管道的建成被视作中俄两国"能源合作新的里程碑"。竣工当日，中国石油天然气集团公司与俄罗斯管道运输公司签署了《俄罗斯斯科沃罗季诺输油站至中国漠河输油站原油管道运行的相互关系及合作总协议》。③ 2011 年 1 月 1 日，中俄原油管道全线正式运营，开辟了中国进口俄罗斯原油的新通道，随着中俄原油管道的竣工投产，中俄两国的能源合作进入新的发展阶段，自此，俄罗斯向中国出口原油不但数量大幅度增加，而且输送方式也由之前的铁路运输，转变为管道运输为主、铁路运输为辅，从而在一定程度上降低了原油运输成本，并且通过输送方式的多元化进一步提高了中俄两国间的原油输送安全。

与中俄原油管线建设不同，在 2012 年之前的十余年期间，中俄两国虽然就天然气管线建设签订过若干协议，但由于价格分歧等原因，中俄天然气管线建设并未取得突破性进展。

中俄两国自 2006 年起就开始讨论建设东西两线天然气管道。2006 年，中国石油天然气集团公司与俄罗斯天然气工业股份公司签订合作备忘录，计划在两国边境接壤的东西两线各建设一条通往中国的天然气管道。西线管道将

---

① ② 中国石油天然气集团公司：《2009 年集团公司年报》。
③ 中国石油天然气集团公司：《2010 年集团公司年报》。

俄罗斯西西伯利亚的天然气输送到中国新疆，东线管道则经过俄罗斯远东地区输送到中国东北地区。西线、东线天然气管道分别预期 2011 年、2016 年向中国供气，到 2020 年东西天然气管道供气总量计划达到每年 680 亿立方米，其中东线供气 380 亿立方米，西线供气 300 亿立方米。2009 年 6 月，中俄两国政府签署《关于中俄天然气领域合作的谅解备忘录》，2009 年 10 月，中石油与俄罗斯天然气工业股份公司就西线的阿尔泰天然气管道项目签署了《俄罗斯向中国出口天然气框架协议》。此后中俄双方历经多次谈判，但始终未就天然气出口的定价原则和价格公式等问题达成一致，致使两国间的天然气管线建设项目一直被搁置。

（三）油气产品精炼化工

中俄两国油气产品精炼化工领域的合作主要在四个公司之间展开：中国石油天然气集团公司与俄罗斯石油公司、中国石油化工股份公司与俄罗斯西布尔公司。

2006 年 3 月，俄罗斯时任总统普京访华期间，中俄两国政府签署《关于中国、俄罗斯成立合资企业深化石油合作的基本原则协议》，作为该协议产物，2007 年 11 月，中国石油天然气集团公司与俄罗斯石油公司在中国天津注册成立合资公司中俄东方石化（天津）有限公司，其中，中国石油天然气集团公司和俄罗斯石油公司分别拥有合资公司 51% 和 49% 的股权，预期总投资 50 亿美元，炼油厂年生产能力将达到 1600 万吨，其中，炼油厂的油源 70% 来自俄罗斯，其余 30% 来自沙特等其他国际市场。东方石化炼油厂第一阶段包括进行技术经济论证和建设工厂，第二阶段是在中国布局加油站网络。2009 年 10 月，中俄双方签署《中国石油天然气集团公司与俄罗斯石油股份公司关于推进上下游合作的谅解备忘录》，双方商定，俄罗斯石油公司在之前通过"贷款换石油"每年向中国输送 1500 万吨原油的基础上，再增加 1000 万~1500 万吨的原油出口，增加的原油主要供给东方石化，俄罗斯石油公司计划将本公司东西伯利亚油气田生产的石油提供给天津炼油厂，其中，石油价格参照当时的国际市场价格确定。2010 年 9 月，中俄东方石化公司在天津滨海新区举行了天津炼油厂的新厂奠基仪式，但是，由于中俄双方在油源、供油价格、① 产品销售方式② 等议题上未达成一致，该炼油厂项目一直没有进行实质性开工建设。

2011 年 10 月，中国石油化工股份公司与俄罗斯西布尔公司③ 签署合作备忘录，商议分别在中国和俄罗斯设立两个合资公司生产丁腈橡胶，并考虑在异戊橡胶领域及其他领域开展合作。2012 年 4 月，中石化与西布尔公司签署关于在俄罗斯克拉斯诺亚尔斯克市设立丁腈橡胶合资公司的框架协议。2012 年 6 月，双方签署协议，在中国上海成立合资公司，生产丁腈橡胶和异戊橡胶两个合作项目。俄罗斯克拉斯诺亚尔斯克市的橡胶厂项目是中国石油化工股份公司的第一个境外化工项目，也是中石化首次进入俄罗斯化工市场。根据合作备忘录，合资公司将采用俄罗斯西布尔公司的专利技术，两个合资公司建成后，俄罗斯克拉斯诺亚尔斯克市的丁腈橡胶装置产能将由之前的每年 4.1 万吨增加到 5.6 万吨，而上海的装置产能预期达到每年 5 万吨。俄罗斯西布尔公司通过与中国石油化工股份公司的合作，可以参与分享中国国内化工产品快速增长的市场需求，④ 而中石化则有望借助与西布尔公司的良好合作关系，为进入俄罗斯油气市场尤其是俄罗斯上游油气资源市场提供有利条件。

---

① 对于供油价格，中石油希望与俄罗斯石油公司确定一个相对比较固定的原油价格，但俄罗斯石油公司则要求按照国际市场的原油价格进行定价。之前中俄原油管道的贷款换石油模式已经非常成熟，其原油价格按照一个价格公式确定，公式中包括相应的调整系数、运费，以及关键的基准价。中石油希望俄罗斯石油公司按照之前中俄原油管道确定的供油价格或者签订长期协议价为东方石化供油，但俄方则坚持随国际原油市场价格进行定价。此外，当时中国国内成品油定价机制一直没有与国际原油价格接轨，成品油定价受国家管制，俄方担心进口的原油加工有可能出现亏损，影响到项目收益。

② 产品销售方式方面，未来的合资炼油厂面临着中石油自身销售体制带来的炼油厂炼油环节普遍亏损、炼油产能过剩的问题。根据中石油的销售体制，炼油厂只负责生产而不负责产品销售，东方石化的油品大部分将被纳入中石油的销售体系，但目前中石油的销售体制普遍是让炼油环节亏损，而成品油销售环节盈利，即上下游盈利、中游亏损，由此合营炼油厂将来面临两难选择的困境：如果将自身产品纳入到中石油和中石化两大油企的销售体制，合资炼油厂的产品销售得以保证，但利润难保；如果自建产品零售渠道，虽利润归己，但却需要独自承担产品的销售风险。此外，中国是全球炼油能力增长最快的国家，截至 2011 年 7 月，中国的原油一次加工能力已经从 2000 年的 2.8 亿吨、2005 年的 3.2 亿吨，猛增到 5.9 亿吨，成为仅次于美国的全球第二大炼油国，这导致的后果就是炼油厂产能普遍过剩，炼油产能超出国内消费能力，合资炼油厂未来的产品销售不容乐观。

③ 西布尔公司是俄罗斯及东欧最大的石油化工公司，其生产链包括天然气处理、单体、塑料、橡胶、矿物肥、轮胎和工业橡胶制品生产，以及塑料加工等。

④ 丁腈橡胶具有耐油性极强的物理机械性能，被广泛用于汽车、航空航天、石油开采、石化、纺织、电线电缆、印刷和食品包装等领域。该项目的建设可以降低中国对丁腈橡胶这一战略物资的对外依赖度，提升本国橡胶行业的竞争力。异戊橡胶有"合成天然橡胶"之称，广泛应用于制造轮胎和其他橡胶制品，是天然橡胶的主要替代品。中国是世界上最大的天然橡胶消费国和进口国，该项目的建设可以有效低中国天然橡胶的进口量。

第三节　普京重新执政后继续推进中俄能源合作
（2012.5~2013.12）

2012 年 5 月，普京第三次就任俄罗斯总统。重新执政后，在俄美关系"重启"乏力、俄罗斯东西伯利亚和北冰洋大陆架油气开发需要大量资金、欧美对俄油气需求减弱、亚洲油气需求快速增加等背景下，[①]普京政府对中俄能源合作的态度更趋积极，在普京再次就任总统的 2012 年 5 月至 2013 年 11 月乌克兰危机发生前的一段时期内，中俄两国之间的油气合作继续稳步推进，取得了一系列成果。

第一，能源对话机制方面，中俄两国政府间的能源合作对话机制更加完善、对话内容更加全面。早在 1996 年 12 月中国时任总理李鹏访问俄罗斯期间，中俄两国政府商议设立政府首脑定期会晤委员会，在该委员会框架内常设能源合作分委会、经贸和科技合作分委会以及运输合作分委会。1997 年 6 月，中俄两国签署建立关于中俄政府首脑定期会晤机制及其组织原则的协定。2008 年，中俄两国元首倡议成立副总理级能源谈判机制，7 月，中国时任副总理王岐山和俄罗斯时任副总理谢钦在北京启动了中俄能源谈判机制。

2012 年 12 月，中俄能源合作委员会正式成立，取代了之前的中俄能源谈判机制。2013 年 2 月，俄罗斯总理梅德韦杰夫任命副总理阿尔卡季·德沃尔科维奇为中俄政府间能源合作委员会俄方主席，中方主席则是中国国务院副总理张高丽。截至 2014 年 9 月，中俄能源合作委员会已经召开十一次会议，在中俄两国副总理级领导人的直接推动下，签订了一系列政府间和企业间能源合作协议。

第二，中俄原油贸易方面，中俄两国间就俄罗斯对华增供原油达成一致。2013 年 6 月，中国石油天然气集团公司与俄罗斯石油公司进一步签署了《预付款条件下俄罗斯向中国增供原油的购销合同》，根据合同，俄方通过中俄原油管道在之前每年 1500 万吨输油量的基础上逐年向中国增供原油，到 2018

---

① 中俄能源合作的推动因素在本章第四节详细论述。

年达到每年 3000 万吨，增供合同期为 25 年（可延长 5 年）；同时通过中哈原油管道自 2014 年开始向中国每年增供原油 700 万吨，合同期为 5 年（可延长 5 年）。[①]

中国另一大油气国企中国石油化工集团公司也在 2013 年 10 月与俄罗斯石油公司签署了预付款出口合同备忘录，根据备忘录，自 2014 年起俄罗斯石油公司每年向中国石油化工集团公司供应原油 1000 万吨，期限 10 年，合同价值 850 亿美元左右，原油价格双方将依照俄罗斯石油公司在定期招标中获取的价格基础上进行商谈。通过中石油和中石化与俄罗斯石油公司石油增供合同的签署，未来中俄两国间的石油贸易有望达到每年 4000 万~5000 万吨的规模。[②]

第三，上游勘探开发合作方面，中石油参与到俄罗斯亚马尔液化天然气项目中。2013 年 9 月，中国石油天然气集团公司与俄罗斯第二大天然气生产商诺瓦泰克公司[③]签署股份收购协议，购入亚马尔液化天然气项目 20% 的股份权益。亚马尔液化天然气项目的气源地是南塔姆贝凝析气田，位于俄罗斯北极地区的亚马尔半岛，总投资达 300 亿美元，是集气田开发、液化天然气贸易、项目融资、工程建设为一体的上下游一体化合作项目。截至 2013 年 12 月底，该气田已探明天然气储量 9270 亿立方米，之前由俄罗斯诺瓦泰克公司和法国道达尔公司分别各持 80%、20% 的股份。

2014 年 3 月，中俄两国亚马尔液化天然气项目协议正式生效，协议有效期至 2045 年 12 月 31 日，根据协议，在俄罗斯南坦别伊天然气田（South Tambey）基础上建设年产能 1650 万吨的液化天然气工厂，首个生产单元计划于 2017 年投产，年产能为 550 万吨，而中国方面保障每年至少购买 300 万吨液化天然气，液化天然气将通过油轮沿俄罗斯北冰洋航道输送到中国。为使中俄两国间的这一合作项目顺利实施，俄罗斯将为此项目的液化天然气提供一定的税收优惠，而中国金融机构则提供相应的贷款融资。

---

① 中国石油天然气集团公司：《2013 年集团公司年报》。
② 2013 年，中俄石油贸易额为 2434.8 万吨。资料来源：UN comtrade, http://comtrade.un.org/db/ce/ceSearch.aspx。
③ 俄罗斯的天然气出口业务长期被俄罗斯天然气工业股份公司垄断，但俄气公司在液化天然气的产能扩张方面进展缓慢。而俄罗斯另外两大油气企业诺瓦泰克公司和俄罗斯石油公司在近些年则加大了向亚洲市场出口液化天然气的力度。

另外，2014 年 7 月，中国海洋石油总公司所属的海洋石油工程股份公司与亚马尔液化天然气项目签署价值约 16 亿美元的协议，根据协议，中海油工程公司将为亚马尔液化天然气项目建造液化"核心工艺模块"，参与该项目264 个模块的建造工作。[①]

第四，中游油气管道建设方面，中俄天然气东线管道建设谈判取得重要成果。2013 年中俄两国政府间以及企业间签订了一系列有关东线天然气管道建设和供气的协议。2013 年 2 月，中俄能源合作委员会主席会晤确认通过中俄天然气东线管道每年对华供气 380 亿立方米，双方还商定将就东线液化天然气项目和西线供气合作继续进行研究论证。2013 年 3 月，中国石油天然气集团公司与俄罗斯天然气工业股份公司就俄罗斯通过"西伯利亚力量"输气管道向中国输气签署了《中俄东段天然气合作备忘录》，根据备忘录，当中俄天然气管道准备就绪时，俄罗斯每年将向中国提供 680 亿立方米天然气。2013 年 9 月，中石油与俄罗斯天然气工业股份公司进一步签署了《俄罗斯通过东线管道向中国供应天然气的框架协议》和《中俄东线天然气购销框架协议》，规定了俄罗斯对华输气的供气总量、供气条件等具有法律约束力的商务条件，为中俄双方完成供气项目奠定了法律基础。[②]

第五，下游油气产品精炼化工方面，中俄东方石化天津炼油厂项目取得进展。为了推动中俄天津炼油厂项目的建设投产，2013 年，中国政府给予了天津炼油厂包括"原油进口权、成品油和石化产品出口权、自产成品油和石化产品国内销售权"等在内的一系列特殊政策。2014 年 5 月，中国石油天然气集团公司与俄罗斯石油公司签署《天津炼油厂投产及向该厂供应原油的工作进度表》和供油主要条件的文件，双方商定天津炼油厂将于 2019 年年底前建成投产。炼油厂将采用全球最先进的加工技术，建设常减压蒸馏、连续重整、渣油加氢脱硫等一系列生产装置及配套码头、储运和公用工程设施，生产汽油、柴油、航煤、液化气等产品。届时，其每年 1600 万吨的原油加工能力将取代目前年原油加工能力 1550 万吨的天津石化，成为中国华北地区的最大炼油厂。

此外，中国石油化工集团公司与俄罗斯西布尔公司的下游化工产品合作

---

① 中国海洋石油总公司："海外发展"。http://www.cnooc.com.cn/data/html/chinese/channel_317.html。
② 中国石油天然气集团公司：《2013 年集团公司年报》。

也进一步获得推进。2013 年 8 月，中石化所属中国石化化工销售（香港）公司与俄罗斯西布尔公司正式签署克拉斯诺亚尔斯克市合成橡胶厂股份公司股东协议，中石化认购该橡胶厂 25％股份+1 股并参与管理，该合作项目是中国石化第一个境外化工项目。[①]

普京第三次就任俄罗斯总统后，虽然中俄能源合作取得了显著进展，但另一方面，仍然存在一些影响中俄油气合作的制约因素：

第一，"中国威胁论"的影响。在中俄能源合作问题上，俄罗斯国内一直存在不同声音，部分民族主义者认为，俄罗斯长期只是向中国提供石油和天然气等能源原材料，为中国的经济快速发展"供血"，对中国下游的油气产品精炼化工和市场广阔的成品油销售领域介入太少，无法分享中国高速增长的市场利益，长期发展下去，俄罗斯有可能成为中国的"能源和原材料附庸"。在国内这种顾虑和呼声下，近些年，在向中国供给原油的同时，俄罗斯开始越来越多进入中国的油气精炼领域和成品油销售市场，一方面避免成为中国单纯的"资源输出国"，另一方面参与分享中国成品油气市场可观的利润空间，例如中俄东方石化天津炼油厂项目、中石化与俄罗斯西布尔公司的合成橡胶厂项目等即是俄罗斯积极介入中国下游油气产品精炼领域和成品油气市场的合作。

第二，俄罗斯内部利益集团分歧。俄罗斯总统普京身边的幕僚圈子存在不同理念和派别，有以俄罗斯石油公司总裁谢钦为代表的"强力派"、以原财长库德林为代表的"自由主义派"、以现任总理梅德韦杰夫为代表的"法学者派"等，这些不同派别对于俄罗斯能源发展的理念不尽相同，对于中俄能源合作持有不同态度。此外，俄罗斯远东地方利益集团、亲西方势力等相关利益集团也通过各种方式和渠道向政府进行游说，对政府的能源外交政策施加影响，这些都为中俄油气合作增加了额外变数。

第三，普京政府的能源国有化倾向。1992 年之前，俄罗斯有 300 多家国有石油公司，但是，在 1992 年叶利钦实施全面私有化背景下，再加上国内经济困难、本国油气产业急需国外投资，当时国际石油和天然气价格较低，造成许多国外油气巨头以极低成本进入俄罗斯的油气领域，参与俄罗斯石油和

---

① 中国石油化工集团公司：《中国石油化工集团公司 2013 年报》，http://www.sinopecgroup.com/group/Resource/Pdf/20140917c.pdf。

天然气资源开发，到 2003 年，曾经占主导地位的国有大石油企业只剩下一家——俄罗斯石油公司。自 2004 年开始，随着本国经济复苏和国际油气价格上涨，出于本国经济长期发展战略、能源安全以及政治稳定等多重因素考虑，普京开始通过一系列举措，逐步收回之前被私有化的油气资源，加强俄罗斯能源行业的国有化。首先俄罗斯政府在 2003 年逮捕石油寡头霍多尔科夫斯基，随后在 2004 年肢解了俄罗斯最大的私有石油公司尤科斯，接着在 2005 年收购了另一石油寡头阿布拉莫维奇控制的西伯利亚石油公司。此外，2006 年 12 月，俄罗斯天然气工业股份公司与"萨哈林-2 号"项目的三方投资方英荷壳牌集团、日本三井物产株式会社、日本三菱商事会社签署议定书，俄罗斯天然气工业股份公司以 74.5 亿美元的价格购买该项目 50% 的股份+1 股，从而获得对"萨哈林-2 号"项目的控股权，英荷壳牌集团、日本三井物产株式会社、日本三菱商事会社的持股则分别降至 27.5%、12.5%、10%，2007 年 4 月，俄罗斯天然气工业股份公司正式控股"萨哈林-2 号"项目。① 2012 年 7 月，俄罗斯国家石油公司购买俄罗斯独立天然气生产商 ITERA 公司 6% 的股份，从而在该公司的持股占到 51%。2012 年 10 月，俄罗斯国家控股、副总理谢钦担任总经理的俄罗斯石油公司与英国石油公司和俄罗斯私人财团 AAR 达成协议，分别以 280 亿美元和 171 亿美元加 12.85% 股份的对价，购买其各自持有的秋明—英国石油公司 50% 的股份。通过以上种种国有化举措，普京将本国的油气产业牢牢掌握在本国政府手中，增加了包括中国在内的外资油气企业进入俄罗斯油气市场的难度。

第四，普京政府对于产品分成协议的调整。2003 年 6 月，普京签署《对俄罗斯联邦税法典第二部分进行补充》的联邦法律，这项法律使俄联邦《税法典》第二部分中新的一章"适用于产品分成协议的税收制度"生效，此次修改使得俄罗斯产品分成协议的条件变得更加苛刻：①新法律规定，对所有

① 控股"萨哈林-2 号"项目即是俄罗斯能源再国有化的典型。俄罗斯远东萨哈林岛大陆架是俄罗斯最具开发前景的油气区之一，也是外资介入俄罗斯油气资源开发最集中的地区，有"萨哈林-1 号"到"萨哈林-6 号"共计 6 个项目。其中，"萨哈林-2 号"项目包括比利通—阿斯托赫斯基油田、隆斯基天然气田两个大型大陆架油气田，石油储量 6 亿吨、天然气储量 7000 亿立方米，总价值 200 亿美元。1994 年 6 月，英荷壳牌集团、日本三井物产株式会社、日本三菱商事会社组建萨哈林能源公司对"萨哈林-2 号"项目进行运营，三者分别占 55%、25%、20% 的股份。该项目于 1999 年投产，是俄罗斯第一个液化天然气生产项目，预期年产 960 万吨液化天然气。但是，2006 年 9 月，俄罗斯自然资源部以违反俄罗斯自然资源保护法规为由，宣布对"萨哈林-2 号"石油天然气项目取消认可，项目面临搁浅危险，在此压力下，英荷壳牌集团、日本三井物产株式会社、日本三菱商事会社被迫向俄罗斯天然气工业股份公司出让部分股权。

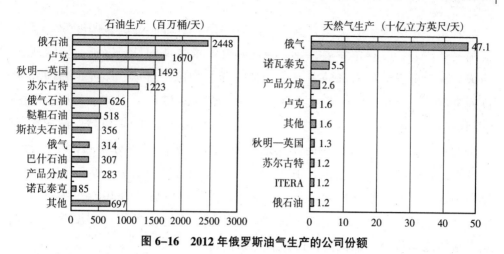

图6-16　2012年俄罗斯油气生产的公司份额

资料来源：Eastern Block Energy，U.S. Energy Information Administration。转引自 U.S. EIA，"Country Analysis Briefs：Russia"，March 12，2014. http：//www.eia.gov/countries/analysisbriefs/Russia/russia.pdf。

（新法律已明确规定的5个矿产地除外）拟纳入产品分成协议范畴的矿产地，必须先进行以一般税制为条件的开采权拍卖。如果没有投资者参加竞拍，则拍卖失败，这一规定大大抬高了实行产品分成协议的门槛。②新法律规定，在产品分成协议项下可分成的总产品中，联邦政府的分成份额不得少于32%，即联邦政府与投资方的分成比例为32∶68，新规定的分成比例大大降低了投资者的利润空间（之前产品分成协议的分成比例为1∶9）。③新法律规定，开采陆地资源的投资者，其用于补偿投资费用的产品量不得超过总采出量的75%；开采海上（大陆架）资源的投资者，其用于补偿投资费用的产品量不得超过总采出量的90%，这一规定限制了投资者任意摊大投资费用的空间。④除了萨哈林–1号、萨哈林–2号和哈里亚加油气田这三个原有的产品分成协议项目继续履行外，不经拍卖直接确定为可实行产品分成协议的矿产地有五个：萨哈林–3号、施托克曼气田、普里拉兹洛姆油气田、中央油气区和亚拉莫—萨穆尔斯基油气田。即把原清单中可实行产品分成协议的矿产地由33个减为5个。⑤新法律规定，产品分成协议项目中所使用机械设备和材料的70%以上必须为俄产。俄产设备和材料的认定标准是，设备和材料所含价值量的50%以上应形成于俄罗斯。如果投资者不遵守这一规定，无权以产品补偿相关进口设备和材料的支出。从法律上讲，俄罗斯仍然保留了实行产品分成协议的可能性，但在实践中，除了法律特别划定的5个矿产地外，对于外国投资者来说，签署新的产品分成协议的可能性几乎为零。

第五，其他国家的参与和竞争。随着中国、日本、韩国、印度等主要亚太国家经济的持续稳定发展，亚太地区油气需求快速增长，逐渐取代欧洲和美国，成为世界油气需求的主力军。2013 年，中国、日本、印度、韩国分别位列全球第二、三、四、五大原油进口国（见图 6-17），[①] 日本、韩国、中国分别位列全球第一、五、六大天然气进口国（见图 6-18）。[②] 虽然亚洲油气市场潜力可观，但目前俄罗斯向亚洲地区的油气份额出口相对较低，2012 年，向亚洲地区出口的原油仅占到俄罗斯当年度原油出口总量的 18% 左右，而向亚洲地区出口的天然气份额则不到俄罗斯天然气出口总量的 10%。[③] 随着俄罗斯向亚太地区油气出口数量的大幅增加，中国、日本、韩国、印度等主要油气需求国之间将会对油气进口份额展开竞争。

2004 年，在俄罗斯远东石油管道的走向确定中，因为原油需求竞争者日本的介入，使得中俄原油管道产生诸多变数，从"安大线"（安加尔斯克—大庆）到"安纳线"（安加尔斯克—纳霍德卡），再到"泰纳线"（泰舍特—斯科沃罗季诺—纳霍德卡），中国、日本与俄罗斯关于远东石油管道的谈判一波三折。未来在对俄罗斯向亚太地区新增油气出口的份额分配中，中国同样要面对来自日本、韩国、印度等亚太主要油气进口国的竞争。

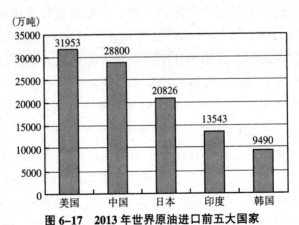

图 6-17　2013 年世界原油进口前五大国家

资料来源：2014 年 1 月中石油经济技术研究院能源数据统计。

---

① U.S. Energy Information Administration，http：//www.eia.gov/cfapps/ipdbproject/iedindex3.cfm?tid=5&pid=57&aid=3&cid=regions&syid=2008&eyid=2012&unit=TBPD.

② BP Statistical Review of World Energy 2014，June 2014，p.29. http：//www.bp.com/content/dam/bp/pdf/Energy-economics/statistical-review-2014/BP-statistical-review-of-world-energy-2014-full-report.pdf .

③ 还有少部分天然气出口到奥地利、芬兰、希腊。U.S. EIA，"Country Analysis Briefs：Russia"，March 12，2014. http：//www.eia.gov/countries/analysisbriefs/Russia/russia.pdf.

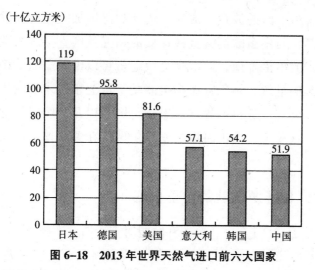

（十亿立方米）

图 6-18　2013 年世界天然气进口前六大国家

资料来源：BP Statistical Review of World Energy 2014，June 2014，p.29. http：//www.bp.com/content/dam/bp/pdf/Energy-economics/statistical-review-2014/BP-statistical-review-of-world-energy-2014-full-report.pdf.

第四节　乌克兰危机后中俄能源合作取得新突破

2013 年 11 月，乌克兰危机爆发，随着危机的演变和激化，俄罗斯与美国、欧盟等西方国家关系陷入"冷战"结束以来的新低谷。2014 年 3 月 17 日，原属乌克兰的克里米亚宣布成为主权国家并申请加入俄罗斯，俄罗斯则立即启动宪法程序予以接纳。为了遏制俄罗斯在乌克兰危机中的进一步行动，美国和欧盟等西方国家在 3 月 17 日宣布开始对俄罗斯实施经济制裁，经济制裁主要涉及金融、军工、能源等攸关俄罗斯经济战略发展的几大关键领域，其中，对俄罗斯能源行业的制裁是美欧对俄经济制裁的核心内容之一。

美国和欧盟对俄罗斯能源制裁的直接原因是乌克兰危机，从宏观的战略角度讲，乌克兰危机是 20 世纪 90 年代初苏联解体以来，美俄两国在独联体地区地缘争夺的继续。出于历史渊源和地缘考虑，俄罗斯在独立以来的二十余年时间内，一直将独联体地区视为自身"后院"和传统势力范围。美国和欧盟通过数次北约东扩和欧盟东扩，一步步自西向东蚕食、挤压俄罗斯的地缘空间，当位于中东欧的波兰、捷克、匈牙利等国加入北约和欧盟后，位于独联体地区西部、与中东欧国家直接接壤的乌克兰则直接成为美俄两国在欧亚大陆地缘争夺的前沿阵地，此次乌克兰危机可以说是美欧与俄罗斯在独联体地区地缘博弈的继续，是俄罗斯与美欧关于欧盟东扩矛盾的集中体现。从这个角度分析，乌克兰危机的程度、影响范围，以及持续时间除了俄欧关系的影响因素外，在很大程度上将取决于美俄两国在独联体地区的战略定位和目标。

一、美欧对俄能源制裁的主要内容

自 2014 年 3 月 17 日至今，美国和欧盟对俄罗斯共实施了七轮经济制裁，[①]其中，针对俄罗斯能源行业的制裁涉及俄罗斯能源企业高官、能源企业融资、能源先进技术设备和服务出口限制等，具体来说，主要有三个方面：

一是对俄罗斯能源企业的高官个人进行制裁。美国分别在 2013 年 3 月 20 日、4 月 28 日将诺瓦泰克公司大股东季姆琴科、俄罗斯天然气工业银行总裁科瓦尔丘克和俄罗斯石油公司总裁谢钦列入制裁名单，对以上能源企业高官实施签证禁令和资产冻结等制裁措施。[②]

二是对俄罗斯油气企业以及为其提供融资服务的相关银行实施融资限制。2014 年 7 月 16 日，美国将俄罗斯外经银行、俄罗斯天然气工业银行、诺瓦泰克公司、俄罗斯石油公司以及克里米亚费奥多西亚石油港口列入制裁名单。禁止本国银行向俄罗斯外经银行、俄罗斯天然气工业银行、诺瓦泰克公司、

---

① 美欧对俄七轮经济制裁分别在 2014 年 3 月 17 日、3 月 20 日、4 月 28 日、7 月 16 日、7 月 29 日、9 月 12 日、12 月 19 日宣布实施。除了 3 月 17 日的第一轮制裁外，其余六轮制裁均涉及俄罗斯能源行业，在 12 月 19 日的第七轮制裁中，加拿大对俄罗斯石油和天然气行业实施了制裁措施。

The U.S. Department of State, "Ukraine and Russia Sanctions", http://www.state.gov/e/eb/tfs/spi/ukrainerussi-a/index.htm.

The U.S. Department of the Treasury, "Ukraine-/Russia-related Sanctions", http://www.treasury.gov/re-source-center/sanctions/Programs/Pages/ukraine.aspx.

The European Council, Council of the European Union, "EU Restrictive Measures in Response to the Crisis in Ukraine", http://www.consilium.europa.eu/en/policies/sanctions/ukraine-crisis/.

② The U.S. Department of the Treasury, "Sanctions Target Russian Government Officials, the Inner Circle that Supports Them, and Bank Rossiya, the Personal Bank of Officials of the Russian Federation", March 20, 2014, http://www.treasury.gov/press-center/press-releases/Pages/jl23331.aspx.

The U.S. Department of the Treasury, "Sanctions Target Seven Russian Government Officials, Including Members of the Russian Leadership's Inner Circle, and 17 Entities", March 28, 2014, http://www.treasury.gov/press-center/press-releases/Pages/jl2369.aspx.

俄罗斯石油公司提供 90 天以上的长期贷款。① 而欧盟则在 2014 年 7 月 25 日宣布，禁止俄罗斯储蓄银行、俄罗斯外贸银行、俄罗斯天然气工业银行、俄罗斯外经银行、俄罗斯农业银行在欧洲发行期限超过 90 天的可转换证券（如债券和股票）和"货币市场工具"。② 此外，2014 年 7 月 29 日，美国财政部进一步将俄罗斯外贸银行、莫斯科银行、俄罗斯农业银行列入制裁名单，禁止本国公民为上述三家俄罗斯国有银行提供新的融资。③ 而欧盟则进一步限制欧洲投资者为俄罗斯国有银行融资、购买其购票和其他期限超过 90 天的金融工具。④ 9 月 12 日，美欧开始对俄罗斯实施新一轮更加严厉的制裁措施。美国禁止本国银行和公民买卖俄罗斯天然气工业石油公司和俄罗斯管道运输公司期限超过 90 天的新债。⑤ 欧盟则禁止俄罗斯五家银行，包括俄罗斯储蓄银行、俄罗斯外经银行、俄罗斯外贸银行、俄罗斯天然气工业银行、俄罗斯农业银行，以及三家俄罗斯能源企业，包括俄罗斯石油公司、俄罗斯天然气工业石油公司和俄罗斯管道运输公司发行还款期超过 30 天的债券或者发行新股票。⑥

三是对与俄罗斯深海、北极大陆架、页岩油勘探开发相关的技术和设备实施出口禁令。2014 年 9 月 12 日，美国禁止本国企业向俄罗斯五家能源巨头提供石油设备和服务，限制本国企业向俄罗斯提供深水及北极石油勘探开发、页岩油大型项目上的技术。俄罗斯受制裁的五家能源企业分别为：俄罗斯石油公司、俄罗斯天然气工业股份公司、俄罗斯天然气工业石油公司、卢克石

---

① The U.S. Department of the Treasury, "Announcement of Treasury Sanctions on Entities within the Financial Services and Energy Sectors of Russia, Against Arms or Related Materiel Entities, and those Undermining Ukraine's Sovereignty", July 16, 2014, http://www.treasury.gov/press-center/press-releases/Pages/jl2572.aspx.

② Council of the European Union, "EU Sanctions over Situation in Eastern Ukraine Strengthened", July 25, 2014, http://www.consilium.europa.eu/en/policies/sanctions/ukraine-crisis/.

③ The U.S. Department of the Treasury, "Announcement of Additional Treasury Sanctions on Russian Financial Institutions and on a Defense Technology Entity", July 29, 2014, http://www.treasury.gov/press-center/press-releases/Pages/jl2590.aspx.

④ Council of the European Union, "Adoption of Agreed Restrictive Measures in View of Russia's Role in Eastern Ukraine", July 31, 2014, http://www.consilium.europa.eu/en/policies/sanctions/ukraine-crisis/.

⑤ The U.S. Department of the Treasury, "Announcement of Expanded Treasury Sanctions within the Russian Financial Services, Energy and Defense or Related Materiel Sectors", Sept. 12, 2014, http://www.treasury.gov/press-center/press-releases/Pages/jl2629.aspx.

⑥ Council of the European Union, "Reinforced Restrictive Measures against Russia", Sept. 11, 2014, http://www.consilium.europa.eu/en/policies/sanctions/ukraine-crisis/.

油公司和苏尔古特石油天然气公司。① 同时，欧盟决定禁止欧洲企业在俄罗斯深水石油、北极石油开发及页岩油开采项目上提供设备或服务。②

二、美欧对俄能源制裁对俄罗斯能源产业的影响

能源行业是俄罗斯经济发展的重要战略部门，油气收入是俄联邦政府财政预算收入和出口收入的首要来源，可以说，油气行业的发展状况在一定程度上直接影响着俄罗斯的整体经济发展，而美国和欧盟的能源制裁对俄罗斯能源行业的未来发展预期会产生以下几个方面的影响：

一是使俄罗斯能源企业的融资难度加大。未来三到五年期间，俄罗斯几个主要油气企业均有短期外债到期需要偿还，俄罗斯石油公司有 20 亿美元欧债和 140 亿美元国际财团融资、③ 俄罗斯管道运输公司有 10.5 亿美元欧债、④ 俄罗斯天然气工业石油公司有 45 亿美元左右外债，⑤ 以上外债均需在 2015~2022 年期间偿还。美欧对俄罗斯能源行业的融资限制会进一步加大俄能源企业的融资难度和资金紧张。

二是使俄罗斯对美欧先进油气技术和设备的进口受阻。俄罗斯油气行业在技术和设备方面的对外依存度较高，其 80%~100% 的油气开发软件、70% 的涡轮机和锅炉、50%~60% 的压缩机、20% 的管材、80% 的大陆架开发技术均依赖进口。⑥ 2014 年，俄罗斯北极大陆架和难开采油田的石油开采量分别为 1500 万吨和 2600 万吨，而俄罗斯计划到 2020 年使以上两类油田的开采量达到 5000 万吨，⑦ 但是，仅仅依靠本国设备和技术难以完成北极大陆架和难开采

---

① The U.S. Department of the Treasury, "Announcement of Expanded Treasury Sanctions within the Russian Financial Services, Energy and Defense or Related Materiel Sectors", Sept. 12, 2014. http://www.treasury.gov/press-center/press-releases/Pages/jl2629.aspx.

② Council of the European Union, "Reinforced Restrictive Measures against Russia", Sept. 11, 2014. http://www.consilium.europa.eu/en/policies/sanctions/ukraine-crisis/.

③ 俄罗斯石油公司在 2012 年 11 月发行了两笔欧债：一笔 10 亿美元，2017 年偿还，年利率 3.15%；一笔 20 亿美元，2022 年偿还，年利率 4.2%。俄罗斯石油公司目前的借债主要用于购买秋明—BP 资产，为此曾向国际财团融资 310 亿美元，到 2015 年 3 月，俄罗斯石油公司需要偿还剩余贷款 140 亿美元。

④ 俄罗斯管道运输公司曾在 2008 年 8 月发行欧债 10.5 亿美元，还款期是 2018 年 8 月。

⑤ 2013 年 11 月，俄罗斯天然气工业石油公司发行了 10 年期 15 亿美元欧债，年利率 6%。此外，俄气石油还从美国、欧洲、亚洲的银团贷款 21.5 亿美元，还款期 5 年。俄气石油 2018 年需要偿还债券 7.5 亿欧元，2022 年需要偿还欧债 15 亿美元。

⑥ Нефть России, 17.10.2014, Доля импортного оборудования и технологий в нефтяной отрасли достигает 80% – Минпромторг. http://www.oilru.com/news/431722.

⑦ Нефтетранспортная территория. 10.09.2014, Санкции повлияли на добычу "трудной" нефти – Минприроды. http://www.nefttrans.ru/news/sanktsii-povliyali-na-dobychu-trudnoy-nefti-minprirody.html.

油气田的勘探开发，美国和欧盟对俄罗斯能源行业先进技术和设备的出口禁令预期将给俄罗斯深水、北极大陆架、页岩油等难开采油气田项目的勘探开发带来一定困难。①

三是削弱俄罗斯油气的长期产出能力。鉴于油气行业投资的长期性，美国和欧盟对俄罗斯能源制裁的效果在短期内不会立即表现出来，俄罗斯的油气产量近期不会大幅下降。但是，在未来三到五年内，美欧对俄罗斯的制裁效果会逐步显现。首先，如果俄罗斯油气企业因为融资困难减少投资，则可能会影响到产量。其次，因为相关技术缺乏、设备进口受阻，俄罗斯深水、北极大陆架、页岩油、难开采油气田的开发增量会低于预期。俄罗斯曾提出计划到2020年使北极大陆架的石油开采量增加3500万吨、难开采油田增加3000万吨，②在目前美欧先进油气技术和设备出口禁令背景下，如期实现这些计划面临困难。国际能源署（IEA）预测在2020年前，俄罗斯的石油产量将日均下降56万桶，全年下降近3000万吨。③

四是俄罗斯与美欧油气企业的重大合作项目受阻。2014年8月，埃克森美孚公司与俄罗斯石油公司在北极海域的合作钻井项目开工，美国财政部考虑到"大学–1号"项目的复杂性和喀拉海的环境敏感性，给予了埃克森美孚公司和其他参与项目的美国供应商专门的许可。但是，受美欧对俄能源制裁启动的影响，埃克森美孚公司决定暂停与俄罗斯石油公司在北极大陆架的合作勘探，12月1日，埃克森美孚和俄罗斯石油公司撤销了为共同勘探北冰洋大陆架而租借船舶的合同，并且，埃克森美孚还声明，未来数年该公司将对在俄业务实行战略收缩。④此外，受美欧制裁的影响，英荷壳牌石油公司已停止与俄罗斯天然气工业石油公司在西西伯利亚的页岩油开发合作，原计划经由黑海海底向南欧输气的"南溪项目"也最终改道土耳其。

---

① 俄罗斯自然资源和生态部副部长顿斯基在2014年9月10日新闻发布会上称，美欧制裁已使俄罗斯难开采油田的产量降低。Нефтетранспортная территория. 10.09.2014, Санкции повлияли на добычу "трудной" нефти – Минприроды. http://www.nefttrans.ru/news/sanktsii-povliyali-na-dobychu-trudnoy-nefti-minprirody.html.

② РосБизнесКонсалтинг. 20.03.2015. Добыча сланцевой нефти в России станет выгодной в 2017 году. http://top.rbc.ru/business/20/03/2015/550ae9aa9a794789932f0dab.

③ Пронедра. 10.02.2015. МЭА: к 2020 году добыча нефти в РФ уменьшится. http://pronedra.ru/oil/2015/02/10/dobycha-nefti-v-rf-umenshitsya.

④ Stockinfocus. 26.09.2014. Американская Exxon Mobil получила отсрочку по санкциям. http://stock-infocus.ru/2014/09/26/amerikanskaya-exxon-mobil-poluchila-otstrochku-po-sankciyam/.

五是俄罗斯财政收入和出口收入减少。俄罗斯经济结构失衡，油气出口收入历来是俄罗斯财政收入的首要来源。2012 年，俄罗斯油气收入占到本国联邦预算收入的 52%、油气出口收入占到国家出口总额的 70% 以上。[①] 根据俄联邦政府测算，2013~2017 年期间，如果乌拉尔油价在每桶 100 美元水平时，油气收入对联邦预算的贡献份额稳定在 50% 左右。但是，美欧制裁使俄罗斯油气企业融资受限，投资和运营资金紧张，产量下降，再加上国际油价下跌，双重因素叠加，俄罗斯的油气收入预期会大幅度减少，从而影响其财政收入和出口收入。

表 6-2　2013~2017 年俄罗斯联邦预算中油气收入占比

年　度	2013（实际）	2014（预计）	2015	2016	2017
乌拉尔油价（美元/桶）	107.9	104	100	100	100
联邦预算（亿卢布）	130199	142388	149239	154932	162727
油气收入（亿卢布）	65340	74802	75206	75161	75909
占比（%）	52	49.4	50.4	51.7	52.8

资料来源：Основные направления бюджетной политики на 2015 год и на плановый период 2016 и 2017 годов. "Нефть и капитал", 2014 г. № 9.

三、美欧能源制裁背景下俄罗斯的应对措施

自 2014 年 3 月开始的数轮美欧能源制裁，一步步直指俄罗斯油气产业发展的核心领域和关键部门。面对美国和欧盟愈加严厉的能源制裁，根据本国油气发展的实际情况，俄罗斯有可能会采取以下几方面应对措施，以期将制裁对本国油气产业发展的负面影响降至最低。

一是加快本国油气行业税收改革进度。俄罗斯 2013 年即开始讨论油气行业的税收改革，目前各方已初步达成共识，俄罗斯能源部与财政部也已上报联邦政府审批通过。2014 年 11 月 14 日俄罗斯国家杜马审批通过《关于石油领域税收行动方案法》。改革的思路是在未来三年内逐步降低原油和轻质成品油出口关税、提高石油开采税和重质成品油出口关税（见表 6-3）。原油出口关税降幅将达到 44.4%；石油开采税增幅超过 70%；难开采石油的开采税将

---

① PFC Energy，转引自 U.S. EIA，"Country Analysis Briefs：Russia"，March 12，2014. http：//www.eia. gov/countries/analysisbriefs/Russia/russia.pdf。

根据开采难度的不同降低 5%~24%。[①] 在美国和欧盟能源制裁背景下，俄罗斯政府有可能会加快本国油气行业税收改革进度，通过税收减免和税收优惠提高油气企业的积极性，促进企业增加投资，尽可能降低制裁对俄罗斯油气生产可能造成的负面影响。

表 6-3　俄罗斯石油企业预期税负

	2014 年	2015 年	2016 年	2017 年
原油出口关税（8.15~9.14 乌拉尔，平均油价 717.4 美元/吨）	占油价比重48%（367.6 美元/吨，10 月 1 日后降为 344.7 美元/吨）	42%	36%	30%
石油开采税	493 卢布	775 卢布（57%↑）	873 卢布	918 卢布
柴油出口关税	—	48%	40%	30%
汽油出口关税	—	78%	61%	30%
燃料油（重油）	—	76%	82%	100%

资料来源：НефтеГаз.04.08.2014. В.Путин одобрил налоговый маневр в нефтяной отрасли. http：//neftegaz.ru/news/view/128015.

二是为油气企业提供更多的资金支持。由于美国和欧盟对俄罗斯油气产业进行融资限制，使得俄罗斯油气企业国外融资的难度加大，在此背景下，俄罗斯政府鼓励本国国内的金融机构为油气企业提供更大力度的信贷支持。此外，随着制裁的持续，俄联邦政府有可能会动用国民福利基金和储备基金为油气企业提供资金支持。目前，俄罗斯石油公司和诺瓦泰克公司已向联邦政府提出动用国民福利基金购买其公司债券的申请，俄罗斯石油公司提出的数额为 1.5 万亿卢布（按提出时卢布汇率计算约为 388.8 亿美元），诺瓦泰克公司则提出了 1000 亿卢布（约 26 亿美元）的申请。[②] 俄罗斯副总理德沃尔科维奇表示，如果本国油气企业提出申请，将按照基金使用程序进行审议，政府将支持有关公司实施重大项目，保持油气产量稳定，从而保证税收稳定、增加国家预算收入。[③] 截止到 2014 年 12 月 1 日，俄罗斯国民福利基金和储备

① Центр научной мысли и идеологии. 13.02.2014. Налоговый маневр в нефтяной отрасли. http：//rusrand.ru/events/nalogovyj-manevr-v-neftjanoj-otrasli.

② РосБизнесКонсалтинг. Минэнерго одобрило заявку "Роснефти" на получение денег ФНБ. 22.10.2014. http：//top.rbc.ru/business/22/10/2014/54477653cbb20fd3a26d839c.

③ Интерфакс. 03.04.2015. Правительство собралось поддержать выделение "Роснефти" средств ФНБ на проект "Звезда". http：//www.interfax.ru/business/434127.

基金的数额分别为 799.7 亿美元和 889.4 亿美元[1]，俄联邦政府有可能会动用两个基金帮助本国油气企业渡过特定时期的融资困难。

三是加大向东合作力度。在美欧制裁、西方国家对俄油气需求降低背景下，俄罗斯有望进一步加大向东合作力度。欧洲一直是俄罗斯油气出口的传统对象国，2012 年，俄罗斯 79% 的原油、76% 左右的天然气出口到了德国、荷兰、波兰、土耳其、意大利、法国、英国等欧洲国家。[2] 乌克兰危机的发生促使欧盟国家进一步加快推行能源进口多元化政策，降低自俄罗斯的油气进口份额，增加从新兴市场和发展中国家的油气进口，通过开发新的进口渠道，减少对俄罗斯的油气进口依赖，以确保油气供应安全。[3] 此外，美国也出台了《未来能源安全蓝图》，提出"能源独立"的目标，加大本土能源开发，减少海外油气进口。[4] 同时，美国、加拿大等北美国家，以及巴西、哥伦比亚等美洲国家页岩气、页岩油等非常规能源资源的开发也进一步影响了俄罗斯现实和潜在的油气出口。在此背景下，俄罗斯提出通过能源出口多元化保障能源出口的战略，除了传统的欧洲市场外，大力拓展亚洲及新兴国家的油气市场。

目前，位于亚洲的中国、日本、韩国、印度是世界原油和天然气进口的主力军。在全球油气需求重心向亚洲国家转移、传统欧美市场油气需求降低的背景下，俄罗斯将会向东大力开拓亚洲市场，以弥补西向对欧洲市场出口的减少。根据俄罗斯《2030 年前能源战略规划》，俄罗斯计划在东西伯利亚、远东、极地周围以及北冰洋大陆架地区建立新的油气综合体，尽管欧洲仍将是俄罗斯油气出口的主要方向，但俄罗斯整个油气出口的增长将主要取决于东部方向的超前发展。[5]

四是逐步增加液化天然气的生产和出口比重。根据国际能源署预测，2013~2020 年期间，全球液化天然气供给预期将以年均 7.8% 的速度增长，而

---

① 俄罗斯国民福利基金的统计数据详见：Министерство Финансов，Фонд Национального благосостояния，http://minfin.ru/ru/nationalwealthfund/index.php；俄罗斯储备基金的统计数据详见：Министерство Финансов，Резервный Фонд，http://minfin.ru/ru/perfomance/reservefund/index.php.

② U.S. EIA，"Country Analysis Briefs：Russia"，March 12，2014. http://www.eia.gov/countries/analysis-briefs/Russia/russia.pdf.

③ European Commission，"Energy 2020：A Strategy for Competitive，Sustainable and Secure Energy"，November 10，2010.

④ The White House，"Blueprint for a Secure Energy Future"，March 30，2011. http://www.whitehouse.gov/sites/default/files/blueprint_secure_energy_future.pdf.

⑤ Энергетическая стратегия россии на период до 2030 года. http://www.government.gov.ru.

亚太地区的液化天然气需求量将占到世界液化天然气总量的70%以上，因此，在未来二十年内，随着全球天然气需求和进口重心从欧洲向亚太地区转移，液化天然气将取代经由管道输送的天然气干气，成为世界天然气贸易的主要形式（见图6-19）。[①] 作为世界第一大天然气出口国家，随着本国天然气出口总量中向亚太地区出口比重的增加，俄罗斯预期也会调整本国的天然气生产和出口结构，逐步减少管道天然气数量，增加液化天然气的生产和出口比重。

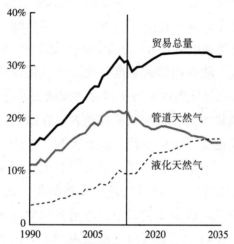

图6-19 1990~2035年全球管道天然气和液化天然气消费份额

资料来源：BP Energy Outlook 2035，February 2015，p.58，http://www.bp.com/content/dam/bp/pdf/Energy-economics/statistical-review-2014/BP-statistical-review-of-world-energy-2014-full-report.pdf.

五是加强本国油气行业先进勘探、生产设备和技术的进口替代。在西西伯利亚—伏尔加流域传统油气产区储量渐趋下降的情况下，深水、北极大陆架、页岩气以及西伯利亚远东难开采油气田将成为未来俄罗斯天然气勘探开发的重点，但是，俄罗斯油气行业在技术和设备方面的对外依存度较高，[②] 仅仅依靠本国设备和技术难以完成北极大陆架和难开采油气田的勘探开发，美国和欧盟等西方国家对俄罗斯能源行业先进技术和设备的出口禁令预期将给俄罗斯深水、北极大陆架、页岩油气等难开采油气田项目的勘探开发带来一定困难。在此背景下，俄罗斯有可能会考虑加大本国技术研发的力度，逐步

[①] BP Energy Outlook 2035，February 2015，p.59，http://www.bp.com/content/dam/bp/pdf/Energy-economics/statistical-review-2014/BP-statistical-review-of-world-energy-2014-full-report.pdf.

[②] http://www.oilru.com/news/431722.

对本国天然气勘探开发领域的先进技术和设备实施一定程度的进口替代。

四、美欧对俄能源制裁将会持续多久

美欧对俄能源制裁是乌克兰危机期间美欧对俄整体经济制裁的一部分，能源制裁的结束与否以及结束时间表将最终取决于乌克兰危机的演变。由于事关"后冷战时代"欧洲地缘政治版图的首次重大调整，因此在乌克兰危机的处理过程中，争取地缘政治优势的考虑要远远大于经济损益的考量。

除了地缘政治考虑，仅从经济角度分析，美国和欧盟对俄罗斯的能源制裁在未来一段时期将受到以下几方面因素的综合影响：

一是美欧之间以及欧盟内部的态度分化。在对俄罗斯实施能源制裁过程中，美国与欧盟之间以及欧盟内部各个国家之间的关系并非"铁板一块"。美国是对俄罗斯能源制裁的倡导者和积极推动者，在欧盟内部，英国、波兰和瑞典等国家主张推动更加严厉的制裁，而意大利、希腊、塞浦路斯、保加利亚、卢森堡、奥地利、西班牙、土耳其等大多数欧盟国家表示反对，德国和法国虽然与俄罗斯经济联系密切但也忍痛跟随制裁。之所以出现这种局面，除了欧洲国家地缘上距离俄罗斯较近，担心遭到俄罗斯地缘上的"报复"之外，从经济角度讲，关键在于美欧以及欧盟内部不同国家对俄罗斯的油气依赖程度，以及与俄罗斯的经贸密切程度不尽相同。首先，俄罗斯不仅是欧盟第一大贸易伙伴国，并且还是欧盟第一大油气进口来源国。2013年，俄欧贸易额为3262.53亿欧元，欧盟是俄罗斯第一大贸易伙伴，欧盟从俄罗斯进口额为2064.78亿欧元，占欧盟进口额的12.3%，俄罗斯是欧盟第三大贸易伙伴。2013年欧盟对俄出口额1197.75亿欧元，对俄出口规模仅排在对美国和中国之后，占欧盟当年度出口总额的6.9%[1]。此外，欧洲约30%的原油、25%的天然气均进口自俄罗斯。[2] 相比较而言，俄罗斯既非美国的重要贸易伙伴国，也非主要的油气进出口伙伴，仅仅从经济角度考虑，相对美国而言，欧盟需要为对俄能源制裁承受更多损失。其次，在欧盟内部，希腊、保加利亚、奥地利、土耳其等国是俄罗斯的重要贸易伙伴国和油气进口国家，经贸利益的深度交织、对俄罗斯油气进口的高度依赖使得这些国家在对俄能源制

---

[1] 程春华："俄欧陷入'四难'的制裁恶性循环"，《世界知识》2014年9月第17期。
[2] 薛美芳："新形势下的俄欧能源经贸关系"，《中国市场》2014年第38期。

裁上顾虑重重、态度消极。而英国、荷兰等与俄罗斯经贸往来和油气贸易关系不甚密切的国家，在推动对俄能源制裁中则较为主动和积极。

二是美欧企业的游说。经济制裁是把"双刃剑"，美欧对俄能源制裁在使俄罗斯付出经济代价的同时，也损害了与俄罗斯能源行业存在业务往来的美欧企业的利益。法国汽车制造商雷诺表示，由于公司在俄罗斯的汽车销量大幅下滑，影响了该公司2014年上半年的收入。随着制裁的持续，未来还有可能出现更糟糕情况。该公司高级执行官警告称，"局面复杂，下一步制裁可能造成的影响难以估算"，公司股价已经因此下挫4%。[①]此外，经过数十年的经营，德国很多行业巨头都与俄罗斯能源企业有业务往来，这些企业担心严厉的经济制裁会给他国提供额外机会，抢夺俄罗斯这个关键市场。包括巴斯夫、西门子、大众汽车、阿迪达斯和德意志银行在内的一些德国商业巨头已经开始向本国政府游说，劝告政府考虑制裁成本，反对进一步扩大对俄经济制裁。此外，即便同俄罗斯业务关系相对不甚密切的美国企业也向奥巴马政府表示了对进一步制裁的担忧。企业向华盛顿施压称，如果美国单边对俄罗斯进行更广泛的经济制裁，可能会导致俄罗斯国有垄断油气企业取消同美国企业的商业合作，转而向欧洲及其他国家竞争者开放市场，IBM等公司已经敦促奥巴马政府在下一轮制裁中尽可能采取多边行动。[②]可以说，下一步对俄能源制裁走向何方，国内企业的游说和压力是美欧国家政府不得不考虑的重要影响因素。

三是美国在此次乌克兰危机中的最终目标。在此次乌克兰危机中，美国是对俄经济制裁的倡导者和积极推动者，美国的态度和目标在相当程度上决定了乌克兰危机的演变以及对俄经济制裁的走向。如果美国的目标只是单纯解决乌克兰危机，那么可以想见，随着美欧与俄罗斯双方在乌克兰议程上妥协的达成，对俄经济制裁将在可预期的未来予以解除。但是，如果除了乌克兰危机本身，奥巴马政府还想通过此次危机，借机打压俄罗斯经济，从而动摇普京在俄罗斯国内的执政基础，那么可以预见，美欧对俄经济制裁在短期内不会很快结束，将会持续相对较长时间。可以说，美国对乌克兰危机的目标是最终决定美欧对俄能源制裁走向的决定性因素，而美国对乌克兰危机的

① FT中文网，"美欧同意扩大制裁俄罗斯范围"，2014年7月30日，http://www.ftchinese.com/story/001057502。

② 第一财经日报，"美欧对俄制裁升级 企业多反对"，http://www.yicai.com/news/2014/05/3814562.html。

目标定位则需要服从奥巴马政府的整体国家安全战略。

从战略层面看，在奥巴马政府战略重心东移的大背景下，俄罗斯在美国对外战略中的定位已经发生一定程度的变化。这种变化的突出标志是俄罗斯已经被中国取代，不再是美国在全球范围的首要战略竞争大国，这也是"二战"结束至今国际政治格局发生的重大变化之一。① 对于奥巴马政府来说，当前美国的重点关注地区是亚太而非欧亚大陆，全球首要战略竞争大国是中国而非俄罗斯，奥巴马政府的全球战略重心决定了美国在乌克兰危机中的基本立场，即尽量控制乌克兰危机的程度、范围和持续时间，避免与俄罗斯在欧亚大陆发生激烈、长期的地缘斗争，不因乌克兰危机偏离重返亚太的既定战略，从而为重返亚太战略的实施提供稳定的外部环境。此外，从俄罗斯方面讲，普京政府当前国家安全战略的主线是通过大力发展国内经济重新恢复大国地位和影响，保持独联体地区的地缘形势稳定，避免与美欧在该地区发生激烈的长期地缘冲突，以便为国内经济发展创造良好的外部环境。可以说，美俄两国对于独联体地区的战略目标和定位也在一定程度上决定了乌克兰危机及美欧对俄制裁持续的时间较为有限。

五、美欧能源制裁为加强中俄能源合作提供的机遇

由于资源禀赋、地缘位置、历史渊源等因素的影响，欧洲历来并且至少在 2030 年前仍将是俄罗斯首要的油气出口地区。② 但是，随着页岩气革命带来的全球油气供需格局的调整、欧洲油气进口来源多元化的推进、欧盟新能源利用目标的逐步实现、欧盟国家能效的不断提高，③ 以及乌克兰危机中美欧对俄能源制裁的激化，可以预期，俄罗斯和欧盟对于彼此之间的油气贸易关系

---

① "冷战"时代，美国的全球战略重心一直在欧洲，把苏联作为首要的战略竞争对手。20 世纪 90 年代初，苏联解体，"冷战"结束，克林顿政府的战略重心仍然放在欧洲，通过推动北约东扩和建立欧洲反导系统等，对俄罗斯进行规制。2001 年的"9·11"事件使小布什政府将反恐作为美国国家安全战略的首要目标，阿富汗等被美国认为是恐怖分子的藏匿之地而成为小布什政府安全战略的关注重心。在奥巴马第一任期内，随着美国白宫、国防部、国务院等关键部门对美国在后反恐时期战略安全目标的日益清晰和明确，美国开始着手从伊拉克和阿富汗撤军，对经济持续快速发展的亚洲—太平洋地区提出特别的关注，提出重返亚太战略。

② 根据俄罗斯《2030 年前能源战略规划》，虽然俄罗斯整个油气出口的增长将主要取决于东部方向的超前发展，但欧洲仍将是俄罗斯油气出口的主要方向。Энергетическая стратегия россии на период до 2030 года. http://www.government.gov.ru.

③ 欧盟在其《2020 能源战略》中提出，到 2020 年，可再生能源的份额提高到 20%、能效提高 20%，并且增加从新兴市场和发展中国家的油气进口，通过开发新的进口渠道，确保油气供应安全。European Commission, "Energy 2020: A Strategy for Competitive, Sustainable and Secure Energy", November 10, 2010.

均会做出一定调整，欧盟国家将会进一步减少对俄罗斯的油气需求依赖，而俄罗斯亦会降低对欧洲地区的油气出口比重，可以说，美欧对俄罗斯的能源制裁为中俄加强双边油气合作提供了机遇。

一是推动中俄油气合作合同的签署。能源资源是俄罗斯实现地缘政治目标的重要手段，对于中俄油气合作同样如此。例如，自 2004 年下半年开始，随着与美国在北约东扩、东欧反导系统以及颜色革命等一系列矛盾的激化，俄罗斯开始更加关注与中国的战略合作，希望以此缓解美国的战略挤压，当时中俄两国战略协作关系的加强直接推动了谈判十几年悬而未决的中俄东部石油管道建设最终落实。而 2014 年 5 月中俄东段天然气购销合同以及 2014 年 11 月中俄西线天然气供气框架协议的签署则均离不开乌克兰危机的重要背景。

2014 年 5 月，俄罗斯总统普京访华期间，中国石油天然气集团公司与俄罗斯天然气工业股份公司签署《中俄东段管道供气购销合同》。根据合同，从 2018 年起，俄罗斯将通过中俄天然气管道东线"西伯利亚力量"每年向中国供气 380 亿立方米，合同总金额 4000 亿美元，合同期为 30 年，主供气源地为俄罗斯东西伯利亚的伊尔库茨克州科维克金气田和萨哈共和国恰扬金气田，俄罗斯天然气工业股份公司负责气田开发、天然气处理厂和俄罗斯境内管道的建设。中石油负责中国境内输气管道和储气库等配套设施建设。该天然气管道总长 4000 公里，分为俄罗斯境内和中国境内两部分，俄罗斯境内长度约 2680 公里，从俄罗斯的伊库茨克州经雅库特和哈巴罗夫斯克到符拉迪沃斯托克，在斯沃波德内伊与布拉戈维申斯克之间将建造对华输气管道分支（见图 6-20）。中国境内走向为黑河—北京—上海，入境点位于黑河开发区北侧约 10 公里，拟新建管道约 3060 公里。9 月 1 日，中俄东段天然气管道俄罗斯境内段正式开工建设，中俄东段天然气管道俄境内段全长 2680 公里。此外，2014 年 10 月，中国石油天然气集团公司与俄罗斯天然气工业股份公司又进一步签署了《关于中俄东线天然气管道建设和运营的技术协议》和《关于进一步深化战略合作的协议》[1]，可以说，中俄东线天然气合作协议的签订，标志着中俄两国在天然气领域合作最终取得了历史性突破。该管线的建成不但将大幅度增加中国自俄罗斯进口的天然气数量，而且将改变之前中国从俄罗斯仅仅进口液化天然气、通过油轮运输的局面，使中俄两国间的天然气贸易转变

---

① 中国石油天然气集团公司：《2014 年集团公司年报》。

图 6-20　中俄天然气管道走向示意图

为干气为主、液化天然气为辅，管道运输为主、油轮运输为辅。

在东段天然气谈判取得最终突破后，中俄两国西线天然气谈判也逐渐取得进展。2014 年 11 月，在普京访华出席亚太经合组织会议期间，中国石油天然气集团公司与俄罗斯天然气工业股份公司签署《关于沿西线管道从俄罗斯向中国供应天然气的框架协议》。①根据协议，俄方将从西伯利亚西部通过阿尔泰管道向中国每年供应额外 300 亿立方米天然气，为期 30 年，中俄西线天然气管道全长 2800 公里，由俄罗斯西西伯利亚经阿尔泰共和国至中国新疆，最终与中国的"西气东输"管道连接，该协议的签署使得中国在未来将超越德国，成为俄罗斯最大的天然气客户。

除了东西两线天然气合作取得重大进展外，中俄两国间的另一个重要合作项目——亚马尔项目也获得了进一步推进。亚马尔项目是俄罗斯北极地区第一个大型凝析气田开发和 LNG 生产一体化项目，计划年产 1650 万吨 LNG 和 120 万吨凝析油。2014 年 1 月，中国石油天然气集团公司与俄罗斯诺瓦泰克公司正式完成对亚马尔 LNG 公司 20% 股权的交割，中国石油正式进入油气资源竞争日趋激烈的北极地区。②2014 年 5 月，中国石油天然气集团公司与俄罗斯诺瓦泰克公司进一步签署了《亚马尔 LNG 项目购销合同》，根据合同，亚马尔项目每年

---

① 中国石油天然气集团公司：《2014 年集团公司年报》。
② 中国石油新闻中心："从中俄能源合作看'一带一路'建设"，2015 年 4 月 8 日，http://news.cnpc.com.cn/system/2015/04/08/001536149.shtml。

将向中国供应 300 万吨液化天然气，合同期为 20 年。[①] 此外，亚马尔项目还为中国石油工程技术服务业务角逐国际高端市场提供了难得机遇，项目中总价值接近 60 亿美元的一批服务和制造合同被中国企业获得。2014 年 7 月，中国海油工程与亚马尔项目正式签署了 101 亿元人民币订单，海洋工程公司和寰球工程公司联合获得承担《国际液化天然气工程的模块制造合同》的资格，这是海油工程成立以来中标金额最大、技术等级最高的一笔订单，也是中国公司首次承揽液化天然气核心工艺模块建造项目。[②] 2014 年 11 月，在俄罗斯总统普京来华出席亚太经合组织会议期间，中国海洋总公司与俄罗斯天然气工业公司进一步签署了合作谅解备忘录。[③] 此外，中国石油技术开发公司、中国石油物资公司、中石油天津锐思公司等中国油气企业也积极参与到俄罗斯亚马尔项目中，广船国际和振华重工分别获得了模块运输船的建造合同和租船协议，中国液化天然气运输有限公司等多家中方公司入选 Arc7 级 LNG 船和 Arc7 级模块运输船的船东公司。

二是扩大中俄油气合作范围，加大两国油气工程技术服务和设备供应领域的合作。深水、北极大陆架、页岩油以及西伯利亚远东难开采油气田是未来俄罗斯油气勘探开发的重点，在美欧对油气田勘探开发技术和服务实施出口禁令的背景下，中国可以利用本国相关设备、技术和服务的价格优势和竞争力，加大与俄罗斯在相关油气工程技术服务和设备供应领域的合作。目前中国的油气勘探开发设备虽然整体水平不高，但是，在某些领域，例如测井、[④]海上液化天然气勘探开发[⑤] 以及地震监测领域的技术研发具备一定优势，此外，与美欧油气企业相比，中国相关油气设备、技术和服务具有明显的价格优势，这些因素决定了未来中俄在此领域具备一定的合作潜力和空间。

除了油气工程技术服务和设备供应领域之外，中俄两国在下游油气精炼领域的合作获得进一步推动。2014 年 5 月，中国主席习近平访俄期间，中国石化集团公司与俄罗斯西布尔公司在上海签署战略合作协议和在上海建立合

---

① 中国石油天然气集团公司：《2014 年集团公司年报》。
②③ 中国海洋石油总公司：《中国海洋石油总公司 2014 年度报告》，http://www.cnooc.com.cn/attach/0/zghysyzgs2014nb.pdf。
④ 2010 年，中石油与俄罗斯 TNG 测井公司签订了 MCI5570 微电阻率扫描仪器销售及技术服务合同，实现了中国产同类仪器在俄罗斯测井市场零的突破。中国石油天然气集团公司：《2010 年集团公司年报》。
⑤ 2014 年 7 月，中国海洋石油总公司所属的海洋石油工程股份公司与亚马尔液化天然气项目签署价值约 16 亿美元的协议，根据协议，中海油工程公司将为亚马尔液化天然气项目建造液化"核心工艺模块"，参与该项目 264 个模块的建造工作。中国海洋石油总公司："海外发展"，http://www.cnooc.com.cn/data/html/chinese/channel_317.html。

资公司的协议。作为战略合作的一部分，双方将探讨扩大贸易业务的潜在可能性，寻求在天然气加工及石化项目方面的合作机会，强化双方的市场领先地位。中国石化表示，双方的战略合作伙伴关系将有利于提升中国石化化工产品原料来源的多元化，并确保原料供应长期稳定，同时拓展中国石化的海外合作平台，增进双方战略合作与经验交流。西布尔则表示，双方的战略合作伙伴关系，将极大地提高西布尔新建大型项目的效率，拓展西布尔的产业能力及产品分销市场，并有助于俄罗斯石化行业达到新的高度。[①] 此外，习近平访俄期间，中国石油天然气集团公司还与俄罗斯石油公司签署了《天津炼油厂投产及向该厂供应原油的工作进度表》，[②] 使之前中俄两国关于天津炼油厂的合作计划得到进一步落实。

三是通过融资合作推动本币结算及更多方式的油气合作。在美欧对俄油气行业进行融资限制、俄罗斯油气企业资金压力加大的情况下，中国可以适当加大对俄罗斯油气企业的融资支持，通过融资合作，一方面可以推动两国油气贸易的本币结算，另一方面可以通过融资促进油气合作、带动设备技术出口的方式推动与俄罗斯进行更多领域的油气合作。在美欧对俄实施融资限制和俄罗斯国内金融动荡背景下，2014 年 10 月，中国总理李克强访俄期间，中国人民银行与俄罗斯联邦中央银行签署了规模为 1500 亿元人民币/8150 亿卢布的双边本币互换协议，互换协议有效期三年，经双方同意可以展期。此外，俄罗斯外贸银行（VTB）和中国进出口银行就开放信用额度签订了框架协议，中国农业银行与俄罗斯银行也签订了合作备忘录。另外，2015 年 5 月习近平访俄期间，中国国家开发银行与俄罗斯联邦储备银行签订了一项《60亿元人民币信用额度协议》，双方商定将在相互结算中更广泛使用人民币和卢布，并考虑设立共同投资基金的可能性。可以说，美国和欧盟对俄罗斯的能源融资制裁虽然给俄罗斯的油气企业融资带来一定程度的障碍和困难，但同时，也为中俄两国加强金融合作，推动两国货币直接互换结算提供了契机。

四是在俄罗斯部分国有能源企业新一轮私有化过程中获取股份。近几年俄罗斯政府开始考虑对本国部分国有能源企业实行新一轮私有化，在保持国家绝对控股的前提下，通过提高国有能源企业私有股份的比重增强企业活力、

---

① 中国石化新闻网："开启中俄能源合作新篇章——中国石化与西布尔签署战略合作协议"，2015 年 1 月 16 日，http://www.sinopecnews.com.cn/english/content/2015-01/16/content_1480252.shtml。

② 中国石油天然气集团公司：《2014 年集团公司年报》。

提高管理效率。在当前美欧制裁背景下，鉴于部分私有化会为俄罗斯带来一定的财政收入，俄罗斯政府有可能会加快该轮私有化的实施进度，这为中国企业以参股形式进入俄罗斯油气领域提供了更多可能。2014 年 9 月，俄罗斯总统普京表示，欢迎中国入股俄罗斯西伯利亚万科尔（Vankor）油田，[①]与之前俄罗斯对中国油企参与入股俄罗斯油气领域的谨慎和拒绝态度对比，俄罗斯姿态的转变与美欧对俄能源融资限制导致俄罗斯油气投资和运营资金紧张不无关系。此后，在 2014 年 11 月普京访华出席亚太经合组织会议期间，中国石油天然气集团公司与俄罗斯国家石油公司正式签署《关于万科尔油田项目合作的框架协议》，根据协议，中国石油天然气集团公司将购买万科尔项目 10%的股份，此协议的签署实现了中俄双方在石油上游领域合作的新突破。[②]随着美欧制裁力度的不断加大和制裁效果的逐步显现，俄罗斯油气企业的资金紧张在一定时期内难以缓解，在此背景下，俄罗斯政府有可能会考虑更多放开与中国油气企业的合作限制，为中国油企进入俄罗斯提供政策便利。

　　总体来说，源于乌克兰危机的美欧制裁将对俄罗斯油气企业的短期发展带来融资、与国际油气巨头合作暂停、先进技术和设备引进等方面的障碍和困难，但是，美俄两国出于各自的国家安全战略考虑，均不希望在独联体地区与对方发生失控、长期的地缘斗争，再加上俄欧之间密切的经贸联系和能源依赖，所有这些因素决定了乌克兰危机及美欧对俄能源制裁程度以及持续时间较为有限。制裁虽然给俄罗斯油气行业发展带来了一定程度的投资和运营困难，但是，在全球油气需求从欧洲向亚太地区转移的大背景下，此次危机另一方面也为俄罗斯加大面向亚太的东向战略力度、进一步增强与中国等主要亚洲油气需求国的合作提供了良好契机。中俄双方油气合作的加强不但会增强两国的油气进出口安全、带动并促进两国的金融合作和货币国际化合作，更重要的是会为两国战略协作伙伴关系注入更多的实质性合作内容，在共同反制西方的战略抑制中互相借重，为国内经济发展创造稳定的外部环境，在国际政治和国际能源格局发挥应有的大国作用和影响力。

---

　　① 万科尔油气田位于俄罗斯东西伯利亚北部，占俄油目前原油产量的 11%，其原油是东西伯利亚—太平洋石油管道输油的主要来源，并有相当一部分供应中俄原油管道，万科尔项目入股的模式有助于中俄深化油气上下游一体化合作。中国石油新闻中心："从中俄能源合作看'一带一路'建设"，2015 年 4 月 8 日，http://news.cnpc.com.cn/system/2015/04/08/001536149.shtml。
　　② 中国石油天然气集团公司：《2014 年集团公司年报》。

附录一 中俄关系重要文件
（2012.5~2015.5）

·

普京总统访华前夕为《人民日报》撰文：俄罗斯与中国：合作新天地[①]

我很高兴在对中国进行国事访问和参加在北京举办的上海合作组织峰会前夕，有机会对世界最有影响力的媒体之一——《人民日报》的广大读者直接谈我对一些问题的看法：如俄中两国合作伙伴前景，在正经历复杂深刻变化、遭遇严峻的世界和地区安全挑战、国际法准则遭到的擅自解读的企图、经济与金融动荡的当今世界里俄中两国关系所起的作用。

所有这些问题在一些主要的国际论坛中都会被提及，它们也是高级谈判中会被着重探讨的议题。我相信，对解决当前的迫切问题协商和合理的做法会占上风。最重要的是，现在任何一个头脑清醒的政治家，任何一个经济和国际关系专家都已经意识到，在缺少俄罗斯和中国的参与，在不考虑俄罗斯和中国两国利益的情况下，任何的国际问题议题都无法讨论和落实。

在这种情况下，我们两国都意识到了自己对继续发展俄中长期的战略伙伴关系负有共同责任，意识到了我们两国在联合国和其他多边组织和地区机构中通力合作具有非常重要的意义。

因此我对即将与中华人民共和国的多个领导人进行会晤充满期待，同时我也希望由中国成功担任轮值主席国的此次上海合作组织峰会能够取得丰硕的工作成果。

俄罗斯与中国之间的关系是名副其实的国家间新型关系的典范，我们两

[①] 普京："俄罗斯与中国：合作新天地"，《人民日报》2012 年 6 月 5 日。

国间没有各种各样的偏见和成见。这就意味着俄中关系非常稳固，不受当前局势的影响，这一点在当今这个明显缺乏稳定和相互信任的世界里显得异常可贵。

2008年至2009年发生的国际金融危机表明，各国之间互相理解、互相倾听，联合执行协调一致的政策是多么的重要。基础设施与能源合作项目、大型的订单与合同、国家间相互投资成为我们两国和工商界战胜挑战、创造新的工作岗位、为众多企业提供机遇的重要资源。

2011年，俄罗斯与中国之间的双边贸易额达到了历史新高的835亿美元，现在我们的中期目标是在2015年双边贸易额达到1000亿美元，2020年达到2000亿美元。两国目前贸易额的发展速度表明，我们的目标将会提前完成。

为了达到上述目标，我们需要做些什么呢？首先，我们要通过增加高附加值的产品比重来优化双边贸易的结构，提高它的质量。我们具有做到这一点的客观条件：两国的国内市场容量巨大，市场对新商品和服务的需求日益增长。我们在教育、科学、技术等领域拥有坚实的基础，在建立密切的工业合作方面积攒了丰富的经验。

我们愿意在民用航空制造业、航天业和其他高技术行业积极推动大型的合作项目，同时在俄中工业园、工业集中区和经济特区等领域开展合作。我认为，我们还要讨论两国成立真正的科技联盟，包括建立连接两国企业、科学、设计和工程中心的生产与创新链，共同开发其他国家的市场等等。

我们还应当为双边经贸关系的金融与投资基础设施"建造现代化的大楼"。显然，在两国进行双边贸易、投资和其他商业活动时应当更加积极地发挥两国已通过的关于本国货币结算的协议，使我们避免各类货币风险，提高卢布和人民币的地位。

我要指出，俄罗斯和中国在能源领域的对话具有战略意义。我们的合作项目切实改变了全球能源市场的整个格局。对于中国来说，这意味着提高了能源供应来源的可靠性和多样性；对于俄罗斯来说，这意味着向快速发展的亚太地区开创了新的出口销路。

在我们已经取得的成果中，我想说说俄中石油管道的投产，该管道去年共提供了1500万吨石油。我们签署了向中国供应能源的长达20年的合约。2011年，俄罗斯向中国市场出口的煤炭总额达到了1050万吨，并且制定了共同开发煤田的计划。我希望，在不远的将来，俄罗斯的天然气能够大量出口至中国。

俄中两国在和平利用核能领域也有广阔的合作前景。在俄罗斯的参与下，中国建成了田湾核电站一期，压力测试的结果表明该核电站为中国最安全的核电站。去年在俄罗斯专家的帮助下，中国的实验快中子反应堆投入使用。因此，中国成为继俄罗斯、日本和法国之后世界上第四个掌握类似技术的国家。铀浓缩工厂第四期工程提前结束。我们希望，俄罗斯能与中国在田湾核电站第二期和接下来的各期工程中继续合作，也希望俄罗斯能够参与中国的其他能源项目建设。

俄中关系的动力和源泉是两国人民间的友谊和相互理解。我们的"国家年"和"语言年"都取得了极大的成果，现在接力棒交到了中国"俄罗斯旅游年"手中。我相信，明年在俄罗斯举办的"中国旅游年"将也会吸引很多人的目光。

我认为，现在已经是时候制定发展俄中人文合作的长期发展规划了。

当然，在此次访华过程中我们还将讨论迫切的国际问题，其中包括战略稳定、裁军与大规模杀伤性武器不扩散问题，应对威胁两国稳定发展、两国居民生命安全和生活水平的挑战，包括恐怖主义、分裂主义、有组织犯罪、非法移民等。

俄罗斯与中国在所有这些问题上的立场几乎是一致的，都是建立在责任、忠于基本的国际法价值观等原则，以及无条件互相尊重对方国家利益的基础上的。因此，我们容易找到共同语言，制定共同的战术和战略，促进国际社会建设性应对最棘手和迫切的问题。这些问题涉及中东和北非、叙利亚和阿富汗局势、朝鲜半岛问题和伊朗核计划。

我想再次强调，俄罗斯与中国的战略伙伴关系是巩固地区和国际安全的重要因素。因此我们致力于在上海合作组织框架下巩固两国的合作关系，去年该组织成立满十周年。

我恰好是该组织的创始人之一，时间充分证明，我们当初将"上海五国"转变为正式合作机制的选择是正确的。

目前上合组织已经成为一个快速发展的多边组织。当然，上合组织的巨大潜力还有待全面发挥。回首过去，我可以非常肯定地说，上合组织获得了崇高的威信，它在国际舞台上的话语权日益提升。

上合组织为国际政治做出了许多新的、有益的贡献。首先它提出了以各成员真正平等、相互信任、尊重各国人民自主选择发展道路、互相尊重对方的文化、价值观、传统和谋求共同发展为基础的伙伴关系模式。在我看来，这种理念以最好的方式反映了多极化世界的基础、唯一有生命力的国际关系准则。

很大程度上是由于上合组织及其成员国的努力、他们与众多外国伙伴的合作极大地打压了地区性恐怖活动。但是，我们目前遇到的恐怖活动的挑战日益复杂，形式也越来越多。恐怖、分裂和极端分子不断翻新破坏行为、招募武装分子，并且扩大了资金来源。

所有这些都要求上合组织在保障安全、有效发挥合作机制等问题上发挥潜力。这就是为什么在此次峰会上我们会将注意力更多地放在批准《上合组织成员国打击恐怖主义、分裂主义和极端主义 2013 年至 2015 年合作纲要》，《上合组织关于应对威胁本地区和平、安全与稳定事态的政治外交措施及机制条例》修订案上。

还有一个严峻的挑战来自恐怖主义、毒品生产和非法贩卖之间的相互关联问题。与这些恶势力进行斗争需要我们采取协调一致的合作。我们需要首先在上合组织禁毒战略框架内积极发展合作。

我们共同关心的议题是阿富汗局势。上合组织为促进阿富汗人民在重建他们伤痕累累的国家方面做出了重大的贡献。峰会上还有一个具体的议题是接纳阿富汗为观察员。我们将同阿富汗总统卡尔扎伊讨论未来在上合组织框架下继续发展合作等议题。

上合组织是一个为确保广袤欧亚空间的稳定与安全而建立的机构。我们认为，在上合组织责任区内任何第三方国家采取的任何单边行动都是适得其反的。

与此同时，上合组织是一个开放的组织，这个组织愿意与所有相关伙伴进行合作。这一原则在《上合组织宪章》中得到确认。印度、伊朗、蒙古和巴基斯坦等观察员国参与着上合组织的工作。白俄罗斯和斯里兰卡获得了上合组织的对话伙伴地位。在本次峰会上土耳其也将被给予上合组织对话伙伴地位。由于大家对上合组织的活动越来越关注，现在我们正在解决进一步巩固与本组织扩员有关的法律基础的问题。

上合组织的经验为整个国际社会提供了既有趣又非常富有前景，而且还特别全面的解决方案。我指的是制定一些通用的、适合所有人的方法，也就是所谓的"从基层着手"的方法。首先在各个地区机构内部协商，然后通过在这些机构间进行对话的方式运作。用这样的方式不断"添砖加瓦"，才可能形成更加稳定和可预知的全球政治和经济。

在我们看来，未来的国际关系在很大程度上与发展这样的"网络型外交"有关。上合组织各成员国敏锐地把握住了这种趋势，2004年就提出了在亚太地区建立广泛的多边组织合作伙伴网络的倡议。今天，上合组织正在积极拓展与联合国、独联体、集体安全条约组织、欧亚经济共同体、东南亚国家联盟、联合国亚洲及太平洋经济社会委员会，以及其他国际机构的合作。

我们看到，建立上合组织与欧亚经济共同体，以及未来与欧亚经济联盟的合作是一个全新的且非常具有发展前景的工作方向。我相信，这些组织的活动能够相互补充、相得益彰。

毫无疑问，在上合组织框架内加强政治合作必须通过加强经济领域的合作。上合组织有能力实施一些大型联合项目。何不在符合大家共同利益的前提下利用一些明显优势（如迅速发展的中国经济、俄罗斯实施现代化的科技潜力，以及中亚地区丰富的自然资源等等）？我认为，我们应该特别关注我们在能源、交通和基础设施、农业、高科技（特别是信息和通信）领域的合作。

但是，要做到这一点，我们需要在上合组织框架内建立一些真正起作用的融资保障和项目管理机制。应该搭建一些我们可以组建联合计划，制定各种多边方案的平台。我举一个能够说明这种方式的例子——上合组织能源俱乐部，这个俱乐部的筹备工作已经进入冲刺阶段。

上合组织进一步发展的巨大潜力还表现在各成员国发展实业界和企业界间的直接合作上。我相信，在北京峰会期间举行的工商论坛将为促进经济合作提供广泛的公私合营机会。重要的是要大力联合各成员国实业界和银行界以实施既定计划。这需要上合组织实业家委员会和银行间联合体进行更加有效和持久的工作，因为他们拥有"一揽子"非常丰富、可靠的建议。

同样符合我们共同利益的是，我们还应该在卫生、文化、体育、教育和科学领域加强合作。上合组织采取的建立网络型大学这一重要举措充分证明了我们现在所拥有的机遇，如今这个大学已经联合了上合组织成员国的65所高校。该大学的校长办公室将设在莫斯科，我们愿意采用最积极的方式协助发展这一具有前景的，同时对大家来说都非常需要的项目。

上合组织在迈进第二个10年的同时将继续发展和完善。其不可改变的核心原则和目标将继续决定组织的发展方向，同时应该不断适应迅速变化的国际局势。而这些做法将反映在上合组织中期发展战略规划，也就是我们准备讨论和通过的核心文件中。

我们对即将在北京举行的俄中元首会晤和上合组织峰会非常期待。因为俄罗斯非常需要一个繁荣的中国，同样地，我相信，中国也需要一个成功的俄罗斯。我们两国的合作不针对任何第三方，而是旨在实现共同发展和加强国际社会的公平和民主原则。也正因如此，符合时代潮流。

中国有句成语："众志成城"。我们愿意为了我们两国和人民的利益共同努力。而这一定能够给我们带来丰硕的成果。

中华人民共和国和俄罗斯联邦关于合作共赢、深化全面战略协作伙伴关系的联合声明①

应俄罗斯联邦总统弗·弗·普京邀请，中华人民共和国主席习近平于 2013 年 3 月 22 日至 24 日对俄罗斯联邦进行了国事访问。两国元首在莫斯科举行会晤。习近平主席分别会见俄罗斯联邦政府总理德·阿·梅德韦杰夫、联邦委员会主席瓦·伊·马特维延科、国家杜马主席谢·叶·纳雷什金、国防部长谢·库·绍伊古。

中华人民共和国和俄罗斯联邦（以下称双方）声明如下：

一

中俄关系已达到前所未有的高水平，为大国间和谐共处树立了典范，在当今国际关系中为促进地区乃至世界和平与安全发挥着重要的稳定作用。进一步发展中俄关系符合两国和两国人民的根本利益。

双方将恪守 2001 年 7 月 16 日签署的《中华人民共和国和俄罗斯联邦睦邻友好合作条约》的原则和精神，把平等信任、相互支持、共同繁荣、世代友好的全面战略协作伙伴关系提升至新阶段，将此作为本国外交的优先方向。

双方支持对方自主选择发展道路和社会政治制度的权利，在涉及对方主权、领土完整、安全等核心利益问题上相互坚定支持。

双方将继续保持密切、互信的高层交往，进一步发挥元首、总理、议长年度互访、战略安全磋商、外交部门磋商及中俄友好、和平与发展委员会等其他中俄国家和民间合作与交流机制的作用。

中俄面临的战略任务是把两国前所未有的高水平政治关系优势转化为经济、人文等领域的务实合作成果。为此，双方批准实施《〈中华人民共和国和俄罗斯联邦睦邻友好合作条约〉实施纲要（2013 年至 2016 年)》，商定重点加强以下合作，以共同提升两国的综合国力和国际竞争力：

实现经济合作量和质的平衡发展，实现双边贸易额 2015 年前达到 1000 亿美元，2020 年前达到 2000 亿美元，促进贸易结构多元化。

---

① 新华社莫斯科 2013 年 3 月 22 日电。

充分发挥中俄投资促进会议机制作用，加快落实《中俄投资合作规划纲要》，相互投资额实现较大提升。

在双边贸易、直接投资、信贷等领域推广使用本币。

积极开展在石油、天然气、煤炭、电力和新能源等能源领域的合作，构建牢固的中俄能源战略合作关系，共同维护两国、地区以及世界的能源安全。

继续在和平利用核能领域密切协作。

加快制订和实施中俄森林资源开发利用合作规划，开展林业领域的贸易和投资合作。

开展农业领域合作，包括农产品贸易、相互投资、动植物检疫等。

加强环保领域合作，改善跨界水体水质，保护生物多样性，提高跨界突发环境事件通报和紧急救灾体系的效能。

深化高科技领域合作，推动开展从合作研发、创新到成果商业化、产业化的科技合作。

在航空制造领域开展联合研制、联合生产等大项目合作，采取积极措施保证《2013年至2017年中俄航天合作大纲》项目的执行和完成。

充分发挥中俄地方领导人定期会晤的作用，加大《中国东北地区与俄罗斯远东及东西伯利亚地区合作规划纲要》的实施力度，扩大地区合作范围，提高地方合作效率。

在双方长期共同努力下，两国边境地区已成为和平、友好与稳定的区域。双方将继续提高现有合作机制的效能，并根据需要建立新的对话机制，深化中俄边境地区合作。

确保跨境交通基础设施建设有序开展，加强中国货物经由俄罗斯铁路和远东地区港口过境运输合作。

有效落实中俄人文合作行动计划，顺利举办俄罗斯"中国旅游年"各项活动。

在机制化和长期化的基础上扩大两国青年交流，筹办2014年至2015年中俄互办青年友好交流年活动。

二

双方一致认为，在全球化进程加速的背景下，当今世界进入以民族和国家间相互依存度增强、经济与文化相互融合加深为特征的发展转型期。推动世界多极化进程、实现全球经济可持续发展、推动文化多样性和社会信息化成为全球性主要议题。同时，世界仍然很不安宁，全人类面临的共同任务，包括维护共同和平、安全与稳定，加强国际合作，促进共同发展等，上升为国际关系的首要议题。

双方基于建立新型大国关系的历史经验和实践，基于对世界和平和人类未来的历史责任感，呼吁世界各国：

遵循平等互信、包容互鉴、合作共赢的原则，携手促进和平与稳定，推动共同发展与繁荣，建设公正、民主、和谐的世界秩序。

遵循《联合国宪章》的宗旨和原则，坚持国家不分大小、强弱、贫富一律平等，推动国际关系民主化，反对各种形式的霸权主义和强权政治。

尊重各国主权和领土完整，尊重世界文明多样性和国家发展道路多样化，尊重和维护各国人民自主选择社会制度的权利。

推动建立以互信、互利、平等、协作为基础的普遍平等、不可分割的新安全观，坚持用和平方式而不是战争手段解决国际争端和冲突，反对动辄诉诸武力或以武力相威胁，反对颠覆别国合法政权，反对一切形式的恐怖主义，打击毒品贩运和跨国有组织犯罪，推动维护国际信息安全。

深化在反导问题上的相互理解、协调与合作，呼吁国际社会成员在反导部署以及开展反导合作问题上慎重行事，反对一国或国家集团单方面、无限度地加强反导，损害战略稳定和国际安全。主张共同应对导弹威胁和挑战，优先在国际法框架内以政治外交手段应对弹道导弹扩散，不能以牺牲部分国家的安全为代价来维护另一部分国家的安全。

以建设性态度和集体方式协调宏观经济政策，采取一切必要的政策措施，确保全球经济强劲、可持续、平衡增长，提振市场信心，推动创造就业，反对各种形式的贸易投资保护主义。

双方主张进一步发展上海合作组织，加大对恐怖主义、分裂主义、极端主义、毒品贩运、跨国有组织犯罪的打击力度，确保国际信息安全；赋予上海合作组织地区反恐怖机构打击毒品贩运等新职能，并在此基础上成立上海合作组织应对新威胁新挑战的综合中心；加强经济合作，特别是交通、能源、通信、农业等领域合作，积极推动建立有效融资保障机制；支持上海合作组织奉行开放原则，扩大同其他国家和国际组织的对话与交流，推动上海合作组织在国际和地区合作中发挥更大的积极影响。

双方指出，亚太地区在全球事务中的作用日益上升，深化区域合作是巩固世界多极化和建立新型亚太地区国家间关系的关键因素。双方认为，团结地区各国力量，共同应对全球和地区问题，维护地区和平与稳定，促进地区共同发展，在遵循国际法基本原则的基础上，在亚太地区建立开放、透明、平等、包容的安全和合作架构，是当前本地区的首要任务。双方坚信，不可分割的安全是上述架构的基本原则。双方认为，要继续鼓励地区相关国家通过双边对话和协商，妥善解决他们之间存在的分歧。双方同意继续开展工作，以便通过《东亚峰会关于加强亚太区域安全合作的原则宣言》。双方愿就推动通过该宣言与各方保持对话，听取各方建设性意见和建议。

双方努力推动"金砖国家"领导人德班会晤将"金砖国家"合作提升到新的水平，支持"金砖国家"逐步成为就重大世界经济和政治问题开展对话和合作的机制。双方强调，在"金砖国家"框架内开展全面务实合作十分重要，包括支持工商理事会工作，探讨建立开发银行、外汇储备库，继续在科技、农业、卫生等其他重要民生领域开展合作。

中方重申支持俄方作为 2013 年二十国集团主席国举办圣彼得堡峰会。双方将进一步加强在二十国集团框架内的协调与合作，相互照顾彼此关切，共同推动圣彼得堡峰会对加快世界经济增长、扩大就业、改革国际货币金融体系、确保世界经济可持续发展做出重要贡献。

鉴于大国对维护世界和平稳定负有重大责任，我们呼吁各大国超越零和博弈、集团政治等思维方式，遵循顺应 21 世纪时代潮流的国际关系原则，政治上相互尊重、平等相待，经济上全面互利、合作共赢，安全上互信包容、共担责任，文化上交流借鉴、相互促进，意识形态上求同存异、和平共处，建立长期稳定、健康发展的新型大国关系，推动世界各国在和平、发展、合作的形势下，实现共同发展和共同繁荣。

中华人民共和国主席　　　　　俄罗斯联邦总统

习近平　　　　　　　　　　弗·弗·普京

2013 年 3 月 22 日于莫斯科

国家主席习近平在"俄罗斯中国旅游年"开幕式上致辞
（2013年3月22日，莫斯科）①

尊敬的普京总统，

女士们，先生们，朋友们：

在早春3月的美好时节，我们在这里隆重举行"俄罗斯中国旅游年"开幕式。我们大家心中都有一个美好的期盼，就是希望"俄罗斯中国旅游年"活动能够像春天一样百花齐放、姹紫嫣红。

首先，我谨代表中国政府和人民，并以我个人的名义，向友好的俄罗斯政府和人民，向支持和协助举办"中国旅游年"的俄罗斯朋友们，表示衷心的感谢！

中俄两国山水相连，是好邻居、好伙伴、好朋友。亲仁善邻，国之宝也。我和普京总统一致决定，把扩大各领域务实合作作为今后两国关系发展的重点，为提高两国人民生活水平和质量提供重要推动力。

旅游是传播文明、交流文化、增进友谊的桥梁，是人民生活水平提高的一个重要指标，出国旅游更为广大民众所向往。旅游是综合性产业，是拉动经济发展的重要动力。旅游是修身养性之道，中华民族自古就把旅游和读书结合在一起，崇尚"读万卷书，行万里路"。

俄罗斯是旅游大国。古老的文明和灿烂的文化在世界上独树一帜，快速发展的现代风貌吸引着世人眼球，伏尔加河、乌拉尔山、贝加尔湖的美丽风光享誉世界，莫斯科、圣彼得堡、叶卡捷琳堡、索契等城市的独特魅力备受青睐。我记得，中方去年拍摄了《你好，俄罗斯》百集电视专题片，展现出俄罗斯秀丽的自然风光和各民族的多彩风情。去年，中国俄罗斯旅游年成功举办，中国赴俄罗斯旅游人数增加46%，两国双向往来330万人次。中国成为俄罗斯第二大旅游客源国，俄罗斯则是中国第三大旅游客源国。

中国是拥有5000多年历史的文明古国，又是充满发展活力的东方大国，旅游资源得天独厚，被列入世界文化和自然遗产的就有40多处。中华书画、京剧、中医等传统文化博大精深，雄伟壮丽的三山五岳、气势磅礴的万里长城、独一无二的兵马俑、享誉世界的少林寺、阳光明媚的热带海滩等自然和

---

① 新华社莫斯科3月22日电。

人文景观异彩纷呈。中国已成为全球第三大入境旅游接待国和出境旅游消费国。希望双方以举办旅游年为契机，把旅游合作培育成中俄战略合作的新亮点。

旅游是增强人们亲近感的最好方式。我听说，2012 年 7 月 19 日，到俄罗斯参加"你好，俄罗斯"旅游交流活动的 1100 名中国游客，齐聚莫斯科宇宙酒店音乐厅，俄罗斯艺术家为中国游客表演了精彩的节目，当《莫斯科郊外的晚上》熟悉的旋律响起时，全场中俄观众共同引吭高歌，勾起了大家心中最美好的回忆。同年 9 月底至 10 月初，应北京市政府之邀，50 个俄罗斯家庭到北京参加民宿交流活动，住在北京普通市民家中，中方接待家庭对能在自己家里接待俄罗斯家庭表现出了强烈的愿望，很多家庭由于没有得到接待机会而深感遗憾。这些中俄家庭就像亲人一样一起生活，结下了深厚友谊，分别时都依依不舍。我相信，他们都会把这一段美好的经历永远珍藏在心中。

女士们、先生们！

"有朋自远方来，不亦乐乎！"中国人民正致力于建设"美丽中国"。今晚开幕式文艺演出的主题就是"美丽中国"。我代表热情好客的中国人民，盛情邀请俄罗斯朋友们来中国旅游，欢迎你们到中国做客，观赏自然风光，体验中华文明，增进人民友谊。

谢谢大家！

国家主席习近平在莫斯科国际关系学院发表题为《顺应时代前进潮流　促进世界和平发展》的演讲（2013 年 3 月 23 日，莫斯科）①

尊敬的托尔库诺夫院长，

尊敬的戈洛杰茨副总理，

老师们，同学们：

今天，有机会来到美丽的莫斯科国际关系学院，同各位老师、同学见面，感到十分高兴。

莫斯科国际关系学院是享誉世界的知名学府，名师荟萃，英才辈出，我对贵院在各领域取得的优异成绩，表示热烈的祝贺！

俄罗斯是中国的友好邻邦。这次访问俄罗斯，是我担任中国国家主席后第一次出访，是这次出访的第一站，也是时隔 3 年再次来到你们美丽富饶的国家。昨天，我同普京总统举行了富有成果的会谈，并共同出席了俄罗斯中国旅游年开幕式。

早春 3 月，意味着一个新的万物复苏季节的到来，意味着一个新的播种的时刻的到来。常言道，一年之计在于春。中俄双方把握这美好的早春时节，为两国关系和世界和平与发展辛勤耕耘，必将收获新的成果，造福两国人民和各国人民。

老师们、同学们！

国际关系学院是专门从事国际问题研究和教学的高等学府，相信你们对国际形势更加关注，更能感受到过去几十年国际社会沧海桑田般的巨大变化。我们所处的是一个风云变幻的时代，面对的是一个日新月异的世界。

——这个世界，和平、发展、合作、共赢成为时代潮流，旧的殖民体系土崩瓦解，"冷战"时期的集团对抗不复存在，任何国家或国家集团都再也无法单独主宰世界事务。

——这个世界，一大批新兴市场国家和发展中国家走上发展的快车道，十几亿、几十亿人口正在加速走向现代化，多个发展中心在世界各地区逐渐形成，国际力量对比继续朝着有利于世界和平与发展的方向发展。

---

① 新华社莫斯科 2013 年 3 月 23 日电。

——这个世界，各国相互联系、相互依存的程度空前加深，人类生活在同一个"地球村"里，生活在历史和现实交汇的同一个时空里，越来越成为你中有我、我中有你的命运共同体。

——这个世界，人类依然面临诸多难题和挑战，国际金融危机深层次影响继续显现，形形色色的保护主义明显升温，地区热点此起彼伏，霸权主义、强权政治和新干涉主义有所上升，军备竞争、恐怖主义、网络安全等传统安全威胁和非传统安全威胁相互交织，维护世界和平、促进共同发展依然任重道远。

我们希望世界变得更加美好，我们也有理由相信，世界会变得更加美好。同时，我们也清楚地知道，前途是光明的，道路是曲折的。车尔尼雪夫斯基曾经写道："历史的道路不是涅瓦大街上的人行道，它完全是在田野中前进的，有时穿过尘埃，有时穿过泥泞，有时横渡沼泽，有时行经丛林。"人类社会发展的历史证明，无论会遇到什么样的曲折，历史都总是按照自己的规律向前发展，没有任何力量能够阻挡历史前进的车轮。

世界潮流，浩浩荡荡，顺之则昌，逆之则亡。要跟上时代前进步伐，就不能身体已进入 21 世纪，而脑袋还停留在过去，停留在殖民扩张的旧时代里，停留在"冷战"思维、零和博弈的老框框内。

面对国际形势的深刻变化和世界各国同舟共济的客观要求，各国应该共同推动建立以合作共赢为核心的新型国际关系，各国人民应该一起来维护世界和平、促进共同发展。

我们主张，各国和各国人民应该共同享受尊严。要坚持国家不分大小、强弱、贫富一律平等，尊重各国人民自主选择发展道路的权利，反对干涉别国内政，维护国际公平正义。"鞋子合不合脚，自己穿了才知道"。一个国家的发展道路合不合适，只有这个国家的人民才最有发言权。

我们主张，各国和各国人民应该共同享受发展成果。每个国家在谋求自身发展的同时，要积极促进其他各国共同发展。世界长期发展不可能建立在一批国家越来越富裕而另一批国家却长期贫穷落后的基础之上。只有各国共同发展了，世界才能更好发展。那种以邻为壑、转嫁危机、损人利己的做法既不道德，也难以持久。

我们主张，各国和各国人民应该共同享受安全保障。各国要同心协力，妥善应对各种问题和挑战。越是面临全球性挑战，越要合作应对，共同变压力为动力、化危机为生机。面对错综复杂的国际安全威胁，单打独斗不行，迷信武力更不行，合作安全、集体安全、共同安全才是解决问题的正确选择。

随着世界多极化、经济全球化深入发展和文化多样化、社会信息化持续推进，今天的人类比以往任何时候都更有条件朝和平与发展的目标迈进，而合作共赢就是实现这一目标的现实途径。

世界的命运必须由各国人民共同掌握。各国主权范围内的事情只能由本国政府和人民去管，世界上的事情只能由各国政府和人民共同商量来办。这是处理国际事务的民主原则，国际社会应该共同遵守。

老师们、同学们！

去年11月，中国共产党召开了第十八次全国代表大会，明确了今后一个时期中国的发展蓝图，提出到2020年国内生产总值和城乡居民人均收入将在2010年的基础上翻一番，在中国共产党建党100年时全面建成小康社会，在新中国成立100年时建成富强、民主、文明、和谐的社会主义现代化国家。同时，我们也清醒地认识到，作为拥有13亿多人口的发展中大国，中国在发展道路上面临的风险和挑战依然会很大、很严峻，要实现已确定的奋斗目标必须付出持续的艰辛努力。

实现中华民族伟大复兴，是近代以来中国人民最伟大的梦想，我们称之为"中国梦"，基本内涵是实现国家富强、民族振兴、人民幸福。中华民族历来爱好和平。近代以来，中国人民蒙受了外国侵略和内部战乱的百年苦难，深知和平的宝贵，最需要在和平环境中进行国家建设，以不断改善人民生活。中国将坚定不移走和平发展道路，致力于促进开放的发展、合作的发展、共赢的发展，同时呼吁各国共同走和平发展道路。中国始终奉行防御性的国防政策，不搞军备竞赛，不对任何国家构成军事威胁。中国发展壮大，带给世界的是更多机遇而不是什么威胁。我们要实现的"中国梦"，不仅造福中国人民，而且造福各国人民。

我们高兴地看到，中俄两国互为最大邻国，在国家发展蓝图上有很多契合之处。俄罗斯提出到2020年人均国内生产总值将达到或接近发达国家水平的目标，现在正在强国富民的道路上加快前进。我们衷心祝愿俄罗斯早日实现自己的奋斗目标。一个繁荣强大的俄罗斯，符合中国利益，也有利于亚太与世界的和平稳定。

中俄关系是世界上最重要的一组双边关系，更是最好的一组大国关系。

一个高水平、强有力的中俄关系，不仅符合中俄双方利益，也是维护国际战略平衡和世界和平稳定的重要保障。经过双方20多年不懈努力，中俄建立起全面战略协作伙伴关系，这种关系充分照顾对方利益和关切，给两国人民带来了实实在在的好处。我们两国彻底解决了历史遗留的边界问题，签署了《中俄睦邻友好合作条约》，为中俄关系长远发展奠定了坚实基础。

当前，中俄都处在民族复兴的重要时期，两国关系已进入互相提供重要发展机遇、互为主要优先合作伙伴的新阶段。对发展新形势下的中俄关系，我认为应该在以下几个方面多下功夫。

第一，坚定不移发展面向未来的关系。中俄世代友好、永不为敌，是两国人民共同心愿。我们双方要登高望远，统筹谋划两国关系发展。普京总统讲过："俄罗斯需要一个繁荣稳定的中国，中国也需要一个强大成功的俄罗斯。"我完全同意他的看法。我们两国共同发展，将给中俄全面战略协作伙伴关系提供更广阔发展空间，将为国际秩序和国际体系朝着公正合理的方向发展提供正能量。我们两国要永做好邻居、好朋友、好伙伴，以实际行动坚定支持对方维护本国核心利益，坚定支持对方发展复兴，坚定支持对方走符合本国国情的发展道路，坚定支持对方办好自己的事情。

第二，坚定不移发展合作共赢的关系。中俄国情不同、条件各异，彼此密切合作、取长补短可以起到一加一大于二的效果。去年，中俄贸易额达到882亿美元，人员交流达到330万人次，这些数字充分反映出中俄关系的巨大发展潜力和广阔发展前景。中俄两国的能源合作不断深化。继17世纪的"万里茶道"之后，中俄油气管道成为联通两国新的"世纪动脉"。当前，我们两国正积极推动各自国家和地区发展战略相互对接，不断创造出更多利益契合点和合作增长点。我们要推动两国合作从能源资源向投资、基础设施建设、高技术、金融等领域拓展，从商品进出口向联合研发、联合生产转变，不断提高两国务实合作层次和水平。

第三，坚定不移发展两国人民友好关系。国之交在于民相亲。人民的深厚友谊是国家关系发展的力量源泉。这里，我想讲几个两国人民相互支持和帮助的事例。抗日战争时期，苏联飞行大队长库里申科来华同中国人民并肩作战，他动情地说："我像体验我的祖国的灾难一样，体验着中国劳动人民正在遭受的灾难。"他英勇牺牲在中国大地上。中国人民没有忘记这位英雄，一对普通的中国母子已为他守陵半个多世纪。2004年俄罗斯发生别斯兰人质事件后，中国邀请部分受伤儿童赴华接受康复治疗，这些孩子在中国受到精心照料，俄方带队医生阿兰表示："你们的医生给孩子们这么大的帮助，我们的孩子会永远记住你们的。"2008年中国汶川特大地震发生后，俄罗斯在第一时间向中国伸出援手，并邀请灾区孩子到俄罗斯远东等地疗养。3年前，我在符拉迪沃斯托克"海洋"全俄儿童中心，亲眼目睹了俄罗斯老师给予中国儿童的悉心照料和温馨关怀。中国孩子亲身体会到了俄罗斯人民的友爱和善良，这应验了大爱无疆这句中国人常说的话。这样的感人事迹还有很多，滋润着两国人民友谊之树枝繁叶茂。

中俄两国都具有悠久的历史、灿烂的文化，人文交流对增进两国人民友谊具有不可替代的作用。孔子、老子等中国古代思想家为俄罗斯人民所熟悉。中国老一辈革命家深受俄罗斯文化影响，我们这一代人也读了很多俄罗斯文学的经典作品。我年轻时就读过普希金、莱蒙托夫、屠格涅夫、陀思妥耶夫斯基、托尔斯泰、契诃夫等文学巨匠的作品，让我感受到俄罗斯文学的魅力。中俄两国文化交流有着深厚基础。

青年是国家的未来，是世界的未来，也是中俄友好事业的未来。这次访俄期间，我和普京总统共同宣布，两国将于2014年和2015年互办中俄青年友好交流年。中方还将邀请包括莫斯科国际关系学院学生在内的俄罗斯大学生代表团访华。在座各位同学是俄罗斯青年一代的精英。我期待着越来越多的中俄青年接过中俄友谊的接力棒，积极投身两国人民友好事业。

老师们、同学们！

俄罗斯有句谚语："大船必能远航。"中国有句古诗："长风破浪会有时，直挂云帆济沧海。"我相信，在两国政府和人民共同努力下，中俄关系一定能够继续乘风破浪、扬帆远航，更好造福两国人民，更好促进世界和平与发展！

谢谢大家。

中俄总理第十八次定期会晤联合公报（全文）①

应中华人民共和国国务院总理李克强邀请，俄罗斯联邦政府总理德·阿·梅德韦杰夫于 2013 年 10 月 22 日至 23 日对中华人民共和国进行了正式访问。

访问期间，中华人民共和国国家主席习近平会见了梅德韦杰夫总理。国务院总理李克强与梅德韦杰夫总理举行了中俄总理第十八次定期会晤。全国人大常委会委员长张德江也会见了梅德韦杰夫总理。

一

两国总理对中俄关系进一步巩固、两国所有主要领域合作取得重大进展感到满意，认为双方继续积极推进中俄全面战略协作伙伴关系将为两国发展带来新的机遇，符合提高两国综合国力和国际竞争力的需要。

双方将继续在维护国家主权、领土完整、安全等涉及两国核心利益的问题上相互坚定支持，积极推动经贸合作，扩大人文交流，在国际和地区事务中开展有效协调。落实好《实施纲要（2013 年至 2016 年)》，将有助于完成上述任务。

双方高度评价中俄总理定期会晤机制及其下设的中俄能源合作委员会、人文合作委员会、总理定期会晤委员会在推动两国各领域务实合作方面发挥的作用，愿继续努力，进一步完善该机制并提高其效率。

二

双方愿继续共同努力，挖掘潜力，确保两国经贸合作稳定、快速发展。为此，双方商定：

——为双边贸易创造稳定和可预见的条件，采取切实措施促进双边贸易额增长，在 2015 年达到 1000 亿美元、2020 年达到 2000 亿美元，提升贸易质量，促进贸易结构多元化，反对贸易保护主义。

——将扩大相互投资作为优先任务，在改善投资环境方面加强协作，优

① 新华社北京 2013 年 10 月 22 日电。

先实施现代化领域合作项目。启动《中俄投资合作规划纲要》落实机制，鼓励中国企业按照商业原则和国际惯例参与购买俄罗斯企业股份，对双方在俄罗斯西伯利亚和远东地区已商定的项目进行直接投资。保护投资者合法权益。

——在双边贸易、直接投资和信贷领域扩大使用本币，加强在相互提供出口信贷、保险、项目融资和使用银行卡等领域合作，促进双边贸易和投资便利化。

——继续推进民用航空制造领域的合作项目，加强在船舶工业领域的交流与合作。

——在实施《2013~2017年中俄航天合作大纲》的基础上发展并深化两国在该领域的长期合作，并商定结合本国和平研究和利用外层空间的发展规划，继续开展联合工作，研究大型科学和应用项目合作的可能性、方式和条件。

——进一步扩大科技领域交流，开展科研和成果转化合作，推动在包括两国边境在内的地区建立联合科技园。

——深化在信息通信和网络安全领域的合作。

——推进在农业、渔业、农产品贸易和农业投资等领域的务实合作，在中俄总理定期会晤委员会框架内推动设立农业合作分委会。

——继续优化海关监管，推进信息交换、监管结果互认和风险管理务实合作，加大执法合作力度，加强边境海关合作，促进双边贸易发展。

三

两国总理高度评价中俄能源合作成果，愿本着互利、互惠、互信的原则进一步巩固和发展两国能源全面战略合作，确保将两国政治关系优势转化为更多能源务实合作成果。

双方将继续切实落实好双边能源合作协议，确保中俄原油管道长期、安全、稳定运营，落实好扩大原油贸易计划，推动天然气领域合作，增强和提升煤炭、电力、能效、节能和可再生能源等领域的合作水平。

双方支持在统筹考虑的基础上，本着互惠互利和确保核安全的原则，扩大中俄核领域重点项目"一揽子"合作，为该项合作注入新的动力。

四

两国总理积极评价启动中俄地方领导人定期会晤机制，愿积极推动扩大地方合作的地域范围和合作领域，提高合作质量和实际效益。

双方认为应积极实施《中国东北地区与俄罗斯远东及东西伯利亚地区合作规划纲要（2009~2018年）》，并制定首批优先合作项目清单，予以重点推进。

双方欢迎建立中华人民共和国长江中上游地区和俄罗斯联邦伏尔加河沿岸联邦区合作机制，支持进一步深化两地区经贸、投资和人文领域互利合作。

双方支持发展跨境运输基础设施，以扩大两国边境地区经济合作，认为有必要在中俄跨境基础设施建设联合工作组框架内积极务实地研究相关项目。

双方确认将尽快开工建设同江—下列宁斯阔耶跨境铁路桥，加快推进黑河—布拉戈维申斯克公路大桥项目。

双方将共同努力发展过境铁路运输和多种方式联合运输。

五

两国总理对《中俄人文合作行动计划》的落实情况表示满意，强调人文交流是中俄关系发展的战略领域，支持进一步深化两国人文交流。

双方高度评价并总结中俄互办旅游年活动，愿深化旅游合作。

双方批准中俄青年友好交流年活动清单，强调举办青年友好交流年将为加深两国青年一代之间的友谊、促进中俄各领域合作创造良好条件。

双方鼓励中俄高校间开展直接合作，建立同类高校联盟，支持高水平人才联合培养，不断扩大两国教育领域人员往来规模，努力实现2020年前中俄10万人留学计划。

双方将合作修复中共六大会址，作为莫斯科中国文化中心的分支机构，并建立纪念馆。继续办好中俄文化节等文化交流活动，相互举办中俄电影节，继续深化电影合作。

双方商定开展两国媒体全方位、多形式合作，加强在相互翻译对方国家文学作品方面的合作。

双方支持加强在医疗卫生、传染病预防控制和利用传统医学进行疗养和康复治疗等领域的合作。

双方将围绕2014年索契冬奥会开展务实合作，继续在国际体育事务中加强沟通和协调。双方将继续加强两国档案部门的合作。

六

双方对中俄国界第一次联检工作进度表示满意，指出西段国界检查 2013 年计划内工作已顺利完成，重申将积极推进联检工作，确保中俄两国国界线走向在实地得到准确标识并保持不变。

双方将深化在中俄合理利用和保护跨界水联委会机制下的合作，继续推动跨界水体水质监测与保护工作，加强在污染防治和及时消除环境灾害后果领域的合作，推进跨界自然保护区和生物多样性保护方面的合作。

双方高度评价两国在 2013 年黑龙江流域抗洪救灾过程中开展的密切有效合作，愿进一步加强沟通协调，推动两国边境地区防洪减灾领域的合作。

七

中俄两国在关乎国际社会整体利益的重大问题上持一致或相近立场，将继续在对外政策方面加强协调配合，共同维护《联合国宪章》宗旨、原则和国际法准则，促进共同发展，为维护世界和平做出重要贡献。

双方指出，应通过和平手段和政治对话解决包括叙利亚、朝鲜半岛核、伊朗核在内的国际问题，反对绕过联合国安理会动辄对别国使用武力或以武力相威胁，反对颠覆别国合法政权。双方将继续共同努力，在国际法准则基础上推动上述问题解决进程。

双方支持上海合作组织、"金砖国家"、二十国集团等机制发挥积极作用，扩大新兴市场国家和发展中国家在国际事务中的代表性和发言权，推动建立公正合理的国际秩序。

双方认为，《联合国宪章》以及其他国际法律文件所确认的第二次世界大战成果不容篡改，呼吁各有关国家共同致力于强化互信、友谊和合作的氛围。

双方将与亚太各国一道，继续致力于在综合和不可分割的安全、和平解决争议和分歧的基础上，推动建立非集团化、平等、开放、透明、包容的安全合作格局。

八

中俄总理第十八次定期会晤期间签署了以下文件：
——《中俄总理第十八次定期会晤联合公报》

——《中俄能源合作委员会第十次会议纪要》

——《中俄人文合作委员会第十四次会议纪要》

——《中俄总理定期会晤委员会第十七次会议纪要》

——《中华人民共和国教育部和俄罗斯联邦教育科学部关于支持组建中俄同类高校联盟的谅解备忘录》

——《关于降低中华人民共和国与俄罗斯联邦国际漫游资费的谅解备忘录》

——《中华人民共和国商务部、中华人民共和国黑龙江省人民政府与俄罗斯联邦经济发展部关于联合举办中国—俄罗斯博览会的谅解备忘录》

——《中华人民共和国国家卫生和计划生育委员会和俄罗斯联邦卫生部在灾害医学领域的合作谅解备忘录》

——《中华人民共和国海关总署和俄罗斯联邦海关署关于开展特定商品海关监管结果互认的议定书》

——《中华人民共和国海关总署和俄罗斯联邦海关署关于联合打击航空运输渠道违反海关法行为谅解备忘录》

——《中华人民共和国海关总署和俄罗斯联邦海关署关于深化中国海关总署东北地区边境海关和俄罗斯海关署远东海关局及西伯利亚海关局边境海关合作纲要》

——《中华人民共和国国家旅游局和俄罗斯联邦旅游署关于2012中国"俄罗斯旅游年"和2013俄罗斯"中国旅游年"活动成果的联合声明》

——《中国石油天然气集团公司与俄罗斯国家石油公司关于天津炼油厂投产进度及向天津炼油厂供油的主要条款》

——《中国石油天然气集团公司与俄罗斯诺瓦泰克公司关于购买亚马尔液化天然气的购销协议》

——《中国石油化工集团公司与俄罗斯国家石油公司关于预付款出口合同备忘录》

——《中国华能集团公司与俄罗斯恩佳集团战略合作框架协议》

——《中国邮政集团公司与俄罗斯联邦邮政公司合作意向备忘录》

——《国家开发银行与俄罗斯对外经济与开发银行8亿美元贷款协议》

——《国家开发银行与俄罗斯对外经济与开发银行4亿美元贷款协议》

——《中国进出口银行与俄罗斯对外经济与开发银行7亿美元贷款框架协议》

——《中国有色金属建设股份有限公司与俄罗斯MBC有限公司关于奥杰

罗铅锌矿项目建设 EPC 合同》

——《安徽省外经建设（集团）有限公司和俄罗斯 Meetline 有限公司关于俄罗斯斯维尔德罗夫斯克州 3000 吨/日水泥熟料生产线工程 EPC 合同》

双方商定，中俄总理第十九次定期会晤将于 2014 年在俄罗斯举行，具体日期将通过外交途径另行商定。

国家主席习近平接受俄罗斯电视台专访（全文）①

国家主席习近平 7 日在俄罗斯索契接受俄罗斯电视台专访，就索契冬奥会、中俄关系、中国全面深化改革和发展前景等问题回答了主持人布里廖夫提问。答问全文如下：

布里廖夫：您对索契的印象如何？对俄方组织工作有何评价？对中国奥运代表团参加索契冬奥会的表现有何期待？

习近平：很高兴应普京总统邀请来到索契，出席第二十二届冬奥会开幕式。我专程来，就是要表达中国政府和人民以及我本人对俄罗斯举办索契冬奥会的支持。首先，请转达我对俄罗斯人民的诚挚问候。

这是我第一次来索契，但我对索契早有所闻。我年轻时多次读过《钢铁是怎样炼成的》这本小说，奥斯特洛夫斯基就是在索契完成了这部著作。传说普罗米修斯曾经被禁锢在索契的群山之中，索契保留着不少罗马帝国、拜占庭帝国的遗迹，这足以说明索契是一个历史悠久的文化名城。

索契地理位置特殊，是地球最北端唯一属于亚热带气候的地区。这次来索契，所见所闻，果然名不虚传。这里四季常绿，蓝蓝的天，蓝蓝的海，有很好的天然高山雪场。索契人民热情好客。索契很有活力，很有魅力，举办冬奥会再适合不过了。索契冬奥会之后，这里的名声会更大，更多的人包括中国游客会慕名而来。

索契冬奥会组织工作是一流的。普京总统高度重视，亲自抓筹备工作，俄罗斯人民全力支持。我相信，索契冬奥会一定会成为一次难忘的国际体育盛会，为国际奥林匹克事业发展做出新的贡献。

我有三个祝愿：一是祝愿今晚的开幕式精彩纷呈，二是祝愿各国运动员取得好成绩，三是祝愿索契发展得越来越好，越来越美丽，同中国城市间的友好合作关系更上一层楼。

2008 年，中国举办了北京奥运会，实现了中国人民的百年奥运梦。中国体育事业不断发展，中国政府高度重视体育事业，我们的目标是建设体育强国。上个世纪初，中国还处在积贫积弱的状态，中国人就提出了三个问题，

---

① 新华社俄罗斯索契 2014 年 2 月 8 日电。

即中国人什么时候能够派运动员去参加奥运会？中国运动员什么时候能够得到一块奥运金牌？中国什么时候能够举办奥运会？这3个愿望，到2008年北京奥运会成功举办，已经全部实现了。中国人民感到无比高兴，因此中国人民也完全能够理解和分享俄罗斯人民对举办索契冬奥会的喜悦心情。

中国冬季运动项目特别是滑雪项目竞技水平同冰雪运动强国相比还有较大差距。近些年，我们在滑冰项目上进步较快，在自由式滑雪空中技巧等项目上具备一定实力。今天上午，我见了中国体育代表团部分运动员、教练员。中国运动员为参加索契冬奥会做了艰苦训练，他们会发扬奥林匹克精神，努力战胜自我、超越自我，发挥自己的最好水平。

同时，中国北京市联合张家口市已经向国际奥委会正式提出申办2022年冬奥会，我们也是来向俄罗斯人民学习的，向俄罗斯运动员学习，向俄罗斯的体育强项学习，向俄罗斯举办冬奥会的成功做法学习。

布里廖夫： 去年您就任国家主席后，出访首选国家就是俄罗斯，今年新年伊始，您出访仍首选俄罗斯，对此俄罗斯人民倍感振奋。请问您作出这样的决定有何考虑？您如何评价中俄关系现状及发展前景？

习近平： 去年3月，我在当选中国国家主席几天后，就应普京总统邀请来到贵国进行国事访问，贵国是我当选中国国家主席后第一个访问的国家。那次，我同普京总统进行了长时间的议题广泛、坦诚深入的交流，就加强中俄全方位战略协作达成重要共识，做出全面规划。此后我们又4次会晤和见面。昨天，我同普京总统会晤时共同作了回顾。我们共同推动两国在涉及彼此核心利益的重大问题上相互坚定支持，把两国关系的政治优势转化为合作优势，双方经贸、能源、高技术、地方、人文、国际事务等各领域合作取得丰硕成果，促进了两国共同发展繁荣，维护了国际公平正义和世界和平稳定。我对中俄关系发展取得的成果十分满意。当前中俄关系发展是基础最牢、互信最高、地区和国际影响最大的一个时期。

亲戚越走越亲，朋友越走越近。举办冬奥会是俄罗斯的喜事，也是国际奥林匹克运动的盛事。中俄是好邻居、好朋友、好伙伴，我和普京总统是老朋友了。按照中国人的传统，邻居和朋友家里办喜事，当然要来贺喜，同俄罗斯人民共襄盛举。

昨天，我同普京总统再次举行了亲切友好的会谈。我们一致决定，要确保中俄关系继续在高水平发展，加大相互政治支持，深入推进务实合作，拓展在国际事务中的战略协作。我这次索契之行，标志着今年中俄关系发展已经开了个好头。

布里廖夫：中共十八届三中全会通过了关于全面深化改革若干重大问题的决定，您本人担任全面深化改革领导小组组长。请问您的执政理念是什么？中国下一步改革重点领域是什么？您如何看待中国的发展前景？

习近平：这是关系中国发展的重大问题。1978年，中共十一届三中全会开启了中国改革开放进程，至今已经35年多了，取得了举世瞩目的成就。但是，我们还要继续前进。我们提出了"两个一百年"的奋斗目标。当前，经济全球化快速发展，综合国力竞争更加激烈，国际形势复杂多变，我们认为，中国要抓住机遇、迎接挑战，实现新的更大发展，从根本上还要靠改革开放。在激烈的国际竞争中前行，就如同逆水行舟，不进则退。

现在，同过去相比，中国改革的广度和深度都大大拓展了。要把改革推向前进，必须加强顶层设计。去年11月，中共十八届三中全会就全面深化改革作出总体部署，提出了改革的路线图和时间表，涉及15个领域、330多项较大的改革举措，包括经济、政治、文化、社会、生态文明和党的建设等各个方面。改革的进军号已经吹响了。我们的总目标就是完善和发展中国特色社会主义制度，推进国家治理体系和治理能力现代化。

为了集中力量推进改革，我们成立了中央全面深化改革领导小组，由我本人担任组长，任务就是统一部署和协调一些重大问题，再把工作任务分解下去逐一落实。我把这叫作"一分部署，九分落实"。

在中国这样一个拥有13亿多人口的国家深化改革，绝非易事。中国改革经过30多年，已进入深水区，可以说，容易的、皆大欢喜的改革已经完成了，好吃的肉都吃掉了，剩下的都是难啃的硬骨头。这就要求我们胆子要大、步子要稳。胆子要大，就是改革再难也要向前推进，敢于担当，敢于啃硬骨头，敢于涉险滩。步子要稳，就是方向一定要准，行驶一定要稳，尤其是不能犯颠覆性错误。

我对中国发展前景充满信心。为什么有信心？最根本的原因是，经过长期探索，我们已经找到一条适合中国国情的正确发展道路，只要我们紧紧依靠13亿多中国人民，坚定不移走自己的路，我们就一定能战胜一切艰难险阻，不断取得新的成绩，最终实现我们确立的目标。

中国共产党坚持执政为民，人民对美好生活的向往就是我们的奋斗目标。

我的执政理念，概括起来说就是：为人民服务，担当起该担当的责任。

布里廖夫：您担任中国国家主席快一年了，领导中国这么大的国家，您的感受是什么？您个人有哪些爱好？最喜欢哪些体育运动？

习近平：中国有 960 万平方公里国土，56 个民族，13 亿多人口，经济与社会发展水平还不高，人民生活水平也还不高，治理这样一个国家很不容易，必须登高望远，同时必须脚踏实地。我曾在中国不同地方长期工作，深知中国从东部到西部，从地方到中央，各地各层级方方面面的差异太大了。因此，在中国当领导人，必须在把情况搞清楚的基础上，统筹兼顾、综合平衡，突出重点、带动全局，有的时候要抓大放小、以大兼小，有的时候又要以小带大、小中见大，形象地说，就是要十个指头弹钢琴。

作为国家领导人，人民把我放在这样的工作岗位上，我就要始终把人民放在心中最高的位置，牢记责任重于泰山，时刻把人民群众的安危冷暖放在心上，兢兢业业，夙夜在公，始终与人民心心相印、与人民同甘共苦、与人民团结奋斗。

谈到爱好，我个人爱好阅读、看电影、旅游、散步。你知道，承担我这样的工作，基本上没有自己的时间。今年春节期间，中国有一首歌，叫《时间都去哪儿了》。对我来说，问题在于我个人的时间都去哪儿了？当然是都被工作占据了。现在，我经常能做到的是读书，读书已成了我的一种生活方式。读书可以让人保持思想活力，让人得到智慧启发，让人滋养浩然之气。比如，我读过很多俄罗斯作家的作品，如克雷洛夫、普希金、果戈理、莱蒙托夫、屠格涅夫、陀思妥耶夫斯基、涅克拉索夫、车尔尼雪夫斯基、托尔斯泰、契诃夫、肖洛霍夫，他们书中许多精彩章节和情节我都记得很清楚。

说到体育活动，我喜欢游泳、爬山等运动，游泳我四五岁就学会了。我还喜欢足球、排球、篮球、网球、武术等运动。冰雪项目中，我爱看冰球、速滑、花样滑冰、雪地技巧。特别是冰球，这项运动不仅需要个人力量和技巧，也需要团队配合和协作，是很好的运动。

俄罗斯总统普京接受中国媒体联合采访（全文）①

在对中国进行国事访问并出席亚洲相互协作与信任措施会议（亚信）第四次峰会前夕，俄罗斯联邦总统普京接受了中国媒体联合采访。采访全文如下：

1. 您即将出访中国，您对此行有何期待？您期望即将在上海举行的亚洲相互协作与信任措施会议峰会取得哪些成果？

答：我总是很乐于造访好客的中国。我高兴地看到，我们的邻居在我们眼前发生着脱胎换骨般的变化。上海就是这个变化的鲜明见证。

中国是我们可以信赖的朋友，扩大与中国的交往，无疑是俄罗斯外交政策的优先方向。现在，俄中合作进入到全面战略协作伙伴关系的新阶段。如果我把这种合作称为两国悠久交往史中的最好合作，也并不过分。

我期待再次与中国国家主席习近平会面，我和习主席有着良好的工作关系和亲切的私人交往。此次会面，我们将回顾之前所达成协议的落实情况，并确定一些未来的新目标。我相信，我们即将举行的会谈，将为进一步加强双边各领域合作、深化两国在国际舞台上的相互协调注入强大动力。本次峰会的成果以及面向未来的计划，将体现在两国领导人的联合声明和峰会期间计划签署的多项文件中。

俄罗斯和中国一直积极推动在亚太地区建立新的安全与可持续发展架构。而这一架构的基础应建立在平等、尊重国际法、安全不可分割、不使用武力或以武力相威胁的原则之上。今天，这一任务变得越来越迫切。即将举行的亚洲相互协作与信任措施会议峰会将有助于推动解决这一任务。

亚信是一个行之有效的合作机制。该地区诸如安全、新挑战和新威胁、经济、生态以及人文合作等重要领域的工作在其框架内得以顺利开展。

俄罗斯一直积极参与亚信的活动。今年 4 月中旬，亚信成员国批准了我们倡议制定的《亚信实业家委员会条例》。我相信，这一条例的启动，将扩大亚洲国家实业界之间的务实联系。

在本次峰会期间，计划签署《亚信与上合组织秘书处之间谅解备忘录》，进一步促进在本地区搭建不同组织和论坛之间的伙伴关系体系。

---

① 新华社莫斯科 2014 年 5 月 19 日电。

2. 中国正在目标明确地贯彻落实"中国梦"这一伟大构想。俄罗斯也提出了重振强大国家的目标。您认为，我们两国如何能够在实现这些目标中相互协作和互相帮助？在这方面，哪些领域可以被认为是最优先的领域？

答：发展两国睦邻友好伙伴关系，完全符合俄罗斯和中国的利益。我们之间没有遗留任何可能对加强全面合作产生负面影响的政治问题。

通过共同努力，我们已建立起真正的典范性合作。这种合作应当成为大国关系的模式。这种模式的基础是：尊重彼此根本利益，为造福两国人民而有效工作。

俄罗斯和中国在国际舞台上一直成功合作，在解决国际问题和化解危机方面密切协调行动。我们对全球和地区主要问题所持的立场接近或完全一致。

令人鼓舞的是，双方都愿意进一步深化合作。无论莫斯科还是北京，我们都非常明白，两国尚有潜力可挖。我们有进步的空间。在经济、科学和高科技领域加强合作，是现阶段双方共同努力的优先方向。两国潜力叠加是我们解决两国国内发展任务的重要补充推动力。

3. 中国和俄罗斯之间的合作一直在不断深化，但是世界经济的不确定因素依然存在。新兴市场国家正面临着新挑战，经济增长放缓。我们两国如何能够相互帮助应对这一挑战？如何确保两国双边贸易和投资稳定增长？

答：在全球经济动荡的背景下，俄中两国加强互利经贸关系、增加相互投资具有至关重要的意义。这不仅是促进两国社会经济发展的重要因素，同时也是对整个全球市场保持稳定做出的贡献。

今天，中国稳居俄罗斯外贸伙伴的首位。2013 年，双边贸易额已经非常接近 900 亿美元，但这还远远没有达到极限。我们将努力实现贸易额 2015 年扩大到 1000 亿美元，2020 年扩大到 2000 亿美元的目标。

我们在能源领域的合作也很成功。我们一贯朝着建立战略能源联盟的方向前进。双方正在实施通过"斯科沃罗季诺—漠河"管道向中国提供原油的大项目，该项目价值超过 600 亿美元。

两国关于向中国出口俄罗斯天然气的协议已经基本准备就绪。对俄罗斯来说，落实这些协议意味着供气管道线路的多元化，而对于我们的中国伙伴来说，通过使用这种清洁燃料，可以缓解能源短缺和提高生态安全。

同时，我们还在积极开展工作，以减少双边贸易对外部行情的依赖。因此，为完善经贸合作，我们特别关注一些突破性的领域，如提高能效、保护环境、生产药品和医疗设备、研发新的信息技术、原子能和航天。目前双方正在落实 40 个优先方向的联合项目清单——总投资额约为 200 亿美元。

这些项目包括民用飞机制造。双方已经就联合研制远程宽体客机达成协议，我们的计划中还包括研制重型直升机。我相信，两国公司有能力生产并向国际市场提供有竞争力的产品。

我们打算切实提振投资合作，目前双方投资合作的规模，与两国实际的能力与需求明显不符。我们有一些成功项目的例子。比如，中国资本参与卡卢加州机场改建，并在该地区兴建生产汽车零部件和建筑材料的工厂。

我们认为，还有许多具有前景的投资领域。比如，各种机械制造行业、农产品加工业、采矿业以及运输和能源基础设施领域。

我们还应加强金融合作，保护两国免受世界主要货币汇率波动的影响。因此，现在正在研究扩大用本币相互结算的问题。

4. 不久前，俄罗斯宣布在符拉迪沃斯托克建立经济特区。您认为，在建立该经济特区和俄罗斯远东的总体发展中，中国能够发挥什么作用？

答：加快西伯利亚和远东地区社会经济发展，是俄罗斯在 21 世纪主要优先任务之一。目前正在落实一系列有关改造和扩大上述地区运输、能源和社会基础设施的计划。

目前的重点是建立起经济加快发展的特殊区域，在这些区域中，将形成有利于吸引投资的环境，为那些非资源开采类的出口型企业提供具有竞争力的条件。

我们为那些在经济加快发展特区落户的新企业制定了一系列重要优惠政策。例如，减免一系列税费；降低保险税率；简化海关制度，包括建立保税区；制定专门的土地和基础设施使用规则。

目前我们正在对相关联邦法律进行完善。建立开发机构，选择有发展前景的区域。其中一个区域将设在符拉迪沃斯托克的俄罗斯岛，即 2012 年亚太经合组织领导人非正式会议举办地。

毋庸置疑，我们愿意看到中国企业能够把握这些机会，并成为领先者。加快远东地区发展，对俄罗斯和中国来说都是有利的。

我们看重的不仅是贸易。我们必须建立坚实的技术和产业联盟，吸引针对基础设施和能源行业的投资，共同推动科学研究和人文交流，为两国经贸关系长期稳定发展奠定坚实的基础。俄罗斯远东地区可以也应该成为承载这一切的天然平台。

5. 对于两国目前在人文领域的合作水平以及在该领域的发展前景，您有何评价？哪些跨年项目（国家年、语言年、旅游年和青年友好交流年）给您留下了更为深刻的印象？

答：俄中人文合作正沿着我们两国间全面战略协作伙伴关系持续发展的轨道行进。目前，两国关系水平达到前所未有的高度。两国实施的国家年、语言年和旅游年等大型项目，在这方面发挥了巨大作用。两国数以百万计的民众参与了这些项目。

值得注意的是，许多活动现在已成为定期举办的项目。例如：文化节、电影周、青年运动会、大学生联欢节、中小学生和大学生夏令营、大学校长论坛、教育服务展览等。

计划在2014~2015年举办的"俄中青年友好交流年"活动，已于今年3月得以启动。不久前成立的、由马林斯基剧院艺术总监兼总指挥格尔吉耶夫率领的"俄中青年交响乐团"的演出，成为在圣彼得堡举行的该交流年开幕式上的亮点。

当然，我们并不打算停留在已经取得的成果上。俄中青年对彼此国家的历史、文化以及两国人民传统的兴趣越来越大。这是一个客观的进程，我们将继续予以全力支持。

6. 2015年，我们两国将共同庆祝反法西斯战争胜利70周年。俄罗斯和中国共同努力、对抗那些歪曲第二次世界大战结论的企图，这些努力具有哪些意义？

答：的确，我们现在正越来越经常地面对那些篡改和歪曲历史的企图。

4年前，在庆祝第二次世界大战结束65周年之际，俄罗斯和中国发表了联合声明。我们一致认为，修改"二战"结论是不可接受的，后果会极其危险。当今发生在乌克兰的悲剧事件，包括新纳粹势力猖獗并针对平民发动真正的恐怖行动，都为此作证。

我感谢我们的中国朋友，我们数千名同胞为将中国东北从侵略者手中解放出来而献出生命，中国朋友一直珍藏着对于他们的记忆。

明年，我们将以双边的形式，以及在上合组织框架内，举行一系列庆祝抗战胜利70周年的联合活动。我们将特别侧重于做青年人的工作。

当然，我们还将继续抵制那些篡改历史、美化法西斯分子及其帮凶、抹黑英雄解放者功勋与英名的企图。

中华人民共和国与俄罗斯联邦关于全面战略协作伙伴关系新阶段的联合声明①

应中华人民共和国主席习近平邀请，俄罗斯联邦总统弗·弗·普京于 2014 年 5 月 20 日对中华人民共和国进行国事访问。两国元首在上海举行了会晤。

中华人民共和国与俄罗斯联邦（以下简称"双方"）声明如下：

一

在双方共同坚定努力下，中俄关系已提升至全面战略协作伙伴关系新阶段。双方将保持和深化高层战略互信对话，提高现有双边政府、议会、部门和地方间合作机制效率，必要时建立新的合作机制，确保全面快速发展的务实合作、人文交流和民间交往取得更大成果，进一步密切协调外交行动。这有助于中俄各自国内大规模经济改革顺利推进，提升两国人民福祉，提高双方的国际地位和影响，以利于建立更加公正合理的国际秩序。

双方恪守 2001 年 7 月 16 日签署的《中俄睦邻友好合作条约》，在维护主权、领土完整、国家安全等涉及两国核心利益的问题上继续相互坚定支持。双方都反对任何干涉一国内政的企图和做法，坚定维护《联合国宪章》所确立的国际法基本准则，充分尊重对方自主选择发展道路、维护本国历史、文化和道德价值观的权利。

中俄将共同举办"二战"欧洲和亚洲战场战胜德国法西斯主义和日本军国主义 70 周年庆祝活动，继续坚决反对歪曲历史和破坏战后国际秩序的图谋。

二

双方将采取新的措施提高务实合作水平，扩大务实合作领域：

推进财金领域紧密协作，包括在中俄贸易、投资和借贷中扩大中俄本币直接结算规模；加强宏观经济政策领域交流；

继续努力推动双边贸易额在 2015 年前达到 1000 亿美元、在 2020 年前达

---

① 中国外交部：中俄关于全面战略协作伙伴关系新阶段的联合声明，参见：http://www.fmprc.gov.cn/mfa_chn/zyxw_602251/t1157763.shtml。

到 2000 亿美元，落实中俄政府间经济现代化领域合作备忘录，以保障双边贸易平衡，优化贸易结构，大力增加相互投资，包括在俄境内建设交通基础设施项目，综合开发矿产资源，建设经济型住房；

建立全面的中俄能源合作伙伴关系，进一步深化石油领域一揽子合作，尽快启动俄对华供应天然气，以开发俄境内煤矿和发展交通基础设施等方式扩大煤炭领域合作，积极研究在俄建设新发电设施，扩大对华电力出口；

提高高新技术领域合作的效率，开展和平利用核能、民用航空、航天基础技术研究、空间对地观测、卫星导航、深空探测和载人航天等领域重点项目的合作；

深化科技交流，首先是在确保经费和科技投入对等、创新链条完整、有效保护知识产权基础上开展具有前景的联合科研；

在制药、医疗设备、化工、木材加工、造船、运输机械制造、有色冶金等领域实施联合生产的互利项目；

扩大农业合作，改善农产品贸易和农业生产投资条件，支持两国农业企业开展合作；

积极推进地方合作，扩大地区合作范围和领域，完善地区合作机制，推动地区交流向计划性和定期化转变；

加快发展跨境交通基础设施，包括建设同江—下列宁斯阔耶和黑河—布拉戈维申斯克界河桥，改善中方货物经俄铁路网络、远东港口及北方航道过境运输条件；

加强人文交流，重点实施《中俄人文合作行动计划》，确保 2014 年和 2015 年两国青年友好交流年活动顺利举行；

就合理利用和保护跨界水资源、改善跨界水体水质、防灾和快速消除自然灾害后果、保护生物多样性、建设跨境自然保护区等问题继续开展建设性合作；

发挥两国边界联委会和其他机制的作用，深化边界事务合作，包括开展第一次边界联合检查、界河管理和打击跨境犯罪；

双方均支持完善中俄总理定期会晤机制，包括建立副总理级的中俄投资合作委员会、中俄经济合作战略性项目高级别监督工作组，以及能源领域专门工作组。

三

一、双方一致认为，在当今世界，各国和各国人民的相互依存度以及经济文化融合度持续加强。国际形势更加复杂多变，全球竞争较量加剧，这些因素在很大程度上影响着国际议程。

双方强调，应当尊重各国的历史传承、文化传统和自主选择的社会政治制度、价值观、发展道路，反对干涉他国内政，放弃单边制裁，以及策划、支持、资助或鼓励更改他国宪法制度或吸收他国加入某一多边集团或联盟的行为，维护国际关系稳定和地区及全球和平与安全，化解危机和争端，打击恐怖主义和跨国犯罪，防止大规模杀伤性武器扩散。

必须改革国际经济金融体系，使其适应实体经济需要，增加新兴市场国家及发展中国家在全球经济治理体系中的代表性和话语权，以重振对全球经济治理体系的信心。

二、双方支持联合国在维护世界和平、促进共同发展、推动国际合作方面发挥中心作用，一致认为，加强联合国在国际事务中的核心作用，推动安理会履行维护国际和平与安全的首要责任，符合国际社会共同利益。双方呼吁联合国所有会员国恪守《联合国宪章》及公认的国际法准则，不允许篡改或任意解读。双方支持安理会进行合理、必要的改革，更好地履行《联合国宪章》赋予的职责。在联合国安理会改革政府间谈判框架内，应就改革形成"一揽子"解决方案，并达成最广泛一致。双方反对人为设定时限和强行推动不成熟改革方案的做法。

三、双方主张进一步加强联合国在打击一切形式的国际恐怖主义、跨国有组织犯罪、腐败、信息技术安全的威胁及其他刑事犯罪方面发挥核心协调作用。

四、双方主张确保外空安全、和平利用、防止外空武器化，将继续努力推动日内瓦裁军谈判会议尽快启动谈判，以中俄提出的《防止在外空放置武器、对外空物体使用或威胁使用武力条约》草案为基础，达成国际条约，这是国际社会的一个优先目标。为此，中俄重申反对在外空部署武器，呼吁所有空间大国遵守这一政策。

中俄愿在联合国和平利用外层空间委员会框架下，继续就双方共同关心的议题加强合作，特别是在确保外空活动长期可持续发展等当前重要议题方面的合作。

我们对当前信息通信技术被用于与维护国际稳定与安全目的相悖、损害国家主权和个人隐私的行为表示严重关切。我们认为，国际社会应在相互尊重、平等互利的基础上开展国际合作，共同应对信息安全威胁。呼吁国际社会制定普遍认可的行为规范，坚持多边、民主、透明原则，使互联网治理体系国际化，构建和平、安全、开放、合作的信息环境。

五、双方坚定遵循《联合国气候变化框架公约》的原则和宗旨，愿为加强国际合作、共同应对全球气候变化挑战做出贡献。

六、双方继续在鼓励和促进尊重人权方面开展合作，以推动国际社会同等重视公民权利、政治权利和经社文权利及发展权，尊重文化和文明的多样性，尊重传统价值观和促进人权的不同发展模式，推动通过建设性对话与合作处理人权问题，反对将国际人文、人权合作政治化，反对将某些国家或国家集团的标准作为普世标准强加给他国。

七、中俄作为拥有悠久文化历史传统的国家，愿在全球范围，包括在联合国框架内，全力推动文化和文明对话。

双方愿在国际发展领域深化合作，维护共同利益，在制定 2015 年后发展议程的进程中加强协调配合。

八、双方始终不渝地捍卫国际关系中安全不可分割的原则。单方面在全球范围内发展反导系统不利于国际局势的稳定，只能损害全球战略稳定和国际安全。应通过所有相关国家共同采取政治外交努力，防止弹道导弹和导弹技术扩散，不能试图靠牺牲其他国家的安全来保障本国和某个国家集团的安全。

九、双方支持叙利亚主权、统一和领土完整，主张停止暴力，以政治外交手段作为解决叙利亚危机的唯一途径，根据 2012 年 6 月 30 日签署的日内瓦公报尽快重启叙利亚国内各派直接对话，坚决反对任何外部武力干涉叙利亚的企图。

中俄支持叙利亚政府和国际社会为顺利完成销毁叙利亚化武所作的努力，对叙利亚国内人道主义局势深表关切，呼吁以非歧视性和非政治化态度，在遵守国际人道主义法则基础上，尽快综合解决叙利亚国内的人道主义及境外叙利亚难民问题。

十、双方认为：在国际公认的法律基础上，根据巴以谈判达成的共识，全面、公正、持久解决巴以、阿以冲突，对巩固中东北非地区安全、消除地区主要不稳定源，为地区各国发展、繁荣和合作创造有利条件，具有重大意义。

十一、双方重申，维护朝鲜半岛和平稳定，实现半岛无核化，通过对话协商解决有关问题符合有关各方共同利益，对维护东北亚及亚太地区的和平、稳定与安全至关重要。中俄认为，六方会谈是解决朝核问题唯一现实有效途径，希望有关各方相向而行，多做有利于地区和平稳定的事，为推动重启六方会谈，实现半岛地区的长治久安而共同努力。

十二、朝鲜半岛核问题悬而未决，地区政治军事局势持续紧张，双方对此表示担忧，强调各方应采取切实措施，缓解紧张局势。双方一致认为，该地区问题不应以武力方式解决，所有存在的问题应通过谈判解决。双方达成共识，将开展密切协调与协作，致力于在东北亚地区建立有效的和平安全机制。

十三、双方满意地指出，旨在解决伊朗核问题的《共同行动计划》正在继续落实，该计划实为平衡措施和义务清单。双方呼吁所有谈判方进一步寻求妥协，避免采取对全面协议谈判进程产生消极影响的行为。

十四、双方关注阿富汗局势发展，主张阿富汗尽快成为和平、稳定、经济繁荣、没有恐怖主义和毒品犯罪的国家。双方重申支持阿富汗人主导、阿富汗人所有的民族和解努力，希望阿富汗早日实现具有包容性的和解。呼吁阿有关派别摒弃暴力，断绝与恐怖组织的联系，接受阿富汗宪法。

双方认为，阿富汗毒品生产规模持续扩大，对阿富汗及全世界的和平稳定构成严重威胁。双方指出，必须进一步加强国际社会努力，共同打击阿富汗毒品，包括加强地区合作。双方重申，要坚决维护建立在联合国基础公约之上的全球毒品监督机制。

双方指出，业已举行的阿富汗总统大选和地方选举具有重要意义。选举得以举行，得益于阿富汗政府在国际社会支持下所作的努力。双方呼吁尊重阿富汗人民的历史选择。

十五、双方对乌克兰持续的内部政治危机表示严重关切，呼吁有关各方保持克制，避免乌克兰冲突升级，通过和平和政治途径寻找解决现有问题的办法。呼吁乌克兰所有地区和社会政治组织参与广泛的民族对话，共同制定国家宪法制度进一步发展构想，以全面保障公民的基本权利和自由。

十六、双方支持开展网状伙伴外交的各种努力。网状伙伴外交旨在在国际事务中建立伙伴合作的灵活机制。二十国集团、"金砖国家"、上海合作组织、中俄印等机制已成为类似灵活机制的高效范例。

十七、双方认为，二十国集团是国际经济合作主要论坛，愿积极努力巩固这一机制，提高其效率，不断推动落实圣彼得堡峰会各项决定。

十八、双方欢迎"金砖国家"机制成功发展，国际影响力持续扩大，认为当前阶段关键任务是"金砖国家"成员国发展多方面的合作，同时在全球经济治理机制中发挥重要作用。

中俄主张，"金砖国家"应成为在全球经济金融和国际政治等广泛领域开展合作和协调的机制，包括在"金砖国家"框架内建设更紧密经济伙伴关系，加快建立开发银行和应急储备安排；在全球经济治理领域共同推动提高新兴市场和发展中国家发言权和代表性，建设开放型世界经济；在对外政策，包括调解地区冲突、不扩散大规模杀伤性武器、打击国际恐怖主义和非法毒品贸易、维护国际信息安全、维护外空安全、保障人权及其他共同关切的领域深化协调合作。

双方认为，中俄印合作是维护世界和地区安全稳定的重要因素。中俄将继续努力巩固三方战略对话，以增进相互信任，协调在当前国际和地区问题上的共同立场，促进互利务实合作。

十九、双方高度重视在上海合作组织框架内的合作，包括打击恐怖主义、分裂主义、极端主义、武器走私、非法毒品贸易和跨国有组织犯罪，以及维护国际信息安全，认为有必要在上合组织地区反恐怖机构基础上，建立应对各成员国安全挑战和威胁中心，作为第一步，赋予地区反恐怖机构禁毒职能。

中俄认为，进一步发展地区经济合作、改善成员国投资环境、加强实业界之间联系，是上合组织的优先任务。双方重申，坚持上合组织开放原则，愿继续积极努力为上合组织扩员奠定法律基础。

二十、双方认为，欧亚一体化合作进程对保障地区经济发展、加强地区安全稳定、促进地区建立共同无分界线的经济和人文空间发挥着重要作用。

双方相信，拟于 2015 年 1 月 1 日建立的欧亚经济联盟将促进地区稳定，进一步深化双边互利合作。双方强调，亚洲、欧亚空间和欧洲的一体化进程相互补充十分重要。

二十一、俄方认为，中方提出的建设丝绸之路经济带倡议非常重要，高度评价中方愿在制定和实施过程中考虑俄方利益。双方将寻找丝绸之路经济带项目和将建立的欧亚经济联盟之间可行的契合点。为此，双方将继续深化两国主管部门的合作，包括在地区发展交通和基础设施方面实施共同项目。

二十二、双方确信，为适应亚太地区在国际事务中与日俱增的潜力，必须在维护本地区各国合法利益及遵循国际法准则和原则的基础上，建立全面、透明、平等、安全不可分割和可持续发展的合作架构。

中俄将在东亚峰会、东盟地区论坛等其他多边地区对话与合作机制中深化协作。双方将加大努力，以巩固东亚峰会作为"领导人引领"的战略论坛作用。

二十三、双方认为，亚太经合组织论坛建立在公开、公平、互利和尊重各经济体需求基础上，是推进区域经济一体化的有效机制。双方承诺在亚太经合组织框架下加强协调与合作，共同推进亚太地区的经济增长与繁荣。俄方愿全力支持中方成功举办 2014 年亚太经合组织领导人非正式会议，与中方保持密切沟通与协调，一道推动会议在推进区域经济一体化，促进经济创新发展、改革与增长，加强全方位基础设施与互联互通建设等重点领域取得积极务实成果。

二十四、双方愿深化亚信框架下的合作。亚信是就维护地区和平与安全问题开展对话的有效机制。俄方欢迎中方担任亚信 2014~2016 年主席国，相信这将为进一步促进落实各领域信任措施合作注入重要动力。双方将从中俄协作的建设性出发，密切协调在亚信框架内的立场，在安全架构建设和保障亚太地区稳定发展方面推进一致的倡议。

二十五、双方认为，亚欧会议是促进亚欧政治对话、经贸合作、社会、人文等其他领域交流的重要平台。双方愿加强协作，推动亚欧会议提升工作效率。

中俄建立的新型国家关系具有进一步蓬勃发展的广阔前景。将中俄全面、平等、互信的战略协作伙伴关系提升至更高水平，是双方在 21 世纪维护核心利益和建立公正、和谐、安全世界格局的关键因素。

中华人民共和国主席　　　　　俄罗斯联邦总统

习近平　　　　　　　　弗·弗·普京

2014 年 5 月 20 日于上海

中俄总理第十九次定期会晤联合公报①

应俄罗斯联邦政府总理德·阿·梅德韦杰夫邀请，中华人民共和国国务院总理李克强于 2014 年 10 月 12 日至 14 日对俄罗斯联邦进行了正式访问，并于 10 月 13 日在莫斯科举行了中俄总理第十九次定期会晤。

中华人民共和国国务院总理李克强分别与俄罗斯联邦总统弗·弗·普京、联邦委员会主席瓦·伊·马特维延科、国家杜马主席谢·叶·纳雷什金举行了会见。

一

两国总理高度评价平等信任的中俄全面战略协作伙伴关系发展成果，就政治、经贸、投资、金融、能源、科技、人文、地方等重点领域务实合作以及重大国际和地区问题全面交换了意见，进一步推动两国关系深入发展。

双方将继续在维护国家主权、领土完整、安全等涉及两国核心利益的问题上相互坚定支持，反对以任何方式干涉内政，将恪守《联合国宪章》确定的国际法基本准则，尊重对方国家自主选择发展道路的权利。

双方强调，中俄总理定期会晤机制日益完善，为推动两国务实和人文合作全面快速发展发挥着重要作用，进一步促进了中俄两国实施的大规模经济改革进程，增进了两国人民福祉，提高了两国在国际舞台上的地位和影响力，有利于推动建立更加公正合理的国际秩序。

二

两国总理高度评价双方启动中俄投资合作委员会和经济领域战略性项目高级别监督工作组的工作。

双方将继续共同努力，挖掘潜力，推动两国务实合作持续快速发展。为此，双方商定：

——为双边贸易创造稳定、可预见的条件，采取切实措施促进双边贸易额增长，到 2015 年达到 1000 亿美元、到 2020 年达到 2000 亿美元。提升贸

---

① 《人民日报》2014 年 10 月 14 日第 2 版。

易质量，促进贸易结构多元化，增加机电和农产品比重。扩大市场开放，反对贸易保护主义。

——在中俄投资合作委员会框架内开展有效协作，继续落实《中俄投资合作规划纲要》，重点推进大项目合作。

——支持中方企业利用俄罗斯远东和东西伯利亚地区建立的经济特区和跨越式发展区的潜力，系统参与实施该地区的战略发展规划及商定的合作项目。

——在财金领域紧密协作，加强宏观经济政策领域交流。加强两国金融机构在相互提供出口信贷、保险、项目融资和贸易融资、银行卡等领域的合作，提高双边贸易和投资便利化。在双边贸易、直接投资和信贷领域扩大使用本币。

——在中俄总理定期会晤委员会农业合作分委会框架内确定双方在农业领域最有前景的合作方向，积极致力于扩大农产品贸易，加强动植物检验检疫合作，密切在农工综合体投资领域的合作，合作生产绿色农产品并促进两国间贸易及向第三国出口，扩大两国在渔业领域的长期互利合作。

——加强在标准、计量、认证及检验监管领域的合作。

——加强两国海关合作，推进以"信息互换、监管互认、执法合作"为主要内容的海关便捷通关合作，扩大海关监管结果互认试点范围，共同打击侵犯知识产权、偷逃税费、走私犯罪等违反海关法行为，促进贸易安全。深化和扩大边境地区海关合作。建立中国和欧亚经济联盟在海关领域的有效合作机制，推进信息交换合作。

——扩大在知识产权保护领域的合作。

——继续落实《中华人民共和国政府和俄罗斯联邦政府关于经济现代化领域合作备忘录》，推动双方在制药、医疗器械、化学、电子、铝业、油气开采设备、船舶、机床和运输机械制造领域的交流合作。加强会展领域合作。确保2015年哈尔滨第二届中俄博览会以及中国担任2015年叶卡捷琳堡创新工业展主宾国活动成功举办。

——加强在高新技术领域的合作，在经费和科技投入对等、创新链条完整、有效保护知识产权的基础上，优先开展有前景的联合科研。

——推动民用航空和航空制造合作，推动重点项目，扩大航空发动机、科技、工艺与材料、适航等领域的合作。

——结合本国和平利用外层空间的政策和发展规划，在执行《2013~2017

年中俄航天合作大纲》基础上，拓展并深化两国在航天领域的长期互利合作，特别是有必要开展双方建议的新的联合实施项目，涉及对地观测、卫星导航、火箭发动机、月球及其他有前景的基础科学研究等，以符合中俄两国科技、工业以及高新技术产业进一步发展的利益。

——推动信息通信领域的战略合作项目取得实际成果，在无线通信设备、网络设备、高端服务器、车载信息服务等领域加强合作，在集成电路设计、电信设备和配件研发、陆地光纤通信网络建设方面开展合作，在无线宽带接入、光纤网络、普遍服务、政府监管与政策等方面开展交流，共同努力降低中俄两国间的国际漫游资费。

——继续研究构建"中国（北京）—俄罗斯（莫斯科）"欧亚高速运输走廊，确保在优先实施"莫斯科—喀山"高铁项目上开展全面合作。

——在使用俄罗斯远东港口等交通运输基础设施发展中俄陆海联运合作方面加强合作。

——按照业已达成的共识推动同江—下列宁斯阔耶跨境铁路桥如期建成，抓紧协商《1995 年 6 月 26 日签署的〈中华人民共和国政府和俄罗斯联邦政府关于共同建设黑河—布拉戈维申斯克黑龙江（阿穆尔河）大桥的协定〉的补充协定》，继续就设立黑瞎子岛（大乌苏里岛）口岸进行工作。

三

两国总理高度评价中俄能源合作成果，将能源合作视为双边关系的战略领域。

双方将加强中俄全面能源伙伴关系，进一步深化在石油领域的"一揽子"合作，组织落实向中国出口俄罗斯天然气，扩大煤炭领域合作，包括开发俄罗斯煤田及发展相应基础设施，提升双方在电力、能效、节能和可再生能源领域的合作水平。

双方将本着互利互惠、确保核安全的原则，扩大中俄在和平利用核能领域的"一揽子"合作。

四

两国总理满意地指出，作为双边关系重要组成部分的中俄地方和边境地区合作继续快速发展，已成为两国地方经济社会发展的补充。

双方同意继续就落实《中华人民共和国东北地区与俄罗斯联邦远东及东西伯利亚地区合作规划纲要（2009~2018)》开展工作，商定地方合作重点项目清单。

双方指出，应加强中俄总理定期会晤委员会经贸合作分委会边境及地方间合作常设工作组领导下的中俄边境及地方间经贸合作协调委员会的工作。

双方在中华人民共和国长江中上游地区和俄罗斯联邦伏尔加河沿岸联邦区合作机制框架内，在投资和人文等领域开展了积极工作，支持将这一合作经验推广到两国其他地区。

五

两国总理对《中俄人文合作行动计划》的落实情况表示满意，强调人文交流是中俄关系的战略领域，支持进一步加强在该领域的交流。

双方指出，举办国家年、语言年、旅游年等大规模交流活动有着巨大的社会政治效应，为双边关系发展注入了强大动力。双方同意研究今后联合活动的主题。

双方高度评价中俄青年友好交流年活动，将定期和长期地扩大两国各个层面的青少年交往。

双方鼓励两国中小学生、大学生和高校教师之间开展交流，鼓励两国学校之间开展直接交流与合作，鼓励采取措施提高中国人学习俄语和俄罗斯人学习汉语的兴趣。

双方指出，中俄工科院校联盟、中国东北地区与俄罗斯远东和西伯利亚大学联盟、经济院校联盟、师范院校联盟、艺术院校联盟和医学院校联盟对推动两国教育合作发挥着重要作用。双方支持民航类、语言类、农业类等专业类院校建立联盟。

双方支持在中国建立中俄联合大学，认为落实该项目是发展双边人文合作的重要举措。联合大学应成为双方交流经验和选择教育发展创新道路的有效平台，并为双方落实各领域共同合作项目及培养高水平专业人才。

双方将继续开展中俄文化节、电影节等活动，同意进一步加强两国主要文化机构之间的长期伙伴关系，以及中俄各地区，特别是中国东北地区和俄罗斯东部地区之间的文化交流。

双方商定两国媒体加强全方位、多形式合作。

双方支持加强医疗卫生合作，高度评价在居民传染病防控、灾害医学和跨境健康威胁应对等领域的合作前景。

双方将进一步加强体育交流与合作，尤其是青少年体育交流。鼓励两国单项运动协会之间和地方体育机构之间建立直接联系。双方将在国际体育事务中继续加强沟通协调。

双方积极评价两国在旅游领域的合作成果，将继续开展有前景的旅游合作项目（青年游、体育游、家庭游、水上游、疗养游），并开发以红色旅游和纪念"二战"胜利七十周年为主题的旅游线路。

双方将继续推动档案合作，支持对两国历史及两国关系史开展联合研究。

六

双方对中俄国界第一次联检进展情况表示满意，重申将继续积极推进联检工作，确保实地标识清楚准确、中俄国界线走向不发生变化。

双方高度评价环保领域的合作成果，重申继续在跨境重点自然保护区和保护生物多样性方面开展建设性合作。

双方对松花江汇入黑龙江（阿穆尔河）之后的跨界水体水质趋于稳定、部分水质改善表示满意，商定在跨界水体水质监测和保护、污染防治方面深化合作。双方指出，两国在2013年黑龙江（阿穆尔河）流域抗洪救灾过程中开展了密切有效合作以及2014年建立跨界水防洪合作机制，愿进一步加强沟通协调，推动两国边境地区防洪减灾领域的合作。

七

双方一致认为，在当前国际形势复杂深刻变化的背景下，进一步加强中俄全面战略协作伙伴关系，对维护两国利益和促进世界和平与发展具有重要意义。

双方强调，必须尊重各国历史文化传统、各国自主选择的社会政治制度、价值观及发展道路，不干涉别国内政，不赞成进行单边制裁。

双方指出，应改革国际经济金融体系，以服务实体经济的需要，并通过扩大新兴市场国家和发展中国家在全球经济治理体系中的代表性和发言权来进行改革，这有利于恢复对这一体系的信任。

双方重申，中俄在许多国际问题上持相同或相近的立场，将在联合国、二十国集团、"金砖国家"、上海合作组织和亚太经合组织等多边机制框架内加强协调，在一系列重大国际和地区问题上加强沟通与协作。

八

中俄总理第十九次定期会晤期间签署了以下文件：

——《中俄能源合作委员会第十一次会议纪要》；

——《中俄投资合作委员会第一次会议纪要》；

——《中俄人文合作委员会第十五次会议纪要》；

——《中俄总理定期会晤委员会第十八次会议纪要》；

——《中华人民共和国政府和俄罗斯联邦政府关于沿中俄东线管道自俄罗斯联邦向中华人民共和国供应天然气领域合作的协议》；

——《中华人民共和国政府和俄罗斯联邦政府对所得避免双重征税和防止偷漏税的协定》及议定书；

——《关于一九九七年六月二十七日〈中华人民共和国政府与俄罗斯联邦政府关于建立中俄总理定期会晤机制及其组织原则的协定〉的议定书》；

——《关于实施中俄共同庆祝第二次世界大战胜利70周年人文领域活动计划的纪要》；

——《关于增补中俄青年友好交流年活动计划的纪要》；

——《中国卫星导航系统委员会与俄罗斯联邦航天局在卫星导航领域合作谅解备忘录》；

——《中华人民共和国商务部与俄罗斯联邦反垄断署关于反垄断合作的谅解备忘录》；

——《中华人民共和国海关总署和俄罗斯联邦海关署大型集装箱检查设备使用领域合作备忘录》；

——《中华人民共和国海关总署和俄罗斯联邦海关署关于防范核材料及放射性物质经中俄边境非法贩运合作的议定书》；

——《中华人民共和国海关总署和俄罗斯联邦海关署战略合作计划（2014~2019年)》；

——《中华人民共和国商务部与俄罗斯联邦工业贸易部关于中国作为主宾国参加2015年第六届俄罗斯国际创新工业展的备忘录》；

——《中华人民共和国国家发展和改革委员会与俄罗斯联邦运输部、中国铁路总公司与俄罗斯国家铁路股份公司中俄高铁合作谅解备忘录》；

——《中国人民银行和俄罗斯联邦中央银行人民币/卢布双边本币互换协议》；

以及其他一系列部门和企业间文件。

双方商定，中俄总理第二十次定期会晤将于 2015 年在中国举行，具体日期将通过外交途径另行商定。

中华人民共和国国务院总理　　俄罗斯联邦政府总理

李克强　　　　　　　　　德·梅德韦杰夫

2014 年 10 月 13 日于莫斯科

铭记历史，开创未来①

中华人民共和国主席 习近平

在 5 月 9 日，即世界反法西斯战争胜利日到来之际，我将应俄罗斯联邦总统普京邀请，赴莫斯科出席卫国战争胜利 70 周年庆典并访问俄罗斯，同俄罗斯人民和世界人民一道庆祝这个神圣的节日。

回顾历史，法西斯主义和军国主义发动的侵略战争，给中国、俄罗斯等欧亚地区及其他地区的许多国家和人民带来人类历史上空前灾难和浩劫。在那场正义与邪恶、光明与黑暗、自由与奴役的殊死战斗中，中国、俄罗斯等 50 多个国家的人民联合在一起，世界上所有爱好和平的人民联合在一起，结成广泛的国际反法西斯和反军国主义统一战线，浴血奋战，并肩战斗，终于打败了野蛮侵略者，赢得了世界和平。

俄罗斯是第二次世界大战欧洲主战场。俄罗斯人民和其他兄弟民族为赢得卫国战争胜利，付出了伤亡 2700 万人的惨重代价，几乎每个家庭都有人员伤亡。潘菲洛夫师二十八壮士、马特洛索夫、卓娅等一大批英雄儿女，为捍卫祖国独立和尊严，为捍卫世界和平和正义，谱写了感天动地的战斗诗篇。

2013 年 3 月，我首次对俄罗斯进行国事访问，向位于克里姆林宫红墙外的无名烈士墓敬献了花圈。在那里，一顶钢盔，一面红旗，一簇永不熄灭的火焰，象征着顽强不屈的生命，象征着永不向侵略者低头的烈士精神。"你的名字无人知晓，你的功勋永世长存。"俄罗斯人民永远不会忘记，中国人民永远不会忘记，世界人民也永远不会忘记。

中国是第二次世界大战亚洲主战场。中国人民抗日战争起始最早，持续时间最长，条件最艰苦，付出的牺牲也同俄罗斯人民一样是最惨重的。中国军民不屈不挠、艰苦卓绝的抗日斗争，消灭并牵制了日本侵略者大量兵力，以伤亡 3500 万人的巨大民族牺牲，最终赢得了抗日战争的伟大胜利，为世界反法西斯战争胜利做出了巨大贡献。同俄罗斯人民一样，中国人民为抗战胜利谱写的历史篇章也永远铭刻在历史上。

---

① 2015 年 5 月 7 日，在出席俄罗斯纪念卫国战争胜利 70 周年庆典并访问俄罗斯前夕，国家主席习近平在俄罗斯《俄罗斯报》发表题为《铭记历史，开创未来》的署名文章。新华社北京 2015 年 5 月 7 日电。

中国人民和俄罗斯人民在反法西斯和军国主义的战斗中相互支持，相互援助，并肩战斗，用鲜血和生命凝成了战斗友谊。在卫国战争最艰苦的时刻，中华民族许多热血儿女毅然投身到抗击法西斯德军的英勇行列中。毛泽东主席的长子毛岸英作为白俄罗斯第一方面军坦克连指导员，转战千里，直至攻克柏林。中国飞行员唐铎作为苏军空中射击团副团长，鹰击长空，在同法西斯军队的空战中屡建战功。在莫斯科伊万诺沃国际儿童院学习的中国共产党领导人和革命先烈后代，年龄幼小，自告奋勇挖战壕、制造"莫洛托夫"燃烧瓶、生产军服、食品、伐木、挖土豆、在医院照料伤病员，许多人还每月都为前线战士献出 430 毫升鲜血。中国女记者胡济邦以柔弱之躯全程经历卫国战争，冒着炮火报道了苏联人民的坚贞不屈、法西斯军队的残暴、俄罗斯军民胜利的喜悦，鼓舞了中俄两国军民抗战到底的决心。在为俄罗斯卫国战争作出贡献的中国人中，还有许许多多无名英雄。

俄罗斯人民给予了中国人民抗日战争宝贵的政治和道义支持，支援了大批物资、装备。2000 多名苏联飞行员参加了援华志愿飞行队，帮助中国抗击日本侵略者，有 200 多人牺牲在中国战场。在中国抗日战争后期，苏联红军开赴中国东北战场，同中国军民一道对日作战，为中国人民赢得抗日战争的最终胜利提供了重要支援。中国人民永远怀念那些为中华民族独立解放事业而英勇捐躯的俄罗斯军民。

俄罗斯著名历史学家克柳切夫斯基说过，"如果丧失对历史的记忆，我们的心灵就会在黑暗中迷失"。忘记历史就意味着背叛。中俄两国人民将以坚定的决心和努力，同世界上所有热爱和平的国家和人民一道，坚决反对否认、歪曲、篡改第二次世界大战历史的图谋和行径。

中俄两国今年将举办一系列第二次世界大战胜利 70 周年庆祝和纪念活动。联合国和其他国际及地区组织也已经或还将举办一系列庆祝和纪念活动。我们举办这些庆祝和纪念活动的目的，是要展现共同维护第二次世界大战胜利成果和国际公平正义的决心，是要警示世人珍惜和维护来之不易的和平。

第二次世界大战的惨痛教训告诉人们，弱肉强食、丛林法则不是人类共存之道。穷兵黩武、强权独霸不是人类和平之策。赢者通吃、零和博弈不是人类发展之路。和平而不是战争，合作而不是对抗，共赢而不是零和，才是人类社会和平、进步、发展的永恒主题。

今天的人类比以往任何时候都更有条件朝和平与发展目标迈进，更应该努力构建以合作共赢为核心的新型国际关系。"合则强，孤则弱。"合作共赢应该成为各国处理国际事务的基本政策取向。我们应该把本国利益同各国共同利益结合起来，努力扩大各方共同利益汇合点，树立双赢、多赢、共赢新理念，坚持同舟共济、权责共担，携手应对气候变化、能源资源安全、网络安全、重大自然灾害等日益增多的全球性问题，共同呵护人类赖以生存的地球家园。

中华民族和俄罗斯民族都是伟大的民族。当年，我们患难与共，用鲜血凝成了坚不可摧的战斗友谊。今天，中俄两国人民更将携手前进，同护和平，共促发展，继续为巩固世界持久和平和人类共同进步做出自己的贡献。

中华人民共和国和俄罗斯联邦关于深化全面战略协作伙伴关系、倡导合作共赢的联合声明①

应俄罗斯联邦总统弗·弗·普京邀请，中华人民共和国主席习近平于2015年5月8日至10日出席卫国战争胜利70周年庆典并访俄，两国元首在莫斯科举行会晤。习近平主席还将会见俄罗斯联邦政府总理德·阿·梅德韦杰夫。

中华人民共和国和俄罗斯联邦（以下简称"双方"）声明如下：

一

在双方共同努力下，中俄全面战略协作伙伴关系处于历史最好时期，不断向前发展，进入新阶段，已成为促进两国发展、确保国家安全、提升国际地位的重要因素，成为维护世界和平稳定的可靠保障。

双方视继续深化双边关系为本国外交优先方向，将在2001年7月16日签署的《中华人民共和国和俄罗斯联邦睦邻友好合作条约》和双方达成的战略共识基础上，不断巩固全面战略协作伙伴关系，在维护各自主权、领土完整、安全，防止外来干涉、自主选择发展道路，保持历史、文化、道德价值观等核心关切上巩固相互支持和协助。

双方将继续保持密切高层交往，全面落实两国元首达成的合作共识，完善两国政府、立法机关、各部门、地方和民间业已建立的交往机制，创新合作渠道，充分利用高水平的政治关系带来的有利机遇，推动各领域合作取得更多实际成果，促进两国的发展与振兴。

中共中央办公厅、中共中央纪委监察部与俄罗斯总统办公厅分别建立了交往合作机制，这是双方高度互信的又一新体现。双方高度重视通过上述渠道进一步加强全面合作。

二

双方一致认为，德国法西斯和日本军国主义发动的第二次世界大战是人类历史上前所未有的浩劫。中国和前苏联作为"二战"亚洲和欧洲主战场，

---

① 载《人民日报》2015年5月9日 第2版。

是抗击法西斯主义和军国主义的主要力量，经历了最残酷的考验，付出了巨大牺牲，为捍卫人类尊严、重建世界和平建立了伟大的历史功勋。人类将永远铭记中国、俄罗斯和其他同盟国人民为赢得胜利、为抗击法西斯主义和军国主义的反人类思想与恶行、为重建世界和平所付出的巨大牺牲。

双方强调，中俄作为"二战"主要战胜国、联合国创始会员国和安理会常任理事国，将坚定捍卫"二战"胜利成果，反对否认、歪曲和篡改"二战"历史图谋，维护联合国权威，坚决谴责美化法西斯主义和军国主义及其帮凶、抹黑解放者的行径，将尽一切努力阻止世界大战的悲剧重演。

中国人民铭记为中国自由而牺牲的苏军烈士。

三

双方将采取协调一致、有针对性的举措，在以下领域发掘两国务实合作潜力：

——保持双边经贸合作稳定发展势头，在扩大双边贸易额的同时逐步改善双边贸易结构，积极培育新的增长点。

——进一步扩大投资合作规模，加快推进高铁等交通基础设施建设、能源、矿产、林业、加工制造业和服务业等领域的重大投资合作项目。

——继续推动在双边贸易、相互投资、信贷领域中使用本币结算，扩大在贸易和项目融资、支付服务领域的合作。

——巩固中俄全面能源合作伙伴关系。进一步深化石油领域全面合作，按计划推进中俄东线天然气管道建设，确保按时建成投产。积极推进并争取尽快完成中俄西线天然气项目谈判，加强燃料—能源资源勘探开发等合作，务实推进煤炭、电力、可再生能源等领域合作项目，推动能源装备研发生产的技术交流与生产合作，加强在和平利用核能领域的战略合作。

——在落实《2013~2017年中俄航天合作大纲》方面密切合作，特别是火箭发动机、电子元器件、卫星导航、对地观测、月球研究和开发及深空探测等优先方向。

——推进远程宽体客机、重型直升机等民用航空制造领域重点项目合作。加强通信与信息技术领域的交流与合作。

——建立有效的创新合作机制，在共同实现中俄科学家高科技研发成果产业化领域确定有前景的项目。确保中国成功担任第六届俄罗斯国际创新工业展主宾国。

——有规划地扩大农业、渔业合作，支持相互投资创办农业种植、畜牧养殖、水产品养殖及加工、农产品加工和贸易、农业技术设备生产等现代化企业，在动植物检疫方面加强合作。

——深化中国长江中上游地区和俄罗斯伏尔加河沿岸联邦区合作，并参照其经验建立中国东北地区与俄罗斯远东地区地方合作理事会，继续办好每年的中俄博览会，加强区域性合作的规划统筹，提高实效。

——推动中国东北地区与俄罗斯远东及东西伯利亚地区合作。俄方欢迎中方参与俄罗斯远东跨越式开发区项目。

——加快同江—下列宁斯阔耶口岸铁路桥、黑河—布拉戈维申斯克口岸公路桥等跨境交通基础设施建设，在使用俄远东港口等交通基础设施发展中俄陆海联运方面加强合作。

——深化在合理利用和保护跨界水资源、跨界水防洪减灾、改善跨界水体水质、保护跨界重点自然保护区、维护生态多样性等领域的协作。

——双方满意地指出，中俄国界是稳定、睦邻、合作、互助的纽带，将充分发挥中俄边界联合委员会和其他机制的独特潜力，进一步深化边境问题全面协作，包括在计划时限内完成第一次国界联合检查、规范双方在边界水体中的活动和打击跨境犯罪。

——巩固和深化中俄人文合作成果，继续办好中俄青年友好交流年框架内的各项活动，扩大两国青年交流规模，开始筹办中俄媒体交流年。

四

双方指出，在世界多极化加快发展的同时，国际关系中不稳定不确定因素增多。这一进程伴随着原有矛盾激化、新冲突层出不穷和在各领域的竞争加剧。不同宗教和文明之间裂痕加深的危险显现。大规模杀伤性武器扩散、恐怖主义和极端主义、跨国犯罪、粮食短缺、气候变化、传染病等威胁世界稳定和人类持续发展的问题仍未解决。

双方一致确信，符合 21 世纪现实的做法应是实现国与国之间和谐相处，而非彼此隔绝，各国应本着平等、不可分割的安全原则，在恪守国际法的基础上照顾彼此利益，通过集体行动解决当代问题和化解危机。

双方基于两国建立和发展新型国家关系的成功经验，本着维护和平、推进合作和共同开创未来的原则，呼吁世界各国：

——尊重各国主权和领土完整，尊重彼此核心利益和重大关切，尊重各国人民自主选择的社会制度和发展道路，反对颠覆合法政权的行径。

——恪守《联合国宪章》、和平共处五项原则及其他国际法和国际关系基本准则，认真履行国际条约，将倡导和平发展和合作共赢理念、推进世界多极化以及促进国际关系民主化和法治化作为外交政策的基本方向。

——通过政治外交途径解决国家间分歧和争端，反对零和博弈、赢者通吃的冷战思维和行径，反对使用武力或以武力相威胁，反对实行单方面制裁和威胁实行制裁。

——尊重文化差异和文明多样性，推动不同文明建设性协作。倡导不同文明相互丰富，反对排他性。

——共同纪念联合国成立 70 周年。加强联合国在国际事务中的核心作用，加强安理会履行对维护国际和平与安全、维护会员国共同利益的权力，将联合国作为保障不同社会政治制度、文化传统和发展道路国家和睦共处、建立更加公正、合作共赢的多极世界秩序的核心机制。任何安理会改革方案都要立足于促进联合国及安理会团结、合作，真正有利于促进人类的和平、安全与发展事业。实现这一目标要通过各国政府间平等会谈，在广泛一致基础上制定"一揽子"解决方案。各方应继续努力，在不人为设定时限的前提下制定出成熟的改革方案，且各成员国就该改革方案达成最广泛共识。

——始终不渝地捍卫国际关系中安全不可分割的原则。单方面在全球范围内发展和部署反导系统不利于国际局势的稳定，可能损害全球战略稳定和国际安全。应通过所有相关国家共同采取政治外交努力，防止弹道导弹和导弹技术扩散，不能试图靠牺牲其他国家的安全来保障本国和本国家集团的安全。

——确保外空安全与和平利用，采取措施防止外空军备竞赛，努力推动日内瓦裁军谈判会议尽快启动谈判，以便以中俄提出的《防止在外空放置武器、对外空物体使用或威胁使用武力条约》草案为基础，签署具有法律约束力的国际协定。中俄重申反对在外空部署武器，呼吁所有空间大国遵守这一政策。

——双方将继续在联合国和平利用外层空间委员会框架下就"外空活动长期可持续性"等议题大力加强协调与合作，包括外空行动的安全性以及保障和平利用外空的方式和手段等。

——继续坚持《联合国气候变化框架公约》原则和宗旨，包括"共同但有区别的责任"原则、公平原则和各自能力原则，努力加强在全球气候变化问题上的国际合作，共同致力于在2015年巴黎《联合国气候变化框架公约》第二十一次缔约方会议暨《京都议定书》第十一次会议上达成符合各国利益、能有效、公平地解决气候变化问题的成果。

——在相互尊重、平等互利的基础上，共同努力建立和平、安全、开放、合作的信息空间。制定普遍、有效的网络空间国家行为规范，反对利用信息通信技术干涉他国内政，破坏其政治、经济和社会稳定。讨论中俄等国今年向联大提交的信息安全国际行为准则更新案文，以便尽早就此达成国际共识。

双方认为，在信息通信技术使用领域进一步深化合作十分重要且符合两国利益。双方将就此积极开展务实合作，加强在政策、技术、商业和人文等领域的协作。推动共同倡议，预防和打击使用互联网等信息通信技术进行恐怖及犯罪活动。

双方将继续共同努力维护战略稳定，加强国际和地区安全。以《不扩散核武器条约》、《禁止生物武器公约》、《禁止化学武器公约》为基础在防扩散领域密切合作。

双方认为，上海合作组织是维护全球和地区和平、安全、稳定与发展的重要因素。该组织树立了平等、互信、睦邻、合作的新型国家间关系典范，为多边组织提供了"结伴而不结盟"的合作方式。在当前地缘政治现实下，上海合作组织正迎来新的发展前景。中国全力支持俄罗斯担任上海合作组织主席国工作。双方愿同其他伙伴一道，致力于进一步完善上海合作组织职能，提升其在应对成员国所面临的安全挑战与威胁、有效维护地区稳定、加快实现经济社会发展目标方面的作用。

双方支持"金砖国家"合作机制不断向前发展，为完善全球经济治理、维护国际和平和安全做出积极贡献。双方认为，"金砖国家"应当秉承开放、包容、合作、共赢的精神，开展全方位合作，建设更紧密伙伴关系，尽快完成"金砖国家"新开发银行和应急储备安排筹建工作。中方将积极支持俄方担任"金砖国家"主席。

双方将在二十国集团（G20）框架下加强协调，共同推动G20在促进世界经济增长、维护国际金融稳定、完善全球经济治理、建设开放型世界经济等方面发挥更重要的作用。双方愿同主席国土耳其及其他G20成员一道，共同推动安塔利亚峰会取得积极成果。中俄主张尽快落实国际货币基金组织改革方案，进一步提高 G20 信誉，展现 G20 能力。俄方愿积极支持中方主办 2016 年 G20 峰会取得成功，共同维护 G20 作为国际经济合作重要论坛的地位，在推动世界经济增长、维护国际金融市场稳定、加强全球经济治理等方面发挥重要作用。

俄方高度评价中方建设丝绸之路经济带和 21 世纪海上丝绸之路的倡议，认为这是一个旨在发展地区经贸与投资合作的重要构想。双方将继续在丝绸之路经济带和欧亚经济联盟框架内寻找地区经济一体化进程的契合点，在加强平等合作与互信基础上确保欧亚地区经济的可持续增长。双方欢迎中国与欧亚经济联盟启动经贸合作方面的协议谈判。

双方高度重视继续在中俄印机制框架内开展协作。双方认为，这一外交合作机制有助于加强三国在国际和地区事务中的地位，并就国际和地区问题协调立场。

双方将深化中俄蒙合作，通过发展三方在政治、经济、科技、人文、边境、地方以及国际事务中的协作实现三方各领域全方位合作。

双方认为，亚太地区在世界政治和经济中作用不断上升，确保本地区和平、稳定与可持续发展是首要任务。双方将继续努力，在国际法至上、互信、和平解决争端、不使用或威胁使用武力、尊重各国利益原则基础上，在亚太地区构建可靠、符合当今现实、透明、全面的平等、不可分割的安全架构。双方将与东南亚国家联盟和其他有关伙伴一道，在东亚峰会和其他多边组织框架下，推动就上述问题开展进一步对话。

双方高度评价 2014 年 11 月由中国作为东道主在北京举办的亚太经合组织（APEC）领导人非正式会议成果，视其为进一步深化亚太地区经济一体化、促进创新发展、改革与增长、加强全方位互联互通与基础设施建设的重要合作方向。双方将继续密切协作，推动 APEC 为促进亚太地区经济发展作出更大贡献。

双方指出，亚洲相互协作与信任措施会议（亚信）作为本地区正在形成的安全与合作架构的必要组成部分，发挥着重要作用。俄方支持中方担任 2014~2016 年亚信主席国的目标和任务，双方将继续在落实这些目标和任务中保持密切协调和建设性协作。

双方认为，亚欧会议是亚欧国家间开展政治对话、经贸合作、社会文化及其他领域交流的重要平台。双方主张提高亚欧会议工作效率，认为以 2016 年亚欧会议成立 20 周年之际为契机，制定关于其未来发展的内容丰富的概念文件十分重要。

双方对中非关系、俄非关系快速发展表示欢迎，将进一步深化在非洲事务中的对话与战略协作，包括通过探讨在"金砖国家"框架内共同扩大对非合作，协助非洲实现可持续发展，增强非洲国家自主发展能力。

双方就拉美问题保持磋商，在发展与拉美和加勒比国家关系中加强协作，研究在该地区社会经济领域开展符合拉美国家意愿和需求的合作，共同为拉美国家的发展发挥积极作用。

双方重申，支持叙利亚的主权、统一和领土完整，认为政治外交手段是解决叙利亚危机的唯一途径，反对任何在该国从事武力干涉的企图。双方呼吁叙利亚冲突各方尽快停止武装对抗，在 2012 年 6 月 30 日通过的《日内瓦公报》基础上启动内部对话与谈判，达成符合叙利亚人民意愿的长期政治和解。

双方重申，支持阿富汗摆脱恐怖主义和毒品，成为和平、稳定、民主、中立和经济繁荣的国家。双方对因"伊斯兰国"的出现和该组织武装分子破坏活动加剧导致的阿富汗局势持续恶化表示不安。双方指出，必须继续向阿富汗提供广泛协助，包括提高阿国家安全部队能力，根据联合国安理会相关决议，进一步推进"阿人主导、阿人所有"的民族和解进程。

双方对乌克兰危机久拖不决表示关切，呼吁所有冲突方始终坚持政治解决危机，在充分考虑乌国内各地区和各民族合理权益、兼顾有关方合理利益与关切基础上，尽快达成全面、均衡、持久的政治解决方案，实现乌克兰的稳定与发展。

双方积极评价两国在推动政治外交解决伊朗核问题中的协作，呼吁谈判各方抓住独一无二的历史机遇，加大外交努力，在已确定的今年 6 月底时限前达成公正平衡、互利共赢的全面协议。

双方重申，维护朝鲜半岛和平稳定，实现半岛无核化，通过对话协商解决有关问题符合共同利益，对本地区的和平、稳定与繁荣具有重要意义。双方认为，六方会谈是解决朝核问题有效方式，希望有关各方相向而行，为重启六方会谈积累条件。

双方积极评价中俄首次东北亚安全磋商成果，愿按照中俄全面战略协作伙伴关系精神，进一步加强对话沟通，增进协调与协作，共同维护东北亚地

区和平、稳定与安全，推动在兼顾东北亚各国利益及关切的基础上构建地区
和平、安全新架构。

中华人民共和国　　俄罗斯联邦
主席　　　　　总统
习近平　　弗·弗·普京

2015 年 5 月 8 日于莫斯科

中华人民共和国与俄罗斯联邦关于丝绸之路经济带建设和欧亚经济联盟建设对接合作的联合声明①

中华人民共和国和俄罗斯联邦（以下简称"双方"），确认将深化两国全面战略协作伙伴关系，促进欧亚地区及全世界平衡和谐发展，声明如下：

一

俄方支持丝绸之路经济带建设，愿与中方密切合作，推动落实该倡议。

中方支持俄方积极推进欧亚经济联盟框架内一体化进程，并将启动与欧亚经济联盟经贸合作方面的协议谈判。

双方将共同协商，努力将丝绸之路经济带建设和欧亚经济联盟建设相对接，确保地区经济持续稳定增长，加强区域经济一体化，维护地区和平与发展。双方将秉持透明、相互尊重、平等、各种一体化机制相互补充、向亚洲和欧洲各有关方开放等原则，通过双边和多边机制，特别是上海合作组织平台开展合作。

二

为推动实现上述目标，双方将在以下优先领域采取步骤推动地区合作：

——扩大投资贸易合作，优化贸易结构，为经济增长和扩大就业培育新的增长点。

——促进相互投资便利化和产能合作，实施大型投资合作项目，共同打造产业园区和跨境经济合作区。

——在物流、交通基础设施、多式联运等领域加强互联互通，实施基础设施共同开发项目，以扩大并优化区域生产网络。

——在条件成熟的领域建立贸易便利化机制，在有共同利益的领域制订共同措施，协调并兼容相关管理规定和标准、经贸等领域政策。研究推动建立中国与欧亚经济联盟自贸区这一长期目标。

——为在区域经济发展方面能够发挥重要作用的中小企业发展创造良好

---

① 载《人民日报》2015年5月9日第2版。

环境。

——促进扩大贸易、直接投资和贷款领域的本币结算，实现货币互换，深化在出口信贷、保险、项目和贸易融资、银行卡领域的合作。

——通过丝路基金、亚洲基础设施投资银行、上海合作组织银联体等金融机构，加强金融合作。

——推动区域和全球多边合作，以实现和谐发展，扩大国际贸易，在全球贸易和投资管理方面形成并推广符合时代要求的有效规则与实践。

三

双方支持启动中国与欧亚经济联盟对接丝绸之路经济带建设与欧亚经济一体化的对话机制，并将推动在双方专家学者参与下就开辟共同经济空间开展协作进行讨论。

双方将成立由两国外交部牵头、相关部门代表组成的工作组，协调上述领域的合作。双方将通过中俄总理定期会晤机制及其他双边合作机制，监督上述共识的落实进程。

中华人民共和国　　俄罗斯联邦

主席　　　　　　总统

习近平　　　弗·弗·普京

2015 年 5 月 8 日于莫斯科

附录二 中俄关系大事记
(2012.3~2015.5)

2012 年 3 月 5 日，弗拉基米尔·普京当选俄罗斯联邦总统。5 月 7 日，普京第三次宣誓就任总统，任期 6 年，从 2012 年至 2018 年。

2012 年 3 月 5 日，国家主席胡锦涛致电普京，祝贺其当选俄罗斯联邦总统。

2012 年 3 月 6 日，国家主席胡锦涛同俄罗斯当选总统普京通电话。胡锦涛再次祝贺普京当选俄罗斯新一届总统。双方就中俄双边关系及重大国际和地区问题深入交换了意见。

2012 年 3 月 20 日至 23 日，俄罗斯总统事务管理局局长科任访华。其间，国务院副总理李克强、国务委员兼国务院秘书长马凯、国务院机关事务管理局局长焦焕成分别与科任举行会见和会谈。

2012 年 3 月 23 日至 25 日，俄罗斯副总理、中俄旅游年俄方组委会主席苏尔科夫率团访华。国家副主席习近平，国务院副总理、中俄旅游年中方组委会主席王岐山，北京市市长郭金龙分别同其举行会见。访问期间，举行了中国"俄罗斯旅游年"开幕式，温家宝总理和普京总理向开幕式发来贺辞，王岐山副总理和苏尔科夫副总理分别致辞。

2012 年 3 月 28 日，国家主席胡锦涛在印度新德里出席"金砖国家"领导人第四次会晤期间，同俄罗斯总统梅德韦杰夫举行会谈。两国元首就双边关系及共同关心的重大国际和地区问题深入交换意见。

2012 年 4 月 1 日，国务委员孟建柱会见俄罗斯联邦麻醉品监管总局局长伊万诺夫，就加强禁毒领域的合作等问题交换意见。

2012 年 4 月 5 日，外交部副部长张志军在上海与俄罗斯第一副外长杰尼索夫举行中俄对外政策和总体国际形势进行磋商。

2012 年 4 月 11 日至 13 日，外交部长杨洁篪赴莫斯科出席中俄印外长第

11 次会议。其间，杨洁篪部长与俄罗斯外长拉夫罗夫举行会见，就双边关系等问题交换意见。

2012 年 4 月 22 日至 27 日，"海上联合—2012"中俄海上联合军事演习在青岛附近黄海海域举行。

2012 年 4 月 26 日至 30 日，国务院副总理李克强对俄罗斯进行正式访问。访问期间，李克强分别会见了俄总统梅德韦杰夫，当选总统、总理普京，国家杜马主席纳雷什金和联邦委员会主席马特维延科。在俄第一副总理舒瓦洛夫陪同下，会见俄工商界领袖，出席中俄贸易和投资促进会议开幕式并致辞。在俄国家杜马第一副主席梅利尼科夫陪同下，在莫斯科大学发表重要演讲。李克强还赴俄鞑靼斯坦共和国参观访问，会见了俄总统驻伏尔加河沿岸联邦区全权代表巴比奇，并与巴共同主持中俄地方领导人座谈会。

2012 年 5 月 10 日至 11 日，俄罗斯外长拉夫罗夫访华并出席上海合作组织外长理事会会议。其间，国家副主席习近平会见拉夫罗夫，外交部长杨洁篪与其举行会谈，双方就中俄关系和重大国际及地区问题交换意见。

2012 年 6 月 1 日，国务院副总理、中俄能源谈判中方代表王岐山和俄罗斯副总理、中俄能源谈判俄方代表德沃尔科维奇在北京举行中俄能源谈判代表第八次会晤。

2012 年 6 月 5 日至 7 日，俄罗斯总统普京对中国进行国事访问，并出席上海合作组织北京峰会。这是普京第三次就任总统后对其他国家进行的首次国事访问。访问期间，国家主席胡锦涛、全国人大常委会委员长吴邦国、国务院总理温家宝、国家副主席习近平、国务院副总理李克强分别与普京举行会谈会见。两国元首签署并发表《关于进一步深化平等信任的中俄全面战略协作伙伴关系的联合声明》。

2012 年 6 月 8 日至 14 日，上海合作组织成员国军队在塔吉克斯坦共和国举行"和平使命—2012"联合反恐军事演习。参演总兵力约 2000 余人，中国军队官兵为 369 人。

2012 年 6 月 18 日至 23 日，应俄罗斯统一俄罗斯党邀请，中共中央政治局常委、中纪委书记贺国强对俄进行正式友好访问。其间，贺国强分别会见了俄总统普京、联邦委员会主席马特维延科、国家杜马主席纳雷什金、国家杜马第一副主席梅利尼科夫，与统一俄罗斯党领导人举行会谈，代表中国政府出席第十六届圣彼得堡国际经济论坛，发表题为《加强互利合作，实现共同发展》的演讲。

2012年6月30日，外交部长杨洁篪在出席叙利亚问题"行动小组"日内瓦外长会议前与俄罗斯外长拉夫罗夫举行双边会晤，就两国高层交往、双边关系及叙利亚问题等交换意见。

2012年7月9日，国家主席胡锦涛致信俄罗斯总统普京，就俄克拉斯诺达尔边疆区发生洪灾、造成重大人员伤亡和财产损失表示慰问。

2012年7月14日，外交部长杨洁篪应约与俄罗斯外长拉夫罗夫通电话，就有关国际和地区问题交换意见。

2012年7月23日，俄罗斯总统普京就北京遭受重大暴雨洪涝灾害向国家主席胡锦涛致慰问电。

2012年8月20日，国务委员戴秉国在莫斯科同俄罗斯联邦安全会议秘书帕特鲁舍夫举行中俄第七轮战略安全磋商。双方就中俄关系和共同关心的重大国际和地区问题深入交换了意见。在磋商前，戴秉国接受了俄罗斯《俄罗斯报》书面采访。当天，俄罗斯总统普京在莫斯科克里姆林宫会见了正在俄罗斯访问的戴秉国。

2012年8月27日，莫斯科近郊的茹科夫斯基市（俄罗斯航空城）与中国珠海（定期举办珠海航展）签署协议，结成友好城市。

2012年9月5日，中俄气象科技合作第八次会议在俄罗斯闭幕，中国气象局局长郑国光和俄罗斯联邦水文气象与环境监测局局长亚历山大·弗洛罗夫博士签署了会议纪要。

2012年9月6日，中国全国人大常委会委员长吴邦国在北京与俄罗斯联邦委员会主席马特维延科举行会谈，并共同出席中国全国人大与俄罗斯联邦委员会合作委员会第六次会议。

2012年9月7日至9日，胡锦涛主席出席在符拉迪沃斯托克举行的亚太经合组织第二十次领导人非正式会议，并与俄罗斯总统普京会晤。

2012年9月15日，国务院总理温家宝应约与俄罗斯总理梅德韦杰夫通电话，就两国关系及共同关心的问题交换意见。

2012年9月27日，国家发改委主任、中俄能源谈判中方副代表张平在莫斯科与俄罗斯能源部长、中俄能源谈判俄方副代表诺瓦克举行中俄能源谈判副代表会晤。张平还分别与俄副总理、中俄能源谈判俄方代表德沃尔科维奇，俄天然气工业股份公司总裁米勒，俄石油公司副总裁巴甫洛夫举行会晤。

2012 年 10 月 12 日，外交部副部长翟隽与俄罗斯副外长博格丹诺夫在莫斯科举行中俄中东事务副部长级磋商。翟隽副部长还会见了俄联邦安全会议副秘书卢基扬诺夫。

2012 年 11 月 14 日，外交部副部长程国平与俄罗斯副外长莫尔古洛夫在莫斯科举行中俄外交部双边关系问题磋商。

2012 年 11 月 20 日至 21 日，俄罗斯新任国防部长绍伊古大将（11 月 6 日由普京任命替代谢尔久科夫）对中国进行访问，并与中方就军事技术合作进行总结及展望。绍伊古在访华期间出席了中俄政府间军事技术合作委员会第 17 次会议。胡锦涛主席、中央军委副主席许其亮、国防部长梁光烈分别会见了绍伊古。

2012 年 11 月 21 日至 23 日，全国人大常委会副委员长、全国妇联主席陈至立率中国妇女代表团访问俄罗斯并出席第七届中俄妇女文化周和第五届中俄妇女论坛。其间，陈至立副委员长会见俄联邦委员会主席马特维延科、联邦委员会副主席奥尔洛娃、俄国家杜马副主席什维佐娃、莫斯科市市长索比亚宁等，并与奥尔洛娃共同出席妇女文化周活动。

2012 年 12 月 4 日至 6 日，国务委员、中俄人文合作委员会中方主席刘延东赴俄罗斯与俄副总理、委员会俄方主席戈洛杰茨共同举行中俄人文合作委员会第十三次会议。其间，刘延东国务委员会见了俄国家杜马第一副主席、委员会前俄方主席茹科夫及中俄人文合作俄方积极分子和友好人士代表。12 月 5 日，莫斯科中国文化中心正式揭牌，国务委员刘延东和俄罗斯副总理戈洛杰茨共同出席并致辞。

2012 年 12 月 4 日至 7 日，国务院副总理、中俄总理定期会晤委员会中方主席、中俄能源谈判中方代表王岐山赴俄罗斯分别与俄副总理、中俄总理定期会晤委员会俄方主席罗戈津及俄副总理、中俄能源谈判俄方代表德沃尔科维奇举行中俄总理定期会晤委员会第十六次会议和中俄能源谈判代表第九次会晤。其间，王岐山副总理还会见了俄总统能源发展战略和生态安全委员会责任秘书、俄石油公司总裁谢钦，与罗戈津副总理共同出席了第七届中俄工商界高峰论坛。

2012 年 12 月 6 日，国务院总理温家宝与俄罗斯总理梅德韦杰夫在莫斯科主持中俄总理第十七次定期会晤。两国总理举行了大、小范围会谈，听取了中俄总理定期会晤委员会、中俄能源谈判、中俄人文合作委员会三个合作机制的工作汇报。两国总理签署了《中俄总理第十七次定期会晤联合公报》。中俄总理第十七次定期会晤期间，双方宣布启动中俄地方领导人定期会晤机制，进一步扩大两国地方合作。12月6日，中俄双方正式签署《中华人民共和国政府和俄罗斯联邦政府关于在中国合作建设田湾核电站3、4号机组的议定书》。

2012年12月31日，国家主席胡锦涛和俄罗斯总统普京互致新年贺电，双方一致表示，愿意继续共同努力，推动两国关系在新的一年里取得更大的发展。

2013年1月9日，国务委员戴秉国在北京同俄罗斯联邦安全会议秘书帕特鲁舍夫举行中俄第八轮战略安全磋商。

2013年1月28日，全国人大常委会委员长吴邦国在符拉迪沃斯托克会见亚太议会论坛第21届年会东道国俄罗斯联邦委员会主席马特维延科。会见结束后，俄罗斯联邦委员会主席马特维延科代表普京总统向吴邦国委员长授予俄罗斯联邦友谊勋章。

2013年2月17日，国务院副总理、中俄能源合作委员会中方主席王岐山在北京会见并宴请俄罗斯总统能源发展战略和生态安全委员会秘书长谢钦。

2013年3月18日下午，国务院总理李克强应约同俄罗斯总理梅德韦杰夫通电话。梅德韦杰夫祝贺李克强就任中国国务院总理。

2013年3月22日至24日，国家主席习近平对俄罗斯进行国事访问。3月22日，习近平在莫斯科克里姆林宫同俄罗斯总统普京举行会谈，并共同签署了《中华人民共和国和俄罗斯联邦关于合作共赢、深化全面战略协作伙伴关系的联合声明》。3月23日，在莫斯科国际关系学院发表演讲。

2013年5月10日，国家主席习近平在人民大会堂会见俄罗斯东正教大牧首基里尔。

2013年5月28日，以纳雷什金为首的俄罗斯国家杜马代表团对中国进行了为期两天的正式访问，并与中方举行了一系列重要会晤。

2013年6月19日至22日，国务院副总理张高丽访问俄罗斯，出席第十七届圣彼得堡国际经济论坛。

2013年7月5日至12日，中俄在日本海符拉迪沃斯托克彼得大帝湾举行"海上联合—2013"军事演习，双方共出动19艘舰艇以及2个特战分队参加联演。这是中国海军第一次组织多兵种、多型号大型舰艇编队，跨出国门到境外陌生海区参加联合军演。

　　2013 年 7 月 13 日至 20 日，俄军在远东中俄边境（赤塔、乌苏里斯克等地）附近进行俄罗斯联邦立国以来最大规模的突击战备演习训练，动用兵力16 万人，包括俄中央军区、东部军区、太平洋舰队、俄空军远程航空兵与军事运输航空兵等多军兵种，海陆空大型装备约 1200 件。俄军方表示，这次整整 8 天的空前规模军事行动并不针对任何特殊国家。俄总统普京观摩军演。

　　2013 年 7 月 27 日至 8 月 15 日，中俄两国军队在俄罗斯车里雅宾斯克举行"和平使命—2013"联合反恐演习。

　　2013 年 8 月 15 日至 16 日，第九轮俄中战略安全问题磋商在莫斯科举行。应俄罗斯联邦安全会议秘书帕特鲁舍夫邀请，国务委员杨洁篪率领中国代表团参加了在莫斯科举行的俄中两国战略安全问题磋商。

　　2013 年 8 月 22 日和 26 日，国务院总理李克强应约两次同俄罗斯总理梅德韦杰夫通电话，双方讨论如何共同应对黑龙江流域发生的特大洪涝灾害。

　　2013 年 8 月 27 日，第 11 届莫斯科国际航展在莫斯科郊外的茹科夫斯基正式拉开帷幕。8 月 30 日至 9 月 1 日，中国空军"八一"飞行表演队在航展公众开放日期间进行了 3 场飞行表演。

　　2013 年 9 月 22 日至 25 日，应俄罗斯联邦会议联邦委员会主席马特维延科和国家杜马主席纳雷什金的邀请，全国人大常委会委员长张德江对俄罗斯进行正式友好访问，在索契会见俄总统普京，在莫斯科与马特维延科主席、纳雷什金主席分别举行会谈。

　　2013 年 10 月 15 日，国务院副总理、中俄能源合作委员会中方主席张高丽在人民大会堂与俄罗斯副总理、俄方主席德沃尔科维奇举行中俄能源合作委员会第十次会议，为即将举行的中俄总理第十八次定期会晤做准备。会谈后，张高丽与德沃尔科维奇共同签署了《中俄能源合作委员会第十次会议纪要》。

　　2013 年 10 月 22 日，国务院总理李克强在北京人民大会堂与来访的俄罗斯总理梅德韦杰夫共同主持中俄总理第十八次定期会晤。两国总理举行了务实深入的大、小范围会谈，听取了中俄人文合作委员会、中俄总理定期会晤委员会、中俄能源合作委员会三个合作机制的工作汇报，对今后一个阶段两国全面合作进行规划和指导，共同签署《中俄总理第十八次定期会晤联合公报》。

　　2013 年 10 月 30 日，中央军委副主席、中俄政府间军事技术合作委员会中方主席许其亮在莫斯科与俄罗斯国防部长绍伊古在俄国防部举行了会谈。中方的随同人员还有总装备部科技委主任兼总装备部副部长李安东、海军副司令员刘毅、空军副司令员张洪贺。30 日，俄罗斯总统普京会见了许其亮。出席会谈的俄方代表有俄总统助理乌沙科夫、国防部长绍伊古和联邦军事技术合作署署长福明。中方代表有中国人民解放军总装备部部长张又侠、副总参谋长王冠中以及工信部部长苗圩。

2013 年 11 月 22 日，中俄旅游年闭幕式在圣彼得堡举行。俄罗斯文化部长弗拉基米尔·梅津斯基和中国文化部长蔡武在俄中旅游年闭幕式上签署文化合作项目。参加仪式的有中国国务院副总理汪洋和俄罗斯副总理奥莉加·戈罗杰茨。中国俄罗斯旅游年于 2013 年 3 月 22 日在莫斯科拉开帷幕。

2013 年 12 月 8 日，中俄边境的黑龙江省绥芬河市宣布，该市已正式被国务院批复为中国首个卢布使用试点市。这是新中国成立以来，首次允许一种外币在中国某个特定领域行使与主权货币同等功能。

2014 年 1 月 7 日，俄中两国军舰完成了安全护送运载首批叙利亚化学武器的丹麦船只的任务。

2014 年 2 月 6 日至 8 日，国家主席习近平抵达俄罗斯，出席第二十二届索契冬季奥运会开幕式，并会见俄罗斯总统普京。

2014 年 3 月 3 日，外交部副部长程国平在莫斯科与俄罗斯外交部主管独联体事务的副外长卡拉辛就独联体事务、乌克兰局势举行会谈。

2014 年 3 月 4 日晚，国家主席习近平应约同俄罗斯总统普京通电话，双方就中俄关系、乌克兰局势交换意见。

2014 年 3 月 18 日，普京在议会就克里米亚问题发表演讲时，感谢中国和印度对克里米亚问题的态度。普京说，感谢所有对俄在克里米亚问题上的行动表示理解的人，感谢中国人民，中国政府对克里米亚和乌克兰问题经过了深思熟虑。

2014 年 3 月 15 日，联合国安理会就美国起草的、有关乌克兰问题的决议草案举行投票表决，由于俄罗斯投票否决，决议草案未通过。当天投票结果为 13 票赞成、1 票否决、1 票弃权。中国对决议草案投了弃权票。

2014 年 4 月 1 日，俄罗斯国防部长绍伊古在北京同中国国防部长常万全举行双边会谈，绍伊古表示，俄罗斯方面感谢中国在克里米亚局势方面支持莫斯科的立场。

2014 年 4 月 9 日，俄罗斯副总理、中俄能源合作委员会俄方主席德沃尔科维奇访华，与中国国务院副总理、中俄能源合作委员会中方主席张高丽举行会谈。

2014 年 4 月 15 日，国家主席习近平在人民大会堂会见俄罗斯外长拉夫罗夫。拉夫罗夫还通报了俄方在乌克兰问题上的立场。习近平阐述了中方立场和主张。

2014 年 4 月 18 日，国务院副总理、中俄总理定期会晤委员会中方主席汪洋在俄罗斯符拉迪沃斯托克与俄罗斯副总理、俄方主席罗戈津举行会晤。

2014 年 5 月 6 日，中国、美国、俄罗斯、英国、法国五个核武器国家和哈萨克斯坦等五个《中亚无核武器区条约》缔约国在纽约联合国总部举行《中亚无核武器区条约》议定书签署仪式。中国常驻联合国代表刘结一代表中国政府签署议定书，并宣读中国政府关于签署《中亚无核武器区条约》议定书的声明。《中亚无核武器区条约》议定书规定，议定书的签署国须承诺不对《中亚无核武器区条约》缔约国使用或威胁使用核武器或其他核爆炸装置等。

2014 年 5 月 8 日，国务院副总理张高丽在北京与俄罗斯政府第一副总理舒瓦洛夫举行会谈。

2014 年 5 月 19 日，在对中国进行国事访问并出席亚洲相互协作与信任措施会议（亚信）第四次峰会前夕，俄罗斯联邦总统普京接受了中国媒体联合采访。

2014 年 5 月 20 日，应中华人民共和国主席习近平邀请，俄罗斯联邦总统普京对中华人民共和国进行国事访问。两国元首在上海举行了会晤。中华人民共和国和俄罗斯联邦签署了《关于全面战略协作伙伴关系新阶段的联合声明》。

2014 年 5 月 20 日，国家主席、中央军委主席习近平在上海吴淞海军军港，同俄罗斯总统普京一起出席"海上联合—2014"中俄海上联合军事演习开始仪式并看望两国海军官兵代表。

2014 年 5 月 21 日，国家主席习近平和俄罗斯总统普京在上海共同见证中俄两国政府《中俄东线天然气合作项目备忘录》、中国石油天然气集团公司和俄罗斯天然气工业股份公司《中俄东线供气购销合同》的签署。根据双方商定，从 2018 年起，俄罗斯开始通过中俄天然气管道东线向中国供气，输气量逐年增长，最终达到每年 380 亿立方米，累计 30 年。

2014 年 5 月 27 日，中央军委委员、空军司令马晓天在空军司令部会见俄罗斯空降兵第一副司令兼参谋长伊格纳托夫。

2014 年 6 月 4 日至 6 日，应中共中央政治局委员、中央政法委书记孟建柱和国务委员杨洁篪邀请，俄罗斯联邦安全会议秘书帕特鲁舍夫来华举行中俄执法安全合作机制首次会议和中俄第十轮战略安全磋商。

2014年6月6日，国家主席习近平在人民大会堂会见来华举行中俄执法安全合作机制首次会议和中俄第十轮战略安全磋商的俄罗斯联邦安全会议秘书帕特鲁舍夫。中共中央政治局委员、中央政法委书记孟建柱等参加会见。

2014年6月30日，首届中俄博览会在哈尔滨国际会展体育中心正式开幕。中俄博览会的前身是已连续举办24届的中国哈尔滨国际经济贸易洽谈会。同日，中俄卫星导航合作圆桌会议在哈尔滨国际会议中心举行，中国国务院副总理汪洋和俄罗斯副总理罗戈津出席会议开幕式。

2014年7月9日，国家主席习近平在人民大会堂会见俄罗斯总统办公厅主任伊万诺夫。中共中央办公厅主任栗战书同伊万诺夫举行了会谈。栗战书表示，伊万诺夫是中共中央办公厅接待的第一位外国总统办公厅负责人。

2014年7月14日，国家主席习近平于"金砖国家峰会"期间在巴西福塔莱萨会见俄罗斯总统普京。

2014年7月15日，全国人大常委会委员长张德江在人民大会堂会见俄罗斯国家杜马第一副主席梅利尼科夫。

2014年7月20日，中国空军派出一支航空兵分队和3架苏-30飞机，离境赴俄罗斯参加"航空飞镖—2014"飞行员国际竞赛。

2014年8月24日至29日，"和平使命—2014"联合反恐军事演习在内蒙古朱日和军事训练基地举行，参演方包括中国、哈萨克斯坦、吉尔吉斯斯坦、俄罗斯、塔吉克斯坦等上合组织成员国，参演兵力将达到7000人。

2014年8月28日，国家主席、中央军委主席习近平在人民大会堂会见了来华出席上海合作组织成员国军队总参谋长会议的哈萨克斯坦、吉尔吉斯斯坦、俄罗斯、塔吉克斯坦、乌兹别克斯坦总参谋长。

2014年8月30日，国务院副总理张高丽在莫斯科与俄罗斯副总理德沃尔科维奇共同主持中俄能源合作委员会第十一次会议。访俄期间，张高丽还分别会见了俄罗斯总统能源发展战略和生态安全委员会秘书长兼俄罗斯石油公司总裁谢钦、俄罗斯天然气工业股份公司总裁米勒。

2014年9月1日，国务院副总理张高丽在雅库茨克会见俄罗斯总统普京，并与普京共同出席中俄东线天然气管道俄境内段"西伯利亚力量"管道开工仪式。

2014 年 9 月 9 日，国务院副总理、中俄投资合作委员会中方主席张高丽在北京会见俄罗斯第一副总理、俄方主席舒瓦洛夫并共同举行中俄投资合作委员会第一次会议，就投资和金融合作进行会谈。

2014 年 9 月 11 日，国家主席习近平于塔吉克斯坦杜尚别上合组织峰会期间会晤俄罗斯总统普京。习近平同俄罗斯总统普京、蒙古国总统额勒贝格道尔吉举行中俄蒙元首会晤。

2014 年 9 月 14 日，国务院副总理、中俄人文合作委员会中方主席刘延东在俄罗斯乌里扬诺夫斯克与俄罗斯副总理、俄方主席戈洛杰茨共同主持召开中俄人文合作委员会第十五次会议。

2014 年 9 月 23 日，国家主席习近平在北京人民大会堂会见俄罗斯联邦委员会主席马特维延科。23 日下午，国务院总理李克强在中南海紫光阁会见俄罗斯联邦委员会主席马特维延科。23 日，全国人大常委会委员长张德江在北京人民大会堂与俄罗斯联邦委员会主席马特维延科会谈，共同主持中国全国人大与俄罗斯联邦委员会合作委员会第八次会议，并签署中俄议会合作委员会章程。

2014 年 10 月 10 日，国务院副总理张高丽在北京会见俄罗斯天然气工业股份公司总裁米勒。

2014 年 10 月 11 日，在俄罗斯索契，国务院副总理、中俄总理定期会晤委员会中方主席汪洋与俄罗斯副总理、委员会俄方主席罗戈津共同主持中俄总理定期会晤委员会第十八次会议，为即将举行的中俄总理第十九次定期会晤做准备。同日，第九届中俄经济工商界高峰论坛在俄罗斯索契举行，国务院副总理汪洋与俄罗斯副总理罗戈津共同出席开幕式并发表演讲。

2014 年 10 月 12 日至 15 日，李克强总理对俄罗斯进行了为期三天的正式访问，并于 13 日与俄总理梅德韦杰夫共同出席中俄总理第十九次定期会晤。

2014 年 10 月 29 日，国务院副总理、中俄能源合作委员会中方主席张高丽应约同俄罗斯副总理、委员会俄方主席德沃尔科维奇通电话。双方就能源具体领域的合作深入交换了意见。

2014 年 10 月 31 日，国务院副总理张高丽在北京会见俄罗斯总统能源发展战略和生态安全委员会秘书长兼俄罗斯石油公司总裁谢钦。

2014 年 11 月 9 日至 10 日，俄总统普京抵达中国，出席在北京举行的亚太经合组织（APEC）非正式领导人会议。9 日，APEC 会议前夕，习近平主席与普京在钓鱼台国宾馆举行了会晤。两国元首共同见证了一系列双边合作协议的签署，包括《关于通过中俄西线管道自俄罗斯联邦向中华人民共和国供应天然气领域合作的备忘录》、《中国石油天然气集团公司与俄罗斯天然气工业公司关于经中俄西线自俄罗斯向中国供应天然气的框架协议》。

2014年11月11日，第十届珠海航展开幕。俄罗斯联邦代表团由联邦军事技术合作署署长亚历山大·福明率领，包括47个厂家和俄空军"俄罗斯勇士"飞行队。苏-35C战机首次参展并作飞行表演。

2014年11月14日，中国国家旅游局局长李金早在上海会见率团参加2014中国国际旅游交易会的俄罗斯联邦旅游署代署长萨夫诺夫一行。双方就进一步深化两国旅游交流与合作，共同推动红色旅游发展，通过旅游深化两国人民特别是青年一代的了解等问题，交换了意见。

2014年11月18日至19日，俄罗斯国防部长绍伊古访问中国，出席中俄政府间军技合作混委会第十九次会议。国务院总理李克强和中央军委副主席许其亮会见了绍伊古。中国国防部长常万全与绍伊古举行了会谈。

2014年12月11日，中俄合作圆桌会议在北京举行。俄罗斯副总理、俄罗斯总统驻远东地区全权代表特鲁特涅夫带领政府代表团来京招商引资，大力推介远东优先发展地区投资项目，承诺了一系列税费减免等优惠政策。

2014年12月15日，中国国务院总理李克强在哈萨克斯坦首都阿斯塔纳出席上合组织总理会议期间会见俄罗斯总理梅德韦杰夫。

2014年12月31日，国家主席习近平和俄罗斯总统普京互致新年贺电。国务院总理李克强和俄罗斯总理梅德韦杰夫互致新年贺电。

2015年2月2日，中国国家主席习近平在人民大会堂会见俄罗斯外长拉夫罗夫。习近平强调，2015年是第二次世界大战胜利70周年，中俄两国要同国际社会一道，共同办好一系列庆祝和纪念活动。当天，在北京举行了俄中印三国外长第13次会议。

2015年2月10日，中国国务委员、公安部部长郭声琨在北京钓鱼台国宾馆与俄罗斯联邦安全局局长博尔特尼科夫举行会谈。

2015年2月10日，中俄卫星导航重大战略合作项目委员会第一次会议在北京举行，双方代表为中国卫星导航系统委员会与俄罗斯航天局。

2015年3月18日，普京在莫斯科接见到访的中共中央办公厅主任栗战书。栗此行主要落实中国国家主席习近平参加5月9日红场阅兵，庆祝卫国战争胜利 70 周年的系列活动。

2015 年 3 月 25 日，中共中央政治局常委、中央纪委书记王岐山在中南海紫光阁会见俄罗斯总统反腐败局局长普洛霍伊一行。

2015 年 3 月 26 日至 29 日，博鳌亚洲论坛 2015 年年会在中国海南省博鳌召开。俄罗斯第一副总理舒瓦洛夫应邀来华出席年会。

2015 年 4 月 7 日，俄罗斯总统普京在莫斯科克里姆林宫会见中国外交部长王毅。同日，王毅向红场无名烈士墓敬献了花圈。

2015 年 4 月 15 日，俄罗斯驻华大使杰尼索夫代表俄罗斯联邦总统普京，向 32 名为苏联卫国战争做出贡献的中国公民，颁发了"伟大卫国战争胜利 70 周年"纪念奖章。获奖章者包括中国领导人毛泽东的女儿李敏、刘少奇的女儿刘爱琴、瞿秋白的女儿瞿独伊、李富春的女儿李特特等。

2015 年 4 月 21 日，国务院副总理、中俄能源合作委员会中方主席张高丽在北京与俄罗斯副总理、俄方主席德沃尔科维奇举行中俄能源合作委员会双方主席会晤。当天，两人共同出席了中俄中小企业实业论坛并致辞。

2015 年 4 月 23 日，首次中俄东北亚安全磋商在上海举行。外交部部长助理刘建超和俄罗斯外交部副部长莫尔古洛夫共同主持，两国外交、国防、安全等部门官员出席。

2015 年 4 月 28 日，国务院副总理、中俄总理定期会晤委员会中方主席汪洋在杭州与俄罗斯副总理、俄方主席罗戈津举行会晤。

2015 年 4 月 30 日，塔斯社报道，俄罗斯铁路公司的子公司快速干线股份公司说，莫斯科—喀山高铁项目设计的中标者是俄中联合财团。该财团由莫斯科国家运输工程勘测设计所领导、下诺夫哥罗德地铁设计股份公司和中国中铁二院工程集团有限责任公司参与。中标者负责完成莫斯科至喀山段高铁 2015 年至 2016 年建设的工程勘测、土地测量、规划图和文件设计工作。合同金额为 200 亿卢布。莫斯科至喀山高铁总造价为 1.068 万亿卢布，全长约 770 公里，设计最高时速达 400 公里。

2015 年 5 月 7 日，在出席俄罗斯纪念卫国战争胜利 70 周年庆典并访问俄罗斯前夕，国家主席习近平在俄罗斯《俄罗斯报》发表题为《铭记历史，开创未来》的署名文章。

2015 年 5 月 8 日至 10 日，国家主席习近平出席在莫斯科举行的纪念卫国战争胜利 70 周年庆典并访问俄罗斯。5 月 9 日，解放军三军仪仗队参加红场阅兵。

2015 年 5 月 8 日，中国海军"临沂舰"和"潍坊舰"进入黑海，到访俄罗斯海军黑海舰队基地新罗西斯克。9 日，该海军编队参加了新罗西斯克卫戍部队举行的胜利日阅兵。

2015 年 5 月 10 日，中国国家主席习近平访问俄罗斯后前往白俄罗斯，而中央军委副主席范长龙率领的中国军事代表团留在莫斯科继续进行工作访问，范长龙与俄国防部长绍伊古举行了会谈，参观了新投入运行的俄国家防务指挥中心。

2015 年 5 月 11 日至 21 日，俄中"海上联合—2015"军演在地中海举行。中俄双方共派出 9 艘舰艇参演。两国商定，9 月 3 日前后，俄罗斯海军太平洋舰队与中国海军特混编队，在日本海举行大规模海上演习。

参考文献

英文图书

1. Brenda Shaffer, Energy Politics, Philadelphia: University of Pennsylvania Press, 2009.

2. Goldgeier J.M. and McFaul M., Power and Purpose, U.S. Policy toward Russia after the Cold War, Washington, 2003.

3. Jakobson Linda, et al., China's Energy and Security Relations with Russia Hopes, Frustrations, and Uncertainties, Solna, Sweden: Stockholm International Peace Research Institute, 2011.

4. Judith Thornton and Charles E. Ziegler ed., Russia's Far East: A Region at Risk, Seattle: National Bureau of Asian Research in Association with University of Washington Press, 2002.

5. Keun-Wook Paik, Sino-Russian Oil and Gas Cooperation: The Reality and Implications, Oxford: Oxford University Press, 2012.

6. Lawrence R. Klein and Marshall Pomer, The New Russia: Transition Gone awry, Stanford, Calif.: Stanford University Press, 2001.

7. Michael Wesley ed., Energy Security in Asia, London; New York: Routledge, 2007.

8. Robert E. Bedeski and Niklas Swanstrim ed., Eurasia's Ascent in Energy and Geopolitics: Rivalry or Partnership for China, Russia and Central Asia?, Abingdon, Oxon; New York: Routledge, 2012.

9. Thierry Bros, after the US Shale Gas Revolution, Paris: Technip, 2012.

10. Thomas Stephan Eder, "China-Russia Relations in Central Asia: Energy Policy, Beijing's New Assertiveness and 21st. Century Geopolitics", Wiedbaden:

Springer VS，2014.

俄文图书

1. Буянов М. И.: Россия в глобализирующемся мире，Москва：из-во книгаибизнес，2015.

2. Корея：уроки истории и вызовы современности，Москва：ИДВ РАН，2013.

3. Лузянин С.Г.，Гродиенко：Оценка уровня безопасности стран Северо-Восточной и Центральной Азии，Москва：из-во ИДВРАН，2013.

4. Международные отношения：традиции русской политической мысли，Москва：из-воАльфа-М，2013.

5. Пути укрепления безопасности и сотрудничествав Восточной Азии，Москва：ид-во ИДВРАН，2014.

6. Россия и Корея в меняющемся мире，Москва：из-во ИДВРАН，2014.

7. Титаренко М.Л.: России и ее азиатские патнеры в глобализирую-щемся мире，Москва：ид-во Форум，2012.

8. Сравнительный анализ общих черти особенностей переходного периода в России，Китае и Вьетнаме，Москва：из-воФорум，2012.

中文图书

1.《邓小平文选》第 3 卷，北京：人民出版社 1993 年版。

2. 保罗·肯尼迪：《大国的兴衰》，北京：北京国际文化出版公司 2006 年版。

3. 唐国强主编：《跨太平洋伙伴关系协定与亚太区域经济一体化研究》，北京：世界知识出版社 2013 年版。

4. 李进峰、吴宏伟：《上海合作组织发展报告》，北京：社会科学文献出版社 2012 年版。

5. 李文等：《亚洲：发展、稳定与和平》，北京：中国社会科学出版社 2014 年版。

6. 陆南泉：《中俄经贸关系现状与前景》，北京：中国社会科学出版社

2011 年版。

7.《普京文集》，北京：中国社会科学出版社 2008 年版。

8.《普京文集》，北京：世界知识出版社 2014 年版。

9. 戚文海：《中俄能源合作战略与对策》，北京：社会科学文献出版社 2006 年版。

10. 王海运、许勤华：《能源外交概论》，北京：社会科学文献出版社 2012 年版。

11. 张献：《APEC 的国际经济组织模式研究》，北京：法律出版社 2001 年版。

12. 郑羽、庞昌伟：《俄罗斯能源外交与中俄油气合作》，北京：世界知识出版社 2003 年版。

13. 郑羽：《中俄美在中亚：合作与竞争（1991-2007）》，北京：社会科学文献出版社 2007 年版。

14. 朱显平、陆南泉：《俄罗斯东部及能源开发与中国的互动合作》，长春：长春出版社 2009 年版。

英文文件

1. 2015 National Security Strategy www.whitehouse.gov/sites/default/files/docs/2015_national_security_strategy.pdf.

2. Announcement of Treasury Sanctions on Entities within the Financial Services and Energy Sectors of Russia, Against Arms or Related Materiel Entities, and those Undermining Ukraine's Sovereignty, http：//www.state.gov/e/eb/tfs/spi/ukrainerussia/.

3. BP Statistical Review of World Energy 2014, June 2014. http：//www.bp.com/content/dam/bp/pdf/Energy－economics/statistical－review－2014/BP－statistical－review－of－world.

4. Council of the European Union, "EU Sanctions over Situation in Eastern Ukraine Strengthened", July 25, 2014, http：//www.consilium.europa.eu/en/policies/sanctions/ukraine－crisis/.

5. Council of the European Union, "Reinforced Restrictive Measures against Russia", Sept. 11, 2014, http：//www.consilium.europa.eu/en/policies/sanctions/

ukraine-crisis/.

6. European Commission, "Energy 2020: A Strategy for Competitive, Sustainable and Secure Energy", November 10, 2010.

7. Quadrennial Defense Review Report, March 4, 2014, http://www.defense.gov/home/features/2014/0314_sdr/qdr.aspx, 2014-5-30.

8. The European Council, Council of the European Union, "EU Restrictive Measures in Response to the Crisis in Ukraine", http://www.consilium.europa.eu/en/policies/sanctions/ukraine-crisis/.

9. The National Intelligence Strategy, August 2009, www.dni.gov/reports/2009_NIS.pdf.

10. The National Security Strategy, March 2006, http://www.whitehouse.gov/nsc/nss/2006/.

11. The U.S. Department of State, "Ukraine and Russia Sanctions", http://www.state.gov/e/eb/tfs/spi/ukrainerussia/index.htm.

12. The U.S. Department of the Treasury, "Announcement of Expanded Treasury Sanctions within the Russian Financial Services, Energy and Defense or Related Materiel Sectors", Sept. 12, 2014, http://www.treasury.gov/press-center/press-releases/Pages/jl2629.aspx.

13. The U.S. Department of the Treasury, "Announcement of Treasury Sanctions on Entities within the Financial Services and Energy Sectors of Russia, against Arms or Related Materiel Entities, and those Undermining Ukraine's Sovereignty", July 16, 2014, http://www.treasury.gov/press-center/press-releases/Pages/jl2572.aspx.

14. The U.S. Department of the Treasury, "Sanctions Target Russian Government Officials, the Inner Circle that Supports Them, and Bank Rossiya, the Personal Bank of Officials of the Russian Federation", March 20, 2014, http://www.treasury.gov/press-center/press-releases/Pages/jl23331.aspx.

15. The U.S. Department of the Treasury, "Sanctions Target Seven Russian Government Officials, including Members of the Russian Leadership's Inner Circle, and 17 Entities", March 28, 2014, http://www.treasury.gov/press-center/press-releases/Pages/jl2369.aspx.

16. The U.S. Department of the Treasury, "Ukraine-/Russia-related Sanctions", http://www.treasury.gov/resource-center/sanctions/Programs/Pages/ukraine.aspx.

17. The White House, "Blueprint for A Secure Energy Future", March 30, 2011. http://www.whitehouse.gov/sites/default/files/blueprint_secure_energy_future.pdf.

18. The World Bank Development Project Group. December 2009. http://www-wds.worldbank.org/external/default/WDSContentServer/IW3P/IB/2009/12/03/000158349_20091203160509/Rendered/PDF/WPS5147.pdf.

19. The U.S. Department of the Treasury, "Announcement of Treasury Sanctions on Entities within the Financial Services and Energy Sectors of Russia, Against Arms or Related Materiel Entities, and those Undermining Ukraine's Sovereignty", July 16, 2014, http://www.treasury.gov/press-center/press-releases/Pages/jl2572.aspx.

20. U.S. EIA, "Country Analysis Briefs: China", February 4, 2014, http://www.eia.gov/countries/analysisbriefs/China/china.pdf.

俄文文件

1. Выступление на заседании Совета глав государств – членов Шанхайской организации сотрудничества, 13 сентября 2013 года, http://kremlin.ru/transcripts/19214.

2. Договор между Российской Федерацией и Соединенными Штатами Америки о мерах по дальнейшему сокращению и ограничению стратегических наступательных вооружений, http://news.kremlin.ru/ref_notes/ 512.

3. Заявление для СМИ Министра иностранных дел России С.В.Лаврова по итогам встречи с Президентом Исламской Республики Афганистан X. Карзаем и Кабульской региональной конференции, Кабул, 14 июня 2012 года, http://www.afghanistan.mid.ru/speeches_28.html.

4. Концепция внешней политики Российской Федерации, 12 июл 2008, http://archive.kremlin.ru/text/docs/2008/07/204108.shtml.

5. Концепция внешней политики Российской Федерации, Утверждена

Президентом Российской Федерации В.В.Путиным 12 февраля 2013 г，http：// www.mid.ru/bdomp/ns-osndoc.nsf.

6. Концепция участия Российской Федерации в объединении БРИКС，http：//xn--d1abbgf6aiiy.xn--p1ai/media/events/files/41d452a8a232b2f6f8a5.pdf.

7. Основные направления бюджетной политики на 2015 год и на плановый период 2016 и 2017 годов. 《Нефть и капитал》，2014 г. № 9.

8. Основные направления стратегии развития Шанхайской организации сотрудничества на среднесрочную перспективу（Пекин，7 июня 2012 г.），http：//www.russia.org.cn/rus/2887/31295578.html.

9. Совместная декларация между Российской Федерацией и Республикой Индия об углублении стратегического партнерства с целью противодействия глобальным вызовам 7 декабря 2009 года. http：//www.rusembassy.in/index. php? option=com_content&view=article&id=1761：7-2009-&catid=6：2010-01- 21-11-02-17&directory=1&lang=ru Сборник статей 39.

10. Стратегия социально-экономического радвития Дальнего Востока и Байкальского региона на период до 2025 г. http：//www.economy.gov.ru/minec/ activity/sections/econreg/investproject/doc20100309_011.

11. Энергетическая стратегия россии на период до 2030 года. http：// www.government.gov.ru.

12. Энергетическая стратегия России на период до 2020 года. http：// www.government.gov.ru.

中文文件

1.《北京纲领：构建融合、创新、互联的亚太——亚太经合组织第二十二次领导人非正式会议宣言》，2014 年 11 月 11 日，http：//www.fmprc.gov.cn/ mfa_chn/ziliao_611306/1179_611310/t1209862.shtml。

2.《关于金砖国家领导人第五次会晤成果评价》，《人民日报》2013 年 3 月 29 日第 2 版。

3.《金砖国家领导人第五次会晤德班宣言》（2013 年 3 月 27 日），《人民日报》2013 年 3 月 28 日第 3 版。

4.《上海合作组织成立宣言》（2001 年 6 月 15 日），http：//news.xinhuanet.

com/ziliao/2002-06/04/content_423358.htm。

5.《中俄两国总理第七次定期会晤联合宣言》,《人民日报》2002年8月24日。

6.《中共十八大报告》国际部分。

7.《上海合作组织成员国元首宣言》(2005年7月5日),http://www.chi-na.com.cn/zhuanti2005/txt/2006-06/13/content_6240432.htm。

8.《中国和俄罗斯关于当前国际形势和重大国际问题的联合声明》,http://www.fmprc.gov.cn/mfa_chn/ziliao_611306/1179_611310/t831556.shtml。

9.《中国和俄罗斯关于进一步深化平等信任的中俄全面战略协作伙伴关系的联合声明》,http://www.fmprc.gov.cn/mfa_chn/ziliao_611306/1179_611310/t938682.shtml。

10.《中国和俄罗斯关于全面战略协作伙伴关系新阶段的联合声明》,http://www.fmprc.gov.cn/mfa_chn/ziliao_611306/1179_611310/t1157763.shtml。

11.《中国和俄罗斯联合声明》,http://www.fmprc.gov.cn/mfa_chn/ziliao_611306/1179_611310/t24245.shtml。

12.《中国和俄罗斯关于深化全面战略协作伙伴关系、倡导合作共赢的联合声明》(2015年5月8日),http://www.fmprc.gov.cn/mfa_chn/ziliao_611306/1179_611310/t1262144.shtml。

13.《中国与俄罗斯关于丝绸之路经济带建设和欧亚经济联盟建设对接合作的联合声明》,http://www.fmprc.gov.cn/mfa_chn/ziliao_611306/1179_611310/t1262143.shtml。

14. 中国海洋石油总公司:《中国海洋石油总公司2014年度报告》,http://www.cnooc.com.cn/attach/0/zghysyzgs2014nb.pdf。

15. 中国国务院新闻办公室:《中国的能源政策(2012)白皮书》,2012年10月,http://www.gov.cn/jrzg/2012-10/24/content_2250377.htm。

16. 中国石油天然气集团公司:《2007年集团公司年报》,《2009年集团公司年报》,《2010年集团公司年报》,《2013年集团公司年报》,《2014年集团公司年报》,http://www.cnpc.com.cn/cnpc/qywhcbw/cbw_index.shtml。

17. 中国石油化工集团公司:《中国石油化工集团公司2013年报》,http//www.sinopecgroup.com/group/Resource/Pdf/20140917c.pdf。

18. 中国中央政府:《能源发展"十二五"规划》,2013年1月,http://www.gov.cn/zwgk/2013-01/23/content_2318554.htm。